"十三五"江苏省高等学校重点教材（编号：2018-2-067）

公共安全管理

王义保　主编

Public Security

中国矿业大学出版社

·徐州·

图书在版编目(CIP)数据

公共安全管理 / 王义保主编. —徐州:中国矿业大学出版社,2019.8(2024.1 重印)

ISBN 978-7-5646-4544-1

Ⅰ.①公… Ⅱ.①王… Ⅲ.①公共安全－安全管理－高等学校－教材 Ⅳ.①D035

中国版本图书馆 CIP 数据核字(2019)第 177461 号

书　　名 公共安全管理

主　　编 王义保

责任编辑 姜　翠

出版发行 中国矿业大学出版社有限责任公司

(江苏省徐州市解放南路　邮编 221008)

营销热线 (0516)83885370　83884103

出版服务 (0516)83995789　83884920

网　　址 http://www.cumtp.com　**E-mail**:cumtpvip@cumtp.com

印　　刷 广东虎彩云印刷有限公司

开　　本 787 mm×1092 mm　1/16　**印张** 16　**字数** 400 千字

版次印次 2019 年 8 月第 1 版　2024 年 1 月第 3 次印刷

定　　价 58.00 元

(图书出现印装质量问题,本社负责调换)

前　言

PREFACE

公共安全管理是一个年轻的学科，诞生于20世纪六七十年代，在我国的教学和研究更是刚刚起步。公共安全是实现社会和经济发展目标过程中一个重要的影响因素，公共安全管理是当前我国在新的安全形势下经济社会可持续发展的迫切需要。公共安全管理是公共管理的重要内容，是政府及相关公共组织在法律法规范围内，通过领导、指挥、沟通与协调等方法，为人们的生产、生活提供公共安全服务的活动。党的十八大以来总体国家安全观的提出，把公共安全的总体战略布局上升到改革开放以来从未有的高度，这意味着我国国家安全战略的重大调整，也昭示着公共安全管理从此成了一个更高层次的权利诉求或国家诉求，国家和社会越来越重视和加强公共安全管理事务。由此，公共安全管理的教育和教学日益显得重要。本教材正是顺应当前公共安全管理形势发展的需要，在现有的公共安全管理研究的基础上，系统化地构建公共安全管理理论体系，呈现给读者不同于目前同类多数教材体例和内容的一本全新教科书。

本教材的适用对象是公共安全管理、应急管理、行政管理、公共事业管理等相关专业的本科生、硕士生和公共管理专业硕士（MPA）以及其他有兴趣致力于公共安全管理领域学习、研究与工作的爱好者。通过对本教材的学习，读者可以了解公共安全管理所涉及的概念、特点和理论知识，理解新形势下公共安全管理的原则和理论基础，掌握相关公共安全管理的具体技能和处理方法，并能运用所学知识去分析和解决生活中的各种公共安全问题。

相比较当前的一些教科书，本教材的特点在于以下四个“新”：

一是理论新。2014年4月15日习近平总书记首次提出总体国家安全观，并首次系统提出“11种安全”，即构建集政治安全、国土安全、军事安全、经济安全、文化安全、社会安全、科技安全、信息安全、生态安全、资源安全、核安全等于一体的国家安全体系。2017年10月党的十九大报告中就有关公共安全与应急管理工作进行了重要论述和部署。2018年4月国家应急管理部挂牌成立并进行了职能调整与改革。本教材在总结以往公共安全研究的理论基础上，适应当前国家安全体系建设的现实需要，构建了公共安全管理的横断交叉式理论体系，既可以深入浅出地概括总体国家安全观的科学理论，又可以具体解释每一项安全领域的前沿发展，这也使得教材更具有时代性和前沿性。

二是逻辑新。不同于国内外的其他教材，本教材按照公共安全管理原理的基本逻辑，从公共安全管理的"概述、历史发展、管理内容、管理组织、管理过程、预案管理、信息管理、科技管理、管理绩效"等九个方面进行展开，循序渐进地解释和分析公共安全管理的基础理论和基本技能。这种横断式理论体系应用于剖析目前绝大多数公共安全管理案例时，有利于在总结经验时补漏拾遗，在未来安全管理中实现开拓创新，并形成新的公共安全管理个案。本教材内容丰富、逻辑清晰、框架合理、理论深厚，反映了当前公共安全管理研究的最新面貌。

三是体例新。本教材的每一章均按照"学习目标、案例引入、正文内容、特别提示、同步思考题、延伸阅读书目"的体例编写，这样既能避免开篇就对深奥单调的理论知识进行阐述，又能启发学生理论联系实际，带着问题思考学习内容，从而取得更好的教学效果。每一章首先明确学习目标，通过了解典型的公共安全管理案例，引导学生从鲜活的案例中学习经验、拓宽思路，在案例研讨中完成主要理论内容的吸收和应用；在特别提示的总结下，把课后同步思考题融会贯通，并结合兴趣进行进一步延伸阅读，从而提升公共安全管理的理论水平和实践技能。这样的编写安排既有利于培养学生独立思考、灵活应用和开拓创新的安全管理能力，又有助于学生在未来工作中观察、分析和独立解决生疏的问题。

四是理念新。本教材重在灌输新理念，让学生具备公共安全管理的开拓创新能力。首先，把握"以不变应万变"的理念，全书以"概述、历史、内容、主体、过程、预案、信息、科技、绩效"的理论体系，剖析公共安全管理的基本规律，让学生掌握扎实的基本理论迎接瞬间万变的公共安全应急管理。其次，把握"突出实用、兼顾理论"的理念，每章通过案例介绍注重对公共安全管理理论的传授和学习，激发学生探究知识和真理的积极性，提高学生未来公共安全管理的职业敏锐性。最后，把握"科研促进教学"的理念，把公共安全管理最新的理念、理论和方法及时引入教材，例如"风险社会""网络治理""智能管理"等前沿知识，有利于开展研究型教学、研讨式教学的改革，从而使学生拓宽视野、提升创新能力，令学生终身受益。

本教材是"十三五"江苏省高等学校重点教材；是在中国矿业大学行政管

理专业本科生主干特色课程“公共安全管理”的教学经验积累基础上，进行写作构架、谋篇布局和集体创作完成的。参与集体创作的作者有王义保、张彦华（第一章），许超、杨冠亚（第二章），曹明、庆文（第三章），施炜、周鹏（第四章），施炜、贾小杰（第五章），韦长伟、张彦波（第六章），张彦华、张彦波（第七章），黄杨森（第八章），曹惠民（第九章）。全书的提纲编写、内容安排、统稿审校由王义保完成。教材出版得到了中国矿业大学品牌专业“行政管理”专业、中国矿业大学“双一流”专项城市公共安全管理智库和江苏省公共安全创新研究中心的项目资助。尤其是书稿成书过程中的关键环节和创新立意得到了中国矿业大学出版社姜翠编辑的关心和支持。没有团队成员的团结合作，本书不会如此顺利地呈现在读者面前，在此，表示深深的感谢。

对于书中存在的不足及错误，恳请读者不吝赐教，我们会在再版时吸收和更正。

编 者

2019 年 7 月

目　录

CONTENTS

第一章　公共安全管理概述……001

第一节　公共安全概念与范畴……002

第二节　公共安全管理相关范畴……015

第三节　公共安全管理学科发展……027

第二章　公共安全管理历史发展……037

第一节　公共安全管理历史发展概述……038

第二节　农业时代的公共安全管理……042

第三节　工业时代的公共安全管理……045

第四节　后工业时代的公共安全管理……048

第三章　公共安全管理内容……056

第一节　公共安全事件概述……058

第二节　自然灾害……062

第三节　事故灾难……074

第四节　公共卫生事件……084

第五节　社会安全事件……095

第四章　公共安全管理组织……104
第一节　公共安全管理组织概述……105
第二节　我国公共安全管理政府组织……108
第三节　发达国家公共安全管理组织……114
第四节　我国公共安全管理组织体系的未来发展……118

第五章　公共安全管理过程……122
第一节　公共安全管理过程概述……123
第二节　预防与应急准备……127
第三节　监测与预警……133
第四节　应急处置与救援……138
第五节　恢复与重建……145

第六章　公共安全预案管理……153
第一节　应急预案概述……154
第二节　应急预案编制……164
第三节　应急预案评估……171
第四节　应急预案演练……176

第七章　公共安全信息管理……181
第一节　公共安全信息管理概述……182
第二节　公共安全信息管理流程……189
第三节　公共安全信息传播……194

第八章　公共安全科技管理……206
第一节　公共安全科技管理概述……207
第二节　公共安全网络化治理……210
第三节　公共安全智能化管理……215
第四节　公共安全数字化管理……220

第九章　公共安全管理绩效…… 227

第一节　公共安全管理绩效概述…… 228

第二节　公共安全管理绩效构成…… 230

第三节　公共安全管理绩效评价…… 232

第四节　公共安全管理绩效改进…… 236

参考文献…… 241

第一章

CHAPTER 1

公共安全管理概述

学习目标

1. 理解安全、公共安全、公共安全管理的概念和区别。
2. 掌握公共安全的特征和分类。
3. 掌握公共安全管理的特征和发展。
4. 掌握公共安全管理的不同研究视角和学科属性。

案例引入

长春长生疫苗事件

人民网北京 2019 年 1 月 25 日电，由最高人民检察院、公安部、中国消费者协会、中华全国律师协会和中央广播电视总台共同评选的“2018 年十大消费侵权事件”揭晓。其中，第一个事件就是长春长生疫苗事件。

2018 年 7 月 15 日，国家药品监督管理局发布通告，长春长生生物科技有限责任公司(简称长春长生公司)在生产冻干人用狂犬病疫苗的过程中，有的批次混入了过期原液、部分批次不如实填写生产日期和批号。有关部门在调查中还发现，长春长生公司和武汉生物制品研究所有限责任公司生产的 65 万余支百白破疫苗也存在问题，并且已经销往山东、河北、重庆等地。一时间，疫苗用药安全问题得到社会空前关注，监管机构也随之对不法企业出以重拳，加大了处罚力度。吉林省食品药品监督管理局吊销长春长生公司药品生产许可证，并罚没款 91 亿元；深交所对该公司股票强制退市；公安机关第一时间依法立案侦查，公司董事长高某芳等 18 名犯罪嫌疑人被批准逮捕；从主管部门到省市区，多名官员被严肃问责。

长春长生公司问题疫苗事件，暴露出疫苗生产企业的趋利枉法，地方政府和市场监管部门的失职失察，也反映出疫苗生产流通使用等各方面存在的制度缺陷。随后，《疫苗管理法》起草出台，中国首部疫苗法呼之欲出。药品安全是最基本的公共安全，疫苗安全保障着广大群众的生命健康。此次事件的发生，充分说明了药品安全的敏感性和严重性。药品生产和销售企业应树立以人为本、安全至上、诚信经营的信念。政府和监管部门应着力完善相关制度法规，强化执法力度，对药品安全问题严厉处置，实现零容忍，用最严厉的法规，守住疫苗安全的底线。

（资料来源　杨迪：《2018 年十大消费侵权事件公布　长生疫苗权健上榜》，载人民网 2019 年 1 月 25 日，http://health.people.com.cn/n1/2019/0125/c14739—30590790.html.）

第一节　公共安全概念与范畴

自有人类以来，各种自然灾难或人为因素所导致的安全问题便始终与人类的生存与发展紧密相连，且呈现出日益复杂的严峻态势。然而，基于对美好生活的追求，安全一直是人类社会孜孜以求的重要目标之一。

一、安全的概念与属性

自人类社会产生以来，人类对安全的期盼就从未停止过。从远古时代开始，人类就在祈求平安、与安全问题做斗争中砥砺前行，人类对安全的追求几乎处处可见。例如，在原始社会初期，人类还只能以自然洞穴为栖身之所时，对于这些洞穴的选择就已经体现出了强烈的安全意识：中国的北京人遗址等处发现的、被选作居所的岩洞，其洞口均有共同的特点，即洞口较小、方向朝南、地势一般较高等。此种选择显然很大程度上是出于安全的考虑——原始社会时期人类面临的主要危险是各种恶劣天气和野兽侵袭，故较小的洞口使大型野兽不易进入，而朝南和较高的地势显然有利于获得阳光并有效抗御寒风和暴雨。① 不仅如此，在我国长江流域及其以南地区所居住的人类，则存在有巢居的情况，以求得更大的生存安全。《韩非子·五蠹》记载："上古之世，人民少而禽兽众，人民不胜禽兽虫蛇，有圣人作，构木为巢，以避众害，而民悦之，使王天下，号曰有巢氏。"由上述资料可知，原始社会的人们便已经开始懂得发挥自己的特长寻求安全，并对强化自身应对风险和保障自身安全的方法进行了有益探索。

随着历史的发展，人们对安全问题的认知更为深刻，而对此问题的重视程度也与日俱增。例如，"未雨绸缪""人无远虑，必有近忧"等表述均显示出了人们对安全的企盼和重视，也凸显了其作为人类最基本的需求的重要特征。美国社会心理学家马斯洛于 1943 年在《人类激励理论》中提出的需求层次理论（见图 1-1），认为安全需求是人类行为最为重要的动机之一。在马斯洛看来，人类的价值体系有两类不同需求，即沿生物谱系上升的本能低级需求（生理需求）和逐渐显现的高级需求（潜能需求）。五种不同类型和层次的需求，在不同时期表现出不同的迫切程度，成为人类行动的主要原因和动力。

世界在发展，人类在进步，安全问题一直如影随形。换言之，那些伴随着人类现代文明一起走来的包括各种灾难与危机在内的安全问题，则成为人类挥之不去的时代梦魇。近年来，尤其值得注意的是，全球性的贸易战争、恐怖主义、生态问题、自然灾难、严重传染性疾病、人口爆炸、宗教冲突、资源争夺、跨国犯罪等安全危机的问题频发，更凸显了当今世界是一个矛盾增多、危机增强的时代。

（一）安全的概念

"安全"是人们现实生活中比较常用的一个词语，它的使用可以被追溯到中国古代。

---

① 范维澄，刘奕，翁文国，等. 公共安全科学导论[M]. 北京：科学出版社，2013：1.

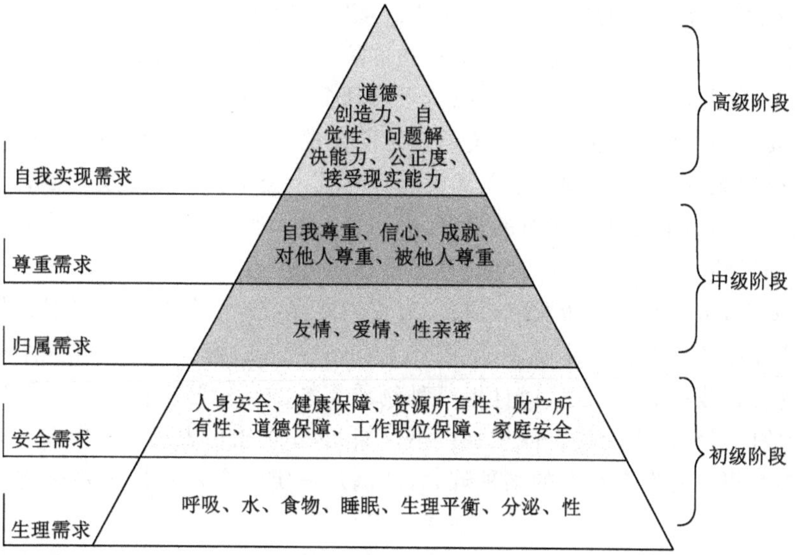

图 1-1　需求层次理论

例如,《易・系辞下传》中有“安而不忘危,治而不忘乱,存而不忘亡”的论述,《左传・襄公十一年》则提出了“居安思危,思则有备,有备无患”的思想。这些观点及其所体现出的安全哲学思考,至今仍令人深思。

不仅如此,从汉字的起源来看,中国许多起源于古代的象形字,至今仍保留着祖先对自然和社会的朴素理解。以“安”的象形文字为例,“安”是“宀+女”的组合(见图 1-2),“女”在“宀”下,“宀”有如四面有墙而上覆盖之屋舍形,意为女子居于屋中,从容娴雅、自在无虞,故为“安全”之意。

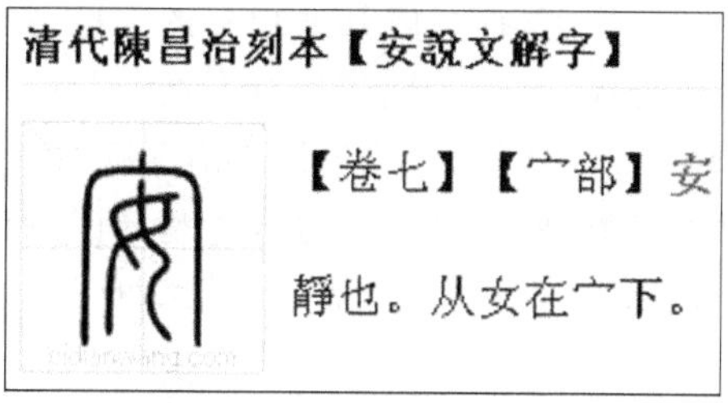

图 1-2　“安”说文解字

由上述文字的造字意图可知,在古时候的人们心中,所谓安全,便是以女子纺织为代表的生产形式来保证家庭生产的稳定,而以民为本则是保证政权稳定的基础。安全两字虽然简单、质朴,但却凸显了当时作为社会基本单元的“家”与作为集合体的“国”之间的微妙关系,也从侧面反映了维持“国泰民安”的安全局面所必需的治理方式。

从对“安全”内涵的界定来看,国内相关权威文献均对其有阐释。例如,在《古汉语常用字字典》中,“安”表示安全、安定、安稳、安逸等意思;“全”则有齐全、完备、完整、保全、全部之意。[①]《辞海》对"安"的首个释义就是"安全",例"今国已定,而社稷已安矣"。[②] 由上述文献对安全的诠释可知,所谓安,即不存在危险;所谓全,指完整、没有残缺,或处于一种完满的状态。因此,对安全的理解,可以从下面几个方面来进行:

第一,安全,指没有危险、尽善尽美的传统安全观念。顾名思义,所谓安全,指"无危为安,无损为全""无危是安,不缺是全",即没有危险且十全十美。此种观念尽管与人类传统的安全观念相吻合,但客观上绝对的没有危险且十全十美的事物或状态是不存在的。因此,此种认知反映了人们对某种安全的理想状态的美好追求。

第二,安全,指人们的生命及财产在没有受到威胁或损失的情况下,能够得以正常、有序地生存或发展的状态。具体而言,所谓安全,不仅指人或物等所在的相关系统不因外在因素而遭受伤害或损失的状态,而且指某种物质系统的动态运动过程——该过程运作的目的,在于使前者免于遭受伤害或损害。不仅如此,安全还可表述为人们关于人和物将不会受到伤害和损失的理想状态的某种理念,即满足一定安全技术指标要求物态的特定技术状态。

第三,安全,指事物存在一定的危险,但该危险的程度尚在人们所能够接受或容忍的普遍状态之中。由此可知,安全和危险不是互不相容的,而是呈现出某种相对的辩证关系。对此,《国家安全学》认为,"安全"是经过对危险识别与管理之后,将风险降至最低的一种状态。[③] 由此论述可知,某个系统即便存在一定的风险,但当该风险处于某种可控或人们所能够普遍接受的状态时,该系统便处于安全的状态;反之,则相反。此种对安全问题的认知,是对以往传统安全观的进一步深化。

与"安全"相关的概念有"灾害""事故""风险""危险""危机"等。

灾害,通常指够给人类和环境造成破坏性影响的突发性事件。这些事件的起因有的是人为的,有的是自然引起的,比如地质灾害、气象灾害、洪涝灾害、地震灾害和海洋灾害等。

事故,一般是指造成死亡、伤害、损坏或其他损失的一些意外状况。美国数学家伯克霍夫认为,事故是人(个体或群体)在为实现某种意图而进行的活动过程中,突然发生的、违反人意志的、迫使活动暂时或永久停止、或迫使之前存续的状态发生暂时或永久性改变的事件。事故所伤害的对象可能是人或财产,也可能是周围的环境,比如一些伤亡事故、设备事故和环境事故。以管理中人为因素造成的结果为依据,事故可以划分为责任事故和非责任事故两种类型。

风险,通常表现为成本或代价的不确定性,往往是指产生的结果可能带来的损失,即对遭受损失、伤害、不利或毁灭性结果的衡量,也可以说是危害性事件发生的可能性与受伤害的程度两者相结合的结果,通常用公式"$R=S \cdot P$"来表达,其中 R 为风险,S 为损失,P 为发生概率。从现代意义上讲,"风险"一词越来越被赋予复杂和深刻的内涵,与人们的行为决策和选择后果联系愈加紧密,成为一种更广泛、更深层次的应用,例如"风险社会"的概念。

---

① 《古汉语常用字字典》编写组.古汉语常用字字典[M].兰州:甘肃教育出版社,2003:2,349.

② 辞海编辑委员会.辞海[M].上海:上海辞书出版社,2010:45.

③ 刘跃进.国家安全学[M].北京:中国政法大学出版社,2004:5.

危险，一般是指导致各种事故的潜在条件，是各种事故发生的前兆，含有危险因子、触发机理和威胁目标等属性。安全与危险是一对矛盾，相伴存在。安全是相对的，危险是绝对的。危险的绝对性表现在事物或技术一诞生危险就客观存在，中间过程中危险有可能变大或变小，但不会消失。危险存在于一切系统的任何时间和空间中。①

危机，通常是指危险的、紧要的和困难的时刻和关头，是一种潜伏的祸害或危险，同时在此种危险中又孕育着机会和转折点。从危机管理的层面上看，危机是相对于常规性决策环境的一种非常态的社会情境，即作为决策者的组织所认定的社会基本价值和行为准则架构面临严重威胁，突发紧急事件以及不确定性前景造成了高度的紧张和压力。从基本动因的角度，危机可以分为两大类，一是主要针对自然灾害和人为因素引起的突发性事件，例如水灾、地震、台风、干旱、核泄漏、火灾、质量事故等；二是由社会中对抗的统一体引发的社会冲突行为而导致的社会失衡和混乱，例如战争、暴力对抗、恐怖主义事件等。②

"风险—灾害（突发事件）—危机"的关系可以用"连续统"解释框架来说明。③ 在一个广泛联系、相互联结、动态发展的复杂世界里，从风险演变为灾害（突发事件）到形成危机是一个连续统一体，具有一定的结构关系（见图 1-3）。

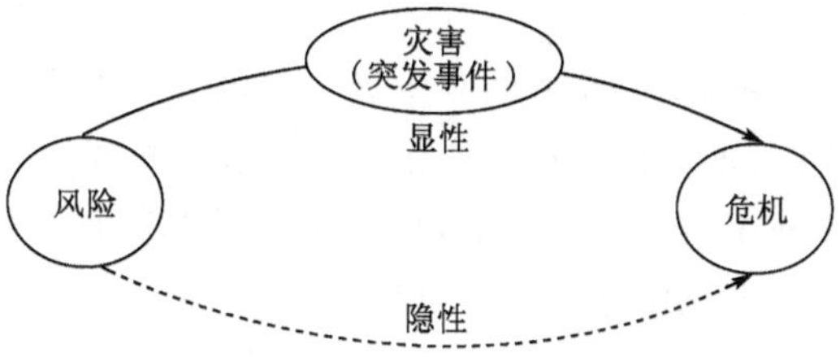

图 1-3　风险、灾害、危机之间的逻辑关系

"连续统"解释框架认为，突发事件扩展了灾害的内涵，却不影响灾害与风险、危机之间的逻辑关联。风险是指一种可以引发大规模损失的不确定性，其本质是一种未发生的可能性。危机是指某种损失所引发的政治、社会后果，其本质是一种已发生的事实。风险在前，危机在后，二者之间存在因果关系，造成危机后果的根本原因是风险。④ 风险的性质决定了危机的性质，引发危机的根本原因是风险；而对于非突发事件，风险的真正后果是危机，而非突发事件。风险积累的程度越深，危机的严重程度越高。风险积累越深，突发事件本身的后果越大。突发事件的属性受制于风险的属性。

（二）安全的属性

1. 安全的自然属性和社会属性

由于自然属性和社会属性共同构成了人的本质属性，也由于安全是人们最基本的需求之一，因此安全本身具有自然属性和社会属性的双重属性。安全所涉及的相关问题，也

① 罗云. 安全学[M]. 北京：科学出版社，2015：3.
② 薛澜，张强，钟开斌. 危机管理：转型期中国面临的挑战[M]. 北京：清华大学出版社，2003：26.
③ 童星，张海波，等. 中国应急管理：理论、实践、政策[M]. 北京：社会科学文献出版社，2012：59.
④ 张海波，风险社会与公共危机[J]. 江海学刊，2006(2)：112-117.

与上述双重属性紧密相关。

首先，安全具有自然属性。一方面来看，基于自身生存和发展的生理或心理需求，人们具有强烈的自我保护意识，而此种因素的存在也为安全的存在及发展提供了主动性的驱动力。另一方面来看，虽然人们对安全问题有较强的渴望，但其对生老病死等自然规律仍然不可抗拒。这种境况迫使人们将安全问题上升到一定高度；生产、生活中，安全问题也不断被动地被提上日程。经过此种主动和被动的驱动过程，安全问题便成为伴随着社会发展的永恒命题。

其次，安全具有社会属性。这主要是指安全要素中那些同人与人的社会结合关系及其运动规律相联系的演化规律和过程。① 对社会属性的理解，也可以从主动和被动两个方面进行。具体而言，社会的稳定和不断进步是位于不同历史时空之中的社会群体所致力于追求的重要目标，而安全则是达成此目标的重要的主动性推动力量和此目标达成的重要表现之一。但是，在不同社会阶段之中所存在的军事、经济和政治等活动内容，并不必然会产生正向效果，而可能产生包括职业问题、技术灾难、生态破坏、交通安全等相关问题，并对人们的生产、生活和社会的健康发展产生直接或间接的危害。面对此种情况，人们试图通过政治、经济、法律或技术手段来进行治理，但此种方式多处于被动地位。

作为一个相对统一的有机体，安全的双重属性具有不可分割性。这是因为在安全要素所涉及的多种元素之间，不仅彼此存在着相对动态和有机联系，而且原本处于相对隔离和静态的元素之间也同处于一个系统之中，且其运动具有其自身内在的规律性。由此可知，针对安全问题的研究，不能仅分析某个单独的要素，而应该将其置于系统之中来考察。从这个意义上来说，安全的系统属性正是安全的自然属性和社会属性的耦合点。② 不仅如此，随着生产力的发展和科学技术水平的不断提升，人们处理安全危机的条件和能力也在逐渐提高。因此，安全的双重属性在耦合的过程之中，也应在一定历史时空中追求某种条件下为人们所能够接纳的耦合条件。

2. 安全的主观属性和客观属性

安全具有主观属性与客观属性的二元统一性，即在主观层面具有对生命和财产的损害不恐惧的放心感觉，在客观层面不存在相关威胁或具有能够对抗相关潜在或现实威胁的某种客观保障。在此种情况下，安全才能够真正得以实现。布赞指出，“研究安全可以是既接近客观性（一种真正的威胁的存在）又接近主观性（一种意识到的威胁存在），没有什么能将这两种方法排列起来”③。李少军亦指出，“所谓安全，就是客观上不存在威胁，主观上不存在恐惧”④，并认为“安全不单涉及客观状态，而且还涉及一种心态，即所谓的‘安全感’……安全状态包括两个方面，即主观方面和客观方面。客观方面是指外界的现状，而主观的方面则是指人们的心态”⑤。

---

① 张景林，蔡天富. 构思“安全学”[J]. 中国安全科学学报，2004(10)：9.

② 李树刚，成连华，林海飞. 安全科学原理[M]. 西安：西北工业大学出版社，2014：6.

③ 维夫，怀尔德，布赞. 新安全论[M]. 朱宁，译. 杭州：浙江人民出版社，2003：41.

④ 李少军. 论安全理论的基本概念[J]. 欧洲，1997(1)：24-33.

⑤ 李少军. 国际安全警示录[M]. 北京：金城出版社，1997：27.

一方面，安全具有主观属性。具体而言，安全可以依附于不同的主体并呈现出各不相同的复合形态，但抛开具体的主体来单独研究安全则是与实践不相符的。换言之，安全所依附的主体是安全存在的载体和基础。此种依附是依据一定客观规律而进行且体现了不同样态的安全的本质区别，故任何一种安全都不能脱离某个主体而存在。比如作为复合概念的“国家安全”，其“安全”便依附于“国家”这一主体。安全首先是一种感觉、体验和心理因素，具有强烈的主观色彩。居于同样的环境之中，年龄不同、性别不同和阅历各异的人对于安全的感觉均会有所不同，这也正是安全的主观属性形成的结果。

另一方面，安全具有客观属性。安全所依附的相关主体，不管是物质主体或是精神主体，其构成要素是客观存在的。这是因为相关主体一经形成，便会以某种方式对周围的人或事带来物质或精神层面的影响。象形文字“安”中的“女子”因为有四面有墙的屋舍之保护，所以才呈现从容娴雅、自在无虞之态，客观之物对于主体主观感觉的重要性，在文字创造之初就被祖先充分地考虑。例如，常言道“钱不是万能的，没有钱是万万不能的”，也说明钱作为客观之物对于主体安全保障的重要物质因素。

二、公共安全的概念与特征

“公共安全”是在“安全”的概念上加上了“公共”这一限定词，从而明确了安全所涉及的具体对象和范围。① 与个体所对应的概念不同，“公共”涉及多人或群体集合所形成的系统性和群体结构性问题。因而，对其概念及内涵的正确认识和把握，有利于提升相关公共安全主体对相关公共安全问题的处理能力，也有助于个体更好地维护个人的生命和财产权益并促进国家、社会的健康发展。

（一）公共安全的概念

公共安全是实现社会和经济发展目标过程中的一个重要的影响因素，故对其内涵的界定是一个非常复杂和困难的事情。换言之，公共安全既可以从广义的角度进行理解，也可以从狭义的视角来看待；既能够从正面的角度描绘一幅安全的图景秩序、正常的生活和生产状态，也能够从负面的角度来阐释各种不安全因素的威胁。在此情况下，对公共安全概念的诠释便存在着较大的差异，诸多学者给予不同的看法。

广义视角下的公共安全是指社会公众在公共领域中，生命、健康和财产的灾险防控与相应社会秩序及生存环境的良善保护。② 余潇枫对公共安全概念的界定，不仅将自然灾害和人为灾难均纳入公共安全的指称对象之中，而且在传统的防控、保护措施之外，还将良善的人文价值选择路径纳入了公共安全的维护措施之中，具有较大的参考价值。

公共安全是指公众享有安全和谐的生活和工作环境以及良好的社会秩序；最大限度地避免各种灾难的伤害；其生命财产、身心健康、民主权利和自我发展有着安全保障。③ 张维平认为，公共安全是一种社会状态，是社会状态的有序。一个社会安定有序，本身就是不同利益群体各尽其能、各得其所而又和谐相处的表现。公共安全是一门科学，它关系

① 李辉，秦绪坤，靳晓宏，等．公共安全管理常用术语概念标准化研究[J]．中国标准化，2017(3)：82.

② 余潇枫．公共安全体系建构需树立“总体公共安全观”[J]．探索与争鸣，2014(8)：15.

③ 张维平．社会学视野中的公共安全与应急机制[J]．中国公共安全（学术版），2007(2)：5-12.

一种伦理道德，反映一种文化，是一门管理艺术和操作技术；它可以产生最大的效益。安全问题主要是指故意或者过失实施危害或足以危害特定和不特定人的生命、健康、公私财产安全和法定其他公私利益的安全。这种观点中的安全问题由自然因素、生态环境、公共卫生、经济、社会、技术、信息等多个侧面组成。这一观点从数个不同的维度对公共安全的内涵进行了剖析，具有较大的借鉴意义。

公共安全是一个城市在政治、经济、文化、社会、生态环境、市民人身健康及资源供给等方面保持一种动态稳定的和谐状态。① 董晓峰等人认为，公共安全不仅包括政治安全、经济安全、文化安全、社会安全和生态安全等内容维度，而且包括广大市民在内的诸多群体正常生产和生活所必需的秩序状态。白钢认为，公共安全问题属于公共产品范畴，是运用公共权力的政府必须向公民提供的服务。② 由此定义可知，公共安全是指涉及城市多数人的生命、健康和公私财产的安全，且包含劳动安全、信息安全、食品安全、医药安全、交通安全、环境安全、人员疏散的场地安全、建筑安全等内容。

公共安全的范畴在国际上和学术界目前还未有一致的共识。罗云认为，对于公共安全的范畴及体系的理解，目前在我国安全语境系统中存在两大安全体系：一是国家安全体系，包括政治安全、国土安全、军事安全、经济安全、文化安全、科技安全、信息安全、生态安全等；二是公共安全体系，包括食品药品安全、安全生产、防灾减灾、社会治安、核安全、消防安全、交通安全、校园安全、社区安全等。而联合国界定的公共安全主要包括：① 自然灾害，即地质、水文、气象、生物等方面的灾害；② 技术灾难，即来自技术或工业的事故；③ 环境恶化，即人类行为导致的环境和生物圈的破坏；④ 社会安全，包括战争和社会动乱等。公共安全顾问组（Strategy Advisory Group-Security，SAG-S）将“公共安全”的概念定义为广义的，包含信息安全、国土安全、自然灾害等宽泛的含义。③

综合以上相关论述，公共安全的概念可以从宏观、中观或微观三个层次进行理解。

从宏观层面来看，目前按照公共安全的表现形式和特征可将其划分为四种类型，即自然灾害、事故灾难、公共卫生安全和社会安全。所谓公共安全，就是把这四种类型的突发事件对人们生命、财产或生态环境所可能产生的各种危害水平控制在人们所普遍能够接受的水平之下的一种状态。这一概念得到国家相关法律的认可。《突发事件应对法》所称的突发事件，主要是指突然发生，造成或者可能造成严重社会危害，需要采取应急处置措施予以应对的自然灾害、事故灾难、公共卫生事件和社会安全事件。④ 因此，在我国当前的公共安全管理实践中，通常按照自然灾害、事故灾难、公共卫生安全和社会安全等四种类型进行编制各种公共安全规划、预案和管理内容。

从中观层面上看，公共安全主要包括自然安全、生态安全、医疗卫生安全、食品安全、交通安全、公共场所设施安全、治安安全、社会保障安全和信息安全等类型的安全范畴。这一论述是中国矿业大学省级研究基地“江苏省公共安全创新研究中心”以公共管理博士

① 董晓峰、王莉，游志远，等.城市公共安全研究综述[J].城市问题，2007(11)：73.

② 白钢.解决公共安全问题刻不容缓[N].人民日报，2004-02-27(13).

③ 罗云.科学构建我国公共安全体系[N].中国安全生产报，2015-06-06(2).

④ 该法由第十届全国人民代表大会常务委员会第二十九次会议于2007年8月30日通过，自2007年11月1日起施行。

点一级学科为后盾，以全国城市调查的“中国城市公共安全数据库”(CCPSD)为基础，通过出版《江苏省城市公共安全蓝皮书(2017)》《公共安全感蓝皮书：中国城市公共安全感调查报告(2018)》等系列成果的过程中形成的一套公共安全的测量指标体系。① 不同的学者根据安全研究目标的差异，把公共安全不同侧面的特征展现出来，从而形成了公共安全的不同内容。郭济认为，公共安全包括自然灾害、治安事故(例如交通事故、技术性事故等)和犯罪侵害三个部分的内容。② 邓国良认为，公共安全危机事件是指自然灾害事故、人为事故和由社会对抗引起的社会冲突行为危害公共安全，造成或可能造成严重危害后果和重大社会影响的事件。③ 白钢认为，严格意义上的公共安全问题，大致可以划分为生产领域的公共安全问题和非生产领域的公共安全问题。④

从微观层面上看，公共安全多指刑法意义上的“公共安全”。刑法学界对此问题的理解也存在较大差异。高铭暄等人认为，公共安全指不特定多数人的生命、健康、重大公私财产及公共生产、生活的安全。⑤ 张明楷认为，对多数人的生命、身体或者财产造成威胁的严重事件就是危害公共安全方面的犯罪。⑥ 刘艳红认为，只要是针对不特定人的生命、身体或者财产的安全犯罪，就是危害公共安全罪。⑦ 齐文远认为，公共安全可以是指不特定人，也可以是指多数人的生命、身体或者财产方面的安全。⑧

由此可知，公共安全的内容不仅涉及人身安全、财产安全、秩序安全等方面，而且其呈现方式也可为物质性或非物质性的对象，故其所涵盖的范围及表现形式具有广泛性。公共安全的概念和私人安全的内涵存在着本质和形式的重大区别。这是因为公共安全活动较为强调活动的公开性和社会大众的参与性，其性质及目的包含社会责任。换言之，作为一种公共物品，公共安全活动及其所提供的服务具有不可分割性和“搭便车”的非排他性。政府向社会公众所提供公共安全产品，应致力于保护社会公众的人身、财产及环境等多方面的安全。

(二) 公共安全的特征

在人类社会发展的历史长河之中，公共安全问题始终给人们带来困扰并影响社会发展。特别是近年来，随着市场功利主义及其他不良因素的干扰，人们面临着由传统安全问题与工业化、信息化发展过程中的新兴安全问题交织而带来的更加严重的全球性风险。该风险已经危及人类社会健康发展的安全基础。在此社会背景下，对公共安全的相关特征进行深入而全面的把握，具有重要的现实意义。

1. 公共性和利益性的统一

公共安全具有鲜明的公共性和利益性。公共性是指公共安全在广度上涉及社会上的

---

① 王义保，许超，曹明. 公共安全感蓝皮书：中国城市公共安全感调查报告(2018)[M]. 北京：社会科学文献出版社，2018：11.

② 郭济. 政府应急管理实务[M]. 北京：中共中央党校出版社，2004.

③ 邓国良. 公共安全危机事件处置研究[M]. 北京：中国人民公安大学出版社，2005：57.

④ 白钢. 解决公共安全问题刻不容缓[N]. 人民日报，2004-02-27(13).

⑤ 高铭暄，马克昌. 刑法学[M]. 8 版. 北京：北京大学出版社，2017.

⑥ 张明楷. 刑法学[M]. 5 版. 北京：法律出版社，2016.

⑦ 刘艳红. 刑法学各论[M]. 2 版. 北京：北京大学出版社，2006.

⑧ 齐文远. 刑法学[M]. 3 版. 北京：北京大学出版社 2016.

每一个人,利益性是指公共安全在程度上关系到每一位公民的切身利益。公共安全与每个人的生命安危、财产利益和生活质量息息相关,是每一位公民从事正常生活、学习、工作和交往所必不可少的外部环境和社会秩序。尤其近年来,自然灾害事故频繁发生,收入差距的拉大不断加剧群体之间利益冲突,经济快速发展引发的生态环境问题等公共安全风险不断加大。上述问题一方面不断影响人们的生活生存环境,另一方面也更加彰显公共安全的公共性和利益性。

公共性是公共安全的特有属性。《现代汉语词典》对"公共"的释义是"属于社会的;公有公用的"。一般意义上,公共的是指供不特定的人或人群使用的,凸显了事物具有的非排他性和非竞争性,即公共的事物是无法阻止某个人(或群体)使用的。公共管理中的"公共物品",就是指具有非排他性和非竞争性的物品,也就是在消费上具有非排他性的、在生产上具有非竞争性的物品,例如"国防、治安、公共秩序等"。公共性对应的是私人性,公共领域对应的是私人领域。公共领域通常是指由公共权力机构依照一国法律法规授权所管理的公共生活领域。私人领域是指以个体独立人格为基础的私人活动范围。显然,公共安全由于是不特定的人或人群所享有的,是一种具有非排他性和非竞争性的公共物品,因此具有明显的公共性。

公共安全是社会中每一位公民生存生活所应该享有的权利。利益驱动是人的行为的原始动力,利益的追求成了人们活动的指南。人们对利益的追求往往源于人的本性,求生的利益是人在生存危机中所追求的第一权利,比如获得食物、居所、就业、社会福利、医疗保障等,其中公共安全是生存中最重要的环境条件。公共安全是一个国家的经济社会发展的重要条件,是人民群众安居乐业、安身立命的基本保证,是每个人获得充分全面而自由发展的先决条件。

2. 随机性和普遍性的统一

作为对某种动态特征的描述,公共安全具有较大程度上的随机性和灵活性,以及由此而带来的相对性和不确定性。因此,绝对意义上的公共安全状态并不存在,它只是对一个相对稳定的安全发展阶段的描述。由此可以看出,公共安全事件的爆发有其必然性,但在何时何地爆发却有其不确定性。但是,这种不确定带来了政府管理上的难度,使政府安全管理部门难以预测危机发生的时间、地点、强度和规模,也就难以制定绝对周全的安全事件预案。

公共安全问题具有全球意义上的普遍性。公共安全的领域涵盖生态环境、事故、社会卫生和社会安全等各个领域。虽然公共安全产生的原因各不相同,但是公共安全的危机却对全球各个国家或地区造成了威胁。特别是当各个危机长期潜伏并在某个导火索的引爆下集中爆发时,其所产生的破坏力更是令人心惊。基于公共安全类型的广泛性、影响的普遍性和危害的深刻性,公共安全问题已经成为世界各国学者所重点关注的问题。但由于各种因素的制约,却又难以将此类问题予以一次性彻底解决。

作为普遍性与随机性的有机统一体,公共安全领域所潜伏的相关危机往往不易为人所轻易察觉,故其爆发具有突然性,给人们的心理易带来更大的震撼性。特别是随着现代文明和科学技术的发展,相关公共安全问题所带来的负面影响越来越大,其损失越来越难以挽回。在充满不确定性的公共安全危机中,每年都有数额巨大的人员伤亡或物质损失。特别是随着全球贸易战争的愈演愈烈与恐怖主义的盛行,原本处于随机性和不确定性的公共安全危机，也正在变得更具有普遍性。

3. 广泛性和复杂性的统一

安全是人们生存和发展的基本需求之一；公共安全是人们身心及财产等利益得以确保的必要条件。如果人们安全的需求无法得到满足，那么建立在其基础上的社交、尊重和自我实现等其他高级需求便无疑是空中楼阁，而人类社会也将面临停滞或倒退的恶性风险。基于此种意义上的重要性，公共安全的影响具有广泛性，同时它也是人类所广泛期待的基本需求。

不仅如此，人们通过公共安全的管理过程，得以规避或消除相关风险，从而在较大程度上保证社会各系统内资源的有效运行。反之，由人、事物和相关环境所组成的有机系统的运作情况，在较大程度上也决定了公共安全能否得到实现。这是因为，人与物之间、人与环境之间，以及物与环境等要素之间的关系虽较为复杂，但作为安全主体的人自身所具有的认知、态度、情感和行为的复杂性，以及人与人之间纷繁复杂的各种社会关系，更令公共安全问题的复杂性大为增加。公共安全问题的潜伏性、公共安全致因的复杂性，使得公共安全问题倍加棘手。

由上可知，公共安全具有多种特征，不同特征之间相互作用及影响，因此解决公共安全问题是一项长期的战略性任务。人们应时刻保持应有的责任心和警惕性，用客观、发展和动态的眼光去审视和解决公共安全问题，并开拓新时代环境下的公共安全管理新局面。

三、公共安全的分类

作为任何个人或群体、组织所必须依赖的重要生存环境，公共安全是一个国家长治久安的重要前提，也是一个社会持续健康发展的重要保证。基于公共安全的重要性，古今中外的政府把公共安全治理和维护作为自身的重要管理职能。公共安全繁纷复杂、内容丰富，呈现出形态各异的类型。

（一）依据突发公共事件划分

2005 年 1 月 26 日国务院第七十九次常务会议通过了《国家突发公共事件总体应急预案》，并于 2006 年 1 月 8 日发布并实施。其中，依据突发公共事件的发生过程、性质和机理的不同，可将公共安全事件分为自然灾害、事故灾难、公共卫生事件和社会安全事件等四种类型。

1. 自然灾害

自然灾害是由于自然要素（气象、水文、地质）的变化引发的，主要包括各种水旱灾害、气象灾害、地震灾害、地质灾害、海洋灾害、生物灾害和森林草原火灾等。由于大气污染，生态环境遭到破坏，不仅产生了严重的温室效应，而且其他自然灾害也频频发生。此种严重的生态环境问题，已经摧毁了不计其数的居民家园，一旦听之任之，放任不管，终将要夺走成千上万人的生命。

在自然环境的恶化等原因所导致的自然灾害的影响之下，广大人民群众的切身利益受到严重影响，甚至个人的生命和财产安全也会受到严峻挑战。在此种态势之下，作为一个洪水、地震、台风、沙尘暴和泥石流等自然灾害频频发生的国家，中国抵御自然灾害的任务十分艰巨，相关公共部门也需要对自然灾害方面的工作予以高度重视。

2. 事故灾难

事故灾难是由于生产疏忽所导致的不安全事故，主要包括工矿商贸等企业的各类安全事故、交通运输事故、公共设施和设备事故、环境污染和生态破坏等突发性的人身伤亡或环境事件。在世界各地，各种类型的事故灾难时常发生。其原因虽然各有不同，但有一点却是相同的，即忽视公共安全问题。其中，在各种事故灾难之中，不仅诸如列车或汽车相互撞击、飞机坠落或爆炸等交通运输事故会产生突发性的人身伤亡，而且在人员密集区域发生的火灾或建筑设施坍塌事故，同样会引发群死群伤的骇人惨剧。近年来，世界上大型公众聚集场所因过度拥挤、恶性踩踏等所造成的大规模人员伤亡事件也时常发生。例如因各种原因所导致的麦加踩踏事件在 30 年间便曾经发生过 11 次①，每一次均伤亡惨重。在我国发生的 2014 年上海外滩踩踏事件所造成的后果令人触目惊心。

各种事故灾难的发生，不仅造成了巨大的经济损失，而且使大量的人群在极度恐惧中失去了宝贵的生命，更使幸存者及其家属长期生活在心理伤害的阴影之中，造成了不可估量的负面影响。我国相关公共部门应从中吸取教训，对事故灾难予以高度重视并展开针对性的治理行为，有效规避安全事故的发生，竭力减少因麻痹思想和侥幸心理等主观因素而诱发的各种灾难事件。

3. 公共卫生事件

公共卫生事件主要包括传染病疫情、群体性不明原因疾病、食品安全和职业危害、动物疫情以及其他严重影响公众健康和生命安全的事件。近年来，世界上发生了艾滋病、疯牛病、登革热、非典型肺炎（SARS②）和禽流感等多起大范围的传染疾病。这些传染性疾病具有传染性强、致死率高、难以预防和根治等特征，因而导致大量人员因被传染致病而失去宝贵的生命。不仅如此，这些疾病的大范围传染，严重影响了人们正常的生产、生活和社会秩序，给人类社会的建设和发展带来了极大的破坏。因为公共卫生事件影响的严重性，所以对其的预防、治理工作，已经成为世界各国政府所重点关注和紧密防范的公共安全问题之一。

但是，由于对一些非法利益的追求，一些生产经营单位或个人不惜以身试法，罔顾众多消费者的生命和财产安全，导致部分不符合相关卫生标准规定的产品在市场上肆虐流行。例如，毒白酒中毒事件、学生集体食品中毒事件、火锅配料掺杂有害石蜡事件、毒韭菜事件、地沟油事件等公共卫生问题，威胁着人们的健康安全。屡禁不止的制假售假、监管不力造成的各种公共卫生事件值得各级公共部门管理者、研究者深入思考。

4. 社会安全事件

社会安全事件主要包括重大刑事案件、恐怖袭击事件及规模较大的群体性事件、经济

① 白贵. 盘点历史上的麦加踩踏事件：近 30 年曾发生 11 次[EB/OL]. (2015-09-25)[2018-12-18]. https://new.qq.com/rain/a/20150925021794.

② SARS：严重急性呼吸综合征，即“非典型肺炎”，简称“非典”。

安全事件等。[1] 在当前国际形势不断变换的情况之下，部分国家或地区在政治、军事、经济和文化等领域的竞争呈现愈演愈烈的态势，并导致各种矛盾或冲突层出不穷。特别是恐怖主义由部分地区向全球范围的逐渐扩散，使得各种绑架、爆炸等恐怖主义事件频发，直接危及普通民众的财产或生命安全，严重破坏了社会秩序。值得警惕的是，一些地方爆炸、投毒等恶性案件，杀人、绑架等暴力犯罪以及由人民内部矛盾处理不当而引发的一些群体性事件等还是存在的。上述现象需要公共部门加大对社会安全事件的重视和治理。

社会安全事件除了包括上述传统社会安全事件之外，还应该包括诸如城市安全、信息安全、能源安全、金融安全等非传统安全事件。由于这些非传统安全事件具有非常规、非典型、非对称等特征，故其规律性也难以把握，因而一些潜在的社会危害可能更大。当前我国已经进入了一个改革发展关键时期，人们思想观念和价值观发生变化，利益格局不断调整，经济体制得到变革，社会结构出现变动，加之国际政治、经济、军事等因素相互影响，不同文化、地缘和宗教冲突及矛盾交织其中，因此社会中不确定、不稳定和不安全的因素仍然存在，社会安全事件不可忽视。

（二）依据公共安全属性划分

依据公共安全的属性对公共安全进行分类，一般可分为自然安全和社会安全两种类型。

1. 自然安全

自然安全主要有气象灾害安全、地质灾害安全、海洋灾害安全、生物灾害安全等类型。一般而言，自然灾害呈现出全球性的特征，且具体表现为气候变暖、大气污染、臭氧层被破坏、酸雨频繁、土壤退化、物种多样性锐减等多种类型。基于人与自然之间的紧密联系，故上述各种类型的自然灾害不仅会严重影响人类赖以存活的特定自然空间，而且还可能会危及子孙后代的生存基础。

在各种自然灾害中，由温室效应所引发的自然灾害较为常见。温室效应在一定程度上虽然为地球生态系统的有序运转提供了温和的保护性的气候等重要条件，但由于工业社会中温室效应的加剧，各种极端天气不断肆虐全球。由温室效应所引发的厄尔尼诺现象，在世界各地越来越频繁地引发了诸如干旱、高温、洪水、飓风等气候性灾难，并给当地民众造成了巨大的生命和财产损失。不仅如此，日益频发的酸雨，不仅对人的免疫功能产生负面影响，更会导致农作物出现大幅度减产等不良状况。当然，除了上述极端性自然灾害之外，还存在着诸如空气雾霾、水污染、固体废弃物污染等人们常见的问题。此类问题和人们的生活、生产的联系更为密切，对人们日常生活的威胁更为直接，也更应该引起人们的警惕。

2. 社会安全

所谓社会安全，是指由一系列人为因素所导致的交通安全、食品安全、生态安全、公共卫生安全、网络安全和治安安全等相关安全问题。社会安全可能会引发经济运行紊乱、社会矛盾激化、社会治安恶化等一系列问题。这些问题在某种时空下往往会和

---

① 郑振宇.从应急管理走向公共安全管理：应急管理发展的必然趋势[J].福建行政学院学报，2008(6)：25.

民族、宗教、历史等因素交织起来，进而引发地区性的骚乱、恐怖袭击、战争等恶性社会安全问题。

人类科技进步和交往全球化所带来的变化虽然给人类文明发展带来了较大的契机，但随之而来的不同文明冲突和科技应用失范等方面的问题所引发的各种不确定性及由此导致的复杂风险，把人类社会置于风险社会的威胁之下，使得人类自身发展面临着各种不可预期的挑战。在复杂性日益加剧的风险社会中，人们如何应用科学化思维和高科技力量所带来的化解问题的能力，提升和创造更加符合风险社会趋势的安全环境，去规避各种不确定性所造成的社会冲突、动荡和紊乱等安全性问题，缓解由此带来的社会安全焦虑与精神顽疾，已经成为一个人们所面对的严肃性问题。

（三）依据公共安全主体划分

依据公共安全的主体来对公共安全进行分类，一般可分为国际安全和国内安全两种类型。

1. 国际安全

所谓国际安全，是指国际政治安全、国际军事安全、国际经济金融安全、文化意识形态安全等。例如，目前中国与一些周边国家之间仍然存在着因陆地、海洋归属等问题所导致的个别纠纷。这些矛盾因涉及主体的复杂化和其他不确定性因素影响可能会产生一系列国际安全问题。目前所存在的东海海洋权益争端、南海问题、钓鱼岛主权问题等一系列国际问题，所涉及的国家和地区不仅包括日本、韩国、菲律宾、越南等诸多国家或地区，而且背后的利益纠葛更是牵涉其他发达国家或地区。参与主体的多样性及问题的复杂性，为国际安全问题的解决增加了众多影响因素，加大了问题解决难度。除此之外，在多方利益博弈下，一些看似普通的经济问题，也往往被一些政府或政客所利用甚至被操纵，不排除引发一些国际安全事件的可能性。另外，除涉及领土安全、经济安全等重大国际安全事件之外，目前仍然存在着诸如国际恐怖主义、跨国贩毒等国际犯罪问题，以及大规模杀伤性武器扩散和大范围传染性疾病传播等其他国际安全问题。上述问题直接或间接地会对我国形成一定的压力。

2. 国内安全

所谓国内安全，是指在一个国家疆域之内发生的政治、经济、社会、文化、信息、科技、交通、生态等诸多方面的安全问题。进入新时代的中国社会主要矛盾已经由人民日益增长的物质文化需要同落后的社会生产之间的矛盾，转化为人民日益增长的美好生活需要和不平衡不充分的发展之间的矛盾。人们不仅对物质文化生活的要求变得更高了，而且增加了在民主、法治、公平、正义、安全、环境等方面的要求。一些以往在交通、经济、能源、科技等领域中没有被重视的隐藏问题，而今逐渐被人们发现并给予更多的关注，由此产生了一系列前所未有的国内安全问题。例如在信息安全领域，随着计算机技术和互联网科技等相关信息科学技术的发展，人们得以享受到“支付宝”“微信”等以往不曾拥有的信息便利，但是，诸如病毒、黑客、隐私权被侵犯等一系列严重问题使得人们对于“垃圾短信”“骚扰信息”“信息诈骗”“校园贷”等信息安全问题深恶痛绝。一方面，人们对信息供给的多样化和稳定性的需求日益增加；另一方面，信息产品与服务的鱼龙混杂和有关方面的监管缺失，导致国内存在的信息安全问题亟待治理。

（四）依据公共安全领域划分

首先，从总体国家安全观的角度，可将公共安全领域划分为11种类型。2014年4月15日在中央国家安全委员会第一次会议上，习近平总书记提出总体国家安全观。该观点涵盖政治安全、国土安全、军事安全、经济安全、文化安全、社会安全、科技安全、信息安全、生态安全、资源安全、核安全等11种不同领域的安全问题。总体国家安全观，不仅是对传统安全观和非传统安全观、公共安全观和人类安全观的进一步延伸和拓展，同时也是在中国和平崛起的历史语境之中孕育而出的一种国家治理战略。

其次，以“空间逻辑”来划分一个国家的公共安全体系，则可将其主要分为“国防”“境防”“灾防”三大块，即军事性的、抵御主权受侵犯的国防安全，进行出入境口岸执法的境防安全（或称口岸公共安全），维护国内各类公共领域的灾防安全（消防、交防、社防、技防、物防、安防等）。① 就某个空间或区域而言，对公共安全体系进行划分是公共安全类型的具体化。例如针对一个城市的公共安全体系，可将其划分为自然安全、生态安全、医疗卫生安全、食品安全、交通安全、公共场所设施安全、治安安全、社会保障安全和信息安全等类型。② 如此划分有利于对城市进行分级、分类和分领域地展开安全风险预防、监测、预警、应急和恢复重建等应急管理工作。

再次，从“内容逻辑”来划分，公共安全体系主要包括生命安全、财产安全、生产安全、公共产品安全和公共场所安全等五大块。其中，生命安全包括生命健康及与此相关的食品药品安全等；财产安全包括个人与公共财产的安全拥有；生产安全主要指无重大事故与无质量事故的状态；公共产品安全包括公共教育、公共卫生、公共文化、公共交通以及公共设施有序且均等地提供；公共场所安全则指一切公共场所中各类活动的安全保障、出入境的安全保证及公民在海外的活动安全。③ 还有一些学者认为，当下与未来公共安全主要面临着15种重大威胁，即地震、暴雨内涝、台风、塌陷、化学品泄漏、火灾、新型传染病、有毒食品不良反应、抗生素类药品不良反应、污染、大面积停电、交通瘫痪、恐怖主义、个人极端行为及群体性事件等。④

第二节　公共安全管理相关范畴

随着人类社会的快速发展，风险的社会属性日益突出并在人们社会实践中产生重要影响。德国学者贝克在1986年出版的《风险社会》一书中提出了“风险社会”的概念。风险社会是一组特定的社会、经济、政治和文化的情景，其特点是不断增长的人为制造的不确定性的普遍逻辑，它要求当前的社会结构、制度和联系向一种包含更多复杂性、偶然性和断裂性的形态转变。⑤ 处于社会转型期的中国，不仅面临着其他国家爆发的贫富分

---

① 余潇枫．公共安全体系建构需树立“总体公共安全观”[J]．探索与争鸣，2014(8)：15．

② 王义保，许超，曹明．公共安全感蓝皮书：中国城市公共安全感调查报告(2018)[M]．北京：社会科学文献出版社，2018：11．

③ 同①．

④ 张海波．公共安全管理：整合与重构[M]．北京：生活·读书·新知三联书店，2012：18．

⑤ 徐艳晴．风险社会背景下的公共服务：挑战与应对之道[J]．新视野，2015(6)：90．

化、社会失序、道德滑坡等共性问题，而且面临着因自身经济、文化等影响而产生的特殊性安全问题。例如，2003 年 SARS 事件、2005 年吉林松花江水污染事件、2008 年南方地区雪灾、2014 年上海外滩踩踏事件、2015 年天津滨海新区爆炸事故、2018 年问题疫苗事件，以及 2019 年江苏响水化工企业爆炸事故等。这些问题为我国的公共安全管理敲响了警钟。

一、公共安全管理概念

作为一种理想的状态，公共安全是人类有史以来孜孜以求的最重要的一项公共需求，也是人们赖以生存、生活和生产的一种美好状态。如今，公共安全已经是世界各个国家安全的重要组成部分，也是社会进步和文明的重要标志。① 无论是后工业社会中所存在的技术性风险和制度性风险，或职业事故、疾病等古典工业社会之中存在的风险，均与地震、飓风等前工业社会的各种风险并存于历史的舞台，并随着生态环境的恶化和各种社会公共危机的爆发而呈现出愈加频繁的态势。② 风险社会背景下，世界各国均对公共安全管理问题予以重视。美国和澳大利亚将公共安全管理视为“紧急事态管理”(Emergency Management)，新西兰将其称为“民防紧急事态管理”(Civil Defense Emergency Management)或“民防”(Civil Defense)。不同国家或地区针对不同的公共安全事务展开了相似的安全管理工作。

在我国早期，包括与自然界各种风险进行斗争的公共安全管理就开始萌芽了。后来的公共安全管理主要是指统治者为了防止被统治者推翻自己的统治，或是为了防止其他国家、外来民族对本国疆土的入侵，以维护自己的最高权威而进行的行政管理活动。③ 时代的发展和现代社会的进步给公共安全管理增添了新的内涵。从公共安全管理的内涵及外延来看，公共安全管理主要指的是维护公共安全的主体(通常是政府及其相关部门或公共服务机构)依照国家法律法规，制定和执行公共安全政策，履行相应的职责和义务，通过组织、领导、指挥、协调和全体工作人员的共同努力，实施预防、处置、恢复等行为，为社会公众提供保障生活、生产等安全的公共服务活动。④ 从公共安全管理的主体、公共安全管理的对象和公共安全的环境出发，对公共安全管理过程中的“谁在管理”“管理什么”“什么环境”等三个层面进行分析，可以明确公共安全管理三要素(见图 1-4)。公共安全管理者(人)、公共安全管理对象(物)和公共安全管理环境(环境)构成了公共安全管理的三个重要部分。

作为研究公共安全管理活动的科学，公共安全管理不仅需要宏大的战略眼光，而且需要对具体的管理过程予以重视。公共安全管理过程，是以政府为主要角色的公共安全主体为了实现社会安全的意图和目标而实施的持续不断的组织、协调、指挥、控制等一系列活动。⑤ 公共安全管理的职能，反映出公共安全管理的实质是政府公权力对公共安全的

① 闫钟. 社会转型期的城市公共安全分析[J]. 山西大学学报(哲学社会科学版)，2009(5)：20.

② 张海波. 风险社会与公共危机[J]. 江海学刊，2006(2)：112-117.

③ 郭文亮. 加入 WTO 与中国社会主义意识形态发展研究[M]. 广州：中山大学出版社，2005.

④ 刘春德. 论公共安全服务管理的内涵、特征及其在社会管理中的地位[J]. 长春工业大学学报(社会科学版)，2013(2)：62.

⑤ 张维平. 社会学视野中的公共安全与应急机制[J]. 中国公共安全(学术版)，2007(2)：5-12.

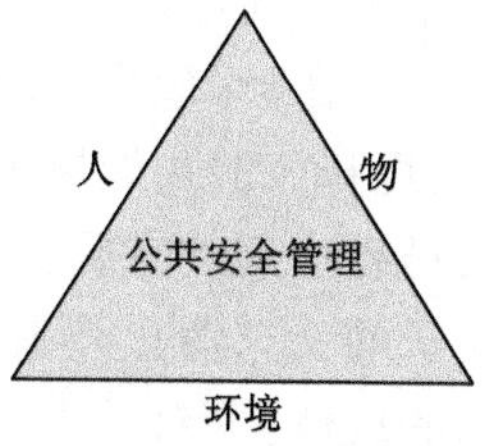

图 1-4　公共安全管理三要素

保持、保护和恢复，其根本目的则是消除威胁、预防灾难，挽救生命、保护财产，减少损失，迅速恢复、持续维护社会稳定和正常的生产、生活秩序。①

因此，所谓公共安全管理，是指随着风险社会的发展，为了维护人民生命、财产和生活环境的安全目标，由政府、公共组织和社会团体所承担的，围绕各种灾害、灾难、事故、危机等突发性事件，通过行政、法治、经济、思想等手段进行决策、组织、协调和控制，包含安全预防、监测、预警、应对和善后等环节的公共管理过程。

二、公共安全管理有关理论

（一）公共安全三角形理论模型

经过多年公共安全管理的实践和总结，纵观突发事件从发生、发展到造成灾害作用直至采取应急措施的全过程，以范维澄院士为首的团队提出了公共安全三角形理论模型（见图 1-5）。公共安全三角形理论模型可用以研究突发事件的出现、发生、发展到突变的演化规律，以及突发事件所产生的能量、物质和信息等风险作用的类型、强度及其随时间和空间的变化机理。

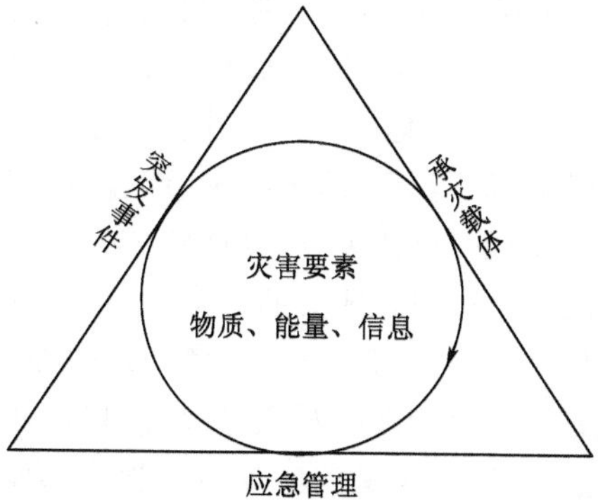

图 1-5　公共安全三角形理论模型

公共安全三角形理论模型中的三个边分别是突发事件、承灾载体和应急管理。突发事件、承灾载体和应急管理这三个维度具有复杂的时空耦合关系，构成了公共安全管理的复杂性系统。在这样复杂的系统中提升应急管理的能力和水平，是学术界需要面对的一项重要课题。

① 张国臣. 廉洁文化在社会治理创新中的效能研究[M]. 郑州：郑州大学出版社，2014：166.

公共安全三角形理论模型的三条边之间以及与灾害要素之间都具有密切的联系。灾害要素的表现形式为物质、能量、信息。比如，危险化学品泄漏的灾害要素类型是物质，地震的灾害要素类型是能量，火灾中燃烧释放的热能属于能量，火灾有可能导致社会恐慌和群体事件的谣言是信息。灾害要素只有达到一定临界值或者被非常规触发的时候，它才成为突发事件。突发事件是灾害要素的状态演化到超出临界值造成破坏性作用的过程。承灾载体是承受突发事件破坏作用的载体，要对承灾载体在突发事件作用下和自身演化过程中的状态进行量化。同时，承灾载体本身蕴含的灾害要素也可能在突发事件的作用下被意外释放进而造成次生灾害。各类承灾载体像人一样有老化的过程。比如老龄化城市过程中很多基础设施处于临界破坏状态，即使没有突发事件作用也可能发生破坏导致突发事件发生。应急管理的对象既包括突发事件也包括承灾载体，也可以理解为，应急管理的对象是灾害要素，既包括造成突发事件的灾害要素，也包括承灾载体蕴含的灾害要素。应急管理的目的在于认识突发事件过程中灾害要素的发展演化规律及其产生的作用，认识承灾载体在突发事件所产生的物质、能量和信息等要素作用下的状态及其变化、可能产生的功能破坏及其可能发生的次生衍生事件，进而掌握上述过程中如何施加人工干预，从而预防和减少突发事件的发生，弱化其作用，增强承灾载体的抵御能力，阻断次生事件的发生，减少损失。①

（二）应急管理与危机管理

“应急管理”概念的发展有一个从“灾害”管理到“突发事件”管理的变化过程。灾害是自古以来人类面临的一个重要话题，人类的历史可以说是一部灾害抗争史。从古代传说中的“挪亚方舟”“大禹治水”到现代的SARS事件、“9·11”恐怖袭击事件，灾害表现为从当初的自然灾害形式到现代社会的各种危机形式。当然，无论是自然灾害还是人为灾害，都给人类社会带来极大的恐惧、威胁和社会失序。传统的“灾害”内涵不断发展，灾害不应该仅仅被看作自然的或技术的风险，还应该是基于社会正常运行的例外。能够承担起这一双重使命的概念应当是“突发事件”（Emergency）或“突发公共事件”（Public Emergency）。这一高度抽象化、中性化的概念在中国当前的政治和社会情境中尤其容易被人们接受。中国灾害管理经历了救灾、防灾减灾、综合减灾等几个阶段，正迈向应急管理（Emergency Management）阶段。从“灾害”管理到“突发事件”管理的过程，预示着应急管理的内涵及其复杂性的迁移和转变。狭义的应急管理是针对突发事件的管理。从管理实践上看，原有的灾害管理应扩展为应急管理，应急管理的外延有待于进一步增加向前的风险管理与向后的危机管理。风险管理的对象是风险，风险是一种未发生的造成损失的可能性。危机管理的对象是危机，危机是已经发生的损失事实。广义的应急管理是全过程应对体系意义上的管理，即涵盖风险管理、突发事件管理、危机管理的全过程管理。应急管理、风险管理、危机管理之间的结构关系如图1-6所示。应急管理只有被纳入国家治理结构优化的整体框架，进行风险管理、应急管理、危机管理“三位一体”的战略治理，加强系统治理、动态治理和主动治理，并从全球化和国家转型这两大历史进程出发，才能化解中国当前面临的主要来源于国内结构性风险的各种危机。②

---

① 范维澄，闪淳昌，等. 公共安全与应急管理[M]. 北京：科学出版社，2018：73.

② 童星，张海波，等. 中国应急管理：理论、实践、政策[M]. 北京：社会科学文献出版社，2012：58，60，63.

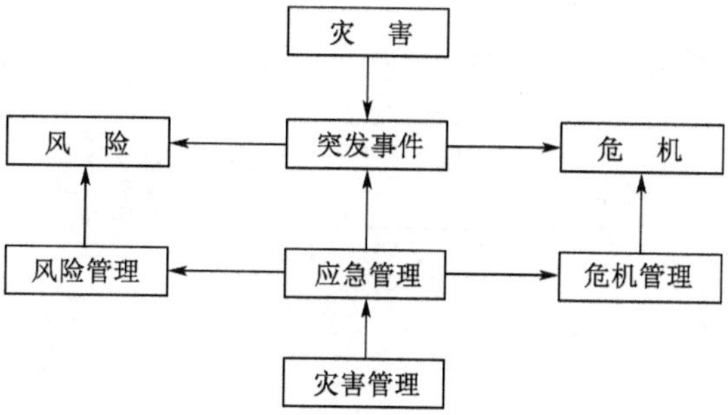

图 1-6 风险管理、应急管理、危机管理的结构关系

(三)安全管理与应急管理

"安全管理"与"应急管理"是两个经常遇到的概念,在一些时候甚至被人们所混用。其实,对于这两个概念,在学术界和实践领域也存在着一定的争议。阐释好二者的关系非常重要,因为这涉及在国家学科和专业建设过程中,安全管理与应急管理到底哪一个是一级学科哪一个是二级学科的重要问题。目前,在已有的学术研究成果中,对于二者关系存在着并列、包含和被包含的三种解释。

1. 应急管理与安全管理并列

应急管理是一种非常态管理,安全管理是一种常态管理,常态管理和非常态管理两种管理方式共同构成了公共治理的内容。薛澜认为,应急管理和危机管理主要是针对非常态管理而言的;风险管理则是居于常态管理和非常态管理之间,主要强调的是如何防范和应对各类风险、突发公共事件或危机。如何定位应急管理机构的工作职能是各级地方政府建立之初面临的一项较为复杂的问题。一般政府机构多表现为"功能性",具有某一专业领域的具体职能,例如规划、建设、商务、工商管理等。但是,应急管理机构成立的目标和作用与这些"功能性"机构有所不同,它具有"使能性"功能——不是要替代现有政府机构的功能,而要把现有部门与应急相关工作职能抽出来后进行统一管理。这是在保持原有功能性部门职能基本不变的情况下,通过统筹、协调、监督等方式,来促进现有机构在应急管理工作中发挥作用,提高其应急管理能力。①

从应急管理工作流程看,安全管理和应急管理是两个并列的管理环节。夏保成认为,安全管理是一种日常的预防性管理,是一种风险管理,作用在于减除组织运行中的安全风险。然而,当这种安全状态一旦失去,就形成了意想不到的突发事件。应急管理是一种面临突发事件发生后的响应性管理,在突发事件来临时要积极进行准备、预警、响应,在突发事件得到遏制或消除后还要做好善后工作,以使组织重新恢复到原来的安全状态。因此,安全管理与应急管理在处理组织安全问题的过程中交替进行,形成了周而往复的应急管理工作流程(见图 1-7)。②

① 薛澜.从更基础的层面推动应急管理:将应急管理体系融入和谐的公共治理框架[J].中国应急管理,2007(1):17-19.

② 夏保成.西方应急管理学科内涵初探[J].中国应急管理,2009(10):15-20.

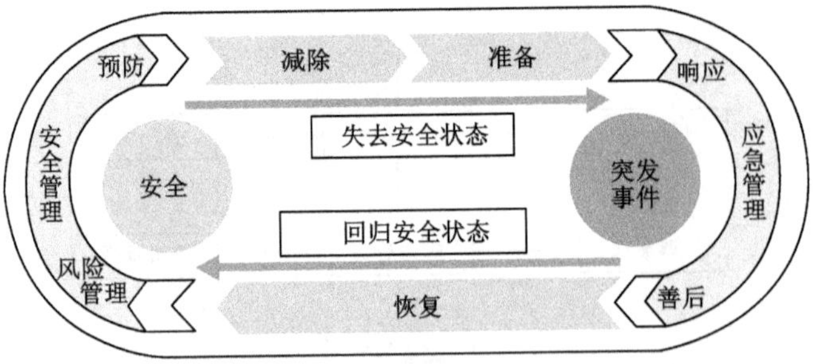

图 1-7　应急管理工作流程

在企业管理实践中，安全管理和应急管理通常被认为是并列的管理活动。安全管理与应急管理均属于企业管理的重要环节，和其他类别的管理一同构成企业管理体系。① 但是，安全管理与应急管理存在着主动性与被动性上的差异。一般认为安全管理是指运用现代技术手段，辨析、评估及处理生产过程中的不安全因素，防止发生人身伤亡、财产损失、环境污染等事故；侧重点为安全，着眼于不出事故，注重事前预防，消除其脆弱性，是主动的动态管理。然而，应急管理指的是为了降低突发事故的危害程度，通过建立必要的应对机制，有效集成各方资源，采取一系列必要措施对突发事件进行有效的监测、控制和处理，保障公众生命和财产安全的有关活动；侧重点为事故的处理，着眼于事后把损失降到最低，具有被动应对的特性。②

2. 应急管理包含安全管理

应急管理的概念大于安全管理的概念。按照时间序列分析并结合危机的生命周期理论，应急管理可以分成不同的阶段，其中安全管理是应急管理的一个重要环节。

4R 理论是应急管理阶段论的典型理论。4R 理论是由美国危机管理专家希斯在《危机管理》一书中率先提出的，即危机管理是由缩减（Reduction）、预备（Readiness）、反应（Response）、恢复（Recovery）四个阶段组成（见图 1-8）。③

其中，缩减管理是危机管理的核心内容，是四个阶段中最为重要的一环。积极地管理风险而不是被动地等待风险转化为危机，这是安全管理的主要内容。减少可能出现的危机攻击和影响，做好防范、处理危机情况的各种准备，并尽可能地降低风险，从管理的环境、结构、系统和人员等几个方面入手，对组织的内部管理和外部环境进行安全风险评估，提高全体组织成员的安全管理意识，提升领导和员工的安全管理素质，能够最大限度地减少危机的成本与损失。只有将缩减活动作为安全管理的关键部分，才能有利于降低组织的安全风险和威胁，达到危机管理的“化危为机、无危可管”的目标。

西方“应急管理”的概念，已经涵盖了非常态和常态的全部内容，具有了“安全管理”的内涵。应急管理的内容，绝不限于紧急事态或突发事件本身，而应包括所有引发紧急事态

① 岳宇. 应急管理与安全管理协作服务企业安全生产[J]. 甘肃科技纵横，2017(5)：60.
② 刘建华. 浅析安全管理与应急管理的协调合作[J]. 智能城市，2018(11)：134-135.
③ 希斯. 危机管理[M]. 王成，宋炳辉，金瑛，译. 北京：中信出版社，2001：32.

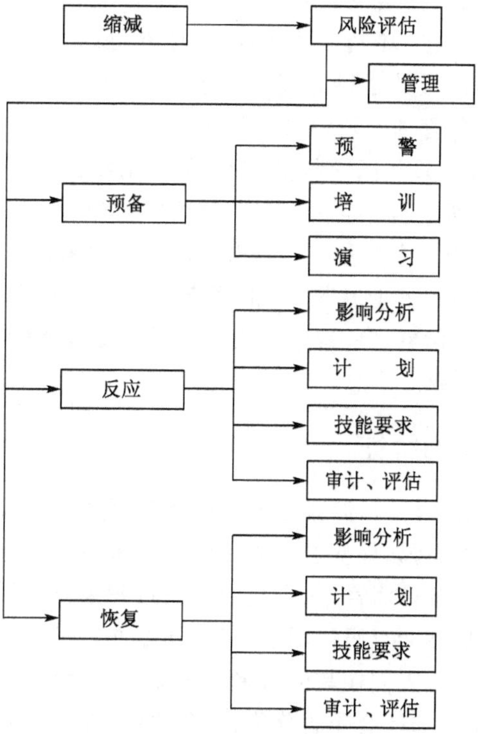

图 1-8　危机管理 4R 理论模型

的问题。从时间序列上讲，它包括突发事件从酝酿到发生、应对、恢复的全过程；从处置要素上讲，它包括不同的响应系统；从预防方面来讲，它包括风险管理的各种要素。①

3. 安全管理包含应急管理

安全是国家、社会和人民生存发展的重要条件。人类自古以来从未停止对安全的追求和管理。安全的系统是由人、物、环境等要素构成的。使安全系统各要素达到安全标准或可接受风险程度水平，是安全科学、工程和管理所担负的职责和功能。安全作为一个学科发展起来是比较近的事情。20 世纪 70 年代以来，随着科学技术飞速发展，高度电气化、自动化和机械化日益引发损失惨重的事故，因此对安全科学的研究呼之欲出。例如 1974 年《安全科学文摘》在美国出版，1981 年库尔曼出版《安全科学导论》，1990 年"第一届世界安全科学大会"在德国科隆召开。1949 年以后，我国安全学科发展经历了劳动保护工作阶段—劳动安全卫生阶段—职业安全健康阶段—公共安全体系阶段，安全科学的范畴经历了从"小安全"到"大安全"的转变。所谓小安全是指：目标仅是生命安全，安全领域仅是劳动保护、安全生产，适用范围仅是生产安全或生产企业，研究对象仅是事故灾难。21 世纪以后安全科学范畴不断扩大，目标从生命安全扩大到身心安全、健康保障、财产安全等，领域从劳动保护、安全生产扩大到公共安全、生活安全等，适用范围从生产安全或生产企业扩大到公共社区、社会治安等，研究对象从

① 夏保成. 西方应急管理学科内涵初探[J]. 中国应急管理，2009(10)：15-20.

事故灾难扩大到自然灾难、社会突发事件、公共卫生等。基于系统科学原理的安全科学学科体系中，按照人、物、环境、管理四个要素划分，其中管理 3E（Engineering、Education、Enforcement）涉及的学科有安全信息技术、安全管理体系、安全系统工程、安全经济学、事故管理、应急管理、危机管理等。①

在国家标准《中华人民共和国学科分类与代码国家标准》（以下简称《学科分类与代码》）中，把安全学科的一级学科命名为“安全科学技术”（代码 620），下设 11 个二级学科，其中公共安全（62080）下有应急决策指挥（6208035）、应急救援（6208040）等相关学科。在 2019 年 3 月教育部新增本科专业目录中，把辽宁工程技术大学、太原理工大学新增的应急技术与管理（082902T），放在了一级学科安全科学与工程类（0829）的目录中，该目录下另有安全工程（082901）专业。

三、公共安全管理的特征

安全是人类的基本需求之一，同时也是人类社会存在的重要前提和推动人类社会健康发展的重要驱动力。然而，如果从宏大的历史视野来看，绝对的安全并不存在，而只是表现为一种相对的状态。具体而言，从人类的发展过程来看，早期人类社会的发展历史，在较大程度上便是先人们不断克服苦困难、解决问题并追求一个相对安全状态的历史过程。即便是物质极大丰富且人们在其他诸多方面取得巨大成就的今天，社会安全形势仍然不容乐观，反而出现了诸如社会矛盾分化、社会冲突尖锐、食品安全问题频发，以及环境污染、疾病大范围传播等诸多问题。

受风险社会语境等各种因素的影响，与传统社会相比，人们当今所面对的公共安全形势并没有得到根本改观，反而出现了很多社会大众普遍关心的新问题。在此新的社会语境之下，公共安全管理也呈现出了一些新的特征。

（一）公共安全管理是一种优化的战略管理

公共安全管理是公共事务治理的一种崭新模式，而且是一种优化的战略管理。换言之，与以往多呈现为被动特征、危机事件发生后的有限时间及有限信息存在高不确定性等应对风险的应急管理不同，公共安全管理能够通过对相关不确定性所引发的风险进行系统分析和科学评估，并能够采取针对性的措施来设法实现资源的最优化配置，更为有效地规避相关风险或设法减少或消泯因相关风险所带来的损失，从而可以有效降低管理成本，提升管理效率。

当然，作为公共安全管理的早期发展阶段，应急管理的存在自有其必要性。然而，随着时代的发展和市场经济的逐步深化，该管理模式的部分弊端逐渐暴露出来。这是因为，应急管理关注的研究对象是突发性的公共事件，管理的起点是消泯或消减相关风险衍变为突发公共事件的可能性，并试图达到预防和减小事件发生所造成损失的主要目标。应急管理虽然重视突发事件的应急处置，但却在较大程度上忽视了对该事件的预防管理，也往往缺少对相关危机的信息预警机制。随着此种问题受关注程度的增加和对此研究领域的持续扩展和深化，公共安全管理脱颖而出并逐渐发展成为一门学科，同时包括自身法

---

① 罗云.安全学[M].北京:科学出版社,2015:32-35,67,80.

律、制度等方面的机制建设研究也越来越完善、科学。

同时,作为一种优化的战略管理,公共安全管理应时刻将人民群众的利益放在首位;而不能本末倒置,将对物的价值置于人的价值之上。这是因为,历史上的危机管理有着强烈的物质主义倾向,它将发展看作物质财富的积累,同时将人的需要简单地还原为物质欲望,并为了达到物质生产最大化的目的而过度地对自然进行开发甚至掠夺,过度地强调生产的发展,而无视人们对良好的生活环境、安全的工作环境、和谐的社会环境乃至安全的食品等基本的需要。① 此种观点,在较大程度上表现出了物质主义价值观的部分观点,认为"物的世界的增值同人的世界的贬值成正比"②,从而出现在具体社会实践之中将人工具化并削弱人的价值的不良倾向。此种不良倾向,也容易诱发过度重视经济利益而忽略各种安全保障的状况。与此相反的是,若公共安全管理将对人的价值置于物的价值之上,不仅可以体现对人本价值的基本尊重,而且更可以取得社会大众对相关政府行为的理解和支持,从而更为有效地促进某些公共安全问题的解决。

(二) 公共安全管理是以政府为主导、多主体参与的多中心治理

在传统的社会语境下,政府往往倾向于以某种包揽的方式来对相关公共安全事务进行管理。如果运作得当,此种管理方式固然可以在某个领域树立或强化自身的权威;然而,如果运作失当或发生政府失灵现象,同时也有可能发生资源浪费或事件恶化等不良状况,从而令政府威信受到严重损伤,并有可能导致政府陷入"塔西佗陷阱"之中。不仅如此,此种政府"垄断"公共事务治理的管理模式,在较大程度上缩减了社会相关主体或非政府组织参与管理公共事务的机会和空间,降低了其积极性,可能导致政府与民众之间、政府与企业之间,以及政府与其他第三方主体之间信息交流渠道减少或交流不畅现象的发生,从而可能会削弱政府的执政能力。由此可知,随着民众素质的提升和第三方主体参与社会治理能力的提升,特别是随着风险社会场域的蔓延,政府治理公共安全事务的能力在一定程度上被限制。因而,政府更需要契合时代需求,将以社会公众和民间组织为代表的社会力量吸纳进政府治理的组织之内,并以此为基础来建构公共安全管理的多中心治理模式。

建构以政府为主导、多主体共同参与的多中心治理模式,是强化现代政府治理的时代需求。换言之,在传统的社会语境中,社会组织的发展尚处于初级阶段,民众自觉参与社会治理的积极性不高且缺乏参与应急管理的相关知识,而政府对公共安全事务的治理仍然停留在传统的应急管理体制之下,也缺乏常设而独立的公共安全治理机构。以传统的国家从上而下建立的应急管理机构为例,其具体领导机构为国务院及之下的国务院工作组、国务院相关突发公共事件应急指挥机构,办事机构有国务院应急管理办公室,工作机构有国务院有关部门,地方机构有地方各级人民政府,专家组则包括国务院专家组、各应急管理机构专家组等。③ 此种组织机构及管理模式,在面对突然爆发的公共安全事故时,往往出现各部门各自为政、各行其是的情况,并会导致资源耗费和事务推动不力等情况。

---

① 姜尔林.当代我国公共安全管理的困境与反思:发展主义的视角[J].华东理工大学学报(社会科学版),2013(5):69-74.

② 中共中央马克思恩格斯列宁斯大林著作编译局.马克思恩格斯文集:第1卷[M].北京:人民出版社,2009:156.

③ 郑振宇.从应急管理走向公共安全管理:应急管理发展的必然趋势[J].福建行政学院学报,2008(6):26.

即便临时成立相关工作小组，也会面临连续性不够、缺乏法定权限、部门协调不畅等情况，不利于及时、顺畅推动相关突发性公共安全事件的解决，而且也会因准备不足或仓促应对而陷入被动的困境。

在新时代背景下孕育而出的公共安全管理理论认为，作为一个有限责任政府，政府在处理相关公共安全事务的进程中，不仅应发挥自身的动员、组织等各种功能，而且还应该克服自身权力扩张的惯性，主动将相关权力过渡到能够发挥积极作用的相关公众或社会组织手中。强调政府的主导作用，以及社会组织和公众等其他各主体的多方参与效应，有助于完善和优化以政府为主导、多主体参与的多元互动和多元共治的公共安全管理模式。此种公共安全管理模式，不仅强调了各个政府机构作为一个有机整体来参与处理公共安全事务的必要性，而且强调了政府机构所应该承担的相关责任。具体而言，不同政府部门的共同参与，使共同制度的制定、信息资源的共享、人员结构的优化、职能的分配和机构的重组等成为可能，也有助于建构一套日常化的、各主体协同运作的公共安全事务高效管理系统；社会公众等各社会主体对公共安全事务积极而有效的参与，不仅可以减少自身对政府过度依赖的现象，提升自我保护和管理能力，而且还可以减轻政府工作压力，使政府的工作重心更为鲜明且对某些问题的处理更富效率；以政府为中心且多主体参与的多中心治理模式，不仅可以强化政府的权威性，而且可以减轻政府财政负担，强化政府在关键领域的财力保障机制。

（三）公共安全管理是一种法制管理

所谓法制化，简单地说，就是把应该用法律规制的内容进行制度化、程序化，将相关行为纳入法律规制的范畴，由相应的制度对其进行规定、制约，这既有利于行为的规范化、程序化，提高效率，也有利于对其进行监督与约束，更有利于实现人民的合法权利。[①] 由此定义可知，公共安全管理的法制化建设，不仅是我国公共安全管理科学体系建构的一个重要环节，而且对于公共安全事务管理的科学化、规范化、标准化和国际化等方面具有重要的客观意义。换言之，公共安全管理法律体系的建构与完善，可以从事前的预防环节、事中的处置环节、事后的恢复与重建等环节全过程对各参与主体的权利与义务进行明确和规范，从而保障公共安全管理事务的有序和有效开展。

公共安全管理的法制化建设，是一个缜密而富有逻辑的科学建构过程，需要科学思维的引导与契合实际的操作流程。我国目前已经制定出台了一系列公共安全管理的法律或法规，具体包括：《突发事件应对法》《安全生产法》《防震减灾法》《传染病防治法》等相关法律规范，以及《国家突发公共事件总体应急预案》《国家安全生产事故灾难应急预案》《国家突发公共卫生事件医疗卫生救援应急预案》等相关行政规章。上述法律法规的制定，在较大程度上提升了我国治理突发公共事件的能力及公共安全管理的制度化和规范化水平。

随着时代的发展，上述法律制度体系仍然存在一些诸如综合性公共安全法规待强化等方面的瑕疵或缺陷，因而仍然需要进一步加强安全应急管理法律法规建设，以确保公共安全管理有据可循、有法可依和执法必严。例如，在政府部门对相关公共安全事件进行管

---

① 祝建华，倪克敏.最低生活保障制度城乡统筹发展过程中服务输送机制的完善[J].浙江工业大学学报(社会科学版)，2015(3)：316.

理或介入时，应在职权范围内行使权力，以尽可能减少因应急措施而对其他公民或非政府组织的合法权益造成各种负面影响等。

（四）公共安全管理是一种全面管理

风险社会的普遍存在及社会风险的共时性特征，决定了公共安全事件存在的普遍性、多样性、共时性等特征，以及由事件爆发的偶然性所引发的强大冲击性等其他特征。换言之，公共安全事件一般类型繁多且分布领域广泛；同时，技术发展所引发的不确定性使公共安全事件呈现危害性强、规模大、影响途径多、传播速度快、涉及范围广、国际化程度日益加深等特点。

对于中国而言，由于受社会转型及科技发展等因素所引发的不确定性影响，自然安全、公共卫生安全、信息安全、社会安全、文化安全等公共安全领域隐藏着一系列安全隐患。有些隐患已经给社会民众的财产安全和生命安全造成了重大损失。针对此种情况，传统的应急管理体制也在监测、干预、消除等相关公共安全事务管理方面进行了各种努力，并力图减少因公共安全事件所造成的各种损失，但在实际工作过程中，该应急管理体制针对“事件”来进行管理，对突发性公共安全事件的事前预防不足，且缺乏系统的安全预防机制来规避相关危机的出现。例如，部分地方政府机构往往倾向于将目光聚焦于专业队伍建设上，而对于公众安全意识的培养和教育却较为匮乏，从而在较大程度上增加了公共安全事故发生的概率。

针对上述情况，公共安全管理在汲取传统应急管理精华的基础上，提出了在一定区域范围内进行全面危机管理的理念。具体而言，公共安全管理理论认为，公共安全管理的对象不仅应当涵盖传统的应急管理的相关对象，而且还应该包含后者所没有涵盖的生物安全、信息安全等新的管理对象；公共安全管理应当突破狭隘的地域限制，将管理的重心从城市延伸到农村，从国内延伸到国外；公共安全管理应当采用从预防、准备、应对到恢复的全过程管理，这四个环节构成一个完整的周期，一环扣一环，缺一不可，称之为“全面方法”①。此种方法将预防和减除灾害放到了非常重要的地位，以试图在灾难发生之前来消减它发生的概率，或在其发生后尽力降低所造成的伤害程度。由此可知，与传统的应急管理相比，公共安全管理无论是从事件类型、地域范围、过程管理等各方面均有了大幅度的提升，因而更符合社会的发展和政府、民众的现实需求。

四、公共安全管理的基本原则

在公共安全管理过程中，负责安全管理的相关组织或机构，依据相关法律法规对自然安全、事故灾难、公共卫生和社会安全等领域诸多公共安全事务进行管理。基于现实社会的种种需求，公共安全管理工作应遵循以下科学原则。

（一）遵循法律规范，进行科学化管理

法律对社会全体成员具有普遍效应的约束力。法律不仅维护了社会稳定，而且为国家各项事业的蓬勃发展提供了稳定的环境。作为通过对公共安全事务进行有效管理的相关职能部门，应该在遵循相关法律制度的基础上，通过推动公共安全管理的法制化运作进

① 郑振宇.从应急管理走向公共安全管理：应急管理发展的必然趋势[J].福建行政学院学报，2008(6)：28.

程，来捍卫最广大人民群众的相关权益。

首先，作为一系列相关规则制度的集合体，法律体系以不同的方式诠释了人民群众的权利和义务。作为我国法律体系的重要组成部分，公共安全管理相关的法律制度亦需要从人民群众的根本利益出发。法律在对人民群众的合法权益进行保护且对人民群众权利行使和义务履行的途径提供便利的同时，更需要对侵犯人民群众合法利益的相关行为进行严厉打击。这是因为，对相关公共安全管理法律制度的有效落实，不仅可以捍卫法律的神圣性和保证社会的公平、正义，而且可以有效提高行政管理的工作效率和水平、提升国家形象和法律在人民群众心中的权威性，更可以防范因各种行政失误所带来的权力滥用的风险。

其次，由于所牵涉主体的多元性和关系的复杂性，故现实社会中的公共安全问题一般具有潜伏性、偶发性、复杂性和长期性等特征。上述特征及其所引发的各种不确定性的风险和危机，给我国公共安全管理带来了较大困难。针对此种情况，相关公共安全管理的职能机构应在尊重客观现实的基础上，深入把握公共安全事务发展的内在规律，以现代公共安全管理理论为指导，采用科学方法，对人力、物力和财力等各种资源进行优化配置，以便更好地发挥职权效能。

（二）各司其职，多中心治理

公共安全问题类型多样且充满复杂性，因此负责处理公共安全事务的相关主体所面对的问题也存在长期化、全面化的可能。在耗时久且工作量巨大的情况下，仅仅依靠政府的力量，便显得较为单薄。例如，仅就公共安全政策而言，便牵涉政策的制定者、管理指令的发出者和具体行动的执行者等多个政府部门，以及相关社会团体或其他非政府组织。由此可知，不同类型的公共安全管理主体自身的特性不同，且在公共安全事务的管理过程中发挥着不可替代的重要作用。

参与公共安全治理的多个主体之间，往往具有各自相对独特的性质。因而，在推动公共安全事务处理的过程中各主体所发挥的效能也会存在差异。换句话说，作为主导性的存在，政府在公共安全事务的处理过程中扮演着领导者和组织者的角色；包括社会团体在内的诸多非政府组织则围绕着政府共同构成了一个多中心负责的治理体系。

由上述可知，各司其职和多中心治理，有助于厘清公共安全治理的各主体并充分发挥各自的职能权限，科学处理彼此之间的各种联系；有助于推动相关公共安全事务的有效解决并为公共安全提供有效保障。

（三）预防为主，确保安全

作为一个跨时较长且过程复杂的工作，公共安全管理部门或机构在处理公共安全事务的过程中，不仅要合理处置那些已然发生且类型不同、级别也有较大差异的公共安全问题，而且更要对现实社会中潜伏或已经被确认存在的公共安全问题进行全面把握、系统梳理并及时排解隐患，从而规避现实危害的发生。换言之，相关公共安全管理的主体在工作中应该具有前瞻性，从思想或行动中做好预防工作；对相关问题的发生具有预见性，善于从蛛丝马迹之中发现问题并提前做好针对性措施，真正掌握安全工作的主导权。

确保公共安全目标的实现，是公共安全管理工作的根本目的，而达成此目的的有效手段则是以预防为主。作为公共安全管理的根本目的，公共安全不仅仅包括自然领域、事故灾难领域的安全保障，还包括社会、公共卫生等相关领域的安全目标。此种根本目的的有效实现，具有重要的社会意义和实践价值。这是因为，公共安全不仅关系到人民群众合法利益的保护，而且关系到国家利益的维护。因此，公共安全管理机构或部门应通过优化管理流程、提升管理艺术、采用先进的管理技术等方法，为公共安全目标的最终实现夯实基础并提供不竭的动力。

第三节　公共安全管理学科发展

作为自然科学与社会科学相交叉的一门新兴科学，公共安全管理的学科地位和作用在整个社会中得到了进一步的认同和提高。随着社会的发展和时代的进步，公共安全问题涉及的时空范围也在不断扩展。为了科学应对公共安全所面临或即将面临的种类更多且难度更大的诸多挑战，有必要对公共安全管理学科发展的相关问题进行探讨。

一、不同学科视角下的公共安全管理

由于涉及领域及主体的多样性和复杂性，公共安全管理研究领域往往会牵涉多个学科领域，同时也会因理论工具、研究方法或研究视角的不同而有不同的看法。因此，搭建公共安全管理的多学科知识架构体系，有利于克服仅从某个单一学科看待问题所引发的“盲人摸象”的尴尬处境，更有利于从不同的学科视角对公共安全管理工作进行认真审视和系统梳理，从而有助于对安全管理方法和体系进行再丰富和完善。

（一）安全科学视角

如果以安全科学之中的大安全观的视野来对公共安全管理的研究对象进行审视，则可以将公共安全管理分为自然安全、生产安全、食品安全、交通安全、军事安全、公共卫生安全等各种不同的研究类型。针对研究对象的不同类型，国内外相关学者进行了不同研究并取得了一系列研究成果。以时序为依据对相关研究成果进行划分，则可以大致将其分为三个阶段。

第一阶段，以库尔曼为代表的诸多学者的研究视野主要着眼于技术应用中的安全问题。库尔曼明确指出，公共安全管理的主要研究对象为技术应用中的安全问题，而军事或社会的安全或保安问题则不在其中。[①] 库尔曼的此种思想，在国内颇有影响力。早期中国因受苏联体制的影响而将劳动保护视为安全科学的研究对象，随后又将工业卫生（职业病）纳入其中。但是，此种变迁基本没有超出以库尔曼为代表的学术思想对安全科学研究对象的界定范畴。

第二阶段，学者们在对早期以库尔曼等为代表的学术思想进行批判性吸收的基础上，把财产安全纳入安全工程考量范畴之内。不仅如此，大量学者还以系统的理论和方法对该领域构成机构及运行机制进行了探索性研究，并提出了对安全相关因素进行界定的

① 张景林，王晶禹，黄浩. 安全科学的研究对象与知识体系[J]. 中国安全科学学报，2007(2)：17.

"人-机-环"系统模式。①

第三阶段,学者们的研究领域逐渐扩展到自然、社会和人相关的安全问题。具体而言,面对逐渐频繁发生且危害日益严重的自然灾害或社会安全问题,以及国际范围内政治、经济和军事等快速变革所引发的其他问题,人们对安全问题更加具有敏锐、深刻的感知。随着大安全观的确立和安全交叉学科的不断发展,人们对公共安全的了解也在不断拓展和深化。在此时代背景下,众多学者将研究视野投射到更为广泛的领域,与天灾人祸有关的安全问题被纳入研究范畴。例如,比利时学者格森认为,安全科学是研究人、技术和环境之间的关系并建立以三者之间平衡共生状态为目标的科学。②

(二)政治学视角

以政治学视角,对公共安全领域的研究主要聚焦于政治安全、国家安全和国际安全等数个层面。具体而言,刘跃进于 2004 年出版的《国家安全学》③较早地从经济安全、政治安全、文化安全等诸多方面对国家安全学的理论体系进行了全面而系统的探讨,颇具影响力。随后,其他学者亦将研究视角转移到此领域之中并取得了一系列丰硕成果。

在众多学者的共同努力之下,我国公共安全研究领域取得了蓬勃发展。例如,杨毅在《国家安全战略理论》中试图对中国特色社会主义国家安全战略理论体系进行系统建构,张文木在《全球视野中的中国国家安全战略》中从地缘政治的视角对我国的国家安全和国际安全问题进行了系统研究,孙德刚在《危机管理中的国家安全战略》中以危机管理的视角,提出了国家安全战略的相关指导性原则。除上述研究之外,其他相关学者亦进行了不懈的努力并取得了丰硕的成果。由此可知,我国政治学领域对公共安全管理的研究总体上是在和平发展的时代观以及互信、互利、平等、协作的新安全观等理念指导下进行的。④此种理念在较大程度上反映出政治学领域对我国公共安全管理的指导性思路。该思路所体现出的建设性观点激发了我国学者从政治学视角对公共安全管理问题的深度思考和不懈探索。

不仅如此,政治学视角的安全研究发现:安全问题是最大的政治问题,政治是解决安全问题的重要途径。在此视角下,如何构建一个符合现代社会理念和价值(民主、法治、公平、自由)的安全的国家政治,不仅需要来自国家安全、军事安全、经济安全、交通安全、食品安全等传统安全领域的思考,更需要来自信息安全、金融安全、城市安全等其他非传统安全领域的智慧。总之,需要用科学的政治学智慧,推进解决当前所面临的诸多公共安全领域问题。

(三)经济学视角

基于涉及问题的复杂性和牵涉主体的多样性,公共安全问题的解决离不开经济层面的支撑。目前,以经济学视角切入公共安全领域的研究,不仅包括从宏观视角来对国内经济安全问题进行的剖析,也包括从微观层面对相关经济安全事务的探讨。

首先,以宏观视角对国家经济安全事务进行的分析来看,研究呈现不同的特点。具体

---

① 张景林,王晶禹,黄浩.安全科学的研究对象与知识体系[J].中国安全科学学报,2007(2):17.

② 李树刚,成连华,林海飞.安全科学原理[M].2 版.西安:西北工业大学出版社,2014:8.

③ 刘跃进.国家安全学[M].北京:中国政法大学出版社,2004.

④ 房广顺.和谐世界理论与中国外交观念创新研究[M].北京:北京师范大学出版社,2014:130.

而言，陈凤英在《国家经济安全》中指出，全球经济一体化语境下的世界各国彼此之间的经济依存度日益加深，但其他众多安全问题的凸显也使经济安全面临的风险日趋增大；雷家骕在《国家经济安全：理论分析方法》中，对经济全球化背景下存在诸多有利与不利因素下的国家经济安全的相关理论与分析方法进行了重点剖析；刘斌在《国家经济安全保障与风险应对》中，以经济发展方式变革的角度切入，分析了我国经济安全问题产生的原因并提出相关针对性策略。此外，其他学者亦从不同层面对相关问题进行了剖析，从不同方面提出有利于强化我国经济安全事务管理的针对性策略。

其次，一些学者也从微观层面对经济安全问题进行了深入研究。例如上海财经大学财经研究所等出版的《国民经济安全研究》，便较为系统地呈现了国内股票市场、房地产市场等不同经济市场之间的互动关系，以及受此关系影响下的各因素之间日渐显著的连锁反应与骨牌效应的内在逻辑。何维达等人在《国家能源产业安全的评价与对策研究》中，主要针对国内能源安全问题进行了深入探索。

（四）社会学视角

以社会学视角对公共安全管理理论的研究，既有以社会学体系对公共安全问题的系统探讨，也有对人类社会领域之中各种冲突或风险的深入研究。

就国内研究状况而言，颜烨不仅对安全社会学的学科基础、社会功能进行了分析，还从基于自然-社会系统的安全分类、基于个人-社会关系的安全分类、基于所属主客体对象的安全分类的角度，对以安全行动—安全理性—安全结构—安全系统的逻辑体系进行了系统梳理。① 王菊芬和蒋莱认为，公共安全环境的建构对于社会的稳定和国家的发展具有重要意义。② 肖群鹰和朱正威从风险指数、预警、诊断、评估、管理绩效等方面构建了社会风险评价和公共危机治理的实践路径。③ 沈国明从城市危机管理的角度建构了城市安全的理论体系。④ 刘潜和徐德蜀认为安全是人的身心免受外界不利因素影响的存在状态（包括健康状况）及保障条件，并认为安全具有人、物、人与物的关系及其系统。⑤ 郑杭生和杨敏则认为安全是指特定的社会行为主体在实际生存和发展过程中所拥有的一种有保证或有保障的状态。⑥ 当然，随着互联网所代表的虚拟社会和客观现实社会之间互动及重复程度的增加，许多学者亦从网络安全等方面进行了研究，从而深化了学界对于公共安全相关问题的思考。

就国外研究状况而言，西方学界以社会学视角对公共安全问题的研究，主要从整体安全和个体安全两个维度展开，相关理论成果也主要从这两个层面来论述。贝克在《风险社会》中，认为人类所面临的各种威胁生存的相关风险均是由放弃整个社会的安全利益而保护一部分个人利益的自私自利的人类行为所制造的；在此基础上，他将后现代社会定性为风险社会，将安全视为当今风险社会的价值追求及社会问题的动力基础，并倡导人类应该

---

① 颜烨．安全社会学[M]．2 版．北京：中国政法大学出版社，2013：4-6.

② 王菊芬，蒋莱．社会组织与公共安全[M]．上海：上海三联书店，2013.

③ 肖群鹰，朱正威．公共危机管理与社会风险评价[M]．北京：社会科学文献出版社，2013.

④ 沈国明．城市安全学[M]．上海：华东师范大学出版社，2008.

⑤ 刘潜，徐德蜀．安全科学技术也是第一生产力[J]．中国安全科学学报，1992(1)：1-10.

⑥ 郑杭生，杨敏．个体安全：一个社会学范畴的提出与阐说[J]．思想战线，2009(6)：34-42.

通过反思现代性的问题来应对与解决社会风险。① 科塞在《社会冲突的功能》中，首度提出了冲突理论，并对冲突所具有整合器、安全阀的功能进行了系统论述。② 迪尔凯姆则在《自杀论》中，对以个体心理学的传统角度对自杀现象研究的不足进行了批判，同时提出应从社会层面进行视角转换，这也体现了从社会角度对个体安全的关注。③ 上述诸多学者对该领域所进行的研究，不仅理论借鉴意义颇大，而且对相关问题的论述也颇具新意，具有较好的参考价值。

（五）军事学视角

从人类悠久的发展历史来看，人类一直都有以军事力量来保卫城邦或国家的传统，而作为国家安全重要组成部分的军事安全，也一直备受关注。以军事学视角切入公共安全管理的研究，不仅包括以历史视角对公共安全管理的深入归纳和梳理，也包括对军事安全理论的系统梳理和体系化研究，更包括对军事安全实践路径的不断探索。此种以历史、理论和实践三个维度对军事安全领域的探索，至今仍然有重要的借鉴价值。

从历史角度来看，中外军事家凭借其个人或集体的努力，对军事安全有了较为深刻的认识。其中，我国古代的大军事家孙武，在大量军事理论与实践相互结合的基础上，以著作《孙子兵法》对其所处历史时期军事安全的相关规律进行了探讨，大大丰富了当时人们对该领域的认识。在近代西方，军事理论家克劳塞维不仅直接对军事战争的本质进行了思考并得出了“战争无非是政治通过另一种手段的继续”的著名观点④，而且还对民众战争、军事防御与进攻之间的辩证关系、集中兵力与歼灭敌人之间的关系、人的精神因素在战争中的影响等方面进行了系统论述。除了这两位杰出军事家的研究成果外，诸多军事著作有关战略、战术问题的探讨，在较大程度上提升了人们对军事安全哲理等方面的认知。上述中外军事家的各种探索，对当今社会军事安全思想的形成与发展提供了巨大的推动力。

在汲取前人丰富成果的基础上，刘强出版的《国际军事安全论》⑤，不仅对国家军事安全进行了历史追溯，而且以现实的眼光对其进行了认真审视。在此基础上，该书还以地缘政治理论、新安全观等理论对均势制衡、军事结盟等方面进行了深入探讨和系统梳理，从而在较大程度上推动了我国军事安全理论与实践的建构进程。

二、公共安全管理学科属性

首先，公共安全管理是一门兼具自然科学属性和社会科学属性的交叉学科。公共安全管理既涉及自然因素，是科学、技术和工程研究的对象；同时与社会因素紧密相关，是哲学、人文和社会科学关注的领域。它既要探索、解释并试图解决一系列自然安全问题，同时也要对相关社会问题进行归纳、梳理和妥当处理。作为一门科学，公共安全管理学科最早起源于对包括自然技术在内的诸多自然问题的思考，故而其较为倾向于分析和解决自

---

① 贝克. 风险社会[M]. 何博闻，译. 南京：译林出版社，2004.

② 科塞. 社会冲突的功能[M]. 孙立平，等译. 北京：华夏出版社，1989.

③ 迪尔凯姆. 自杀论[M]. 孙立元，腾文芳，编译. 北京：北京出版社，2012.

④ 魏力苏. 为什么会有战争：弗洛伊德战争思想的解读[J]. 科学·经济·社会，2015(3)：11.

⑤ 刘强. 国际军事安全论[M]. 北京：时事出版社，2010.

然领域内的相关问题。但是，随着时代的发展和社会科学的进步，一些社会问题的重要性日益突出且不断引发人们的重视。因此，人们也往往倾向于以既有的自然领域的相关原理和方法来处理或解决某些新产生的社会问题。一些自然领域的研究方法和指导思想，如今已在灾害社会学、灾害经济学等领域得以应用。

其次，公共安全管理是安全科学的一个重要组成部分。安全科学在公共安全事务管理中的具体运作，在较大程度上构成了公共安全管理的主要内容。从此角度来看，如果要对公共安全管理的学术属性进行深入探讨，则可以追溯到安全学科的领域之中。安全科学是一门研究安全与危险的发生、发展过程，揭示其原因及其防治技术，且以探索安全与矛盾运动规律为目标的科学。然而，目前国内对安全科学的相关研究，呈现参差不齐的状态。国内外学者对安全心理学、安全行为学、安全经济学、安全文化学、安全管理学等具体学科进行了较早的关注，而安全哲学、安全社会学、安全法学、安全伦理学、安全新闻学等也随后逐渐出现并被探索；①同时，尽管有专门文献提出了建构安全历史学和安全政治学等学科的可行性，但仅有部分文章零星提及构建安全教育学、安全传播学、安全文艺学、安全美学等学科的观点。②

虽然安全学科具有相对复杂的学科属性，但作为新兴的综合性学科，《学科分类与代码》(GB/T 13745—2009)对此进行了具体的探索。《学科分类与代码》是我国关于学科分类的国家标准，最新版本是 2009 年由国家质量监督检验检疫总局、国家标准化管理委员会发布。该标准规定了学科分类原则、依据、编码方法、分类体系和代码，不仅适用于学科信息分类、共享与交换，也适用国家宏观管理和部门应用。在《学科分类与代码》中，“安全学科”的一级学科名称是“安全科学技术”(代码 620)(见表 1-1)，其应用涉及社会文化、公共管理、行政管理、建筑、土木、矿业、交通、运输、机电、林业、食品、生物、农业、医药、能源、航空等种种事业乃至人类生产、生活和生存的各个领域。基于此种认识的基础上，一些学者认为，安全学科既不能归属于自然科学学科，也不能归属于社会科学学科；既不属于纵向科学学科，又不属于横向科学学科，而应属于综合科学。③ 此种学科特性，使安全学科在对客观世界的不断认识和持续实践中得以总结和升华，并以其独特性和重要性而成为不可替代的一支重要学科。

同时，作为一门综合性学科，安全学科与其他学科之间存在着交叉研究领域，具有多学科交叉的特性。此种特性使得作为其外延的安全应用学科与其他相关学科之间也缺乏明确的边界，故衍生了其学科界限的模糊性特征。安全学科为公共安全管理学科提供理论支持和学科根基；公共安全管理作为安全科学的应用学科之一，是安全学科的应用和实践部分，在解决实际安全问题、预防事故发生、减少事故损失等方面发挥着直接作用，也具有直接的经济效益。④ 从上述关系来看，公共安全管理是安全学科的具体应用和实践，为安全学科提供并不断开拓理论应用的新场域；安全学科则为公共安全管理的具体实践提供理论支撑和学科铺垫。从此种意义来看，公共安全管理学科与安全学科之间的关系是

① 马尚权，颜烨. 安全文化缘起及国内安全文化研究建设现状[J]. 西北农林科技大学学报(社会科学版)，2007(4)：123.

② 颜烨，卢芳华. 安全社会科学发展问题探讨[J]. 科技管理研究，2016(6)：256-261.

③ 李树刚，成连华，林海飞. 安全科学原理[M]. 2 版. 西安：西北工业大学出版社，2014：17.

④ 同③18.

相互促进、共同发展且互相砥砺的关系。

表 1-1　《学科分类与代码》(GB/T 13745—2009)中“安全学科”有关分类

代码	学科名称	代码	学科名称
620	安全科学技术	6203035	安全机械工程
62010	安全科学技术基础学科	6203040	安全电气工程
6201005	安全哲学	6203060	安全人机工程
6201007	安全史	6203070	安全系统工程
6201009	安全科学学	6203099	安全工程技术科学其他学科
6201030	灾害学	62040	安全工程技术
6201035	安全学	6204010	防尘工程技术
6201099	安全科学技术基础学科其他学科	6204020	防毒工程技术 通风与空调工程
62021	安全社会科学	6204030	噪声与振动控制 辐射防护技术
6202110	安全社会学 安全法学	6204040	个体防护工程
6202120	安全经济学	6204099	安全卫生工程技术其他学科
6202130	安全管理学	……	……
6202140	安全教育学	62080	公共安全
6202150	安全伦理学	6208010	公共安全信息工程
6202160	安全文化学	6208015	公共安全风险评估与规划
6202199	安全社会科学其他学科	6208020	公共安全检测检验
……	……	6208025	公共安全监测监控
62030	安全工程技术科学	6208030	公共安全预测预警
6203005	安全工程理论	6208035	应急决策指挥
623010	火灾科学与消防工程	6208040	应急救援
6203020	爆炸安全工程	6208099	公共安全其他学科
6203030	安全设备工程		

再次，作为安全学科在公共管理领域的应用科学，公共安全管理用安全科学的基础理论和方法去理解和阐释人类公共领域所面临的各种各样的安全问题，同时存在着自身的特殊规律。重要的是，我国公共安全管理的发展，是在马克思主义基本原理的指导下，以现阶段发展情况为基础，用公共安全管理哲学思想，以系统科学的研究方法、理论内容为支撑，并把指导思想、研究方法和理论内容等揭示的一般规律转变为更具体的公共安全科学思想、公共安全系统科学方法和公共安全科学内容与框架，从而进一步客观、准确地呈现公共安全管理的本质与规律。

三、公共安全管理的学科教育发展

许多西方发达国家高校较早地设置了公共安全、应急管理及相关专业，在公共安全应急教育和培训方面拥有了较为成熟的学科教育体系。20 世纪 80 年代末北德克萨斯大学成立了全美第一个应急管理本科学位项目。1995 年美国联邦紧急事态管理局（FEMA）开展了旨在推动应急管理课程体系建立和发展的“高等教育项目”，目标是争取到 20 世纪末在每个州至少发展一个公共安全与应急管理项目，到了 2001 年相关的项目数量已经达到 20 个。美国 FEMA 每年都举办一次应急管理高等教育大会，召集美国高校应急管理相关专业的代表，讨论应急管理的热点问题和应急管理高等教育的发展问题，这已经成为美国应急管理教育和培训的动力所在。① 美国“9・11”恐怖袭击事件后的 3 年时间内，美国开展了 100 多个学术、学位项目。截至 2012 年 2 月美国 FEMA 最新数据显示，美国高校设置公共安全、应急管理等相关专业的高校有 257 所。这些高等教育项目推动了美国公共安全与应急管理高等教育不断发展成熟。英国、德国、加拿大、澳大利亚、新西兰、日本等国家的知名高校，均开设有公共安全管理等相关专业，公共安全管理的教学和研究工作在全世界范围内如火如荼地蓬勃发展。

21 世纪以来，中国公共安全管理的研究逐渐被重视并日益成为一个热门的研究领域，一些高校和科研机构逐渐成立公共安全管理的相关学科专业和研究机构。清华大学于 2003 年成立了公共安全研究中心（后改为公共安全研究院）；2005 年河南理工大学率先在国内试办应急管理（公共安全管理）本科教育，开启了我国应急管理教育新时代。2007 年中央财经大学成立首家国内危机管理学院，开辟了国内应急管理学院制的先河；随后防灾科技学院、中国劳动关系学院、华南农业大学等高校先后设置应急管理本科教育方向。暨南大学和河南理工大学分别于 2009 年和 2010 年成立应急管理学院以推动应急管理本科教育。北京师范大学、中国科学院、清华大学、南京大学、国家行政学院等高校和科研院所开始探索应急管理研究生教育。2008 年汶川大地震后，四川大学与香港理工大学联合组建了四川大学灾后重建与管理学院。中国人民大学、中国地质大学、北京师范大学、华中科技大学、大连理工大学等高校也相继设立公共安全管理专业方向，江苏警官学院设立治安学专业应急管理和公共安全管理方向。随着社会对应急管理的重视和关注，一批应急管理相关行业学会、协会、社会组织纷纷成立，包括中国（双法）应急管理专委会、中国应急管理学会、中国指挥与控制学会安全防护与应急管理专委会等。2019 年 3 月教育部批准辽宁工程技术大学、太原理工大学设置应急技术与管理本科专业。中国矿业大学公共管理学院和安全学院积极到国家应急管理部调研，拟增“应急管理”本科专业，并依托其公共管理博士点一级学科开设公共安全与应急管理博士和硕士培养方向。一批本科、高职、中职院校均在不断酝酿、探索应急管理教育体系。②

作为一门新兴学科，公共安全管理因应国家战略和社会需求而具有学科发展的勃勃生机，但是，这种市场需求反映到国家有关学科教育的主管部门制定的法定学科目录中，

---

① 刘彬. 公安学下设公共安全管理二级学科的思考[J]. 继续教育研究，2014(8)：67.

② 钱洪伟. 我国应急管理教育事业发展现状与展望[EB/OL]. 应急科学与工程(2019-05-20)[2019-05-21]. https://mp.weixin.qq.com/s/bYF—nwaowRVmvGtOHZJo9w.

还需要经过一定的时间和探索。

1997 国务院学位委员会颁布的《授予博士、硕士学位和培养研究生的学科、专业目录》，是国务院学位委员会学科评议组审核授予学位的学科和专业范围划分的依据。同时，学位授予单位按该目录中各学科、专业所归属的学科门类，授予相应的学位。培养研究生的高等学校和科研机构以及各有关主管部门，可以参照该目录制订培养研究生的规划，进行招生和培养工作。在此版学科目录中，公共安全管理（或应急管理）学科或专业没有出现，在公共管理（1204）中，设置了 5 个二级学科，分别是行政管理（120401）、社会医学与卫生事业管理（120402）、教育经济与管理（120403）、社会保障（120404）和土地资源管理（120405），在矿业工程（0819）一级学科中设置了一个相关的二级学科安全技术及工程（081903）。2011 年国务院学位委员会、教育部印发的《学位授予和人才培养学科目录》分为学科门类和一级学科，是国家进行学位授权审核与学科管理、学位授予单位开展学位授予与人才培养工作的基本依据，适用于硕士、博士的招生、培养和学位授予，并用于学科建设和教育统计分类等工作。学士学位按该目录的学科门类授予。在工学（08）学科门类中设置了安全科学与工程（0837）一级学科，没有设置二级学科；在管理学（12）学科门类中设置了公共管理（1204），也没有明确二级学科。2018 年国务院学位委员会、教育部更新的《学位授予和人才培养学科目录》在关于公共安全管理相关学科名称设置上没有变化。

同时，教育部印发的《普通高等学校本科专业目录》是高等教育工作的基本指导性文件之一。它规定专业划分、名称及所属门类，是设置和调整专业、实施人才培养、安排招生、授予学位、指导就业、进行教育统计和人才需求预测等工作的重要依据。1998 年教育部第三次修订了《普通高等学校本科专业目录》并颁布实施。此次修订工作按照"科学、规范、拓宽"的原则进行，使本科专业目录的学科门类达到 11 个，专业类有 71 个，专业种数由 504 种调减到 249 种，改变了过去过分强调"专业对口"的教育观念和模式。在该目录中，在公共管理类（1103）中，设置了行政管理（110301）、公共事业管理（110302）、劳动与社会保障（110303）、土地资源管理（110304）、公共政策学（110307W）、城市管理（110308W）、公共安全管理（110315S）、应急管理（110318S）等专业。2012 年教育部第四次修订《普通高等学校本科专业目录》，设置了安全科学与工程类（0829），下设置二级专业安全工程（082901）。在公共管理类（1204）中设置了 5 个专业，即公共事业管理（120401）、行政管理（120402）、劳动与社会保障（120403）、土地资源管理（120404）、城市管理（120405）。"公共安全管理""应急管理"专业被撤销，合并到"公共事业管理"专业中。2019 年 3 月教育部公布的新增专业目录中，辽宁工程技术大学、太原理工大学两家高校被批准开设应急技术与管理（082902T）专业，为应急管理或公共安全管理专业设置带来了更多希望。

公共安全管理作为一门交叉性学科，到底是应该属于"公共管理"一级学科，还是应该属于"安全科学与工程"一级学科，在学术界和科技界仍是众说纷纭。1998 年版《普通高等学校本科专业目录》中公共安全管理、应急管理专业属于公共管理类专业。2012 年版《普通高等学校本科专业目录》把公共安全管理、应急管理专业合并到公共事业管理专业中。河南理工大学应急救援研究所钱洪伟一直倡导和呼吁，应急科学是防范、消减、化转及控制一个系统遭受外界打击后，采取科学、技术、工程、产业及管理等方法，使该系统恢复到人们可接受状态（原状态或趋于新的平衡状态）的科学，其中，应急科学与工程教育体系包括应急科学、应急技术、应急工程、应急产业及应急管理五个分支。国家自然科学基金委2009年启动的“非常规突发事件应急管理研究”重大研究计划推动了“安全科学与工程”一级学科的设立，推动该一级学科下设“安全与应急管理”二级学科。① 依照“同素异构”原则进行学科组织结构的创新、融合与重构，在顶层设计方面学者们需要不断地沟通、研讨和交流，同时应抱有开放性、兼容性和综合性的眼光和视野，共同打造一个学科交叉、兼容并蓄、前景广阔的学科教育体系。

2003年SARS疫情暴发后，社会对公共安全的重视程度日益增加，2006年国务院发布实施的《国家中长期科学和技术发展规划纲要(2006—2020年)》从战略的高度首次把公共安全列为科技发展的11个重点领域之一，并作出了科学规划。总体国家安全观指出：坚持总体国家安全观，统筹发展和安全，增强忧患意识，做到居安思危，是我们党治国理政的一个重大原则。党的十九大报告提出要健全公共安全体系，完善安全生产责任制，坚决遏制重特大安全事故，提升防灾减灾救灾能力。2018年国家应急管理部的挂牌成立，标志着中国公共安全管理打破“碎片化、条块化、传统化”，进入“系统性、整体化、现代化”的公共安全管理新时代。新时代呼呼新的公共安全管理学科和专业建设，更需要公共安全管理理论和实践问题的深入研究。随着国家和社会的日益关注和重视，公共安全管理学科发展和专业教育前景美好。

特别提示

本章主要介绍了安全这一人类自古以来孜孜以求的目标的重要性和概念；分析了公共安全的概念、特征和不同的分类；论述了公共安全管理的独特概念、自身特征和其在人类历史长河中的逻辑发展，阐述了不同研究视角下的公共安全管理的内容差异、学科属性及未来的学科发展前景。本章介绍的基本概念和基础理论是学习和理解本课程重要知识点的基础和条件。

安全是指有保障、无危险，它具有自然属性和社会属性。公共安全则是在安全的概念上加上了公共这一限定词。具体而言，公共安全具有主观性与客观性的二元统一性，是自然性和社会性的统一，是随机性和普遍性的统一，是广泛性和复杂性的统一。

根据不同的分类标准，可以将公共安全划分为不同的类型。具体而言，根据突发公共事件的发生过程、性质和机理，可以将公共安全划分为自然灾害、事故灾难、公共卫生事件和社会安全事件；根据公共安全的属性，可以将公共安全划分为自然安全和社会安全；根据公共安全的主体，可以将公共安全划分为国际安全和国内安全。由此可知，根据公共安全领域的不同，可以将其划分为多种不同特征的公共安全类型。

在风险社会的语境下，公共安全管理应运而生并得以蓬勃发展。所谓公共安全管理，主要是负责国家公共安全事务管理的相关组织机构，在相应的范围之内对公共安全事务的管理活动。基于内涵及外延的特殊性，公共安全管理具有较为鲜明的特征——不仅是一种优化的战略管理，而且是一种法制管理和全面管理，更是一种政府主导下的、多主体参与的多中心治理。

基于管理对象类型的丰富性和涉及主体的复杂性，公共安全管理同时浸透了自然科

---

① 范维澄，闪淳昌，等.公共安全与应急管理[M].北京：科学出版社，2018：总序，第Ⅱ页。

学与社会科学的基因，故而它也是一门多学科相互交叉的新兴科学。具体而言，从安全科学的视角来看，应该用大安全观的思想来对公共安全管理进行界定；从政治学的视角来看，公共安全管理是集中于国家安全、政治安全以及国际安全等方面的管理；从经济学的视角来看，公共安全管理侧重对宏观经济活动的安全研究与分析；从社会学的视角来看，公共安全管理既有对公共安全问题的社会学体系系统研究，也有对社会冲突、风险及对策的研究；从军事学的视角来看，公共安全管理主要关注军事安全。作为综合性交叉学科，公共安全管理既涉及自然因素，也涉及社会因素，属于安全科学的一个分支，是安全学科在公共管理领域的应用学科。

同步思考题

1. 解释安全、公共安全、应急管理等相关概念。
2. 阐述公共安全的特征。
3. 列举公共安全的类型。
4. 论述公共安全管理具有的特征。
5. 阐述不同视角下公共安全管理研究的侧重点。
6. 如何理解公共安全管理是一门新兴交叉学科？

延伸阅读书目

[1] 夏保成. 美国公共安全管理导论[M]. 北京：当代中国出版社，2006.
[2] 夏保成. 西方公共安全管理[M]. 北京：化学工业出版社，2006.
[3] 战俊红，张晓辉. 中国公共安全管理概论[M]. 北京：当代中国出版社，2007.
[4] 张维平. 公共安全管理研究[M]. 北京：中国书籍出版社，2013.
[5] 张海波. 公共安全管理：整合与重构[M]. 北京：生活 · 读书 · 新知三联书店，2012.
[6] 王占军，刘海霞. 公共安全管理[M]. 北京：群众出版社，2011.
[7] 尹伟巍. 新编公共安全管理教程[M]. 北京：中国人民公安大学出版社，2004.

第二章 公共安全管理历史发展

CHAPTER 2

学习目标

1. 了解公共安全管理历史发展的一般脉络。
2. 了解农业时代自然灾害管理体系的内容。
3. 掌握工业时代公共安全管理的特征。
4. 掌握后工业时代公共安全管理的特征。
5. 掌握公共安全管理历史发展与社会发展之间的关联性。

案例引入

一九三七:美国的宪法时刻

罗斯福总统终于下定决心,是时候对不识时务的最高法院亮剑了。

一九三七年一月二十日,罗斯福面对首席大法官休斯做就职宣誓:“我将……竭尽全力维持、保护和捍卫合众国宪法。”但典礼一结束,总统却对他的助理关门说话:“首席大法官领我宣读誓词,当他读到‘捍卫合众国宪法’时,我心里就在说:‘嗯,但这是我所理解的宪法,它灵活性十足,可以应对民主提出的任何新问题——而不是你们最高法院所树立的那部宪法,纯粹是进步和民主的路障。’”在罗斯福执政的头四年,最高法院屡屡宣布关键的新政立法违宪无效,是改革派在政府内的心腹大患。现在,既然美国人民已经万众一心团结在自己身边,罗斯福也下决心扫荡新政路上的最后路障。

之前,最高法院一连将罗斯福的三部新政立法斩落马下。而罗斯福新政的核心思想就是试图使政府拥有更大的管理权力,这其中就包括给予工人更大生活及生产安全保障的管制权力。罗斯福主张“活”宪法:一部制定于马车时代的宪法要想在二十世纪仍有生命力,生生不息的奥秘就在于与时俱进。但最高法院内的反对派当然不这么想,“活”宪法恰是他们所抗拒的“异端邪说”。例如“四大骑士 ”之一的萨瑟兰大法官所言,作为宪法的守护者,大法官的职责就是要拒腐防变:“宪法不可能一会儿是这个意思,一会儿又是另一种完全不同的意思。”

罗斯福决心通过法院填塞方案来改组最高法院,经过五个月的努力,罗斯福并没有成功,但他却成功改变了法官的思想。例如里根时代的首席大法官伦奎斯特所言:“罗斯福总统输掉了填塞法院这一战役，但却赢得了控制最高法院的这场战争。"整出戏的转折点出现在三月二十九日，在万众瞩目的西滨旅社诉帕里什案中，最年轻的罗伯茨大法官一反常态，舍弃了保守派四大骑士，转而同布兰代斯、斯通、卡多佐，以及同为中间派的休斯组成了新多数，此案以五比四维持了华盛顿州的一部有关女性最低工资的立法。四月十二日，以同样的五比四，最高法院放过了另一部关键的新政立法《全国劳资关系法》。当休斯大法官在判词内痛陈契约自由如何成为血汗工厂的庇护时，放任自由的最后堡垒也已经向新政自由主义举起了白旗。就此而言，美国现代宪法秩序诞生于一九三七年三月二十九日。自此之后，在公共安全管理方面，美国也就从契约自由时代走向侵权法时代，政府可以光明正大地介入到安全监管中来，从而使公共安全管理阔步走向一个新时代！

（资料来源　田雷：《一九三七：美国最高法院到了最危险的时刻》，载《读书》2017 年第 7 期新刊，http://www.sohu.com/a/154359941_597685）

"读史可以使人明智，鉴以往可以知未来"。回顾公共安全管理的历史发展是为了更好地研究当前的公共安全管理。当代公共安全管理理论既是对时代公共安全问题的回应，也是以往公共安全管理历史发展的结果。通过了解历史，可以得知以往公共安全管理的成败，可以使人们站在更高更宽阔的历史大时代来看待公共安全问题，不至于被"小时代"中的暂时和偶然现象所迷惑。

历史本身是客观的，但对历史的认识却是主观的。"我们承认有两种历史：一种是一度发生过的实实在在的一系列事件，另一种是我所肯定的并且保持在记忆中的意识上的一系列事件。第一种是绝对的和不变的，第二种是相对的，老是随着知识的增长或精炼而变化的。"①历史呈现给我们的面目不仅取决于历史本身，还取决于研究者主体。主体自身的知识素养和研究姿态决定了历史研究的结果。正如贝克尔所说"人人都是他自己的历史学家"，从某种程度上来说，历史本身也是研究者所建构的结果。一般历史研究如此，公共安全管理历史研究亦如此。公共安全管理历史取决于人们如何去认识它，取决于人们认识它的逻辑、目的和方法。只有建构起基本的历史逻辑，人们才能冲出历史的丛林，使历史变得清晰可鉴。对于历史研究的目的，有观点认为历史研究在于找寻历史的真面目，它与现实无关，在现实需求关怀下的历史研究不是真正的历史研究；也有观点认为历史研究需要时代使命感和情怀，历史的价值在于为现实提供理解、智慧和行动方向。对于本书而言，显然兴趣并不在于历史本身，而在于如何通过历史更好地理解和诠释公共安全管理的现实。

第一节　公共安全管理历史发展概述

公共安全问题随着人类社会的产生而产生。人类要生存和发展，就需要认识自然和改造自然，由此产生了公共安全问题。但对公共安全管理的认识和理解则是经历了一个由自发到自觉的漫长过程。最初所谓的安全管理只是社会群体出于自我保全而

---

① 贝克尔.人人都是他自己的历史学家[C]//田汝康，金重远，译.现代西方史学流派文选.上海：上海人民出版社，1982：259.

作出的应激式反应，并不存在自觉的公共安全管理行为。公共安全管理是生产力发展和人类社会自我建构的结果。首先，管理活动作为一种理性的自觉行为，它是人类理性知识付诸实践活动的过程。人的管理行为不是本能冲动的结果，而是人的一种自觉活动，是理性的体现。其次，公共安全管理中的“公共”概念是政治建构的结果。政治社会尤其是国家产生之后便有了公私概念之分。在法律上最早确立公私概念的是古罗马法学家乌尔比安。他认为：它们（指法律）有的造福于公共利益，有的则造福于私人。公法见之于宗教事务、宗教机构和国家管理机构之中。① 公共概念产生之后才可能存在自觉的公共安全管理。需要指出的是，公共安全管理是现代建构出来的概念，古代并不存在这一概念。但在实践上，公共安全管理则是伴随着国家的产生而产生。国家产生之后，国家自然要对公共事务进行管理，自然也就包括公共安全事务管理，这是国家存在和发展的逻辑结果。

需要指出的是，本书所阐述的“公共安全”并非本体意义上的公共安全，而是建构意义上的公共安全。从公共的现代性含义来观照公共安全，可以发现公共安全是个极其广泛的领域。从校园安全到国家安全乃至全球安全，从食品安全到经济金融安全等，几乎所有领域都涉及公共安全问题，实难一一赘述。但在现实实践中，公共安全却是一个具有特定含义的概念，它所涉及的领域相对比较狭窄。对于本章来说，公共安全管理的内涵和外延即为本书第一章所界定的，并未纳入所有的公共安全管理行为，比如国家安全、金融安全等。正如前所述，探究历史不仅仅是为了历史本身，而是为了更好地理解现实。

研究历史发展需要建构一个认识脉络。这个脉络可以简单地以时间为轴进行梳理，但仅仅以时间为轴进行梳理是没有意义的，它仅仅是个数字而已。还需要把时间轴叠加以其他公共安全管理相关因素才能建构出有效的认识脉络。那么接下来的问题就是叠加以何种影响因素。这就需要从公共安全管理本身的特征来切入。公共安全管理并非原发性管理行为，而是一种次生性管理行为，多是随着人类生产生活等社会活动而产生。只有了解人类社会活动的发展脉络，才能有效把握公共安全管理的发展脉络。对于前者，一般是按农业时代、工业时代及后工业时代这三种形态划分。这三种社会形态代表着三种不同的社会生产方式，它所衍生出的公共安全问题也各有不同。

在农业时代，由于整个社会形态的复杂性程度相对较低，公共安全问题所引发的社会影响也相对较弱，公共安全管理主要围绕着和农业相关的自然灾害展开。到了工业时代，由于资本的扩张，形成了全国乃至全世界性的工业化大生产，很多人都被卷入工业化进程中。很多固守在农业和土地上的乡村人口，失去土地后被迫迁入城市，从来形成了大量的城市失业和流浪人口。为了维系社会稳定和政治安全，社会保障作为一种国家行为开始在很多国家出现。这也意味着公共安全管理从自然安全管理阶段步入社会安全管理阶段。工业时代还意味着大规模工厂的出现，工业生产安全问题也开始逐步显现，并成为当代最为主要的公共安全问题。

与工业时代相伴而生的还有城市公共安全问题。城市并非产生于工业时代，公元5000年前的两河流域就产生了最早的城市。当时城市规模还相对较小，即便到了公元前

① 周枏．罗马法原论：上[M]．北京：商务印书馆，1994：84．

3世纪，当时最大的“都市”乌尔也不过150英亩(约为0.6平方千米)，居住人口不过24 000人左右。① 古罗马发展到古代城市规模的巅峰，高达上百万人口。不过罗马衰落之后，在前工业时代西方再也不曾出现如此规模的城市。我国古代，则可称为农业时代大城市的主要产生时期。唐朝长安鼎盛时期人口可能超过百万②，北宋的汴梁城人口鼎盛时期有150万③，南宋成淳年间的临安人口为一百二三十万④，也有学者估计临安鼎盛时期人口高达150万⑤。需要指出的是，在农业时代，大城市并没有普遍出现，而是以点状呈现的。人口基本聚集于首都等政治中心，城市管理基本上是以管控为特征的静态管理为主，并不以激发人口流动性和城市活力为目标。在此背景下，大城市所带来的公共安全问题也就没有成为全国性普遍问题和政府管理的常态性问题。大城市公共安全问题会催生城市公共安全管理，但公共安全管理此时并没有成为普遍性管理问题，只是作为一般和个别问题而存在，因此也没有出现管理公共安全的专门性机构。但到了工业社会，城市开始大量涌现，城市化成了工业社会的本质性要求，城市成为一种普遍现象，城市生活成了人们生活的主要形态。这时城市公共安全问题就不再是个别和偶发问题，而是成了普遍和必然问题。相应地，国家也开始制定专门性法规、设立专门性机构来应对城市公共安全问题。与农业时代相比，工业时代的城市以服务工业大生产为主，城市人口具有高流动性。生产安全、城市流动人口的社会保障问题乃至交通安全成为工业时代新涌现的公共安全问题。与此同时，原来的传统公共安全问题例如食品安全、消防安全、治安安全及自然灾害问题也被赋予新的特性。首先，由于问题源增多，安全问题出现的频次也大大增加。比如消防安全，由于工场火灾的出现，使整个社会火灾频次呈现显著上升态势。其次，公共安全问题的负面效应被进一步放大和扩散。以食品为例，在农业时代，由于食品的工业属性和商品属性较弱，它所引发的食品安全问题并不会被扩散至太远。但在工业时代，食品的工业属性和商品属性导致一个工厂的食品安全问题很容易被扩散为全国性安全事件。再比如自然灾害，由于人口聚集程度增加和生产力水平提高，其破坏力与农业时代不可同日而语。

进入20世纪后半叶，特别是信息时代的到来，人类开始步入后工业社会。根据贝尔的解释，后工业社会是紧随工业社会之后的新社会形态，与工业社会相比，表现为社会发展重心从追求经济增长转变为以知识为经济结构的重心、制造业向第三产业转型和专业技术人员阶层的崛起。⑥ 在当前，后工业社会的典型表现就是网络信息技术的广泛应用，由此带来新的信息安全问题。需要指出的是，在后工业时代，除了信息安全之外，公共安全还呈现出了新的形态。按照德国著名学者贝克的说法，当前进入了一个“风险社会”，安全风险问题无处不在。贝克将风险界定为“以系统的方式应对由现代化自身引发的危险

---

① 科特金.全球城市史[M].王旭，等译.北京：社会科学文献出版社，2014：5.

② 张永禄从唐代诗文记载、长安城内人口统计及坊里居住人数测算三个方面推测而出。参见张永禄.唐都长安[M].西安：西北大学出版社，1987：193.

③ 吴松弟.中国人口史・第三卷・辽宋金元时期[M].上海：复旦大学出版社，2000：574.

④ 同③583.

⑤ 沈冬梅，范立周.浙江通史・第5卷・宋代卷[M].杭州：浙江人民出版社，2005：237.

⑥ 贝尔.后工业社会的来临[M].高铦，王宏周，魏章玲，译.南昌：江西人民出版社，2018：31.

和不安”，与传统风险不同，它是“现代化的威胁力量和令人怀疑的全球化所引发的后果”。① 这种风险被深深嵌入后工业社会中，无法避免，无可逃避。在贝克看来，在当前，虽然贫困饥饿问题不复存在，但人为风险的威胁却更为严重，没有阶级差别，没有国界。可见在后工业社会，公共安全形态也相应发生了诸多变化。首先，公共安全领域相较于以往大大拓展。从传统公共安全拓展到非传统公共安全，从工业生产安全拓展到数字信息安全，从一国安全拓展到全球安全，经济安全、意识形态安全、核安全等都步入了安全管理视野。其次，公共安全问题复杂性进一步增加。各种安全问题叠加后又衍生出新的安全问题，各个安全问题之间相互影响，相互作用，从而使公共安全问题呈现出更大的复杂性。可怕的是，这种复杂性并不会因为管理的介入而减少，而是内嵌于社会中不断地生长出来，使公共安全问题更趋复杂化。随着全球化的发展，人类活动频率和范围的扩大，人类决策行动对自然和人类社会自身的影响力日益增强，公共安全也从以自然因素为主导转变为以人的不确定性为主导。与此同时，公共安全问题也从“风险的制度化”走向“制度化的风险”。为了实现人类更高程度的安全，现代国家设立了各种各样的制度为人类的公共安全提供保护。但随着制度本身的复杂性提升，制度本身又带来了另外一种风险，即制度运转失灵的风险，从而导致更大的公共安全问题。不仅如此，技术的进步也面临着同样的问题：技术一方面为人类创造着美好生活，另一方面也在制造着更大的安全问题。大停电事故、核安全事故、网络用户信息被大规模窃取等都是技术进步所带来的新的安全问题。

随之，公共安全管理呈现出新的形态。第一，具有安全职能的管理部门日益增多，专门性安全管理部门也开始出现。在我国，2000 年开始成立安全监察机构；在美国，1910 年开始出现矿山安全监察机构及其他专门性安全管理部门。第二，从单纯的安全管理走向全流程的应急管理和安全综合治理。在事故预防、事故处理、事后恢复等多个阶段进行全流程介入，进一步了提升安全管理水平。比如我国集合了多个部门的职能成立了应急管理部，美国则是在“9·11”恐怖袭击事件后整合多个部门成立了国土安全部。第三，全球性安全治理重要性日益彰显。在全球化时代，核安全、生态安全、食品安全、公共卫生安全等公共安全问题早已超越一国界限而成为国际性问题。因此，如何加强国际合作，推进公共安全的全球治理成为当前公共安全管理的重要议题。第四，从公共安全管理走向公共安全治理。当前公共安全问题之复杂，已远非单一政府部门所能应对。在整个社会治理变革的大背景下，更多的社会主体发挥自身优势参与到公共安全治理中来，成为当代公共安全治理中不可或缺的力量。第五，技术在公共安全管理中发挥着更为重要的作用。比如人脸识别技术在治安管理中的应用会大大提升破案率，交通安全管理对于摄像头的依赖越来越大，无人机在自然灾害勘灾救灾中的应用越来越广泛，等等。公共安全管理新形态的具体表现是安全产业的规模越来越大，已成为当前一个新兴战略产业。我国四部委（工业和信息化部、应急管理部、财政部、科技部）曾专门发文提出推动安全产业发展，到 2020 年安全产业体系基本建立，产业销售收入要超过万亿元。

---

① 贝克. 风险社会：新的现代化之路[M]. 张文杰，何博文，译. 南京：译林出版社，2018：7.

第二节　农业时代的公共安全管理

在农业时代，公共安全管理基本上围绕旱涝等自然灾害而展开。同时，随着城市的出现、发展和繁荣，与城市人口聚居特征相关的公共卫生管理和食品安全管理也开始出现。

一、自然灾害管理

在农业时代，自然灾害管理主要围绕着农业生产安全而展开，即如何保证农业生产顺利进行。粮食安全是农业时代政治稳定的根基，对于自然灾害的治理也是当时政府的核心任务之一。自然灾害主要包括三种：水灾、旱灾以及虫灾。水灾主要包括江河决堤导致的溢出和改道、大雨引发的洪水和内涝、海水回涌造成的海潮等。旱灾也属主要灾害，很多旱灾具有连续性的特点，往往造成庄稼绝收，人们食不果腹，只好变成流民，甚至饿死。在魏晋 200 年间共发生各种灾害 518 次，其中水灾 101 次，旱灾 112 次，蝗灾 28 次，饥荒 59 次，瘟疫 50 次，地震 96 次，霜冻 23 次。旱灾所占比例最高，为总数的 21.6%。① 正因为水灾和旱灾有可能动摇农业根基，所以历朝都很重视灾害的预防和治理。在长期的历史发展过程中，我国形成了独具特色的自然灾害管理体系。

一是思想重视，把治理自然灾害看作治国第一要务。汉初，晁错提出了防备自然灾害的思想。这个认识得到了西汉皇帝的普遍肯定和实施。汉文帝举行了籍田礼，亲自耕地，为天下百姓做表率。从此以后，这种仪式被后来者继承。

二是形成了比较完备的灾害管理体系。在西周时期就有了预备灾荒的粮食储备制度。秦始皇统一全国后，建立了全国性的旱涝灾害和庄稼成长情况的上报制度。到了西汉时期，关于自然灾害的预防、救灾和灾后重建体系基本建立。随着时代发展，救灾制度也日趋详尽缜密。明代将粮食储备纳入官员考核体系。为防止官员克扣灾粮，还规定将每个灾民的姓名和应得到的口粮张贴在公共场合，要求上级官员“出其不意”下行查验。蠲免税赋也是古代重要的减灾措施，唐以前并没有固定的标准，唐以后规定趋于详细。明朝弘治三年（1490 年）制定了固定的蠲免比例，受灾 10 分，免 7 分税粮，依此类推至 4 免 1 为止。清代时，在制度上规定得更加具体，并留有适当的弹性区间。顺治十年（1653 年），政府规定州县受灾 8～10 分，免 30%；5～7 分，免 20%；4 分，免 10%。整体来看，在自然灾害管理制度的施行上，呈明显的周期性、时代性和地域性特征。一般来说，每个朝代的中前期，各种救灾制度一般能顺利运行；但到晚期，赈济措施多沦为虚文。例如唐代比较重要的救济旱灾活动共 132 次。从时段上看，除了减膳、撤乐、避正殿等象征性的措施外，减免赋税、罢役赈恤等具有实际意义的救灾措施在穆宗（821 年）之后，变得越来越少，即使有，也往往成为一纸空文。② 为保证国家经济来源，古代救灾时往往倾向于税赋主要贡献地区。唐代的救济区域多在政治中心陕西、河南及经济发达的江苏、河北、山东，而对于偏远的边疆地区，尤其是岭南一带所占比例甚少。清代对江苏、安徽、浙江、甘肃、河南、湖北、山西、山东、东北等重点地区也投入较多的救灾力量。同时，各时代经济的强弱也与防

---

① 张美莉. 魏晋时期自然灾害初步研究[D]. 郑州：郑州大学，2005.

② 北京大学中国传统文化研究中心. 国学研究：第八卷[M]. 北京：北京大学出版社，2001.

灾救灾制度运行有关。经济实力强盛的统一朝代是救灾制度创新的频繁期。例如:汉代创建了常平仓制度,隋唐出现了义仓制度,宋代出现了社仓制度;清代由于人口增多,粮食极度匮乏,于是制定了保护农产品的粮食安全制度。

三是社会力量在救灾体系中发挥着重要作用。民间救灾主要有两条路径:其一是血缘性组织的互助活动,比如宗族,自北宋范仲淹创办范氏义庄以来,这一模式已成为后世家族救济的一个典范,各地的宗族组织一般都建有义庄、族田、社仓等,平时救济贫困,灾时用于族内自救。唐宋以后,随着乡村社会力量的发展,以富民为代表的民间救济开始发挥越来越重要的作用。其二是个人的捐赠。部分官僚缙绅、富户巨商在灾害发生时,捐出部分救灾物资。政府为鼓励民间富户捐献,往往通过赠匾额、授顶戴等措施进行表彰性奖励。宋代富民就已在灾荒救济的各个环节发挥作用,在很大程度上已经补充甚至部分取代了政府在灾荒救济中的角色与地位。

四是精神抚慰发挥着重要作用。比如君王为安抚人心,往往在大灾之后发布罪己诏,以此来疏导怨气、化解矛盾,从而达到维系统治的政治目的。汉元帝曾因水灾而罪己,汉章帝曾因旱灾而罪己,汉和帝曾因蝗灾而罪己。罪己诏的一个显著特点就是把灾害归咎于皇帝德行不彰,从而得罪了上天。这也是封建时代救灾精神抚慰的典型特征,即借助于上天的神秘性力量来抚慰民众。为安定民心,求得希望,尽管对于防灾减灾毫无用处,统治阶级仍然须在此时开展相应的求仙祈福活动。经过常年的发展演进,一套专门的礼仪也得以出现,经过不断发展完备,到了唐朝基本定型。以唐朝旱灾求雨举例,唐朝的祈雨对象包括不同水系的龙王、河神等,祈雨的参与者包括皇帝、官员、法师等,整个祈雨的过程更是庄严盛大,甚至连祈雨的时间、地点都有严格的要求。

二、公共卫生管理

古代曾多次出现疫灾等公共卫生事件,造成了巨大的社会恐慌,对生产力造成了巨大的破坏。据统计,在三国时期的 46 年间有过 6 次重大疫病流行,在西晋的 52 年间中仍有 7 次疫病大流行,东晋十六国的 104 年间则有 9 次疫病大流行。[①] 疫病的危害不只是疾病本身,而是它造成的全社会性的巨大恐慌,让人们陷入空前的绝望之中。中世纪暴发的黑死病更是横扫整个欧洲,从 1347 年到 1353 年,席卷整个欧洲的大瘟疫,夺走了 2 500 万人生命,占当时总欧洲人口的三分之一。

尽管在农业时代科技不发达,中国古代社会还是构建了疫情等公共卫生事件管理制度的雏形,包括疫情上报制度、隔离制度、卫生管理制度、疫病免疫措施、灾民赈灾机制等等。比如疫情上报制度,地方上一旦出现疫情,地方衙门必须在规定时间内按照一定程序上报朝廷,以便朝廷对于疫情的管理。在完成疫情上报后,朝廷还要对疫情进行勘灾以核实受灾情况。上述制度早在先秦时期均已出现,经过不断发展,到了宋代已经非常成熟。在具体的措施上,汉代对于因疫致命的家庭会提供安葬资金,此举既做到了体恤百姓,又防止了无钱妥善安葬所发生的病菌扩散。随着商业的繁荣,宋代的公共卫生管理逐渐发展起来。比如衙门会指派专人收集生活垃圾、维护街区清洁,禁止在水源中清洗、排污等。这些做法都得到了长期延续。清代大力培养医学人才,各地均建立起了专门的医疗卫生

① 石磊.我国古代减灾救灾文化初探[J].中国救灾,2012(5):56.

机构，地方衙门的医官既负责对这些机构进行管理，又负责地方官员的疾病诊治。清代早期，面对天花的肆虐，朝廷任命专门的查痘官员排查天花患者，一旦发现疑似症状患者将对其采取隔离措施，若出现大面积的疫情还会禁止举行各类大型集会。太医院还组建了专门的痘疹科负责预防天花的种痘免疫工作。一旦出现大规模的疫情，地方官员在完成上报后，还要到一线勘察灾情，现场开展指导。同时，医官还会深入疫区治病、施药。对于无家可归的灾民，朝廷还建立了养济院、育婴堂等机构予以妥善安置。

但当面对黑死病这样的重大疫情，当时的疫情管理制度显得无能为力。在疫情严重的意大利，到处都在采取隔离措施，政府封锁所有边境和港口。疫情地区的民众则是自发隔离，甚至把活着的染病者的门窗全部用木板钉起来，让其自行饿死。更有人结成小社区，与外界完全隔绝。此时公共安全管理几乎完全失效和缺位，行政官吏和司法人员几乎完全消失。

三、食品安全管理

民以食为天。食品安全是食品的基本要求。我国古代很重视食品安全问题。一是形成了比较好的食品安全意识。孔子很早就提出了系统的食品安全理念，例如《论语·乡党》中谈到了“十三不食”的原则。二是食品安全管理制度日趋严格。我国最早的食品安全管理制度见之于周代。据《礼记》记载，周代就曾规定“五谷不时，果实未熟，不鬻于市”。意思是说，地里的五谷没有到成熟的时候，果实还尚未成熟，不得在集市上买卖。这一规定被认为是我国历史上最早的关于食品管理的记录。到了汉唐，经济繁荣也带来了更突出的食品安全问题，安全管理制度也更趋严格。汉代曾规定，对于使人中毒的腐肉应全部销毁，一旦有人中毒，应有人担责，官员与做盗同法。到了唐代，食品安全监管更为全面和成熟，不仅监管制度配套健全，法律制度也更加详细，惩罚措施更有针对性。《唐律疏议》规定，变质的肉不焚毁，要打九十板；故意把有毒的肉赠送他人或者出售，使他人中毒的，要判处一年徒刑；使人中毒身亡的，则要判处绞刑。到了清代，我国的食品安全监管制度达到了农业时代的最高峰。清代法律对食品安全的监管重心向问题食品转移，同时减弱了对人的处罚力度。比如对茶叶的监管，实行了茶叶执照经营，茶商必须持有清政府颁发的经营执照和商标；同时实行专人负责茶叶质量抽查，对茶叶包装、品牌以及质量如果发现不合格现象，要进行相应的处罚。对出口的茶叶，采用滚水泡茶和化学实验法对茶叶质量逐一抽查，如有质量问题，则该批次茶叶全部充公。三是行会在食品管理中发挥着重要职能。在宋代，商品经济的繁荣给政府的食品安全管理带来较大困难。在政府支持下，行会成了食品安全管理的重要主体。商人按照类别登记在册，组成行会。行业生产质量由行会负责，有名望者担任会长，会长们负责评定、检查商品质量。

以现在的视角来审视，可以看出农业时代的食品安全制度已经发展到相当完备的阶段。从安全管理环节来看，已涉及食品生产、流通、餐饮服务等环节，这与我国当前的《食品安全法》第四条的原则性规定是一致的。从现代食品安全规制所涉主体行政机关、利害关系人、专家和公众四个方面来看，古代已经从三个方面进行了介入。从处罚严厉程度来看，那时的严格程度比现在有过之而无不及。从社会力量的参与度来看，在那时已经有了政府和社会力量的制度化合作，起码在形式上具有了“治理”的雏形。但也应看到，虽然在形态上有很大的相似性，但在本质上仍有很大差异。任何管理都要受限于时代和技术的发展，在当时社会整体技术水平低下的情况下，食品安全管理也难以提升至很高水平。由于社会生产力不发达，商品流通水平低，那时的食品安全问题也没有达到现代社会中的复杂程度，不像现在食品安全问题很容易导致全国性问题。那时食品安全至多属于一个地方性问题，在人群聚居的城市中存在，在人口散居的农村食品安全则很难引发关注。另外，当前人们所看到的往往只能是当时的制度规定，对于制度执行情况很难关注到。事实上，受当时的管理水平制约，食品安全制度很难得到严格执行。由于缺乏足够的技术和人员来执行这些制度，很多制度也只是停留在纸面上，从而出现制度衰败的现象。

第三节　工业时代的公共安全管理

工业革命率先把欧洲社会从农业时代推进到工业时代，这不仅意味着生产工具的变化，还意味着人类生产生活方式的彻底变革。工业革命一方面催生了新的公共安全问题——生产安全和社会保障，另一方面传统公共安全安全问题也被赋予了新的内涵。

一、社会保障管理

如果把社会救助也纳入社会保障范畴的话，其实社会保障并不是在工业时代才出现的新生事物。在农业时代，我国也有对鳏寡孤独者及贫民的救济措施。魏晋南北朝时期就曾出现六疾馆、孤独园之类的专门救助机构。以后历代都有类似机构设立。唐朝设立“矜孤恤穷，敬老养病”的悲田养病坊；北宋初年于开封设立东、西福田院，收容老幼、乞丐及残疾之人。宋徽宗即位前后，举办收养安置鳏寡孤独及贫民的居养院和以救疗贫病之民为主要职能的安济坊，成为后世养济院的前身。此外，类似机构还有广惠院、实济院、安养院、利济院等。除了政府救助之外，很多民间机构也参与到救助中来。南北朝就有寺庙施衣给药，救灾济贫。到宋代，范仲淹率先设立义庄对族人生活进行保障救助，后世纷纷效仿。到清代社会救助更为盛行。

古代社会救助制度与工业时代的社会保障制度并不等同，现代社会保障制度与古代救助制度也不存在制度上的继承关系。如果说古代社会救助制度的首要目标是稳定政治体系，那么现代社会保障制度则是为了维系工业化劳动力的再生产。古代社会救助制度是建立在个人自助为主、政府救助为辅的补充式救助，现代社会保障制度则是以政府为主体的普遍性互助式保障。就现代保障制度本身来说，它也经历了一个较长的历史发展过程。

（一）英国的济贫法

16 世纪英国圈地运动迫使众多农民背井离乡步入城市，城市失业现象日益严重。英国统治者被迫考虑救济贫民问题。1572 年，英格兰和威尔士开始征收济贫税，1576 年设立教养院，收容流浪者，并强迫其劳动。1601 年，伊丽莎白女王命令将以前各项救济法令编纂补充成法典颁布，后世称为《伊丽莎白济贫法》，又称旧济贫法。该法总结了都铎王朝 100 多年来处理贫困、流浪、失业等问题的立法内容，正式确立了政府救济穷人的责任，是欧洲最早出现的国家济贫制度，开辟了现代社会救济制度之先河。该法首次正式确认政府责任：政府有责任对没有工作能力的贫困者提供帮助，帮助贫困的孩子做学徒，给身体健全者提供工作，以及保障穷人的最低生活水平等。该法对贫困人口采取区别对待的原则，体现了政府帮助与惩罚相结合的指导思想。一方面对懒惰、流浪乞讨等"不值得被救济的人"给予严厉的惩罚，对他们实行强制劳动；另一方面为失业者寻找就业机会，安排孤儿当学徒，帮助"值得救济的穷人"。劳动救济是英国济贫法制度的重要内容，例如提供原材料让贫民居家劳动，产品由雇主拿到市场出售，贫民赚取少量的工资维持生活等。济贫管理机构也对值得救济的人们提供救济金，为穷人提供住处、衣物，为患病者提供医疗救济。

1834 年英国议会通过《济贫法(修正案)》，史称新济贫法。该法取消家内救济，改为受救济者必须是被收容在习艺所中从事苦役的贫民。习艺所内的生活条件极为恶劣，劳动极其繁重，贫民望而却步，被称为劳动者的"巴士底狱"。新济贫法受到广泛批评。

新济贫法的颁布主要受以下因素的影响：第一，原有济贫法的问题日益突出，例如管理混乱问题、开支过大问题及其带来的其他道德问题。第二，自由主义者对旧济贫法的批判，例如对住所法限制劳动力自由流动的批判，以及对斯皮纳姆兰法最低生活保障原则给工资规律带来影响的批判等。第三，1832 年的英国议会改革让中产阶级有了选举权，使得政府逐渐成为新型资产阶级的利益代表。新济贫法实际上是对旧济贫法的一次重大变革与修改，在救济方式、救济对象的确认以及具体的管理方面都发生了巨大的变化。

如果抛弃情感因素，单纯从社会保障制度自身的发展来看，济贫管理工作是在逐步正式化、规范化和现代化。第一，政府济贫不再局限于济贫本身，同时还关注到济贫方式给社会经济带来的影响。第二，人们对济贫的认识由感性走向理性。在旧济贫法时期，人们出于情感直觉对贫困予以救助。在新济贫法时期，人们已经考虑如何将济贫与经济发展很好地协调起来。济贫由一件人道主义善举变为一项与社会经济紧密相连的重要活动。第三，政府机构的组织化程度越来越高，管理越来越科学。例如，成立专门的委员会负责济贫，对各管理机构的职责和权限进行规定，对全国的济贫工作进行系统的管理等。

(二) 现代保障制度的建立和发展

以社会保险为特征的现代社会保障制度是 19 世纪末在德国首先发展起来的。19 世纪下半叶的德国，工人阶级的力量相当强大，而新兴的资产阶级势单力薄，在国内政治生活中表现得软弱无助。当时德国在领土统一后的最重要目标就是政治与社会稳定。根据这一目标，俾斯麦在德国统一后采取了"胡萝卜加大棒"的统治策略，试图通过社会立法平衡社会各阶层利益，赢得工人阶级对于国家政权的忠诚，阻止劳资关系的进一步恶化和工人运动的进一步发展。1883—1889 年，德国相继颁布几项法令，1883 年颁布了《疾病保险法》，1884 年颁布了《工伤事故保险》，1889 年颁布了《老年和残障保险法》，从而完成当时世界上第一份比较完备的工人社会保障计划。这三项法案收到了良好的效果，有力地促进了德国资本主义经济的发展。德国社会保险制度的建立为现代社会保障制度撑起了最坚实的一根顶梁柱。德国通过立法的形式，从性质上明确了保障对象的权利与义务；从内容上涵盖了疾病、工伤和老年这三项劳动者所面临的最主要的社会风险；从体制上明确了权利与义务相统一，以交费作为享受保险的条件，保险费用多方共同负担等现代社会保障制度所具备的基本原则。因此，社会保险制度比社会救济制度更具现代意义，是现代社会保障制度发展史上具有划时代影响的事件，是现代社会保障制度诞生的标志。德国的社会保险制度建立后，很快为西欧各国所仿效。1890—1919 年，世界上许多国家都分别建立起现代社会保险制度。

20 世纪 30 年代，美国《社会保障法》的颁布，标志着西方现代社会保障制度的进一步完善。早在全国实施保险制度前，美国部分地区例如新泽西州和亚利桑那州就分别于 1896 年和 1914 年先后出台了《教员年金法》和《老年退休计划》，但直到 20 世纪 30 年代初世界性大危机前，美国政府很少关注整个社会成员的保障问题。随着美国资本主义的发展，贫困已不仅仅是由于个人原因造成的，而是个人缺乏竞争能力、产业结构调整、家庭变故等许多客观原因而引起的。因此，建立现代社会保障制度已经成为历史的必然。

1929 年 10 月 24 日，美国纽约证券市场陷入崩溃，从此经济大萧条席卷了整个资本主义世界。1931—1932 年，美国有 4 000 多家银行倒闭。1933 年有 1 700 万工人失业。在这种情况下，传统的社区救济犹如“杯水车薪”，根本无法解决问题。1933 年 3 月 4 日，罗斯福上任后立即建议国会通过《联邦紧急救济法》，拨款 5 亿美元资助各州实行劳动救济和失业救济。之后又建立民间工程局和公共工程局，希望通过“以工代赈”实施失业救济。其后，罗斯福总统在施政改革中逐步系统提出“安全保障社会化”的理论，强调政府在社会保障中的职责。1935 年 8 月 14 日，罗斯福签署了《社会保障法》，美国历史上第一部社会保障法典开始生效。美国《社会保障法》的基本内容是失业保障、老年保障和各种津贴。《社会保障法》不仅在实践上基本解决了美国社会面临的失业和老年问题，而且在理论上第一次提出了社会保障的概念，使社会保障从形式到内容都更加完整和统一。《社会保障法》不仅是第一部由美国联邦政府承担义务的社会保障法律，也是世界上第一部完整的社会保障法。

二、安全生产管理

（一）英国的安全生产管理

英国的健康安全立法已有 200 多年的历史，最早源自工业革命所带来的社会问题以及英国济贫法的不足。济贫法使城市贫民生活得到了一定程度的舒缓，但却没有解决根本问题。对于城市贫民来说，生产安全条件的恶劣才是生活恶劣化的根源。为解决这种生产恶劣化所带来的社会问题，1802 年英国议会通过了首个关于工作条件限制的法律：《学徒健康与道德法》。这是第一部工厂法，仅适用于棉纺厂。但这部法律施行得并不好，存在着结构性缺陷，使得该法难以实施。于是在 1833 年又通过了里程碑式的《工厂法》。该法确立了很多先例：一是事故调查的先例；二是雇主负有关心雇员安危义务的先例。根据该法规定，1837 年出现了首起雇员成功起诉雇主的判例。该法于 1867 年、1878 年、1891 年等分别进行了修订。

进入 20 世纪后，英国的安全生产管理有了进一步的发展。20 世纪早期，社会志愿组织开始大量介入安全管理中。志愿组织发起的“安全第一”运动覆盖了国内道路及事故的范围。到了 40 年代初，建筑业也开始引入健康安全和福利规制。1949 年安全规制扩展到干洗和铸件行业。60 年代以后，英国开始关注职业健康问题。1967 年致癌物质法规直接禁止了对二氨基联苯的使用。工业健康顾问委员会的一个下属委员会制定了一项操作手册来降低工人的噪声伤害程度。1974 年英国通过了《职业健康安全法案》。作为一个里程碑式的法案，该法案试图建构一套规范性更少的安全制度。根据该法案，1974 年成立了健康和安全委员会（HSC），其目的是改革现有规章制度，推动新的规章制度和实操手册的出台。在 HSC 成立后三个月，又成立了健康和安全管理局（HSE）。不同于 HSC，

HSE 是一个法律实体，其职能是承接 HSC 的职责，并完成自身的法定责任，以确保法律能得到实施。

（二）美国的安全生产管理

美国安全生产管理始于 20 世纪初。在 20 世纪之前，政府很少介入工业事故处理中，认为这是雇主和员工之间的事务，雇主的工资也已经包含了对安全事故的补偿。在这种观念的支配下，美国安全生产事故频发，工人安全得不到保障。以矿山安全为例，美国在 1905—1909 年共发生了 85 起比较大的矿难，其中后两年大约有 10.5%的死亡是源于工业事故。面对大量的工伤事故，美国依然采用过失侵权责任原则和三大抗辩事由为资本家开脱。在这样的侵权法律体系中，雇主的职责仅限于提供合理的安全场所。除非有证据表明雇主有过失，否则工人无法获得赔偿。可是因为雇主能找到一流的律师为自己辩护，而且工人大多数不愿意冒着失去工作的风险为同事作证，再加上当时美国法院采纳三大抗辩原则进行工伤案例判决，所以无论是在资本、社会关系，还是在法院判决原则方面，雇主都比雇员更具优势。结果，绝大部分雇工的工伤事故赔偿微不足道，只是象征性的怜悯与救济，雇工完全自己承担工伤事故费用。①

罗斯福认为工人应当在发生事故时获得赔偿，而不论他们是否可以证明雇主过失。随后，在罗斯福的倡导下，政府监管一步步扩大，尤其是在维护工人权益方面，政府监管发挥了很大的作用。同时法院的判决也推动了安全生产管理理念的变化。1937 年，原来一直持保守立场的最高法院最终转向进步立场，在全国劳工关系局诉吕霍夫拖车公司案和全国劳工关系局诉马克斯制衣案中，从原来的反对管制劳工关系到支持管制劳工关系。这样，在美国总统和最高法院的共同努力下，美国的政府监管企业得以度过“宪法时刻”。

同时美国联邦上诉法院通过判决支持了行政法官制度，确认行政法官在工伤赔偿事故听证和决定赔偿事项时具有“完全权力和权威”②，行政法官针对工伤事故所作出的裁决具有准司法效力，因而也能对企业的生产活动起到监管作用。行政法官大量存在于生产安全部门，在很多工伤事故赔偿中作出高效率的“司法性”决策，为受害雇工提供即时的裁决服务。和一般行政人员不同，行政法官稔熟相关法律和制度，同时还可以在第一时间接触和了解工伤事故纠纷，它减少了很多一般司法程序环节。和司法法官相比，行政法官的裁决更加及时有效。也就是说，行政法官制度以高效、快速的行政程序取代低效率、高成本、时间冗长的司法程序，使被动司法变成了主动行政，这样就能够为受害者提供更加便捷的救济服务。③

第四节　后工业时代的公共安全管理

进入 20 世纪后半叶，世界各国纷纷进入了以信息革命为特征的后工业时代，这是人类社会发展的又一次重大转变。在后工业时代，信息成了社会发展的中枢要素，知识成了

① FISHBACK P，KANTOR S V. A prelude to the welfare state：the origins of workers' compensation[M]. Chicago：University of Chicago Press，2000：34.

② 韩铁. 关于罗斯福时代新政“宪法革命”的几点浅见[J]. 世界历史，2006(4)：35.

③ 肖北庚，邓慧强. 美国治理矿难中行政监管的经验及其启示[J]. 河北法学，2010(5)：15-17.

社会发展的核心动力，脑力劳动替代体力劳动，不断增长的服务业取代制造业成了社会财富增长的主要源泉。后工业时代对安全的影响不仅仅在于技术进步带来了新的安全领域，还在于社会复杂性的增加所带来的新问题。工业时代所建立的基于理性的科层制权力体系陆续坍塌，转型的知识经济通过向人们开放信息的获取而赋予人们权力，削弱了等级制的统治。整个社会的去中心化趋势打破了传统工业社会以来所建立的规模优势。这种去中心化趋势某种程度上也在塑造着新的社会形态。这一切都对社会公共安全管理提出了全新的挑战。

一、信息安全成为主要的公共安全问题

信息安全包括两个层面的内容：一是技术层面的安全，是指信息系统（包括硬件、软件、数据、人、物理环境及其基础设施）受到保护，不受偶然的或者恶意的破坏、更改、泄露，系统连续可靠正常地运行，信息服务不中断，最终实现业务连续性。二是内容层面的安全，即所传述的信息不对国家社会乃至个人造成安全威胁。信息安全管理主要也是围绕着这两个层面所展开。很多国家都制订了自己的信息安全发展战略和计划，加强信息安全立法，实现统一和规范管理。以法律的形式规定和规范信息安全工作是有效实施安全措施的最有力保证。2000 年 10 月，美国参议院通过了《互联网网络完备性及关键设备保护法案》。2000 年 9 月，俄罗斯实施了关于网络信息安全的法律。随着管理水平的提升，信息安全管理逐渐走向规范化。随着 ISO 9000 质量管理标准的出现及随后在全世界的推广应用，系统管理的思想在其他管理领域也被借鉴与采用。随之，信息安全管理在 20 世纪 90 年代步入了标准化与系统化管理的时代。1995 年英国率先推出了 BS 7799 信息安全管理标准，该标准于 2000 年被国际标准化组织认可为国际标准 ISO/IEC 17799。现在该标准已引起许多国家与地区的重视，在一些国家已经被推广与应用；组织贯彻实施该标准可以对信息安全风险进行全面系统的管理，从而实现组织信息安全。与此同时，其他国家及组织也提出了很多与信息安全管理相关的标准。

我国的信息安全管理也经历了一个从“九龙治水”到逐步规范统一的过程。信息安全管理原来的管理者包括：① 公安部。根据《计算机信息系统安全保护条例》（1994 年国务院令第 147 号），公安部负责计算机信息系统安全保护工作，防范和打击计算机犯罪。1997 年经国务院批准，公安部发布《计算机信息网络国际联网安全保护管理办法》（公安部令第 33 号），公安部负责计算机网络国际互联网的安全保护管理工作。1998 年国务院规定公安机关负责公共信息网络安全监察工作，具体由公安部公共信息网络监察局负责。② 国家安全部。其主要职能是依法打击利用信息网络从事危害国家安全的犯罪活动，负责通信及信息网络的技术侦查、反窃密和反间谍工作。③ 工业和信息化部。工业和信息化部职责包括负责国家信息安全保障体系建设，协调推进信息安全登记保护等基础性工作等。同时还负责协调管理电信网、互联网网络信息安全平台，组织开展网络环境和信息治理，配合处理网上有害信息，负责网络安全应急管理和处置等。其他还有国家保密局和国家密码局负有部分信息安全管理职能。2018 年国家成立了中央网络安全和信息化委员会办公室，统筹信息安全管理工作。

二、提升安全管理,加强顶层设计

安全问题在当前呈现复杂化趋势,各种安全问题相互渗透、相互影响。传统单一的专业化管理已经不适应新的安全形势,很多国家都提升了管理层次,对公共安全问题进行综合管理和顶层设计。1947年,美国确立了世界上第一个国家安全委员会制度。之后众多国家纷纷把美国此举作为学习的榜样。目前,世界上已经有近50个国家确立了国家安全委员会制度或相近制度。

美国的国家安全委员会作为总统的参谋助手,主要在外交与安全等重大领域为总统的最终决策出谋划策并协调政府各部门的相应行动。它属于总统办公室的下设机构,该机构直接向兼任国家安全委员会主席的总统负责,处于整个公共安全管理体系的核心地位。当前国家安全委员会在美国公共安全管理方面,特别是在国际问题、反恐问题上的作用日益重要。

俄罗斯的国家安全委员会——俄罗斯联邦国家安全会议成立于1992年,该机构的前身苏联联邦安全会议是在1990年成立的。总统在联邦安全会议中拥有最高决策权和执行权。在这一点上,俄罗斯总统比美国总统拥有更大的权力。在联邦安全会议领导下,政府相关部门科学分工、积极协作,对涉及公共安全的相关事件给予有效管理。

英国于2010年成立了国家安全委员会。该机构是英国公共安全管理的最高机构,负责协调政府部门间所涉及的公共安全管理事务,增强政府应对公共安全危机的能力,处置包括反恐、军事、重大事故灾难、严重自然灾害在内的安全事件。不同于美国、俄罗斯等国,英国国家安全委员会主席一职虽然由首相兼任,但是决策权却属于包括正副首相、相关部长在内的委员会内阁成员。目前,英国国家安全委员会正在进行由委员会向首相的决策机制转变。

日本早在1953年就成立了国防会议,该机构在1986年更名为安全保障会议,后于2007年升格为国家安全保障会议。国家安全保障会议负责日本外交、安全方面的国家决策并将情报工作作为重中之重,希望借此对重大公共安全危机作出及时应对。因为国家安全保障会议的人员组成为兼任议长的首相和内阁官房长官、外务大臣、防务大臣,所以也被称作"四大臣会议",同样随着形势的发展,该机构的最高决策权实际上也已经转向首相。在此基础之上,日本还通过设立紧急情况下不固定人员的"九大臣会议"与国家安全保障会议的秘书部门(国家安全保障局)等手段,进一步强化了日本的公共安全管理。

我国近年来也认识到公共安全管理顶层设计的必要性。在总体国家安全观的指导下,我国于2013年设立了国家安全委员会。"我们的安全工作体制机制还不能适应维护国家安全的需要,需要搭建一个强有力的平台统筹国家安全工作。设立国家安全委员会,加强对国家安全工作的集中统一领导,已是当务之急。"①中国国家安全委员会的职能包括顶层规划的议事、处置重大问题的决策、调动各方资源的统筹。与西方一些主要国家的类似机构一样,中国国家安全委员会将公共安全管理的重大问题权限集中到最高领导人手中。同时,中国国家安全委员会也将涉及公共安全管理的所有部门纳入其中,从而实现多领域、多部门的统一指挥。这一重大举措,既体现出了中国公共安全管理与国际接轨的

---

① 习近平.关于《中共中央关于全面深化改革若干重大问题的决定》的说明[J].求是,2013(22):26.

新思维,也体现出了极具中国特色的国家治理模式。不同于西方一些主要国家的分权制衡,中国国家安全委员会可以直接研究、决策、部署重大公共安全事件,从而提高了管理效率;也不同于西方一些主要国家侧重于国内外公共安全的某一方面,中国国家安全委员会关注国内外两个安全大局、传统非传统两大安全领域。

三、从专业安全管理走向综合管理

传统公共安全管理属于“分类管理”模式,其优点是专业化和垂直性,能适应现代社会管理的专业分工要求;其缺点是同时造成了条线过多、划分过细的格局,部门之间缺乏有效的联动与协调,应急能力建设很不平衡,资源分散、条块分割、各自为政、参差不齐等问题突出,制约了政府应急反应的整体能力与综合效果。大量灾害事件往往具有连锁性、衍生性和综合性等特征,横向上涉及多个部门,纵向上涉及多个层级,靠某个部门单打独斗不行,靠一个部门临时牵头也不行。因此,建立统一指挥、综合协调的应急管理体制显得特别重要。

(一)美国应急管理体制的变迁

20 世纪 70 年代,联邦应急管理的各种职能分散在多个联邦部门和机构,包括商务部(气候、预警及消防)、综合事务管理局(行政持续、储备、联邦准备)、财政部(进口调查)、核管理委员会(发电)、住房和城市发展部(洪灾保险和救灾)。军队中还有民用防备代办处(核攻击)及美国陆军工程师兵团(洪水控制)。参与风险和灾害管理的联邦机构有上百个之多。灾害管理职能的分散模式延伸至州以及地方政府一级,多机构的参与使得应急响应及管理有时出现混乱。州政府民防主任协会发起倡议,要求成立一个专门联邦机构统一灾害应急管理。

宾夕法尼亚州三里岛发生的核电站事故进一步加快了建立联邦统一应急管理机构的进程。1978 年 6 月 19 日,时任总统卡特将 3 号重组计划转交美国国会。该计划明确提出将减灾、备灾与应急行动归并为一个联邦紧急管理机构(FEMA),FEMA 的主任直属总统领导。FEMA 整合了国家消防局、联邦保险管理局、联邦广播系统、民防防备机构、联邦灾害援助管理局和联邦准备机构等。但 FEMA 成立后内部仍有许多部门独立运作,美国国会批准设立 FEMA 时没有要求各部门对灾害采取协调一致的反应。FEMA 在安全管理上仍延续了国家安全优先模式,忽视重大自然灾害带来的威胁。1989 年接连发生两次破坏性自然灾害:9 月的飓风“雨果”袭击南卡罗来纳州、北卡罗来纳州;10 月的普雷塔大地震震撼加州海湾。FEMA 在两次灾害中的迟缓响应使其继续存在的必要性受到质疑。

1992 年,新任主管威特为陷入困境的 FEMA 带来了崭新的领导风格。威特是 FEMA 的第一位具有实际应急管理经验的主管,他将以防核为主的应急管理方针转变为综合减灾方针,即综合管理所有自然及人为灾害。1993 年,美国中西部大洪水导致 9 个州发生重大损失。FEMA 对此进行了成功的应对,这也为将应急管理的重点从灾后恢复转变为灾前减损提供了契机。这一转变是通过迄今为止最大的自愿购买和搬迁项目实现的,该项目将人们从洪泛区迁移出去,从而永久脱离洪水风险。1994 年,时任总统克林顿将威特提升为内阁成员,确认了应急管理的价值和重要性。

进入 21 世纪后,由于“9·11”恐怖袭击事件的爆发,美国把反恐上升为国家应急管理机构的核心议题。同时，改革应急管理机构，对安全体制进一步整合，成立国土安全部。2002 年 11 月，时任总统布什签署《国土安全法》，美国国土安全部于 2003 年 1 月正式成立，由 22 个联邦机构 17.9 万名员工组成，下设 5 个分支：边境和运输安全局、信息分析和基础设施保护局、应急准备及响应局、科学技术局、行政管理局。其中，应急准备及响应局基本由原 FEMA 人员组成。

2011 年日本东部大地震发生后，美国政府未雨绸缪，迅速对自身的应急管理体系进行了大幅改革，即“2011 版”美国应急管理改革。2011 年 3 月 30 日，时任总统奥巴马签发了《总统政策第 8 号指令》，旨在应对美国面临的国内综合性国家安全问题。截至 2014 年 7 月底，此次应急管理体系的结构性、系统性调整工作基本完成，其应急管理体系的逻辑性、战略性、针对性、一体性、可控性均显著增强。该指令对全国准备目标与准备系统等作出了具体部署，加强准备工作成为应急管理体系改革的基本导向，并提出明确要求与考核指标。此次应急管理体系改革的另一项内容是推进核心能力建设，即建设可以量化的“核心能力”，将 37 项“目标能力”精简为 31 项，包括计划、公共信息和预警、协调 3 项通用能力，以及在预防、保护、减灾、响应、恢复等领域的具体能力。

（二）英国应急管理体制的变迁

英国应急管理体制建立于第二次世界大战之后，其发展大致可划分为三个阶段。

第一阶段为第二次世界大战后到 20 世纪末。英国应急管理体制主要以地方层面为主，以各郡区的警察、消防、医疗单位为管理的主体。管理重点包括防范核打击下的平民伤亡以及零星的自然灾害与北爱尔兰的恐怖袭击等。

第二阶段为 2001—2008 年前后，英国的应急管理在立法与中央、地方的整体建制上实现飞跃发展。2001 年 7 月，英国成立了内阁国民紧急事务秘书处（CCS），这是英国最高级别的负责应急管理的专门机构。CCS 设在中央政府内阁办公室下，主要负责组织与协调中央到地方各部门以及相关利益者参与民事应急事务的处理。2004 年 11 月，英国议会通过了《国民紧急状态法》，正式取代 1986 年的《和平时期民事防务法案》，成为当前英国应急安全管理规程中的最高立法文件。后来，英国政府陆续出台了《应急管理准备和响应指南》《应急管理恢复指南》《中央政府对突发事件响应的安排：操作手册》等法规与文件，将《国民紧急状态法》的宗旨和原则进行细化。这些法规与文件有效规范了中央、地方政府在进行应急管理时的具体操作程序。

第三阶段为 2008 年至今，应急管理被纳入国家“大安全”框架，英国正力图实现传统安全与非传统安全、国际安全与国内安全管理上的整合。近年来，传统安全与非传统安全相互交织、国际安全与国内安全界限模糊的特点越发明显，英国的突发事件也呈现出多元化、交叉性的发展趋势。政府暴露出应急管理部门与其他机构部门之间在重大安全事件上缺乏协调与信息分享以及忽视事前风险评估等问题。2008 年 2 月，英国内阁办公室战略中心发布《实现英国的潜力：未来对英国的战略挑战》，对未来英国将面临的战略风险进行评估，认为英国政府必须迅速增强战略风险管理能力，才能保障社会安全与繁荣。2010 年 5 月，英国卡梅伦内阁建立国家安全委员会，将应急管理中枢机构 CCS 纳入国家安全委员会，意图构建“大国家安全”管理框架。国家安全委员会成立几个月后发布了《在不确定时代保卫英国安全：战略防务与安全评估》报告，在大安全的理念下从安全责任、计划、机构改革、联盟与伙伴关系等方面确立了英国安全战略的原则。2010 年，中央政府将

CCS 作为政府整体风险管理的核心，负责识别、描述、量化、评估所有可能对英国安全构成的风险。CCS 需要制定政府风险管理的相关政策，总体设计与把握政府风险管理建设评估的进程，每年与相关部门一起发布《国家风险登记册》。

经过战后几十年的发展，当前英国已经形成了比较完备的应急法律法规体系和管理体系。就法律法规体系而言，最高层面是《国民紧急状态法》；第二层面是各种补充法案；第三层面是各种应急管理指南、标准；第四层面是各类规划文件以及经验教训总结性材料，例如各应急管理部门都要做的风险登记书、应急计划书、业务持续性计划书、灾后重建计划书等。就管理体系而言，在中央政府层面，领导应急管理的最高机构是国家安全委员会，其下分设国民紧急事务委员会和 CCS，负责管理日常工作和在紧急情况下协调跨部门的应急行动；而在面临非常重大的紧急事务时，中央政府会启动内阁紧急应变小组作为最高处理机构，必要时首相将亲自担任小组组长。在地方层面，各郡、县、市都设有地方紧急事务委员会，由各级市政厅、地方警察局、消防局、紧急救护中心、健康与安全机构、环境部门等组成。地方紧急事务委员会下设战略协调中心，在应急状态发生时由警察部门牵头（通常为总警察局长）负责指挥与协调各部门的应急处置。战略协调中心下还有专门的战略协作小组（主要是警察、消防与医疗小组），作为一线的战略指挥与协调官。除了核心的应急处置部门，公用事业、铁路与航空公司、军队、志愿者机构等也作为应急响应的第二梯队在灾后恢复中发挥作用。第二梯队主要由地方政府进行统筹安排。

（三）我国应急管理体制的变迁

从 1949 年到现在，我国应急管理体制发展大致经历了四个阶段。

改革开放之前可以称之为单项应对模式。在“一元化”领导体制下，我国建立了国家地震局、水利部、林业部、中央气象局、国家海洋局等专业性防灾减灾机构，形成了各部门独立负责各自管辖范围内的灾害预防和抢险救灾的模式，这一模式趋于分散管理、单项应对。该时期我国政府对洪水、地震等自然灾害的预防与应对尤为重视，但相关组织机构职能与权限划分不清晰，在应对突发事件时，政府实行党政双重领导，应急响应过程往往为自上而下地传递计划指令，是被动式应对。

改革开放之初到 2003 年抗击 SARS，可以称之为分散协调、临时响应模式。该时期，政府应急力量分散，表现为应对单灾种多，应对综合性突发事件少，处置各类突发事件的部门多，但大多部门都是“各自为政”。为提高政府应对各种灾害和危机的能力，中国政府于 1989 年 4 月成立了中国“国际减灾十年”委员会，后于 2000 年 10 月更名为中国国际减灾委员会。2002 年 5 月，广西南宁市社会应急联动系统正式运行，标志着应急资源整合的思想落地。在此阶段，当重特大事件发生时，通常会成立一个临时性协调机构以开展应急管理工作，但在跨部门协调时，工作量很大，效果不好。这种分散协调、临时响应的应急管理模式一直延续到 2003 年 SARS 事件爆发。

2003 年 SARS 事件后至 2018 年年初，可以称之为综合协调应急管理模式。2003 年春，我国经历了一场由 SARS 疫情引发的从公共卫生到社会、经济、生活全方位的突发公共事件。应急管理工作得到政府和公众的高度重视，全面加强应急管理工作开始起步。2005 年 4 月，中国国际减灾委员会更名为国家减灾委员会，标志着我国开始探索建立综合性应急管理体制。2006 年 4 月，国务院办公厅设置国务院应急管理办公室，履行值守应急、信息汇总和综合协调职能，发挥运转枢纽作用。这是我国应急管理体制的重要转折点，是综合性应急体制形成的重要标志。此外，专项和地方应急管理机构力量得到充实。国务院有关部门和县级以上人民政府普遍成立了应急管理领导机构和办事机构，防汛抗旱、抗震救灾、森林防火、安全生产、公共卫生、公安、反恐、海上搜救和核事故应急等专项应急指挥系统进一步得到完善，解放军和武警部队应急管理的组织体系得到加强，形成了“国家建立统一领导、综合协调、分类管理、分级负责、属地管理为主的应急管理体制”的格局。这种综合协调应急管理模式应对了汶川大地震、玉树地震、舟曲特大山洪泥石流、王家岭矿难、雅安地震等一系列重特大突发事件，但也暴露出应急主体错位、关系不顺、机制不畅等一系列结构性缺陷，而这需要通过顶层设计和模式重构完善新形势下的应急管理体系。

从 2018 年年初开始，我国开启了综合应急管理模式。2018 年 4 月，我国成立应急管理部，将分散在国家安全生产监督管理总局、国务院办公厅、公安部、民政部、国土资源部、水利部、农业部、国家林业局、中国地震局以及国家防汛抗旱总指挥部、国家减灾委员会、国务院抗震救灾指挥部、国家森林防火指挥部等部门的应急管理相关职能进行整合，以防范化解重特大安全风险，健全公共安全体系，整合优化应急力量和资源，打造统一指挥、专常兼备、反应灵敏、上下联动、平战结合的中国特色应急管理体制。应急管理部的成立，有助于形成党委领导、政府主导、社会力量和市场机制广泛参与的应急管理新格局，实现了从应对单一灾种向综合减灾转变，有利于提高统筹协调能力和专业救援能力，同时充分发挥好中央的指导作用和地方的主体作用，实现灾害应急救援的队伍、财物、信息整合，形成灾害风险整合式治理的局面。

四、公共安全管理发展的思索

随着社会的发展，公共安全管理也在不断发展。面对风险社会，我们不仅要有建构能力，还要有反思能力，应当对基于传统理性认知的公共安全管理体制进行更深层次的审视。就公共安全管理来说，政府一直习惯于在确定性思维的引导下从事目标明确、以效率为主要追求的管理行为。政府的外部社会评价、内部绩效考核都是以目标、效果为主要内容的，因此政府本身的官僚理性在持续的合法性支持之下也容易被放纵。近些年被大量引进政府管理的量化管理，将行政管理、社会经济事务管理统统纳入科学管理的范畴，实际是一种极致的确定性管理行为。但这些确定性在面对日益不确定的安全问题时，其管理的有效性也日益受到质疑。确定性知识图景在不确定性的社会中凸显其自身知识的困境。尽管 19 世纪以来人们已经对现代性进行了颠覆性批判和反思，但是并未能彻底抽离理性的根基，目标、发展、增长、进步、改造这些突出理性自信的词汇依旧频繁出现在很多国家的政策中。在国际竞争体系中，为了赢得某种优势，常常不知不觉地在经济科技发展领域放纵政府理性，致使人类社会一度生活在核战争、生态与粮食危机等不安全因素中。这种现代风险不仅对政府的公共管理能力提出了更高的要求，也提示人类应适当约束自身的行为（尤其是政府行为）以免恶化风险累积。对于各国政府来说，也的确应该对政府过度的理性自信有所警醒，人们也应从对传统理性知识的迷思中走出来，重新思考社会现代化的方向，以避免人类社会走向现代性的安全“陷井”。

特别提示

本章主要介绍了公共安全管理的发展历史和演变特征。本章没有按照传统的时间轴来展开，而是按照农业时代、工业时代和后工业时代这一脉络来认识公共安全管理的历史演变。公共安全管理作为一种次生性管理，它和社会生产方式密切相关。在农业时代，公共安全管理主要围绕着农业生产而展开，针对威胁农业生产安全的自然灾害进行安全管理活动。同时，由于城市的出现，基于人口聚集特征而产生的诸多城市公共安全问题也开始出现，但还没有成为普遍性问题。工业时代使安全生产和社会保障问题开始进入公共安全管理的视野和范畴，并上升为政府责任。同时，由于城市的普遍出现，也使诸多城市公共安全问题成为普遍性问题，从而大大拓展和深化了公共安全管理的范围。后工业时代的典型特征就是知识和技术成了社会生产的主要推动力，尤其是信息社会的到来，极大地改变了社会生产方式，从而使公共安全管理呈现出很多新的变化：一是公共安全安全问题的全球化；二是信息安全成为突出的公共安全问题；三是从专业安全管理走向大安全管理；四是技术在公共安全管理中发挥作用的越来越大。

同步思考题

1. 公共安全管理历史发展的脉络是什么？
2. 我国农业时代自然灾害管理包括哪些内容？
3. 美国安全生产管理思路是如何转折的？
4. 英国社会保障发展经历了哪些转变？
5. 我国应急管理体制转变经历了哪几个阶段？

延伸阅读书目

[1] 贝克尔. 人人都是他自己的历史学家[M]. 马万利，译. 北京：北京大学出版社，2013.

[2] 科特金. 全球城市史[M]. 王旭，等译. 北京：社会科学文献出版社，2014.

[3] 贝尔. 后工业社会的来临[M]. 高铦，王宏周，魏章玲，译. 南昌：江西人民出版社，2018.

[4] 贝克. 风险社会：新的现代化之路[M]. 张文杰，何博文，译. 南京：译林出版社，2018.

[5] 维特. 事故共和国[M]. 田雷，译. 北京：中国政法大学出版社，2016.

[6] 孙安第. 中国近代安全史(1840—1949)[M]. 上海：上海书店出版社，2009.

CHAPTER 3

第三章

公共安全管理内容

学习目标

1. 掌握公共安全事件的概念、特点及分类。
2. 了解四类突发事件的概念、分类分级管理内容。
3. 掌握四类突发事件的特征、危害及相关致因理论。

案例引入

2003年SARS事件

2003年3月至4月，神州大地遭遇SARS袭击。一时间，人人谈“非”色变。SARS肆虐，国人在SARS的恐慌和煎熬中度日如年，无论是在肉体上还是在精神上，SARS的杀伤力让人不堪负载。据世界卫生组织统计，截至2003年8月7日，全球累计SARS病例共8 422例，其中中国内地累计病例5 327人，死亡349人，居世界首位。

一、SARS事件发展过程

2002年11月16日，广东发现第一起被称为SARS的病例。

2003年3月6日，北京接报第一例输入性SARS病例。

3月15日，世界卫生组织将此疾病定名为SARS(Severe Acute Respiratory Syndrome)，即严重急性呼吸综合征。

3月中旬至4月1日，网上流传的“北京疫情”部分情况在现实中得到证实，政府对于SARS的认识和应对措施经历着艰难而痛苦的转变。

4月6日，卫生部公布《非典型肺炎病例或疑似病例的推荐治疗方案和出院诊断参考标准(试行)》。

4月17日，中共中央政治局常务委员会召开会议，对抗击SARS斗争提出总体要求：沉着应对、措施果断，依靠科学、加强合作、完善机制；提出切断SARS传播途径的科学策略：早发现、早报告、早隔离、早治疗。同时，设立总额20亿元的非典型肺炎防治基金、成立全国防治非典型肺炎指挥部、专项部署农村非典型肺炎防治工作等。

4月20日，党中央、国务院明确提出要及时发现、报告和公布疫情，决不允许缓报、漏报和瞒报。卫生部决定由原来5天公布一次疫情，改为每天公布；非典型肺炎被列入我国法定传染病。

4月23日，温家宝主持召开国务院常务会议。会议决定成立国务院防治非典型肺炎指挥部，统一指挥、协调全国非典型肺炎防治工作。

4月24日，温家宝在全国防治非典型肺炎指挥部成立会上强调，指挥部要扎扎实实做好10个方面的重要工作：做好防治工作，准确统计并及时公布疫情，采取有效措施，提高防治效果；做好卫生检疫工作；组织科技攻关，尽快找到科学有效的防治方法；做好后勤保障工作，确保医药用品等各种物质和设备不断档、不涨价；把农村疫情的防治工作做在前面，对城市农民工就地救治；加强学校的疫情防治工作，对患病师生要及时救治；加强社会治安综合治理；宣传传染病防治法与防治知识；加强与香港特别行政区、澳门特别行政区和台湾地区的合作；把北京市防治工作作为重中之重抓紧抓好。

4月29日，卫生部要求严惩防治非典型肺炎不力的医疗卫生负责人，要求各级卫生行政部门对本辖区医疗机构非典型肺炎防治工作进行监督检查。

5月初开始，疫情出现小幅回落，但仍处于高发平台期。

5月1日，卫生部、财政部、劳动和社会保障部就非典型肺炎救治费用问题发出紧急通知，要求医疗机构救治非典型肺炎患者简化手续，并规定检查过程中发生的各项费用，采取记账方式，事后按有关规定解决。

5月7日，卫生部表示，鉴于国际上对SARS病原体的最后确认还没有形成共识，我国暂时将SARS归入乙类传染病的特殊传染病。

5月9日，温家宝签署国务院第376号令，公布施行《突发公共卫生事件应急条例》；劳动和社会保障部要求，将把农民工纳入防治非典型肺炎的统一管理中。

5月12日，卫生部根据《传染病防治法》，针对非典型肺炎防治亟须解决的问题，制定了《传染性非典型肺炎防治管理办法》，于当日发布施行。

5月22日起，北京8万名高三年级学生返校进行考前复习，其他年级的中小学生也陆续分期、分批、分区域复课。

5月30日，防治SARS“五月攻坚战”取得阶段性成果。

6月2日，北京SARS疫情出现3个“零的突破”：当日新收治确诊病例、疑似病例转确诊病例、非典型肺炎死亡人数均为零。

6月13日，世界卫生组织宣布从13日起解除到我国河南省、内蒙古自治区、山西省和天津市的旅游警告。

6月24日，世界卫生组织宣布，北京的SARS疫情明显缓和，已符合世界卫生组织的有关标准，因此解除对北京的旅游警告，同时将北京从非典型肺炎疫区名单中排除。这一决定从宣布当天开始生效。

二、SARS事件应对过程

此次SARS危机的应对过程大致可以分为三个阶段。

第一阶段是最初预警阶段：从2002年11月16日最初发现SARS病例，到2003年2月10日为止，此阶段疫情由不为人知到引起政府和公众的广泛关注。

第二阶段是初步反应阶段：从2003年2月10日广东省各主要媒体对SARS进行公开报道，到2003年4月17日中央政治局常务委员会召开会议专门研究SARS问题为止。

此阶段的应对重点放在了对继发性危机(例如商品抢购等)的处理上,而没有放在控制疫情上。

第三阶段是全力应对阶段:此阶段是在2003年4月17日中央政治局常务委员会召开会议之后。这一阶段对疫情的严重程度有了真正的认识,全国开始全力应对SARS。

三、SARS事件影响

SARS疫情高峰时期,虽然我国多所大学的正常教学进度被打乱,包括北京在内的很多省市都实行了中小学全面停课,但是6月举行的全国高考并没有延后举行。多场体育比赛和热身赛被取消、更换主办地或者推迟。SARS疫情高峰时期,我国各级党政机关显示了惊人的动员力量,深入农村基层社区。这时以村为单位的传统社会力量发挥了作用:所有外村人员不得进村,本村在外打工返乡人员也被挡在村外,直到观察期满才能回村。

2003年6月24日,世界卫生组织解除对北京的旅游警告,并自疫区名单中剔除(即所谓"双解除")。SARS疫情结束后,中央政府宣布大幅度增加卫生防疫经费投入,在全国建设各级疾病预防控制中心,特别是增加了对农村地区的经费投入。此外,大力扶植中医药行业。

2003年SARS事件突如其来,来势凶猛,对我国政府公共安全管理能力、应急管理能力等都提出了巨大挑战。SARS事件之后,公共安全管理被提升到国家战略的高度,"一案三制"的应急管理体系建设也由此拉开序幕。2003年SARS事件也由此成为我国公共安全管理发展历史上的一个标志性事件。

(资料来源 《SARS事件》,载百度百科,https://baike.baidu.com/item/SARS%E4%BA%8B%E4%BB%B6/7702261)

第一节　公共安全事件概述

公共安全的内涵十分丰富,广义来说各种自然现象与人类活动都可能对公众的生命、健康、财产造成直接或间接的威胁。公共安全事件包罗万象,涉及生产和生活的方方面面,另外各类公共安全事件产生的机理和路径也不同,因此科学界定公共安全事件的概念及分类是十分必要的。

一、公共安全事件的概念

公共安全事件的概念缺少明确的界定。在许多研究文献中,比较相近的概念却很多,例如突发事件或者突发公共安全事件、公共危机事件等。

《突发事件应对法》第三条明确指出,突发事件是指突然发生、造成或者可能造成严重社会危害,需要采取应急处置措施予以应对的自然灾害、事故灾难、公共卫生事件和社会安全事件。突发事件在许多语境中基本替代了公共安全事件的概念,因为在政府应对公共安全事件的过程中,突发事件应对是十分困难而又重要的事情,而且对于政府治理来说,突发事件本身具有公共性和破坏性。然而,突发事件与突发公共安全事件的概念并不完全一致,突发事件更强调事件发生的突然性和紧迫性;而突发公共安全事件更贴近公共安全事件的概念,且并不是所有公共安全事件都是突发性的。

邓国良认为，公共安全危机事件是指自然灾害事故、人为事故和由社会对抗引起的社会冲突行为，危害公共安全，造成或可能造成严重危害后果和重大社会影响的事件。① 公共安全危机事件的定义很接近公共安全事件，但并非所有的公共安全事件都会演化成危机事件，公共安全危机事件更强调事件的危机性质。

此外，还有紧急事件，它是指迫在眉睫、一触即发的事件。如果紧急事件拥有了公共性和威胁性，也就成了公共安全事件。

如果把公共安全理解为公众免于生命、健康以及财产损失威胁的状态，那么公共安全事件可以界定为威胁到广大人民群众生命、健康以及财产损失的各类事件。显然公共安全事件的内涵十分宽泛，既包括地震、台风、暴雨、高温等自然异动导致的灾难，也包括人类生产活动过程中出现的火灾、运输、机械等重大安全事故，还包括人类生活中面临的食品、卫生、交通等突发公共安全事件。

二、公共安全事件的特点

虽然各类公共安全事件发生机理不同，每一类公共安全事件都各具特点，但从总体上看仍然可以发现公共安全事件的一些一般特征。分析公共安全事件可从公共威胁性、突发性、紧迫性、聚焦性、多样性、复杂性等特点来综合把握。

（一）公共威胁性

公共威胁性也可以称作破坏性，是公共安全事件最本质的特征，强调对社会公众造成的负面影响。不论什么性质和规模的安全事件，都必然不同程度地造成破坏和一定程度的混乱、无序，且由于公共安全事件的影响对象是社会公众群体，故其威胁带有很强的公共性和社会性。

（二）突发性

突发性并非是公共安全事件的必要特征，但是公共安全事件往往都具有突发性的特点。突发性的公共安全事件很可能演化成危机事件。突发性公共安全事件虽然爆发的具体时间、实际规模、具体态势和影响深度等都是始料未及的，但却是从量变到质变的过程。

（三）紧迫性

许多公共安全事件往往具有时间紧迫的特点。一些公共安全事件一旦爆发，其破坏性的能量就会被迅速释放，并呈快速蔓延之势；如果不能及时控制，将引发危机，且会急剧恶化，从而造成更大损失；而且时间、人员和资源的有限性往往会导致决策失误，造成事态失控。

（四）聚焦性

聚焦性是指公共安全事件的汇集效应。公共安全事件涉及大众的生命财产安全，极容易吸引眼球，成为媒体关注热点。公共安全事件一旦演变成危机，危机所在地将成为人们争相援助的重点，从而出现力量汇聚、资源聚集、信息量过载的现象。

---

① 邓国良.公共安全危机事件处置研究[M].北京：中国人民公安大学出版社，2005：57.

（五）多样性

多样性一方面指公共安全事件涉及人类生产生活的各个领域，发生类型种类多样、原因多样；另一方面指公共安全事件造成的结果也是多样的。贝克的《风险社会》中指出，灾难性事件产生的结果多样，超出了现代社会的控制能力，而且风险的排除是不可能的。①

（六）复杂性

公共安全事件往往是各种矛盾激化的结果，总是呈现出一果多因、相互关联、环环相扣的复杂状态。公共安全事件发展往往存在很大的不确定性，处置不当可能加大损失、扩大范围，甚至会转化为政治事件。

需要指出的是，公共安全事件的特点并非一成不变的。随着对公共安全领域研究的不断深入，人类对公共安全事件本质与特征的认识将更加丰富和深化。

三、公共安全事件的分类

公共安全事件涉及范围广、领域多，因此其分类及子内容也是丰富多样的。首先应该明确的是，公共安全事件的分类标准是多元的、变化的，在实际应用中应根据需要进行科学分类。

按时空范围，公共安全事件可以分为国际公共安全事件和国内公共安全事件。国际公共安全事件主要涉及国际政治、国际军事、国际经济金融、文化意识形态等领域；国内公共安全事件则主要关注国内政治、经济、社会、信息、科技、交通、生态等方面。国内公共安全事件与国际公共安全事件的主要区别在于事件发生的地点是否在本国领土内部，以及受到安全威胁的主体是否限定为本国居民。随着全球化、国际化的发展，国内公共安全事件和国际公共安全事件的边界越来越模糊。另外，不同国家之间公共安全形势不同，产生和关注的公共安全事件也有很大差异。

按发生领域，公共安全事件可以分为政治安全事件、经济安全事件、社会安全事件、文化安全事件等。政治安全事件是威胁国家主权、政权、政治制度及意识形态等方面的公共安全事件，此类公共安全事件挑战国家政权的稳定以及国家意识形态安全。经济安全事件是指威胁经济健康、持续、稳定发展的公共安全事件。社会安全事件是指威胁社会稳定和公共秩序的公共安全事件。文化安全事件是指威胁一国的观念形态的文化（例如民族精神、政治价值理念、信仰追求等）生存和发展的公共安全事件。

按成因和性质，公共安全事件可以分为自然灾害、事故灾难、公共卫生事件、社会安全事件等。四类公共安全事件在致因、过程与结果上存在各自的特点，这一分类便于在公共安全管理实践中进行组织设计与分类管理。参照国务院《特别重大、重大突发公共事件分级标准（试行）》和《国家突发公共事件总体应急预案》，本书汇总整理了四类公共安全事件及其主要内容，如表 3-1 所示。

① 贝克.风险社会[M].何博闻，译.南京：译林出版社，2004：192.

表 3-1　公共安全事件分类及主要内容

类型	主要内容
自然灾害	水旱灾害,气象灾害,地震灾害,地质灾害,海洋灾害,生物灾害,森林草原火灾等
事故灾难	工矿商贸等企业的各类安全事故,交通运输事故,公共设施和设备事故,公共场所事故,环境污染和生态破坏事件等
公共卫生事件	传染病疫情,群体性不明原因疾病,食品安全和职业危害,动物疫情,以及其他严重影响公众健康和生命安全的事件等
社会安全事件	群体性事件,恐怖袭击事件,经济安全事件,涉外突发事件,重大刑事案件等

四、国内外公共安全事件与研究热点问题

公共安全是一个新兴的、综合交叉型的学科领域,工程科学、自然科学和社会科学均以不同的视角和主题对其进行了探索,积累了十分丰富的研究成果。总体而言,发达国家政府都十分重视公共安全管理,其公共安全管理的研究也相对更加成熟和完善,其中尤以美国、日本、欧洲各国的研究最为典型。

随着冷战的结束、全球化的兴起,美国传统上的政治外交安全问题、工业安全生产问题得到缓解,公共安全事件主要聚焦在自然灾害、恐怖袭击、枪支泛滥等社会安全领域。例如 2005 年卡特里娜飓风事件,造成的经济损失可能高达 2 000 亿美元,成为美国史上破坏最大的飓风。该事件导致美国重新认识自然灾害管理的重要性,大量研究者重新审视美国的公共安全管理模式。2011 年"9・11"恐怖袭击事件是发生在美国本土的最为严重的恐怖攻击行为,遇难者总数高达 2 996 人,对美国造成经济损失达 2 000 亿美元,对全球经济所造成的损害甚至达到 1 万亿美元左右。

日本是一个自然灾害类型多、发生频繁、灾害损失严重的国家,尤其是 20 世纪 90 年代以来,各种突发和人为的公共安全事件不断发生。2011 年"3・11"大地震引发了福岛核泄漏事故,根据国际核事件分级表,福岛核事故为最高级 7 级,损失难以估计,让世界各国都不得不重新审视核能发展规划。

欧洲国家遭受的重大自然灾害较少,公共安全领域突出的问题主要是生态与公共卫生安全问题,例如英国的"疯牛病"事件,波及世界很多国家,包括法国、爱尔兰、加拿大、丹麦、葡萄牙、瑞士、阿曼和德国等。另外,近年来出现了困扰欧洲各国的难民问题、层出不穷的暴力冲突等社会问题。

我国幅员辽阔,地理气候条件复杂,是世界上自然灾害最严重的几个国家之一。我国自然灾害种类多、频率高、分布广、灾情严重。我国正处于工业化与城市化的进程中,社会转型发展阶段出现了许多公共安全问题,包括工矿企业生产事故、工业发展带来的生态环境安全问题、城市发展中利益分配导致的群体性冲突问题等。

总之,不同国家之间、同一国家不同发展阶段发生的公共安全事件是存在差异的,这些差异集中体现了该国公共安全管理的问题与特点。在许多情形下,公共安全事件,特别是标志性的公共安全事件,往往都会产生很大的影响。这类事件不仅吸引研究人员与社会大众的广泛关注,还会促进本国、本地区公共安全领域的管理改革与制度创新。

国外在公共安全管理上的研究和政策实践相比国内要更加成熟,且各具特色。例如,

美国的公共安全管理侧重于制度创新,特别在自然灾害领域,包括减灾、综合应急管理等方面均取得了丰硕的成果。① 日本的公共安全管理则侧重于技术应用与知识宣教,并形成了一套比较完善的公共安全管理体系,包括灾害危机管理、安全危机管理、健康危机管理、环境危机管理、企业危机管理和社会危机管理等。② 欧洲的贡献则主要集中于标准规则和理念上的反思,贝克于1986年提出风险社会的概念,影响十分广泛。该概念思考在发展的现代社会中,如何避免、减弱、改造或有效疏导面临的风险与威胁。③ 除了美国、日本与欧洲各国,澳大利亚、新西兰、加拿大等国家的公共安全管理在理论研究和政策实践等方面也有独到之处,例如"紧急事态管理"以及"民防"或"民防紧急事态管理"等。总体而言,国外公共安全管理研究主要根据各国的实践需要,在应对各类公共安全事件方面积累了广泛的研究成果,在管理体制与机制的建设方面取得了很多成熟经验。

国内对公共安全管理的研究起步较晚,公共安全管理内容主要集中在三个领域:一是自然灾害管理研究;二是城市灾害管理研究;三是狭义的公共安全管理研究,主要指社会安全研究。2003年SARS事件之后,公共安全与应急管理越来越受到重视,公共安全管理上升为国家战略,相继被列入《国家中长期科学和技术发展规划纲要(2006—2020年)》《国民经济和社会发展第十一个五年规划纲要》《国民经济和社会发展第十二个五年规划纲要》《国民经济和社会发展第十三个五年规划纲要》,公共安全管理体制与机制得到不断完善。2018年4月,国家成立应急管理部,进一步深化了公共安全管理体制改革。

第二节 自然灾害

我国正处在经济和社会快速发展的时期。这一时期环境问题逐步累积和凸显,自然灾害频发,社会面对各种灾害的脆弱性与日俱增。自然灾害的不断发生对公众的生命财产造成巨大损失,对生态环境和社会稳定造成严重威胁,对我国的公共安全管理能力带来极大挑战。

一、自然灾害的概念

自然灾害是灾害的一种类别,是灾害学研究中的一个基本概念。因此,在探讨自然灾害的概念之前,应先讨论灾害的基本概念。

(一) 灾害

灾害自古以来就与人类共存,它不仅损毁人类赖以生存的资源与环境、破坏人类的生产活动,甚至危害人类的健康及生命。尽管灾害现象由来已久,但就其定义却是众说纷纭。迄今为止,在国内外大量灾害研究的文献中,大多阐述是某一灾害事件,或者某个区域一定时期灾害的状况,对于灾害的范畴(见表3-2)仍无统一界定。

---

① 张海波.公共安全管理:整合与重构[M].北京:生活·读书·新知三联书店,2012:1-4.

② 张顺合.公共安全与科技支撑[M].北京:中国质检出版社,2015:66.

③ 贝克.风险社会[M].何博闻,译.南京:译林出版社,2004:16.

表 3-2　　国际上对灾害范畴的认识①

观点持有者	观　点
美国联邦应急管理局	自然灾难、技术事故和人为事件
灾害风险管理国际研究所	一个自然或者人为造成的突然的事件
联合国人道主义事务部	对社会功能的严重扰乱，造成广泛的损失
联合国国际减灾战略署	对一个社区或者社会功能的严重扰乱，造成广泛的损失
美国国会图书馆	失去控制的紧急事件
牛津词典	能造成生命重大损害或伤亡的自然事件，例如地震等
韦伯词典	突然带来巨大的伤害、损失和破坏的灾害性事件
维基百科	不期料的自然或人为灾难，大量程度的严重财产损害或破坏、生命损失，有时是对自然环境的永久性破坏

国内有的学者认为，灾害是指在自然力和人为力影响下，使人类生存环境发生突变，而危及、损害，甚至毁灭人类生命、社会系统和自然系统的恶性突发事件。该定义包含了灾害发生的背景、灾害发生的机制、灾害所产生的后果，指明了灾害具有的自然属性和社会属性。但该定义的明显不足是对灾害的全面概括不力。为此，《灾害学导论》从狭义和广义两个角度对灾害进行定义：从狭义角度讲，灾害经常被理解为给人们造成生命、财产损失的一种自然事件，而且多属突发过程；从广义角度讲，一切对人类繁衍生息的生态环境、物质和精神文明建设与发展，尤其是生命财产等造成或带来较大（甚至灭绝性的）危害的自然的和社会的事件均可称为灾害。但该定义没有描述出灾害从自然现象到灾变现象以及形成危害的整个运动过程，也没有将灾害成因的自然属性和社会属性明确反映出来。② 李树刚提出，灾害是在某一地区，由内部演化或外部作用所造成的，对人类生存环境、人身安全与社会财富构成严重危害，以至超过该地区承灾能力，进而丧失其全部或部分功能的自然-社会现象。其中，地区承灾力是指某地区对一种或多种灾害的抗御能力、救助能力与恢复能力的综合，它反映了该地区抗御灾害的综合水平。③ 该定义包括三层含义，即灾害的成因、灾害的致灾过程、灾害的最终结果与衡量尺度。

灾害是指在自然力和人为影响下，由内部演化或外部作用而引发的超过该地区的承灾能力，对人类的生存环境、人身安全和社会财富造成严重危害的自然-社会现象。

任何一种灾害都具有两重性，即灾害的自然属性和灾害的社会属性。前者系指灾害对客观世界的影响程度，一般称为受灾程度；后者系指灾害对人类社会生活（尤其是社会经济活动）的影响程度，一般称为成灾程度。根据灾害现象的特征，灾害可以划分为自然灾害和社会灾害两大类。

（二）自然灾害

自然灾害是灾害学研究中一个最基本的概念。目前国内外自然灾害与风险研究涉及的领域非常广泛，参与的学科很多，不同学科背景或不同研究角度通常对自然灾害有不同

① 于良巨，马万栋．自然灾害内涵及辨析[J]．灾害学，2015，30(4)：12-16.
② 卢敬华，杨羽．灾害学导论[M]．成都：四川科学技术出版社，1993：8.
③ 李树刚．灾害学[M]．2 版．北京：煤炭工业出版社，2015：1-2.

的理解与表述。国内对自然灾害概念出现了不同的理解和解释。有观点认为，自然灾害指因人力不能支配、控制的自然力给社会的生产生活和人民生命财产造成严重危害和损失的现象。也有观点认为，自然灾害是由于自然变异与人为因素相结合的原因所引发的对人类生命、财产和人类生存发展环境造成破坏和损失的现象或过程。①

针对目前自然灾害概念理解不一致的情况，黄崇福对自然灾害的基本定义进行了较深入的探讨，认为自然灾害是由自然事件或力量为主因造成的生命伤亡和人类社会财产损失的事件。②《自然灾害管理基本术语》(GB/T 26376—2010)从管理角度对自然灾害给出基本定义，即由自然因素造成人类生命、财产、社会功能和生态环境等损害的事件或现象。

综上所述，自然灾害是指由于自然现象的突变而给人类的生命、财产及其赖以生存的资源和环境造成威胁和损坏的事件。自然灾害是自然界中物质运动变化的结果，其之所以被称为灾害，是因为这些自然现象的结果超出了一定的限度，并对人类的生存和发展造成了灾难性的危害。不同类型的自然灾害其成因和特点各不相同，对人类造成的危害和影响在范围和程度上也有很大区别，应采取适当的方法和措施进行应对和管理，将危害和损失降到最低。

地球上的自然环境时时刻刻都在发生着变化，引发自然灾害的自然变异可归纳为：大气圈变异，引发气象灾害、洪涝灾害；水圈变异，引发海洋灾害、海岸带灾害；生物圈变异，产生农林病害、虫害、草害、鼠害，等等。地球空间范围的自然变异引起的自然灾害见表 3-3。

表 3-3　自然灾害在地球圈层的分布③

灾害发生圈层	主要灾害
大气圈、陆地表层及生物圈	雨、雪、雹、风、热、冷冻、雷电、沙尘暴等气象灾害
	干旱灾害、洪涝灾害
	农业种植养殖业病害、虫害、草害、鼠害；森林火灾；生物变异、外来有害生物入侵等农业和生物灾害
海洋(水圈)	风暴潮、灾害性海浪、海水、海啸、赤潮等海洋灾害
地壳浅层	山洪、滑坡、泥石流、地面沉陷等地质灾害
地壳深层	地震、火山(地壳深层至地幔)灾害

二、自然灾害的分类与分级

自然灾害的分类与分级是开展自然灾害研究和管理的一项基础性工作，其关系到对灾害的理论认识、指导灾害科学研究、选择有针对性的减灾防灾和灾害治理措施、建立最有效的监测系统、客观评价减轻灾害的实效等基本问题。

---

① 于良巨，马万栋.自然灾害内涵及辨析[J].灾害学，2015，30(4)：12-16.

② 黄崇福.自然灾害基本定义的探讨[J].自然灾害学报，2009，18(5)：41-50.

③ 张乃平，夏东海.自然灾害应急管理[M].北京：中国经济出版社，2009：2.

（一）自然灾害的分类

对自然灾害进行分类，从不同的角度出发可以有不同的分类方法。根据《国家突发公共事件总体应急预案》的解释，自然灾害主要包括水旱灾害、气象灾害、地震灾害、地质灾害、海洋灾害、生物灾害和森林草原火灾等七类。

1. 水旱灾害

洪涝灾害指因降雨、融雪、冰凌、溃坝(堤)、风暴潮等引发江河洪水、山洪泛滥以及渍涝等，对人类生命财产、社会功能等造成损害的自然灾害。① 洪涝灾害包括洪水灾害和雨涝灾害两类。其中，由于强降雨、冰雪融化、冰凌、堤坝溃决、风暴潮等原因引起江河湖泊及沿海水量增加、水位上涨而泛滥以及山洪暴发所造成的灾害称为洪水灾害；因大雨、暴雨或长期降雨量过于集中而产生大量的积水和径流，排水不及时致使土地、房屋等渍水、受淹而造成的灾害称为雨涝灾害。由于洪水灾害和雨涝灾害往往同时或连续发生在同一地区，有时难以准确界定，往往统称为洪涝灾害。其中，洪水灾害按照成因，可以分为暴雨洪水、融雪洪水、冰凌洪水、风暴潮洪水等。根据雨涝发生季节和危害特点，可以将雨涝灾害分为春涝、夏涝、夏秋涝和秋涝等。雨涝灾害主要危害农作物生长，造成农作物减产或绝收；洪水灾害的破坏力极强，是世界上最严重的自然灾害之一，不仅发生的频率高、范围广，而且影响比较深远。洪水往往分布在人口稠密、农业垦殖度高、江河湖泊集中、降雨充沛的地方，例如北半球暖温带、亚热带。中国、孟加拉国是世界上洪水灾害发生较为频繁的地区。

干旱灾害指因降水少、河川径流及其他水资源短缺，对城乡居民生活、工农业生产以及生态环境等造成损害的自然灾害。② 干旱的发生一般都有一个区域，称为干旱区。按照气象学的划分标准，连续 3 个月降水量比常年偏少 25%～50%，定位干旱区；偏少 50%以上，可定为严重干旱区。按照干旱发生的时期可以将干旱划分为：春旱、夏旱、秋旱、冬旱、季节连旱、全年大旱、连年大旱。

世界上干旱地区约占全球陆地面积的 25%，半干旱地区约占全球陆地面积的 30%，包括非洲北部一些地区、欧洲南部、西南亚、北美中部以及中国北方等。非洲大部分地区在 20 世纪遭受过百年不遇的大旱灾，36 个国家约 1.5 亿人口面临饥饿的威胁。我国地域辽阔，特殊的地理位置和气候特征，决定了我国是一个旱灾频发的国家。

2. 气象灾害

气象灾害指由于气象要素的数量或强度、时空分布及要素组合的异常，对人类生命财产、生产生活和生态环境等造成损害的自然灾害。③ 气象灾害包括干旱、雨涝、暴雨、热带气旋、寒潮、冷害、寒害、风灾、雹灾、暴风雪、龙卷风、干热风、雷暴等。气象灾害种类多、范围广、频率高、持续时间长、群发性突出、连锁反应显著，加之近年来全球变暖进一步加剧，气象灾害已成为人类面临的较为频繁、严重的自然灾害之一。

我国是世界上自然灾害最为严重的国家之一。在自然灾害中，气象灾害十分频繁

---

① 自然灾害分类与代码：GB/T 28921—2012[S]. 北京：中国标准出版社，2012：3-5.
② 同①.
③ 同①.

且灾害种类多。在我国，干旱、洪涝、台风、暴雨、冰雹等灾害每年都危及人民的生命和财产安全，并使国民经济受到极大的损失。而且，随着经济的高速发展，生态环境遭到严重破坏，从而使气象灾害造成的损失呈上升发展趋势，直接影响着社会和经济的发展。

3. 地震灾害

地震灾害指地壳在快速释放能量的过程中造成强烈地面振动及伴生的地面裂缝和变形，对人类生命安全、建(构)筑物和基础设施等财产、社会功能和生态环境等造成损害的自然灾害。① 地震对人类的危害可以分为直接灾害和次生灾害等。直接灾害包括地面断裂、变形、冒水、喷砂和建筑损坏、倒塌，以及对人畜造成的伤亡和财产损失等。在海底或滨海地区发生的强烈地震，能引起巨大的波浪，产生海啸。地震还会产生一系列次生灾害，破坏生态环境。例如：强烈地震致使山体崩塌，形成滑坡、泥石流；水坝河堤决口造成水灾；震后流行瘟疫；易燃易爆物的引燃造成火灾、爆炸或由于管道破坏造成毒气泄漏以及细菌和放射性物质扩散对人畜生命造成威胁等。地震灾害是伤亡人口较多，对人类震慑较大的自然灾害之一。

地震的发生极其频繁，全球每年发生地震约550万次。我国是世界上大陆强震最多的国家之一。我国国土面积占全球的7%，却承受了全球33%的大陆强震，地震灾害空间风险度居世界第八位。据统计，自有地震记录以来，全世界发生死亡人口达到20万人的4次灾难性地震中，我国就占了3次；20世纪全球地震造成的人口死亡总数，中国占了1/2。②

4. 地质灾害

地质灾害指由于地震或强烈物质迁移，或是由于长期累积的地质变化，对人类生命财产和生态环境造成损害的自然灾害。③ 根据地质灾害的发生方式可将地质灾害划分为两大类：一类是突发性地质灾害，这类地质灾害在瞬间或短时间内即可完成，往往造成较为严重的人类生命财产损失，包括地震、滑坡、泥石流、地面塌陷、冲击地压和突水等；另一类是缓发性地质灾害，这类地质灾害具有长时间渐变的发展过程，主要造成环境、资源的破坏，包括地面沉降、地裂缝、水土流失、土地沙漠化和海水入侵等。④

中国地质灾害分布大致以长白山—燕山—贺兰山—巴颜喀拉山—念青唐古拉山为界，划分为东部和西部两大区域。东部地区地质灾害种类多，而且人口和财产密集，地质灾害破坏损失较重；西部地区以水土流失、土地沙漠化和地震灾害为主，由于人口和财产密度较低，地质灾害的直接破坏损失相对较轻。总体上看，中国地质灾害种类多、分布广、频次高、强度大、灾情严重，是世界上地质灾害较为严重的国家之一，每年因地质灾害造成的直接经济损失占自然灾害总损失的20%以上。

5. 海洋灾害

海洋灾害指海洋自然环境发生异常或激烈变化，在海上或海岸发生的对人类生命财

① 自然灾害分类与代码：GB/T 28921—2012[S]. 北京：中国标准出版社，2012：3-5.

② 温家洪，尹占娥，孟庆洁，等. 中国地震灾害风险管理[J]. 地理科学进展，2010，29(7)：777.

③ 同①.

④ 张春山，张业成，胡景汇，等. 中国地质灾害时空分布特征与形成条件[J]. 第四纪研究，2000(6)：559-566.

产造成损害的自然灾害。[①] 海洋灾害主要包括风暴潮灾害、海浪灾害、海冰灾害、海啸灾害、赤潮灾害、绿潮灾害等。引发海洋灾害的原因是复杂的，大部分海洋灾害与气象气候、地质、生物作用有关。例如，主要由大气的强烈扰动引起的热带气旋、温带气旋、风暴潮、海冰等灾害；由海底地震、火山爆发及其伴生的海底滑坡、地裂缝等引起的海啸等灾害；由生物、细菌爆发引起的赤潮等灾害。另外也有部分海洋灾害是由于海洋水体本身的扰动或状态骤变引起的灾害。

海洋覆盖着全球70.2%的大地表面，世界上很多国家的自然灾害因受海洋影响都很严重。例如，仅形成于热带海洋上的台风（在大西洋和印度洋称为飓风）引发的暴雨洪水、风暴潮、风暴巨浪，以及台风本身的大风灾害，就造成了全球自然灾害生命损失的60%，台风每年造成上百亿元的经济损失，约为全部自然灾害经济损失的1/3。中国海洋灾害的特征表现为：风暴潮影响范围广、灾情严重；近海污染日益加重，赤潮灾害有所上升；大型海洋溢油事件有上升趋势，形势严峻；海啸灾害发生次数少，但福建、台湾等地区地震海啸灾害潜在危险极大。[②]

6. 生物灾害

生物灾害指在自然条件下的各种生物活动或由于雷电、自燃等原因导致的发生于森林或草原，有害生物对农作物、林木、养殖动物及设施造成的自然灾害。[③] 生物灾害主要包括植物病虫害、疫病灾害、鼠害、草害、赤潮灾害等。中国主要的生物灾害是农作物生物灾害和森林生物灾害。

农作物生物灾害，是指对农作物有害的病、虫、草、鼠等生物在一定条件下大量流行，使农作物大面积变质、减产甚至绝收的灾害。中国是世界上农作物病、虫、草、鼠等生物灾害发生较为严重的国家之一。进入21世纪，我国农业生物灾害频繁爆发，成为事关国家粮食安全、生态安全、经济安全、公共安全和社会稳定的重大问题之一。

森林生物灾害，是指森林中的微生物、昆虫、鼠类超过了一定的限度，使林木死亡、减产的灾害。中国森林有害病虫约有8 000多种，其中危害严重的有害病虫约有200多种。中国是世界上森林生物灾害较为严重的国家之一，森林生物灾害严重损害着国家森林资源、自然景观和生存环境，威胁着人类的生存安全，成为国民经济社会发展中最为突出的问题之一。

7. 森林草原火灾

森林草原火灾指由于雷电、自燃或在一定有利于起火的自然背景条件下由人为原因导致的，发生于森林或草原，对人类生命财产、生态环境等造成损害的火灾。[④] 森林草原火灾是一种突发性强、破坏性大、处置救助较为困难的自然灾害。

森林火灾不仅烧死、烧伤林木，直接减少森林面积，而且严重破坏森林结构和森林环境，导致森林生态系统失去平衡、森林生物量下降、生产力减弱、益兽益鸟减少，甚至造成人畜伤亡。高强度的大火，能破坏土壤的化学、物理性质，降低土壤的保水性和渗透性，使

---

① 自然灾害分类与代码：GB/T 28921—2012[S].北京：中国标准出版社，2012：3-5.

② 左书华，李蓓.近20年中国海洋灾害特征、危害及防治对策[J].气象与减灾研究，2008，31(4)：28-33.

③ 同①.

④ 同①.

某些林地和低洼地的地下水位上升，引起沼泽化；另外，由于土壤表面炭化增温，还会加速火烧迹地干燥，导致阳性杂草丛生，不利于森林更新或造成耐极端生态条件的低价值森林更替。草原火灾除造成人民生命财产损失外，主要还会烧毁草地，破坏草原生态环境，降低畜牧承载能力，促使草原退化。

（二）自然灾害分级

自然灾害分级考虑了极端运动强度和自然灾害破坏的程度大小，用以反映灾害强度、规模和损失情况，对于自然灾害的风险评估与预警、救灾组织与赈灾措施、重建规划与援建等均有着十分重要的意义。国务院公布的《特别重大、重大突发公共事件分级标准（试行）》中对自然灾害的分级规定如下所述。

1. 水旱灾害

（1）特别重大水旱灾害包括：① 一个流域发生特大洪水，或多个流域同时发生大洪水；② 大江大河干流重要河段堤防发生决口；③ 重点大型水库发生垮坝；④ 洪水造成铁路繁忙干线、国家高速公路网和主要航道中断，48 小时无法恢复通行；⑤ 多个省（自治区、直辖市）发生特大干旱；⑥ 多个大城市发生极度干旱。

（2）重大水旱灾害包括：① 一个流域或其部分区域发生大洪水；② 大江大河干流一般河段及主要支流堤防发生决口或出现重大险情；③ 数省（自治区、直辖市）多个市（地）发生严重洪涝灾害；④ 一般大中型水库发生垮坝或出现对下游安全造成直接影响的重大险情；⑤ 洪水造成铁路干线、国家高速公路网和航道通行中断，24 小时无法恢复通行；⑥ 数省（自治区、直辖市）多个市（地）发生严重干旱，或一省（自治区、直辖市）发生特大干旱；⑦ 多个大城市发生严重干旱，或大中城市发生极度干旱。

2. 气象灾害

（1）特别重大气象灾害包括：① 特大暴雨、大雪、龙卷风、沙尘暴、台风等极端天气气候事件影响重要城市和 50 平方千米以上较大区域，造成 30 人以上死亡，或 5 000 万元以上经济损失的气象灾害；② 1 个或多个省（自治区、直辖市）范围内将出现极端天气气候事件或极强灾害性天气过程，并会造成特大人员伤亡和巨大经济损失的气象灾害；③ 在其他国家和地区发生的可能对我国经济社会产生重大影响的极端天气气候事件。

（2）重大气象灾害包括：① 暴雨、冰雹、龙卷风、大雪、寒潮、沙尘暴、大风和台风等造成 10 人以上、30 人以下死亡，或 1 000 万元以上、5 000 万元以下经济损失的气象灾害；② 对社会、经济及群众生产、生活等造成严重影响的高温、热浪、干热风、干旱、大雾、低温、霜冻、雷电、下击暴流、雪崩等气象灾害；③ 因各种气象原因，造成机场、港口、国家高速公路网线路连续封闭 12 小时以上的气象灾害。

3. 地震灾害

（1）特别重大地震灾害包括：① 造成 300 人以上死亡，直接经济损失占该省（自治区、直辖市）上年国内生产总值 1% 以上的地震；② 发生在人口较密集地区 7.0 级以上的地震。

（2）重大地震灾害包括：① 造成 50 人以上 300 人以下死亡，或造成一定经济损失的地震；② 发生在首都圈、长江三角洲等人口密集地区的 4.0 级以上的地震；③ 发生在国内其他地区（含港澳台地区）5.0 级以上的地震；④ 发生在周边国家 6.5 级以上、其他国家和地区 7.0 级以上的地震(无人地区和海域除外);⑤ 国内震级未达到上述标准但造成重大经济损失和人员伤亡损失或有严重影响的地震。

4. 地质灾害

(1) 特别重大地质灾害包括:① 因山体崩塌、滑坡、泥石流、地面塌陷、地裂缝等灾害造成 30 人以上死亡,或直接经济损失 1 000 万元以上的地质灾害;② 受地质灾害威胁,需转移人数在 1 000 人以上,或潜在可能造成的经济损失在 1 亿元以上的地质灾害;③ 因地质灾害造成大江大河支流被阻断,严重影响群众生命财产安全的地质灾害。

(2) 重大地质灾害包括:① 因山体崩塌、滑坡、泥石流、地面塌陷、地裂缝等灾害造成 10 人以上、30 人以下死亡,或因灾害造成直接经济损失 500 万元以上、1 000 万元以下的地质灾害;② 受地质灾害威胁,需转移人数在 500 人以上、1 000 人以下,或潜在经济损失 5 000 万元以上、1 亿元以下的地质灾害;③ 造成铁路繁忙干线、国家高速公路网线路、民航和航道中断,或严重威胁群众生命财产安全、有重大社会影响的地质灾害。

5. 海洋灾害

(1) 特别重大海洋灾害包括:① 风暴潮、巨浪、海啸、赤潮、海冰等造成 30 人以上死亡,或 5 000 万元以上经济损失的海洋灾害;② 对沿海重要城市或者 50 平方千米以上较大区域经济、社会和群众生产、生活等造成特别严重影响的海洋灾害。

(2) 重大海洋灾害包括:① 风暴潮、巨浪、海啸、赤潮、海冰等造成 10 人以上、30 人以下死亡,或 1 000 万元以上、5 000 万元以下经济损失的海洋灾害;② 对沿海经济、社会和群众生产、生活等造成严重影响的海洋灾害;③ 对大型海上工程设施等造成重大损坏,或严重破坏海洋生态环境的海洋灾害。

6. 生物灾害

(1) 特别重大生物灾害包括:在 2 个以上省(自治区、直辖市)病虫鼠草等有害生物暴发流行,或新传入我国的有害生物在 2 个以上省(自治区、直辖市)内发生,或在 1 个省(自治区、直辖市)内 2 个以上市(地)发生,对农业和林业造成巨大危害的生物灾害。

(2) 重大生物灾害包括:① 因蝗虫、稻飞虱、水稻螟虫、小麦条锈病、草地螟、草原毛虫、松毛虫、杨树食叶害虫和蛀干类害虫等大面积成灾并造成严重经济损失的生物灾害;② 新传入我国的有害生物发生、流行,对农业和林业生产等造成严重威胁的生物灾害。

7. 森林草原火灾

(1) 特别重大森林草原火灾包括:① 受害森林面积超过 1 000 公顷(1 公顷=10 000 平方米)、火场仍未得到有效控制,或受害草原面积 8 000 公顷以上、明火尚未扑灭的火灾;② 造成 30 人以上死亡或造成重大影响和财产损失的森林火灾,造成 10 人以上死亡或 20 人以上伤亡的草原火灾;③ 距重要军事目标和大型军工、危险化学品生产企业不足 1 千米的森林草原火灾;④ 严重威胁或烧毁城镇、居民地、重要设施和原始森林的,或需要国家支援的森林草原火灾。

(2) 重大森林草原火灾包括:① 连续燃烧超过 72 小时没有得到控制的森林火灾,或距我国国界 5 千米以内的国外草原燃烧面积蔓延 500 千米以上,或连续燃烧 120 小时没有得到控制的草原火灾;② 受害森林面积超过 300 公顷以上、1 000 公顷以下或受害草原面积 2 000 公顷以上、8 000 公顷以下的火灾；③ 造成 10 人以上、30 人以下死亡的森林火灾，或者造成 3 人以上、10 人以下死亡的草原火灾；④ 威胁居民地、重要设施和原始森林，或位于省（自治区、直辖市）交界地区，危险性较大的森林草原火灾；⑤ 国外大面积火场距我国国界或实际控制线 5 千米以内，并对我国境内森林草原构成较大威胁的火灾。

三、自然灾害的特征

尽管自然灾害无时无处不在，但也并非毫无规律可循。与其他自然现象和过程一样，自然灾害也具有独特的属性。

（一）区域性与不均衡性

自然灾害是由于自然物质异常运动引发的。地球上的物质都处于运动之中，各种形式的物质运动都包含着某种变异，当自然物质运动变异到足以给人类的生命和财产造成一定程度的危害和破坏时，就构成了自然灾害事件和自然灾害损失。因此世界各地都有遭受自然灾害破坏的危险。造成重大损失的自然灾害，主要分布在世界中低纬度，尤其是沿海地区。地震和火山主要分布在环太平洋和地中海—喜马拉雅地带。全世界浅源地震的 80%、中源地震的 90%、几乎所有的深源地震都集中在环太平洋地带上，其释放的地震能量约占全球地震释放总能量的 80%。海啸、风暴、洪水灾害以及大规模的滑坡灾害主要发生在中低纬沿海及近海地带，这里海洋、大气、地面系统相互作用最为强烈，经济发达、人口稠密。主要自然灾害的分布还具有不均匀性。例如，造成大量人员伤亡的自然灾害主要分布在欠发达或不发达的国家和地区；在发达国家和地区，自然灾害的危害则以造成重大的经济损失为特征。①

（二）突发性与缓发性

地球及其表面的物质和环境是以渐变和突变两种方式交替进行的，因此自然灾害也有突发性与缓发性。根据成灾物质运动的速度和方式，即自然灾害形成过程的长短，可将自然灾害分为突发性自然灾害和缓发性自然灾害。突发性自然灾害一般是由于自然界部分物质一次性释放极大能量，对局部具有摧毁性破坏力的整体性运动造成的。突发性自然灾害强度大、成灾快、历时短、面积相对小，但可造成严重损失，例如地震、飓风、暴雨、滑坡等突发性自然灾害。缓发性自然灾害一般是由于自然界部分物质总体运动速度相对缓慢、延续时间较长的延续性颗粒运动为主造成的。缓发性自然灾害初期强度不大，不容易确定灾害损失的严重性，但由于面积大、时间长，严重程度日渐增大，最终也能对人类造成严重损失，例如旱灾、病虫害、地面沉降等。土地沙漠化、盐渍化等缓发性自然灾害往往还会对生态环境造成严重破坏。

（三）群发性与链发性

自然灾害的发生往往不是孤立的，其常常在某一时间段或某一地区相对集中出现，形成众灾丛生的局面，这一现象称为灾害的时空群发性或链发性。在 10～100 年时间尺度内，一些地区发生多种、多起重大自然灾害事件并造成重大损失的现象，称为自然灾害群

---

① 刘会平，潘安定. 自然灾害学导论[M]. 广州：广东科技出版社，2007：3-4.

发期。这种现象常会引起严重的社会动乱、经济崩溃。例如，17 世纪明末清初的百年间，我国曾发生低温灾害事件、频繁而严重的旱涝灾害、尘暴灾害、地震、火山爆发、蝗灾、瘟疫和饥荒等多种、多起重大自然灾害。自然灾害的群发性与相关性即形成了灾害链。自然灾害链是指某起自然灾害事件发生之后，又由它诱发并再发一连串的其他自然灾害事件。灾害链根据其成因关系，又可以分为因果链、同源链和互斥链。因果链是指后一个或几个灾害的发生是由前一个灾害诱发或转化造成的。例如，地震之后引起瘟疫，旱灾之后容易引起森林火灾等。同源链是指由同一诱发因素产生的一系列灾害。例如，太阳活动高峰年，因磁暴或其他因素，心脏病人死亡多、地震灾害和气候灾害也相对较多。互斥链是指一种灾害发生后使另一种灾害不再发生或消失的灾害链。例如，据我国广东、福建、浙江等地区许多气象台的研究，在海上发生台风但未影响该地区时，若该地区有系统性雷暴出现，则台风一般不会影响该地区。

2008 年 5 月 12 日，我国汶川发生 8.0 级大地震，本次地震直接触发和间接诱发了一系列次生灾害。因地震发生在山区，次生灾害以山地灾害为主，包括滑坡 5 117 处、崩塌 3 575 处、泥石流 358 处、大型堰塞湖 34 个等，这些次生灾害以地震为激发环，形成了地震—崩塌/滑坡—泥石流/堰塞湖灾害链和地震—结构破坏—设施受损灾害链等一系列灾害链，如图 3-1 所示。

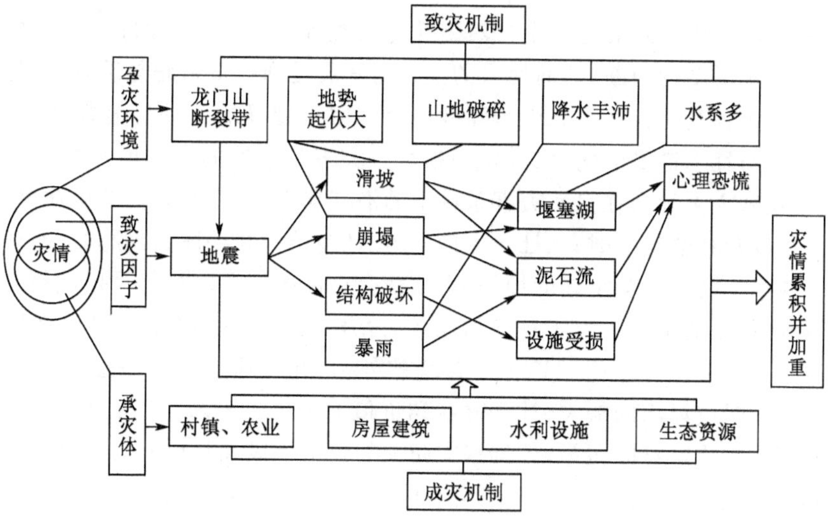

图 3-1　中国汶川“5·12”地震灾害链①

2011 年 3 月 11 日，日本东北部海域发生 9.0 级大地震。此次地震是日本有观测记录以来规模最大的地震，引起的海啸也是最为严重的一次，并且地震—海啸灾害链引发火灾和核泄漏事故等次生灾害，导致大规模的地方机能瘫痪和经济活动停止，形成了地震—海啸—核事故、地震—结构破坏—火灾/生命线受损、地震—水库溃坝—泥石流等多种地震灾害链，如图 3-2 所示。

① 尹卫霞，王静爱，余瀚，等. 基于灾害系统理论的地震灾害链研究：中国汶川“5·12”地震和日本福岛“3·11”地震灾害链对比[J]. 防灾科技学院学报，2012(2)：1-8.

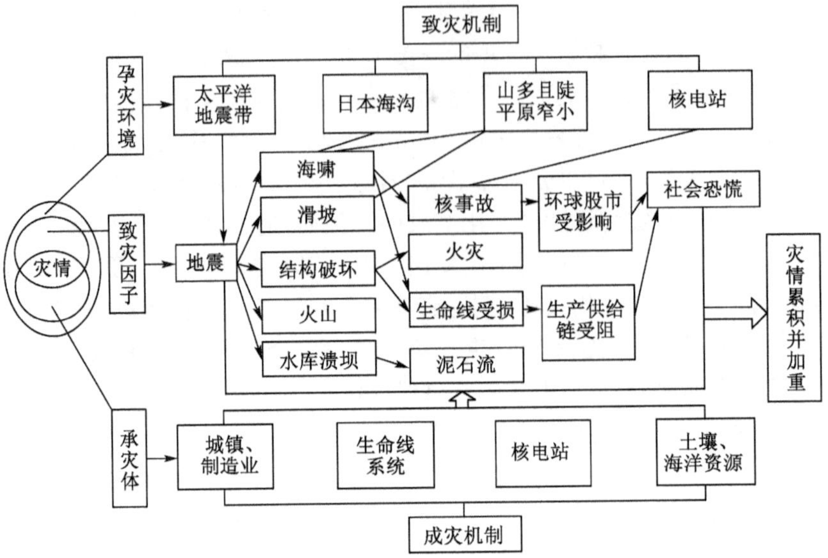

图 3-2 日本福岛"3·11"地震灾害链①

（四）社会性与易损性

自然灾害的发生与发展是一个自然事件与人类社会相互作用的过程，这个过程造成了人类社会正常需要的中断，从而使人的生存与发展受到严重阻碍与破坏。因此，自然灾害实际上是人类社会对自然生态因子和社会经济因子变异的一种价值判断与评价，其核心是人类及人类社会遭受的伤害、破坏和损害。灾害易损性的实质就是社会易损性。社会易损性是反映人类社会在自然灾害条件下的潜在损失，它涉及人们的生命财产、健康状况、生存条件以及社会物质财富、社会生产能力、社会结构和秩序、资源和生态环境等方面的损失，这些损失既是社会个体的损失，也是社会整体的损失。社会易损性是自然过程和社会过程相互作用的结果。由于自然和社会交互作用的复杂性，我们可以把社会看作一个整体场，把自然事件看作引起这一个过程的外力，并在这一过程中造成社会秩序的混乱、社会功能暂时或局部的缺失、社会财富和价值的损失。随着人类社会经济的发展、科学技术的进步、物质财富的积累，人类减灾防灾的技术手段和物质实力都明显增强了。然而，事实表明，自然灾害的发生频率及其造成的损失并没有因此而减少。因此，我们需要更多关注自然灾害的社会性与易损性。②

四、自然灾害的危害

大多数自然灾害本是地球系统演化过程中的正常事件，但却成了阻碍人类社会经济发展的重要因素。各种类型的自然灾害不仅造成直接经济损失和人员伤亡，而且还会带来各种间接损失，甚至影响社会的稳定和发展。

① 尹卫霞，王静爱，余瀚，等. 基于灾害系统理论的地震灾害链研究：中国汶川"5·12"地震和日本福岛"3·11"地震灾害链对比[J]. 防灾科技学院学报，2012(2)：1-8.

② 郭跃. 自然灾害的社会易损性及其影响因素研究[J]. 灾害学，2010，25(1)：84-88.

③ 张乃平，夏东海. 自然灾害应急管理[M]. 北京：中国经济出版社，2009：9.

（一）危害的对象、范围和成灾因素

自然灾害的危害对象主要是受灾对象或承灾体。自然灾害的危害除了受自然致灾因子影响外，还与灾害影响区的社会经济条件密切相关。随着人类社会经济的不断发展，承灾体的种类越来越多，大致可以分为以下四类。[3]

（1）人类本身。自然灾害对人体会带来生理和精神双重的威胁和伤害，严重时可夺走人的生命。

（2）人类创造的物质财富，主要包括房屋，供水、供电、供气、通信等生命线工程，铁路、公路、码头、桥梁等交通设施，水利工程设施，工厂生活及生产构筑物，设备、仪器仪表、工具、材料生产生活物品，文物、古迹，禽、畜、水产品，农作物、农产品、林木花卉等。

（3）人类的生活和社会经济活动，包括工业生产、农业生产、交通运输、文化教育、科学研究、商业贸易、军事活动等。

（4）资源环境，主要是指水、土地、生物、矿产、海洋、空气等方面的资源与生态环境。

根据自然灾害的危害或破坏效应，影响自然灾害成灾程度的社会经济因素主要包括承灾体类型、数量、密度、价值、对自然灾害的抵御能力、破坏后的可恢复性等。

（二）直接危害与间接危害

直接危害是指自然灾害对人类生命财产、资源环境和社会经济活动直接造成的危害。一般情况下用人员伤亡和直接经济损失的数量指标进行直接危害的灾害核算评价。灾害的直接经济损失是指同一灾害的成灾过程中，包括原生灾害和次生灾害所造成经济损失的总和。例如，一次大地震中，在房屋和工矿构筑物倒塌以及田园道路破坏的同时，还可能引起断水、断气、断电、失火和交通阻塞，由它们共同造成的损失都可算作是灾害的直接损失。

直接危害之外的自然灾害危害均可认为是间接危害，包括灾害所造成的间接经济损失、社会动荡、灾后人们生理和心理状况以及自然环境与社会经济秩序难以恢复等。当一次成灾过程基本结束，由于灾害所造成工矿企业、商贸金融、社会公益事业及其管理等方面的停顿、减缓以及失调等所造成的损失都可算作是间接经济损失。间接危害一般与衍生灾害造成的损失是相当的。[1]

自然灾害的直接危害和间接危害过程，如图 3-3 所示。

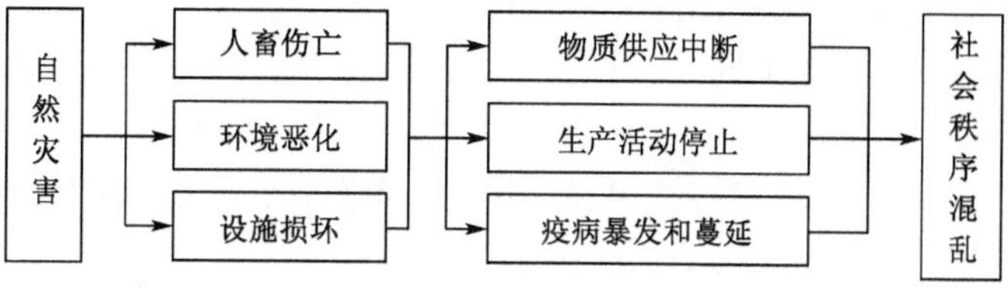

图 3-3　自然灾害的危害

据统计资料显示，2016 年中国各类自然灾害共造成全国近 1.9 亿人次受灾，1 432 人因灾死亡，274 人失踪，1 608 人因灾住院治疗，910.1 万人次紧急转移安置，353.8 万人次

① 张乃平，夏东海. 自然灾害应急管理[M]. 北京：中国经济出版社，2009：10.

需紧急生活救助;52.1 万间房屋倒塌,334 万间房屋不同程度损坏;农作物受灾面积 2 622 万公顷,其中绝收 290 万公顷;直接经济损失 5 032.9 亿元;2016 年灾情与“十二五”时期均值相比基本持平,与 2015 年相比明显偏重。①

第三节 事故灾难

随着我国工业化进程的加快,工业企业的种类和数量迅速增加,功能日益复杂化,所面临的风险日益增大。生产和生活中人为因素造成的火灾、爆炸、毒物泄漏、高楼坍塌、交通事故、生产安全事故等各类安全问题和事故风险日益突出。事故灾难的发生会严重危害生命安全和财产安全,造成巨大经济损失,影响社会稳定。因此,了解事故灾难的类别、基本特征、致因理论,对加强事故灾难的安全管理尤为必要。

一、事故灾难的概念

事故灾难是由事故的发生直接导致的。因此,在探讨事故灾难的概念之前,有必要先了解事故的基本概念。

(一)事故

尽管“事故”一词非常通俗,事故现象也屡见不鲜、多种多样,但是要给事故下一个十分简明扼要、能确切阐明事故内涵的定义,并非一件容易的事情。

在人类进行日常生产、生活等社会活动过程中,经常会遇到各种各样的意外事件,例如伤害事故(事故造成的伤亡人员)、生产事故、火灾事故、交通事故、中毒事故、淹溺事故、触电事故等,此外还有洪水、台风、地震、海啸等不可抗拒的自然灾害事故等,这些事故对人类的安全都构成了严重的威胁。所以,危险始终存在于人类的生活、劳动或生产之中,在人类活动的各个方面都有发生事故的可能性。

所谓事故,是指发生在人们的生产、生活活动中的各类意外事件。② 在人们的生活过程中,尤其在生产过程中,由于生产过程是组织能量有序流动的过程,如果生产过程中出现了意外,这种意外产生了人们不希望的结果,就发生了事故。为了预防事故的发生,对生产中的人、机和环境都提出了一定的要求。这些要求在生产过程中都应该得到满足,如果不能得到满足,就容易形成事故隐患,或者直接导致事故发生。

由于人们所关注的重点不同,所以给出的“事故”的概念也不一样,大多从不同的角度给出了不同的解释。

在我国古汉语中,虽没有“事故”一词,但“故”有事故、变故、故障之意。例如《孟子·滕文公上》中有“今也不幸至于大故”。

美国安全工程师学会(ASSE)把事故解释为:“事故是人们在实现其目的的行动过程中,突然发生的,迫使其有目的的行动暂时或永远中断,并有时造成人身伤亡或设备损毁的一种意外事件。”

---

① 民政部:2016 年各类自然灾害致全国近 1.9 亿人次受灾[EB/OL].(2017-01-13)[2018-01-25]. http://society.people.com.cn/n1/2017/0113/c1008—29022222.html.

② 于殿宝,唐紫荣.事故学概论:事故研究与应急管理[M].北京:煤炭工业出版社,2011:4-5.

《现代汉语词典》对事故的解释是："意外的损失或灾祸（多指在生产、工作上发生的）。"①

总结以上观点，可以得出：事故是指发生在人类生产、生活过程中，造成人员伤亡、伤害、财产损失或其他损失的意外事件。在生产或劳动过程中发生的事故以及与生产过程有关的事故可以简单解释为生产事故或生产性事故，包括生产过程中发生的设备事故、火灾事故、建筑事故、交通事故、人身伤害事故、工亡事故、职业中毒事故、环境污染事故和所有与生产有关的事故。

按照安全系统工程的观点，首先，生产事故是发生在生产过程中的意外事件。该事件破坏了正常的生产过程，任何组织不周的生产过程都可能发生生产事故，因此要想保持正常生产过程的持续，就必须采取措施防止事故的发生。其次，生产事故是突然发生的、人们意料之外的事件。由于导致事故发生的原因非常复杂，因而事故具有随机性；事故的随机性使人们对事故发生规律的认识和事故预防变得十分困难。再次，生产事故会造成人员伤亡、财产损失或其他损失。因此，在生产过程中，不仅要采取预防事故发生的措施，还要采取减少事故造成人员伤亡和各类损失的措施。

综上所述，可以对事故的大体含义有一个比较清晰的认识，并给出"事故"较确切的定义。事故是指人们在进行各类活动过程中，突然发生的违背人们意志的不幸事件。它的发生可能迫使这种活动暂时或者永久地停下来，其后果可能造成人员伤亡，或者财产损失（环境污染），也可能两种后果同时产生。事故的概念有三重含义：事故是一种发生在人类生产和生活活动过程中的特殊事件；事故是一种突然发生的、出乎人们意料而难以准确预测的意外事件；事故是一种能迫使人们正常进行的活动发生中断或终止，给人们的生产和生活带来某种负面影响的事件。

（二）事故灾难

事故灾难是指在人们生产、生活过程中发生的，直接由人的生产、生活活动引起的，造成特别重大人身伤亡或者巨大经济损失的，性质特别严重，产生重大影响的事故。事故灾难主要包括民航、铁路和水运等重大交通运输事故；工矿企业、建筑工程、公共场所和公共设施（设备）发生的重大安全事故；造成重大影响和损失的供水、供电、供油和供气等城市生命线事故；特种设备安全事故；核辐射事故；化学危险品爆炸事故；重大环境污染和生态环境破坏事件等。

引发事故灾难的原因总体上可以分为两大类：一是人为因素。如果说自然灾害是"天灾"，那么事故灾难则是"人祸"。人为因素是事故灾难发生的主观原因，也是主要原因。这里的人为因素主要指由于人的过失行为及心理素质不高造成的。这种过失行为与人的思想认识水平和觉悟有着直接关系，例如企业法人、经营管理者、执行者和政府监管者等安全意识淡薄，或者对待安全生产不负责任、思想麻痹、监管不严等。二是客观原因。客观原因主要包括在安全生产上投入不到位，生产设施、机械设备落后，导致诸多安全隐患等。②

---

① 中国社会科学院语言研究所词典编辑室. 现代汉语词典[M]. 7版. 北京：商务印书馆，2016：1194.

② 高芙蓉. 突发公共事件应急管理[M]. 北京：经济科学出版社，2014：170.

二、事故灾难的分类与分级

事故灾难的分类和分级是根据事故的类型、特征、危害程度等因素和标准，把各种事故划分为不同的类别和级别。事故灾难的分类和分级有助于事故灾难的科学管理和有效应对。

（一）事故灾难的分类

根据不同的分类标准，可以对事故灾难进行不同的分类。

1．事故灾难的一般分类

根据《国家突发公共事件总体应急预案》的划分，事故灾难主要包括工矿商贸等企业的各类安全事故、交通运输事故、公共设施和设备事故、环境污染和生态破坏事件等。以此为依据，通常所见的主要事故类型如下所述。

（1）矿山安全事故

矿山安全事故是指在矿山企业生产过程中，由于人员、设备、设计、管理、技术手段、生产环境等不安全因素的影响，突然发生的伤害人身、损坏设备设施、影响正常生产的意外事件。[①] 按照事故的发生源，矿山事故可分为瓦斯事故、火药爆破事故、水灾事故、火灾事故、顶板事故、机电事故、运输事故等，其中瓦斯事故和顶板事故最为严重。

矿山行业是高风险行业，在矿山生产的过程中会产生多种有毒有害气体、放射性物质、粉尘等，还会发生透水、爆破、冒顶等事故。目前中国高达 90％的煤矿是依靠井工开采，由于多为地下作业，在作业过程中存在许多不安全的自然因素，特别是煤矿地质条件复杂多变，瓦斯、火、水等时时刻刻威胁着采矿工人的生命安全。中国矿山安全生产形势严峻，存在大量事故隐患与重大危险源，各类事故多发，造成大量人员伤亡。相关数据统计见表 3-4。

表 3-4　　2005—2015 年中国煤矿安全状况统计

年份	2005	2006	2007	2008	2009	2010	2011	2012	2013	2014	2015
事故数/起	3 341	2 945	2 642	1 956	1 616	1 403	1 201	779	604	509	352
百万吨死亡率	2.811	2.041	1.485	1.182	0.892	0.798	0.564	0.374	0.288	0.241	0.162

资料来源：国家安全生产监督管理总局，《中国安全生产年鉴（2015）》，煤炭工业出版社，2016 年 12 月。

（2）危险化学品事故

危险化学品一般指具有易燃、易爆、有毒、有害及有腐蚀特性，能够对人员、设施、环境造成伤害或损害的化学品。危险化学品分为爆炸品、压缩气体和液化气体、易燃液体和易燃固体、自燃物品和遇湿易燃物品、氧化剂和有机抗氧化物、有机毒品、放射性物品、腐蚀品等八大类。由危险化学品造成人员伤亡、财产损失或环境污染的事故称为危险化学品事故。此类事故具有发生突然性、形式多样性、后果严重性和处置艰巨性等特点。根据危险化学品的危险特性，危险化学品事故可以分为火灾、爆炸、中毒和窒息、灼伤、泄漏以及其他等六大类。根据事故发生所处的环节，危险化学品事故可以分为生产和使用事故、储

① 夏保成，张平吾. 公共安全管理概论[M]. 北京：当代中国出版社，2011：237.

存事故、运输事故和其他事故等四大类。

中国是危险化学品生产和使用的大国，危险化学品事故时有发生。2014 年 3 月 1 日，山西晋济高速公路上两辆危险化学品运输车相撞，造成 40 人死亡，12 人受伤，42 辆车被烧毁。2015 年 8 月 12 日，天津瑞海国际物流公司所属的危险化学品仓库发生重大爆炸事故，造成 165 人死亡，798 人受伤。据统计，“十二五”期间中国共发生危险化学品事故 1 058 起，较“十一五”期间（1 632 起）下降了 574 起，下降的百分比为 35.17%；累计死亡 1 375 人，受伤 4 335 人；“十二五”期间中国危险化学品事故死亡和受伤人数变化如图 3-4 所示。①

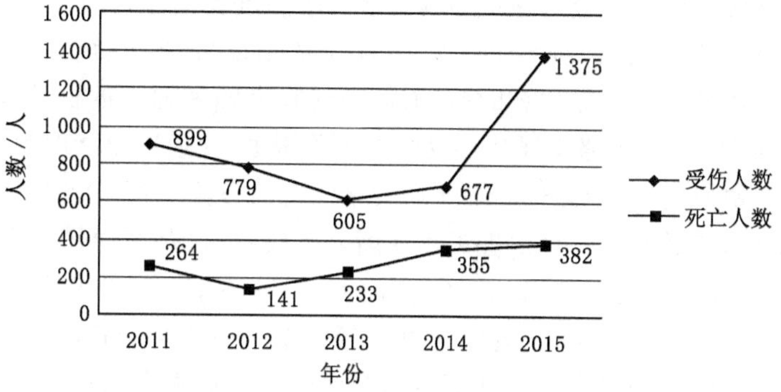

图 3-4 “十二五”期间中国危险化学品事故死亡和受伤人数变化

（3）核事故和放射性事故

核事故一般指核设施内的核燃料、放射性产物、废料或运入运出核材料，以及核废物的处理中所引发的放射性、毒害性、爆炸性或其他危险性事故。中国的核工业开始于 1955 年，主要是服务于国防。1978 年以后，核工业转向重点为经济建设和人民生活服务。目前，中国的核工业安全形势良好，虽然偶有运行事件，但尚未发生致死事故。2011 年日本福岛核事故发生后，世界各国的核应急特别是核电厂核事故应急工作面临新挑战，世界各国从国家层面和核设施自身方面都提升了事故应对的措施，加强了核事故应急准备和响应的能力建设。

放射性事故指放射性同位素丢失、被盗或者射线装置、放射性同位素失控而导致工作人员或者公众受到意外、非自愿的异常照射。② 放射性事故可分为三类：人员受到超剂量照射事故、放射性物质污染事故和丢失放射性物质事故。放射性同位素、射线装置和核技术的广泛应用推动了社会的良好发展，为人们带来了较大的经济利益和其他方面的利益。但是，放射性科技和产品的使用也同样面临风险，尤其是放射性事故和核事故，它们所产生的后果十分严重，对人类的生命和财产会造成严重伤害和损失。尤其是对于人们的健康来说，放射性事故的伤害性往往是难以估计的。中国的放射性事业起步于 20 世纪 50 年代，1949 年后到改革开放前，中国的放射性事业研究和发展时起时伏，大约每年会发生

① 李健，冯云晓，于洋，等.“十二五”期间我国危险化学品事故统计及建议[J].武汉理工大学学报（信息与管理工程版），2016，38(5)：543-547，552.

② 吴鹏森.公共安全的理论与应用：改革以来我国公共安全研究综述[M].北京：中国人民公安大学出版社，2014：207.

25 起事故；到了 20 世纪 70 年代末 80 年代初，中国的核技术研究与日俱增；1988—1998 年，中国进入了放射事业研究的高潮时期。[①] 伴随着核技术研究与放射事业的发展，放射性事故、受照射人数随之增多。

（4）交通事故

交通事故是指交通工具在运行中引起或发生人员伤亡、财产损失的事故。交通事故包括道路交通事故、铁路交通事故、水上交通事故和航空事故。在我国，道路交通事故最为常见且人员伤亡最为严重，其次为铁路交通事故、水上交通事故和航空事故。

据世界卫生组织统计，全球每年约有 130 万人死于道路交通事故。[②] 道路交通事故是社会发展的巨大负担。为应对这一影响公众健康的重要问题，2010 年 3 月联合国大会通过 A/RES/64/255 号决议，将 2011—2020 年定为道路安全行动 10 年，敦促各国采取措施降低道路交通死亡率。需注意的是，虽然中低收入国家拥有的机动车数目不及世界总数一半，但 90%以上的道路交通死亡发生在这些国家，交通安全状况亟待改善。

随着经济的快速发展，中国也面临交通安全问题的考验。自 2003 年起，伴随《道路交通安全法》的实施，交通安全综合治理工作逐渐显露成效，道路交通伤亡人数分别由 2004 年的 451 810 人和 99 217 人下降到了 2010 年的 254 075 人和 65 225 人，年均下降速度分别为 9.1%和 6.8%，对国民经济造成的直接经济损失由 2004 年的 27.75 亿元下降到 2010 年的 9.26 亿元，平均每年降低 16.7%，显示道路交通安全水平正在提高。[③] 未来我国仍将面临城镇化进程加快等诸多压力，如何在公路里程和汽车保有量增长的情况下，有效减少交通事故伤亡人数是一个巨大挑战。

（5）火灾事故

火灾事故指因燃烧失去控制，并对人身和财产造成损害的事故。根据火灾发生的原因，火灾可以分为电气火灾、生活用火火灾、违章操作火灾、放火火灾、自燃火灾、雷电火灾以及其他火灾等类型。火灾高发场所一般包括人员密集、流动频繁的公共场所，例如歌舞厅、宾馆、商场等；石油化工企业；易燃易爆高危场所；个人、私营、承包的企业或经营单位等。

（6）公共场所意外事故

公共场所意外事故是指在公共场所发生的事故，这类事故往往参与人数众多、成员复杂且对社会冲击力大，直接危及公众的生命财产安全和社会公共安全。公共场所意外事故一般包括群体性踩踏事故、建筑物坍塌事故等。

群体性踩踏事故，也称为“挤踏事故”，是指在人员密集的场所中，由于现场秩序失去控制，发生拥挤、混乱，导致大量人员被挤伤或是发生窒息、踩踏致死的事故。造成人群失去控制的因素很多，例如楼梯坍塌或破损、谣言散布、意外跌倒、黑暗环境、狂热或恐惧气氛等。踩踏事故一般会因某个个体摔倒而诱发连锁效应，导致人员被踩伤、踩死或者因人员大量叠压而窒息死亡。根据发生场所的不同，群体性踩踏事故可以分以下几种类型：校园踩踏事故、公共娱乐场所踩踏事故、宗教场所踩踏事故和商贸公共场所踩踏事故等。

---

① 时良辰，辛强，姜爱庆．浅谈放射性事故处理及放射环境管理[J]．中国新技术新产品，2017(10)：147-148.

② 任英，彭红星．中国交通事故伤亡人数影响因素的实证分析[J]．预测，2013(3)：1-7.

③ 同②.

建筑物坍塌事故是指由于建筑物设计、建设中的技术性失误而造成的坍塌、损坏所导致的事故。建筑物坍塌事故一般包括建筑物坍塌造成的人员伤亡事故和建筑物设施破损诱发灾害导致的事故。

2. 按责任性质进行划分

一般说来，按责任性质进行分类，事故灾难可以分为责任事故和蓄意破坏事故。在责任事故中，又可以分为生产事故和非生产事故。生产事故按照发生的场所，可分为矿山事故、非矿山事故、交通事故、空难事故和海难事故等。

（二）事故灾难的分级

2007 年国务院颁布《生产安全事故报告和调查处理条例》。该条例根据生产安全事故（以下简称事故）造成的人员伤亡或者直接经济损失，将事故分为以下四个等级。①

(1) 特别重大事故，是指造成 30 人以上死亡，或者 100 人以上重伤（包括急性工业中毒，下同），或者 1 亿元以上直接经济损失的事故。

(2) 重大事故，是指造成 10 人以上 30 人以下死亡，或者 50 人以上 100 人以下重伤，或者 5 000 万元以上 1 亿元以下直接经济损失的事故。

(3) 较大事故，是指造成 3 人以上 10 人以下死亡，或者 10 人以上 50 人以下重伤，或者 1 000 万元以上 5 000 万元以下直接经济损失的事故。

(4) 一般事故，是指造成 3 人以下死亡，或者 10 人以下重伤，或者 1 000 万元以下直接经济损失的事故。

三、事故灾难的特征

事故灾难是突发事件的一种类型，具有突发事件的基本属性，但与其他类型的突发事件相比，又具有明显的自身特征。

（一）事故灾难发生的因果性

一切事故灾难的发生都是由一定原因引起的。事故灾难的起因仍是它和其他事物相联系的一种表现形式，是相互联系的各种不安全因素或潜在危险因素相互作用的结果。在生产过程中存在着诸多危险因素，不但有人的因素（包括人的不安全行为和管理缺陷），而且也有物的因素（包括物本身存在的不安全因素以及环境存在的不安全条件等）。所有上述这些因素在生产过程中通常被称为隐患，它们在一定的时间和地点相互作用就可能导致事故的发生。事故灾难的因果关联性是事故灾难必然性的反映。若生产过程中存在隐患，则迟早会导致事故灾难的发生。在这一关系上看来是“因”的现象，在另一关系上却会以“果”出现，反之亦然。因果关系有继承性，即第一阶段的结果往往是第二阶段的原因。②

造成事故灾难的直接原因（或物体）是比较容易掌握的，这是由于它所产生的某种后果显而易见。然而，要寻找出究竟是何种原因经过什么样的过程从而造成这样的结果，却

① 生产安全事故报告和调查处理条例[EB/OL].(2007-04-19)[2018-02-03]. http://www.gov.cn/flfg/2007-04/19/content_589264.htm.

② 庄越，雷培德. 安全事故应急管理[M]. 北京：中国经济出版社，2009：7-8.

非易事。因为事故灾难发生的原因可能是多种不安全因素相互影响而间接作用的结果。因此，事故灾难发生后，应深入剖析其根源，找出事故的致灾因子，从而提出有针对性的防范措施。例如，在煤矿事故中，直接原因包括人员操作、机械故障、地质结构等，间接原因包括管理不善、安全投入不足等，而制度、科技、社会等因素的影响则是更深层次的本质原因。①

（二）事故灾难发生的偶然性

事故灾难是由于某种客观存在的不安全因素，随时间推移产生某些意外情况而显现出的一种难以预知的现象，在一定的条件下可能发生也可能不发生，具有很强的随机性，且往往来势凶猛。这种随机性就是指事故灾难发生的偶然性。事故灾难的偶然性是客观存在的，与人们是否了解事故的原因没有必然的联系。事故灾难的偶然性决定了人们不可能掌握所有事故的发展规律、杜绝所有事故的发生。

尽管事故灾难的偶然性决定了人们无法掌握所有事故的发展规律，但是在一定范畴内，采用一定的科学理论、使用一定的科学仪器或手段，可以找出近似的规律，从外部和表面上的联系找到内部决定性的主要关系。从偶然性中找出必然性，认识事故灾难发生的规律性，把事故消除在萌芽状态，变不安全条件为安全条件，化险为夷，防患未然。现实中，由于事故的这种偶然性，一些煤矿等生产企业存在侥幸心理，对安全管理重视不够，甚至降低安全成本。

（三）事故灾难发生的潜伏性

一般而言，事故灾难往往都是突然发生的，但是在发生之前会有一段潜伏期，即事故发生具有潜伏性。事故灾难的潜伏性是指事故隐患在发展之初的孕育阶段，存在的方式一般为隐匿的、潜在的，随着生产的每个过程随机变化，事故逐步向显现性发展。

事故尚未发生或未造成损失之前，似乎一切都处于“正常”和“平静”状态之中，但是，这并不意味着不会发生事故。只要存在事故隐患或潜在的危险因素（不安全因素），其并没有被认识或受到重视或进行整改，随着时间的推移，一旦条件成熟（被人的不安全行为触发或其他因素触发），就会显现而酿成事故，这就是事故的潜伏性。事故的潜伏性说明一个最重要的问题：事故具有一定的预兆性，因为潜伏的事故（即事故隐患已经存在了）在等待一定的时机或条件爆发，在这“等待”的过程中就有可能发出一种预兆。大量的事故调查和事故发生实践已经证明，事故在发生之前都是有预兆发出的（有的是长时间的，有的是瞬间的），可惜很少被人们认识或捕捉。②

安全管理中的安全检查、检测与监控，就是寻找事故的潜藏性或潜伏性以及事故预兆现象，从而减少、避免或根除事故，保证人们的生产或生活正常进行。通过对过去发生的同类事故资料的收集、整理、分析，运用科学的方法和手段，可以总结出事故发生的根本规律；分析可能导致事故发生的危险因素以及它们之间的因果关系，模拟诱发事故的各种因素的演变过程，可以对未来可能发生的事故进行预测，从而为预防事故和最大限度地减少事故的发生提供基本的前提和可能性。

---

① 庄越，雷培德. 安全事故应急管理[M]. 北京：中国经济出版社，2009：7-8.

② 于殿宝，唐紫荣. 事故学概论：事故研究与应急管理[M]. 北京：煤炭工业出版社，2011：28.

四、事故灾难的危害

近年来，事故灾难的发生越来越常见，特别是火灾、爆炸、毒物泄漏、高楼坍塌、交通事故等事故灾难的发生会严重危害生命安全，造成巨大经济损失，破坏生态环境，影响社会稳定。

（一）危害生命安全，造成经济损失

事故灾难类突发事件的发生常是各种不利因素、不确定性、潜在威胁质变的结果。事故灾难本身具有高损害性，每一起事故都会造成一定的损失，有的甚至会造成重大人员伤亡。事故灾难不仅会给公众带来心理恐慌，而且会影响社会的稳定和发展，使公众的生命财产安全遭受巨大的威胁和损失。火灾、危险化学品事故的发生容易引起燃烧和爆炸，或者中毒，常常危及人民生命和财产安全，造成巨大经济损失。

（二）破坏生态环境，影响社会稳定

事故灾难特别是火灾、危险化学品爆炸事故、海洋石油勘探开发溢油事故等不仅会造成人民生命财产损失，而且还会严重破坏生态环境。例如森林火灾的发生，会使大量的动植物灭绝、环境恶化、气候异常、干旱少雨、风暴增多、水土流失，导致生态平衡被破坏，引发饥荒和疾病的流行，严重威胁人类的生存和发展。例如，2006 年 11 月 13 日，中石油吉林石化公司双苯厂发生的火灾爆炸事故产生的主要污染物苯、苯胺和硝基苯等有机物进入松花江，引发严重水体污染事件。

从许多事故灾难案例来看，当学校、医院、宾馆等公共场所发生群死群伤恶性火灾，或粮食、能源、资源等涉及国计民生的重要建筑发生大火，或发生危险化学品重大事故时，极可能在民众中造成心理恐慌。家庭是社会的细胞，普通家庭生活遭受火灾的危害，也将在一定范围内造成负面影响，损害群众的安全感，影响社会的稳定。

五、事故灾难致因理论

随着生产力的发展，科学技术在人类生产活动中的应用呈现大规模化、普遍化和复杂化趋势，同时给人类带来的收益与损失之间的矛盾也更为激烈和尖锐。为了更好地解决这一矛盾，人们进行了大量的探索性研究，并逐渐积累了较为丰富的安全生产经验。其中，事故致因理论是人们长期生产经验和智慧的结晶之一，是安全科学的基石。

事故致因理论是从大量典型事故本质原因的分析中所提炼出的事故机理和事故模型，能够为事故的定性定量分析、预测预防以及改进安全管理工作，从理论上提供科学的、完整的依据。当前学术界在事故致因理论上的观点，归纳起来主要有以下三种。

（一）事故频发倾向论

1919 年英国的格林伍德和伍慈对许多工厂里的事故发生次数按不同的分布进行了统计。结果发现，工人中的某些人较其他人更容易发生事故。从这种现象出发，1939 年法默等人提出事故频发倾向概念。所谓事故频发倾向，是指个人容易发生事故的、稳定的、个人的内在倾向。根据这种观点，事故频发倾向是由个人内在因素决定的、长时间不会变化的容易发生事故的倾向，即有些人是容易发生事故的。具有事故频发倾向的人被称为事故频发者，他们的存在被认为是工业事故发生的原因。关于事故频发者存在与否

的争议持续了半个多世纪。近年来的许多研究结果已经证明，事故频发者并不存在。①

（二）事故因果连锁论

20 世纪二三十年代，美国的海因里希对当时美国工业安全实际经验进行总结、概括，上升为理论，提出了所谓的“工业安全公理”，出版了流传全世界的《工业事故预防》一书。海因里希在这本书中阐述了工业事故发生的因果连锁论，事故致因中人与物的问题，事故发生频率与伤害严重度之间的关系，不安全行为的产生原因，安全管理工作与企业其他管理工作之间的关系，进行安全工作的基本责任，以及安全生产之间的关系等工业安全中最重要、最基本的问题。事故因果连锁包括事故的基本原因、事故的间接原因、事故的直接原因、事故以及事故后果等五个互为因果的事件。常用多米诺骨牌来形象地描述这种事故因果连锁，如图 3-5 所示。在多米诺骨牌系列中一颗骨牌被碰倒，则将发生连锁反应，其余的骨牌将相继被碰倒。如果移去其中的一颗骨牌，则连锁被破坏，事故过程将被中止。海因里希从物理学中作用与反作用的角度解释事故，指出事故是一种失去控制的事件。海因里希首先提出了人的不安全行为和物的不安全状态的概念，提出了企业安全工作的中心是防止人的不安全行为，消除机械的或物质的不安全状态，中断事故连锁从而防止事故发生的著名论点。海因里希一方面强调了人的不安全行为在事故发生中的重要作用，同时也指出了机械的或物质的不安全状态也是事故发生的直接原因。但是，海因里希把人的不安全行为和物的不安全状态的产生原因完全归因于人的缺点，进而追究人的遗传因素和社会环境方面的问题，这表现出了他认识的局限性。②

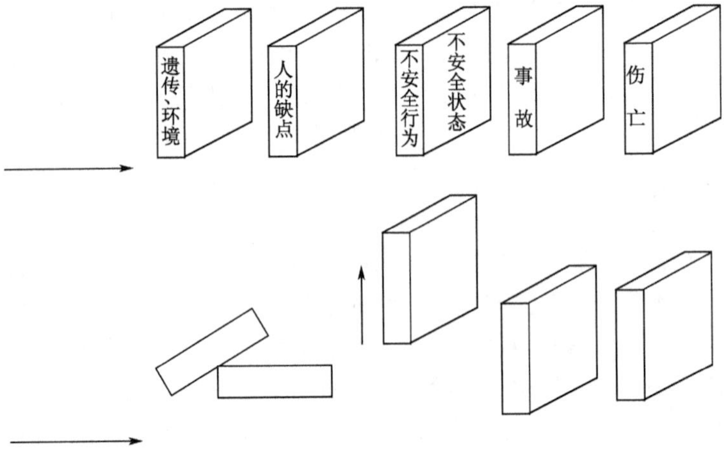

图 3-5　海因里希的事故因果连锁论

博德在海因里希事故因果连锁的基础上，提出了反映现代安全观点的事故因果连锁，如图 3-6 所示。博德认为，尽管人的不安全行为和物的不安全状态是导致事故的重要原因，必须认真追究，却不过是其背后原因的征兆，是一种表面现象。他认为事故的根本原因是管理失误。管理失误主要表现在对导致事故的根本原因控制不足，也可以说是对危

① 钟茂华，魏玉东，范维澄，等．事故致因理论综述[J]．火灾科学，1999(3)：36-42．

② 同①．

险源控制不足。①

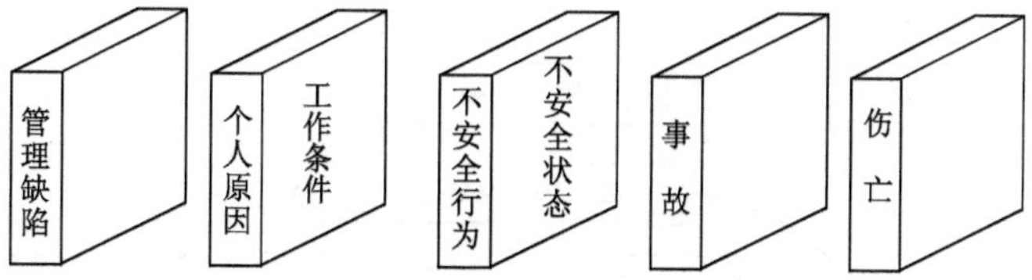

图 3-6　博德的事故因果连锁论

当前国内外进行事故原因调查与分析时，广泛采用图 3-7 所示的事故连锁模型。该模型着眼于事故的直接原因——人的不安全行为和物的不安全状态，以及基本原因——管理失误。值得注意的是，该模型进一步把物的原因划分为起因物和加害物。起因物为导致事故发生的物(机械、物体、物质)；加害物为事故发生时直接作用于人体，使人体遭受伤害的物(机械、物体、物质)。在人的问题方面，区分行为人和受害者。行为人为引起事故发生的人；受害者为事故发生时受到伤害的人。针对不同的物和人，需要采取不同的控制措施。②

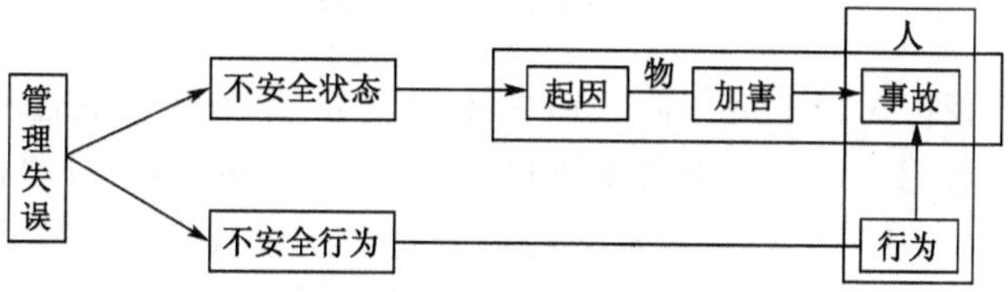

图 3-7　事故连锁模型

（三）能量意外释放论

能量在生产过程中是不可缺少的，人类利用能量做功以实现生产的目的。人类为了利用能量做功，必须控制能量。在正常生产过程中，能量受到种种约束的限制，按照人们的意志流动、转换和做功。如果由于某种原因能量失去了控制，超越了人们设置的约束或限制而意外地逸出或释放，则称发生了事故。这种对事故发生机理的解释被称作能量意外释放论。③

能量意外释放论阐明了伤害事故发生的物理本质，指明了防止伤害事故就是防止能量意外释放，防止人体接触能量。根据这种理论，人们要经常注意生产过程中能量的流动、转换以及不同形式能量的相互作用，防止发生能量的意外逸出或释放。

美国矿山局的札别塔基斯调查大量伤亡事故发现，大多数伤亡事故的发生都是由于过量的能量或干扰人体与外界能量交换的危险物质的意外释放引起的。并且，毫无例外地，这种过量的能量或危险物质的释放都是由于人的不安全行为或物的不安全状态引起的。人的不安全行为或物的不安全状态能够破坏对能量或危险物质的控制，这是导致能

① 钟茂华，魏玉东，范维澄，等.事故致因理论综述[J].火灾科学，1999(3)：36-42.
② 同①.
③ 同①.

量或危险物质意外释放的直接原因。札别塔基斯建立的事故因果连锁模型如图 3-8 所示。①

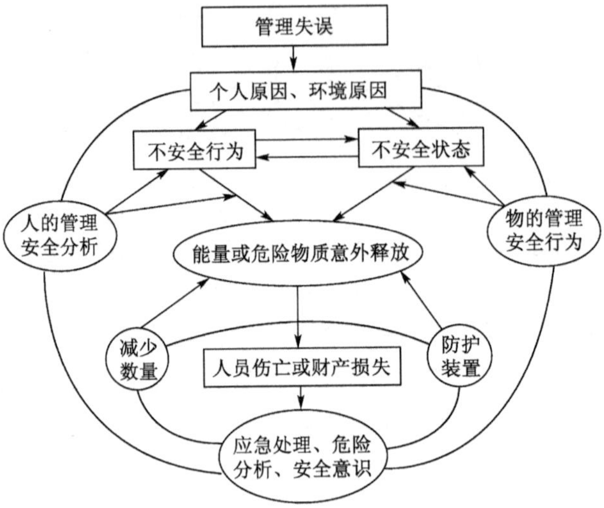

图 3-8　能量观点事故因果连锁

事故灾难致因理论对于帮助人们认识事故的发生、发展和形成过程以及如何预防事故的再现具有重要作用。由于安全科学发展史较短，其许多原理、方法仍有待进一步完善和发展，作为安全科学基石的事故理论更需得到进一步重视。一些学者提出的事故理论的模型大多是一种定性或半定量的，如何更好地对系统事故过程实现定量的描述仍需做进一步探究。由于事故理论涉及社会科学、自然科学和人文科学等学科，它的许多观点和见解存在着很多争议。对事故理论的深入研究需要广泛开展社会调查、公众咨询和案例分析等工作。

第四节　公共卫生事件

进入 21 世纪以来，各类公共卫生事件接踵而至，特别是 2003 年的 SARS 事件，敲响了安全的警钟。公共卫生事件不仅对人类的健康和生命安全造成了极大的危害，也给社会安定和经济发展带来了极大影响。如何有效化解这些风险和危机，进行有效管理，成为世界各国共同面对的重要课题。本节重点介绍公共卫生事件的概念、分类与分级、特征与危害等相关内容。

一、公共卫生事件的概念

探讨公共卫生事件的概念和特征，必须首先对公共卫生的概念进行回顾和认识。

（一）公共卫生

公共卫生创始人之一，美国耶鲁大学公共卫生学院的温斯洛提出：公共卫生是通过有

① 钟茂华，魏玉东，范维澄，等.事故致因理论综述[J].火灾科学，1999(3)：36-42.

组织的社区行动，改善环境卫生条件，控制传染病的流行，教育每个人养成良好的卫生习惯，组织医护人员对疾病进行早期诊断和预防性治疗，健全社会体系以保证社区中的每个人都享有维持健康的足够生活水准，实现预防疾病、延长寿命、促进机体健康的科学和艺术。① 这一定义是目前全世界公共卫生界引用最多、影响最广泛、最著名的公共卫生的定义，并于 1952 年被联合国世界卫生组织（WHO）采纳，一直沿用至今。

1995 年美国医学会提出：公共卫生就是履行社会责任，以确保提供给居民维护健康的条件，这些条件包括：生产、生活环境、生活行为方式和医疗卫生服务。② 该定义强调各种影响健康的环境，明确了公共卫生领域的巨大范围及其与社会、经济、政治和医疗服务不可分割的关系。

《现代预防医学》将公共卫生定义为：公共卫生是以社会为对象，以行政管理、法规监督、宣传教育为手段，通过宏观调控协调社会力量，改善社会卫生状况，提高全民健康水平的一种社会管理职能。该定义在现代社会发展、人们的健康日益成为社会问题的情况下，较好地体现了医学与社会经济发展、社会稳定密切关联的一种社会管理职能。③

2003 年吴仪在全国卫生工作会议上提出了我国公共卫生的新定义：公共卫生就是组织社会共同努力，改善环境卫生条件，预防控制传染病和其他疾病流行，培养良好卫生习惯和文明生活方式，提供医疗卫生服务，达到预防疾病，促进健康的目的。④ 这也是我国第一次对公共卫生给出的权威定义。

（二）突发公共卫生事件

突发公共卫生事件是指突然发生的，由自然、社会或人为因素引起的，造成或者可能造成社会公众健康严重损害的，需要立即采取预防控制措施的事件。从广义上说，凡是突发事件中公共卫生成为潜在的或现实的威胁或问题时，从公共卫生角度去看，都可以看作是突发公共卫生事件。从狭义上说，只有当该突发事件所引起的问题主要为公共卫生问题时，这样的事件才能称之为突发公共卫生事件。

《国际卫生条例》定义的“国际关注的突发公共卫生事件”包括：①通过疾病的国际传播构成对其他国家的公共卫生危害；②可能需要采取协调一致的国际应对措施。其中“公共卫生危害”是指具有损及人群健康可能性的事件，特别是可在国际上传播或构成严重和直接危险的事件。⑤

2003 年，我国国务院颁布的《突发公共卫生事件应急条例》中明确规定：突发公共卫生事件是指突然发生，造成或者可能造成社会公众健康严重损害的重大传染病疫情、群体性不明原因疾病、重大食物和职业中毒以及其他严重影响公众健康的事件。⑥

二、公共卫生事件的分类与分级

公共卫生事件的分类与分级是认识公共卫生事件，加强突发公共卫生事件应急管理

---

① 范春主.公共卫生学[M].厦门：厦门大学出版社，2009：1-2.

② 邱五七，马彦.公共卫生概念的历史演进和思考[J].预防医学情报杂志，2006，22(3)：375-376.

③ 于守洋，马文科，王国维，等.现代预防医学辞典[M].北京：人民卫生出版社，1998.

④ 同②.

⑤ 伍岳琦，林锦炎.突发公共事件卫生应急管理[M].广州：中山大学出版社，2008：38.

⑥ 中华人民共和国突发事件应对法[M].北京：中国法制出版社，2010：79.

的基础。

(一) 突发公共卫生事件的分类

1. 按事件的表现形式分类

根据事件的表现形式可将突发公共卫生事件分为以下两类:

(1) 在一定时间、一定范围、一定人群中,当病例数累计达到规定预警值时,所形成的事件,例如传染病,不明原因疾病,中毒(食物中毒、职业中毒),预防接种反应,菌种、毒株丢失等事件,以及县以上卫生行政部门认定的其他突发公共卫生事件。

(2) 在一定时间、一定范围,当环境危害因素达到规定预警值时形成的事件,病例为事后发生,也可能无病例。此类事件包括传染病菌种、毒株丢失,病媒、生物等相关事件,化学物泄漏事件,放射源丢失、受照、核污染辐射及其他严重影响公众健康的事件。这类事件往往在事件发生时尚未出现病例或病例在事件发生后出现。

2. 按事件的成因和性质分类

根据事件的成因和性质,突发公共卫生事件可分为:重大传染病疫情,群体性不明原因疾病,重大食物中毒和职业中毒事件,新发传染性疾病,群体性预防接种反应和群体性药物反应,重大环境污染事件,生物、化学、核辐射恐怖事件,自然灾害引发的突发公共卫生事件,以及其他影响公众健康的事件。

(1) 重大传染病疫情

重大传染病是指某种传染病在短时间内发生,波及范围广泛,出现大量的病例或死亡病例,其发病率远远超过常年的发病率水平,包括新发传染病、新传入并有扩散趋势的传染病和复燃并具有流行趋势的传染病。① 这些传染病包括《传染病防治法》规定的3类37种法定传染病;卫生部根据需要决定并公布列入乙类、丙类传染病的其他传染病;省、自治区和直辖市人民政府决定并公布的按照乙类、丙类传染病管理的其他传染病。十余年来,我国先后成功应对了SARS、人感染猪链球菌病、H5N1型禽流感、重症手足口病等一系列重大突发、新发传染病疫情。肺鼠疫、霍乱、炭疽、人感染高致病性禽流感等疫情的暴发,以及寨卡、黄热病、裂谷热等输入性病毒的传入,促使我国的重大传染病疫情防控能力得到明显提升。

有学者采用同质个案对比研究方法,对2003年SARS疫情与2009年甲型H1N1流感疫情进行分析,来探讨重大传染病聚集特征与扩散机制,研究发现:① 重大传染病疫情有较强的时间耦合性。2003年SARS疫情迅速扩散与春节期间人口流动加快有关;2009年9月甲型H1N1流感疫情大范围暴发,确诊病例猛增,则与暑期后中小学开学有关。因此,在发生传染病疫情时,应重视其与节假日等时间的耦合性。② 城市以及交通发达程度影响重大传染病疫情的扩散区域。从空间聚集特征看,两次疫情在初期多发生在人口密集、交通较发达、人口流动性大的地区。因此,当传染病疫情发生后,政府、组织与公众可以采取一些措施降低人口密度与人口流动性,例如取消聚集活动、减少外出等。③ 积极的应对与防控对策可减轻疫情扩散的影响,避免社会动荡。SARS疫情暴发初期

---

① 突发公共卫生事件应急条例[EB/OL].(2005-05-20)[2018-02-05].http://www.gov.cn/zwgk/2005-05/20/content_145.htm.

的被动应对，使人们感到可控能力下降，从而导致引发诸多不安定因素。而在甲型 H1N1 流感疫情的应对与管理方面，疫情发生前就纳入了法制化轨道，防控有序，增强了人们的承受与应对能力，避免了其他突发事件的扩散。①

（2）群体性不明原因疾病

群体性不明原因疾病是指在短时间内，某个相对集中的区域内同时或者相继出现具有共同临床表现病例，且病例不断增加，范围不断扩大，又暂时不能明确诊断的疾病。②群体性不明原因疾病具有临床表现相似性、发病人群聚集性、流行病学关联性、健康损害严重性的特点，这类疾病可能是传染病（包括新发传染病）、中毒或其他未知因素引起的疾病。例如，2003 年 SARS 疫情暴发初期，由于对病原体认识不清，虽然患者具有同一症状，但对其发病机制、诊断标准、传播途径等均不甚明了，这就是群体性不明疾病的典型案例。

为及时发现、有效控制群体性不明原因疾病，规范群体性不明原因疾病发生后的报告、诊治、调查和控制等应急处置技术，指导群体性不明原因疾病事件的应急处置工作，卫生部于 2007 年印发《群体性不明原因疾病应急处置方案（试行）》（以下简称《方案》）。《方案》对群体性不明原因疾病进行了更为细致的界定："一定时间内（通常是指 2 周内），在某个相对集中的区域（如同一个医疗机构、自然村、社区、建筑工地、学校等集体单位）内同时或者相继出现 3 例及以上相同临床表现，经县级及以上医院组织专家会诊，不能诊断或不能解释病因，有重症病例或死亡病例发生的疾病。"《方案》将群体性不明原因疾病事件划分为特别重大、重大、较大三级，对群体性不明原因疾病事件的现场处置、控制、防护等工作都做了详细的规定，为我国群体性不明原因疾病事件有效处置提供了制度保障。

（3）重大食物中毒和职业中毒事件

重大食物中毒和职业中毒事件是指由于食品污染和职业危害的原因而造成的人数众多或者伤亡较重的中毒事件。③ 重大食物中毒是指中毒人数超过 100 人或者死亡 1 人以上的以及发生在学校、地区性或者全国性重要活动期间的食物中毒。

1999—2014 年，16 年间我国国家卫生计生委共通报重大食物中毒报告 4 291 起，中毒人数为 159 614 人，死亡 2 837 人；平均每年约 268 起，中毒约 9 976 人，死亡约 177 人，具体数据统计如表 3-5 所示。有学者对这 16 年全国重大食物中毒通报资料和数据进行了分析研究，结果表明：① 每年第三季度为重大食物中毒高发季节，中毒人数占总人数的 42.50 %；② 微生物性食物中毒人数最多，化学性食物中毒为重大食物中毒高死亡类型，死亡人数占总死亡人数的 42.58 %；③ 集体食堂食物中毒人数最多，家庭食物中毒为重大食物中毒死亡率最高的发病地点，死亡人数占总死亡人数的 80.58 %。食物中毒形势依然严峻，预防食物中毒需进一步加强管理、监督指导和宣传教育。④

① 祝江斌，黄合来. 重大传染病疫情聚集与扩散特征分析[J]. 中国公共卫生，2010(9)：1186-1188.

② 国家突发公共卫生事件应急预案[EB/OL]. (2006-02-26)[2018-02-05]. http://www.gov.cn/yjgl/2006-02/26/content_211654.htm.

③ 同②.

④ 邓国兴，姜随意，高志贤. 1999—2014 年全国重大食物中毒通报资料的汇总与分析[J]. 食品研究与开发，2015，36(10)：149-152.

表 3-5　　1999—2014 年全国重大食物中毒通报概况[①]

年份	报告数	中毒人数	死亡人数	病死率/%	平均每起事件	
					中毒人数	死亡人数
1999	97	4 999	103	2.06	52	1.06
2000	150	6 237	135	2.16	42	0.9
2001	185	15 715	146	0.93	85	0.79
2002	128	7 127	138	1.94	56	1.08
2003	379	12 876	323	2.51	34	0.85
2004	397	14 586	282	1.93	37	0.71
2005	256	9 021	235	2.61	35	0.92
2006	596	18 063	196	1.09	30	0.33
2007	506	13 280	258	1.94	27	0.51
2008	431	13 095	154	1.18	31	0.36
2009	271	11 007	181	1.64	41	0.67
2010	220	7 383	184	2.49	34	0.84
2011	189	8 324	137	1.65	44	0.72
2012	174	6 685	146	2.18	38	0.84
2013	152	5 559	109	1.96	37	0.72
2014	160	5 657	110	1.94	35	0.69
合计	4 291	159 614	2 837	1.78	37	0.67

当前，中国突发职业中毒事件危害依然较为严峻，职业中毒事件发生仍较频繁。有关研究显示：① 我国急性职业中毒事件在第二、三季度发生较多，中毒高发的原因可能与气候条件相关。② 职业中毒事件的发生在不同省份之间有显著差异，可能与职业人群的劳动条件、环境及安全生产、健康教育水平等因素有关。③ 引起职业中毒事件的物质繁多，其中窒息性气体（尤其是一氧化碳和硫化氢）为最重要的中毒原因。该类气体引起的中毒事件起数、死亡人数均显著高于其他物质。[②]

（4）新发传染性疾病

新发传染性疾病是指全球首次发现的传染病。[③] 新发传染性疾病的分类包括：第一类，早已存在并被认识，但未认为是传染病，近年发现其病原体，具有传染性。第二类，可能早已存在，但未被认识，近年才被人们发现和确认。第三类，新出现传染病。新发传染病的特点为：传染性强，传播速度快，早期临床诊断极为困难，多无特效治疗方法，病因不确定，无特殊预防措施，人群普遍易感；疫情初期，诊断不明，病死率高；恐慌心理严重，易

① 邓国兴，姜随议，高志贤. 1999—2014 年全国重大食物中毒通报资料的汇总与分析[J]. 食品研究与开发，2015，36(10)：149-152.

② 裴雪松，尹萸，金连梅，等. 2004—2009 年全国急性职业中毒事件分析[J]. 疾病监测，2010，25(6)：499-501，508.

③ 国家突发公共卫生事件应急预案[EB/OL]. (2006-02-26)[2018-02-06]. http://www.gov.cn/yjgl/2006-02/26/content_211654.htm.

造成社会不稳定；新发传染病危害严重，先进交通工具、国际贸易和交流等都可迅速把传染病从一个国家或地区传向全球，造成世界大流行。

新发传染病因其不确定性和难以预测性使人们无法及时作出决策、采取特异性的预防和控制措施，从而造成高病死率并严重影响社会稳定和经济发展，易成为世界性的重大公共卫生问题。①

(5) 群体性预防接种反应和群体性药物反应

群体性预防接种反应和群体性药物反应是指在实施疾病预防措施时，免疫接种人群或预防性服药人群出现的异常反应。这类反应原因较为复杂，可以是心因性的，也可以是其他异常反应。

(6) 重大环境污染事件

重大环境污染事件是指在化学品的生产、运输、储存、使用和废弃处置过程中，由于各种原因引起化学品从其包装容器、运送管道、生产和使用环节中泄漏，对周围空气、水源和土壤等环境造成污染，严重危害或影响公众健康的事件。例如，2005 年中石油吉林石化公司双苯厂苯胺车间发生爆炸事故，事故产生的约 100 吨苯、苯胺和硝基苯等有机污染物流入松花江，导致松花江发生重大水污染事件，事件造成多人伤亡，污染导致沿岸百万居民生活受到影响，并引发当地居民抢水恐慌。

(7) 生物、化学、核辐射恐怖事件

生物、化学、核辐射恐怖事件是指恐怖组织或恐怖分子为了达到其政治、经济、宗教、极端民族主义等目的，通过实际使用或威胁使用放射性物质、化学毒剂或生物战剂，或通过袭击或威胁袭击化工(核)设施(包括化工厂、核设施、化学品仓库、实验室、化学品运输槽车等)引起有毒、有害物质或致病性微生物释放到环境中，导致人员伤亡或公众心理恐慌，破坏国家和谐、安定，影响经济发展的事件。例如，1995 年，发生在日本东京地铁站的沙林毒气事件，造成 5 510 人中毒，12 人死亡。

(8) 自然灾害引发的突发公共卫生事件

自然灾害，例如地震、火山爆发、泥石流、台风、洪水等的突然袭击，会在顷刻间造成大量生命财产受损、生产停顿、物质短缺，灾民无家可归，进而产生种种社会问题，并且还会带来严重的、包括社会心理因素在内的诸多公共卫生问题，从而引发多种疾病，特别是传染性疾病的发生和流行。由自然灾害引起的公共卫生问题是多方面的。例如洪水淹没，可引起以下问题：房屋倒塌所致外伤；破坏生态环境，影响生态平衡，造成疫源地扩散，环境条件恶化；尤其是饮用水严重污染引起肠道传染病暴发、流行；食物匮乏易致营养缺乏症，食物中毒；夏秋季节高温易发生中暑等。

(二) 突发公共卫生事件的分级

《国家突发公共卫生事件应急预案》根据突发事件的性质、危害程度、涉及范围及卫生应急任务，将突发事件划分为特别重大(Ⅰ级)、重大(Ⅱ级)、较大(Ⅲ级)和一般(Ⅳ级)四个等级。四个等级的具体内容如下所述。②

---

① 邵家胜，卢洪洲. 新发传染病发病研究概述[J]. 诊断学理论与实践，2011，10(3)：293-296.

② 陈焱. 卫生监督应对突发公共卫生事件实用手册[M]. 北京：科学技术文献出版社，2012.

1. 特别重大突发公共卫生事件(Ⅰ级)

有下列情形之一的为特别重大突发公共卫生事件(Ⅰ级):

(1) 肺鼠疫、肺炭疽在大、中城市发生并有扩散趋势,或肺鼠疫、肺炭疽疫情波及 2 个以上的省份,并有进一步扩散趋势。

(2) 发生传染性非典型肺炎、人感染高致病性禽流感病例,并有扩散趋势。

(3) 涉及多个省份的群体性不明原因疾病,并有扩散趋势。

(4) 发生新传染病或我国尚未发现的传染病发生或传入,并有扩散趋势,或发现我国已消灭的传染病重新流行。

(5) 发生烈性病菌株、毒株、致病因子等丢失事件。

(6) 周边以及与我国通航的国家和地区发生特大传染病疫情,并出现输入性病例,严重危及我国公共卫生安全的事件。

(7) 国务院卫生行政部门认定的其他特别重大突发公共卫生事件。

2. 重大突发公共卫生事件(Ⅱ级)

有下列情形之一的为重大突发公共卫生事件(Ⅱ级):

(1) 在 1 个县(市)行政区域内,1 个平均潜伏期内(6 天)发生 5 例以上肺鼠疫、肺炭疽病例,或者相关联的疫情波及 2 个以上的县(市)。

(2) 发生传染性非典型肺炎、人感染高致病性禽流感疑似病例。

(3) 腺鼠疫发生流行,在 1 个市(地)行政区域内,1 个平均潜伏期内多点连续发病 20 例以上,或流行范围波及 2 个以上市(地)。

(4) 霍乱在 1 个市(地)行政区域内流行,1 周内发病 30 例以上,或波及 2 个以上市(地),有扩散趋势。

(5) 乙类、丙类传染病波及 2 个以上县(市),1 周内发病水平超过前 5 年同期平均发病水平 2 倍以上。

(6) 我国尚未发现的传染病发生或传入,尚未造成扩散。

(7) 发生群体性不明原因疾病,扩散到县(市)以外的地区。

(8) 发生重大医源性感染事件。

(9) 预防接种或群体性预防性服药出现人员死亡。

(10) 一次食物中毒人数超过 100 人并出现死亡病例,或出现 10 例以上死亡病例。

(11) 一次发生急性职业中毒 50 人以上,或死亡 5 人以上。

(12) 境内外隐匿运输、邮寄烈性生物病原体、生物毒素造成我国境内人员感染或死亡的。

(13) 省级以上人民政府卫生行政部门认定的其他重大突发公共卫生事件。

3. 较大突发公共卫生事件(Ⅲ级)

有下列情形之一的视为较大突发公共卫生事件(Ⅲ级):

(1) 发生肺鼠疫、肺炭疽病例,1 个平均潜伏期内病例数未超过 5 例,流行范围在一个县(市)行政区域以内。

(2) 腺鼠疫发生流行,在 1 个县(市)行政区域内,1 个平均潜伏期内连续发病 10 例以上,或波及 2 个以上县(市)。

(3) 霍乱在1个县(市)行政区域内发生,1周内发病10～29例,或波及2个以上县(市),或市(地)级以上城市的市区首次发生。

(4) 1周内在1个县(市)行政区域内,乙、丙类传染病发病水平超过前5年同期平均发病水平1倍以上。

(5) 在1个县(市)行政区域内发现群体性不明原因疾病。

(6) 一次食物中毒人数超过100人,或出现死亡病例。

(7) 预防接种或群体预防性服药出现群体性心因反应或不良反应。

(8) 一次发生急性职业中毒10～49人,或死亡4人以下。

(9) 市(地)级以上人民政府卫生行政部门认定的其他较大突发公共卫生事件。

4. 一般突发公共卫生事件(Ⅳ级)

有下列情形之一的视为一般突发公共卫生事件(Ⅳ级):

(1) 腺鼠疫在1个县(市)行政区域内发生,1个平均潜伏期内病例数未超过10例。

(2) 霍乱在1个县(市)行政区域内发生,1周内发病9例以下。

(3) 一次食物中毒人数30～99人,未出现死亡病例。

(4) 一次发生急性职业中毒9人以下,未出现死亡病例。

(5) 县级以上人民政府卫生行政部门认定的其他一般突发公共卫生事件。

为及时有效预警、应对突发公共卫生事件,各省、自治区、直辖市人民政府卫生行政部门可结合本行政区域突发公共卫生事件实际情况、应对能力等,对较大和一般突发公共卫生事件的分级标准进行补充和调整。

此外,为了便于实际工作中更好操作,卫生部在《国家突发公共卫生事件相关信息报告管理工作规范(试行)》中对突发公共卫生事件相关信息的报告范围和标准进行了详细界定。

(三) 突发公共事件医疗卫生紧急救援的相应分级

在国务院发布的《国家突发公共事件医疗卫生救援应急预案》中,根据突发公共事件导致人员伤亡和健康危害情况将医疗卫生救援事件分为特别重大事件(Ⅰ级)、重大事件(Ⅱ级)、较大事件(Ⅲ级)和一般事件(Ⅳ级)四级。①

1. 特别重大事件(Ⅰ级)

(1) 一次事件出现特别重大人员伤亡,且危重人员多,或者核事故和突发放射事件、化学品泄漏事故导致大量人员伤亡,事件发生地省级人民政府或有关部门请求国家在医疗卫生救援工作上给予支持的突发公共事件。

(2) 跨省(区、市)的有特别严重人员伤亡的突发公共事件。

(3) 国务院及其有关部门确定的其他需要开展医疗卫生救援工作的特别重大突发公共事件。

2. 重大事件(Ⅱ级)

(1) 一次事件出现重大人员伤亡,其中,死亡和危重病例超过5例的突发公共事件。

---

① 国务院办公厅.国家突发公共事件医疗卫生救援应急预案.[EB/OL].(2006-02-26)[2018-02-10].http://www.gov.cn/yjgl/2006-02/26/content_211628.htm.

(2) 跨市(地)的有严重人员伤亡的突发公共事件。

(3) 省级人民政府及其有关部门确定的其他需要开展医疗卫生救援工作的重大突发公共事件。

3. 较大事件(Ⅲ级)

(1) 一次事件出现较大人员伤亡,其中,死亡和危重病例超过3例的突发公共事件。

(2) 市(地)级人民政府及其有关部门确定的其他需要开展医疗卫生救援工作的较大突发公共事件。

4. 一般事件(Ⅳ级)

(1) 一次事件出现一定数量人员伤亡,其中,死亡和危重病例超过1例的突发公共事件。

(2) 县级人民政府及其有关部门确定的其他需要开展医疗卫生救援工作的一般突发公共事件。

三、公共卫生事件的特征

突发公共卫生事件具有突发性、群体性、不确定性和对社会危害性等特征,也正是由于突发公共卫生事件的这些特征,给现场应急处置带来诸多不利。

(一) 突发性和影响的广泛性

突发公共卫生事件是突然发生的,较难预测,有的甚至不可预测。突发公共卫生事件是不同寻常的事件,是监测、预防、控制不力所出现的新问题。任何突发事件都会有自身规律,存在发生的征兆和预警的可能,但往往难以对其作出准确的预测、识别和确认,因而难以及时采取有效措施预防其发生,控制其发展。由于科学技术的迅速发展和广泛应用,城市化、工业化、现代化加快,一旦发生突发公共卫生事件,影响范围更加广泛,发病人数更多,危害更加严重。加之突发传染病本身具有极强的传染性,且在产生初期难以及时弄清病理,可能造成一定区域的大规模流行甚至世界范围内的大流行。虽然突发公共卫生事件发生突然,一般持续时间不长,但是因其后果严重,影响广泛、深远,往往会对公众的心理和社会生活产生长期的负面效应。

(二) 群体性和社会危害性

突发公共卫生事件往往同时波及许多人,甚至整个社区的工作或生活群体。突发公共卫生事件不仅会对公众的生命健康造成严重危害,而且会波及经济、政治、社会稳定。根据突发公共卫生事件的定义,一个事件只有已经对公众健康造成严重损害、影响,或者从发展的趋势看,可能会对公众健康造成严重影响,才能成为突发公共卫生事件。突发公共卫生事件涉及范围广、影响大,一方面对公众身体产生直接的、即时的危害,导致发病、死亡等;另一方面,突发公共卫生事件可引发公众恐惧、焦虑情绪,对社会、经济、生产、生活秩序产生破坏,甚至危及国家安全。突发公共卫生事件,不仅是一个卫生领域的问题,更是一个社会问题。

(三) 不确定性和处理的复杂性

突发公共卫生事件的不确定性。因为突发、群体、严重危害等都是相对的、难以准确定性与定量的概念。几乎很难界定突发与非突发、群体与非群体的范围，同时也很难判定危害的程度。突发事件的发生发展是一个渐进的过程，开始可能其危害程度和范围较小，构不成事件，对其蔓延范围、发展速度、趋势和结局均很难预测。在事件发生后，一方面可能会因认识水平、时间和重视程度等的不同而导致事件未能列入突发公共卫生事件，使事件未能得到及时处置而进一步扩大，对公众健康的影响进一步加剧。另一方面如果监测、预警、应急处置不力，而未及时采取有效措施，事件势必会蔓延发展导致更大的危害。也正是由于突发公共卫生事件的突发性、群体性和不确定性，给现场抢救、控制和医学救治带来诸多不利；更因为此类事件处理常涉及多个部门、多个系统，所以增加了综合协调处理的难度。

四、公共卫生事件的危害

在公共卫生的发展史上，职业中毒、环境污染和传染病导致的生态及健康危害发生的频率越来越高，对人类的生命财产和社会发展造成了严重的损失和危害。

（一）突发公共卫生事件不同历史发展阶段的主要危害

从 20 世纪至今，随着能源的变化、新的工业部门的增加、新的工业基地的建立和新的应用技术的出现，突发公共卫生事件的历史发展大体上可以分为三个阶段，每一阶段产生的主要危害不尽相同。①

第一阶段为 18 世纪末到 20 世纪 40 年代。这一阶段以煤为主要能源，产生的煤烟尘和二氧化硫引起大气污染。由于矿冶和制碱业的发展，导致了水质的污染。这些污染主要发生在城市和周边地区，使部分居民遭受毒害。

第二阶段为 20 世纪 50 年代至 70 年代。石油及其产品的广泛应用，造成更加严重的有机化学污染，汽车、摩托车尾气引起的光化学烟雾和呼吸道危害逐年增加。同时，又出现了新的环境污染源和污染物，例如有机农药、放射性物质等。受害人群往往发生急性中毒，并且可产生子代的遗传效应。

第三阶段为 20 世纪 80 年代至今。这一阶段出现了一些新的公共卫生突发事件，主要包括各类食品的污染和中毒事件、新传染病和重新出现的传染病、放射性核污染和生物恐怖事件等。涉及的人群不断扩大，对健康的危害日益严重。近年来恐怖事件的发生使生物恐怖与生物安全成为社会倍加关注的问题。

表 3-6 列举了 20 世纪以来有代表性的重大突发公共卫生事件。

表 3-6　20 世纪以来发生的重大突发公共卫生事件②

年份	事件	危害	原因
1910 年	中国东北鼠疫大流行	死亡 4.2 万人以上	鼠疫杆菌
1930 年	马斯河谷烟雾事件	近 60 人死亡，千余人患呼吸系统疾病	二氧化硫粉尘
1932 年	中国霍乱大流行	23 个省传播，病人 10 余万	霍乱杆菌

① 童建. 突发事件公共卫生学[M]. 苏州：苏州大学出版社，2005：2-3.

② 同①. 表中内容在参考此文献的基础上做了更新与补充。

续表 3-6

年份	事件	危害	原因
1952 年	伦敦烟雾事件	1 万多人死亡	烟尘、二氧化硫
1953 年	日本水俣病事件	大量居民出现中枢神经系统中毒症状，60 多人死亡	食用被汞污染的鱼、贝等水生生物
1968 年	日本米糠油事件	中毒患者超过 1 万人，16 人死亡	食用多氯联苯污染的米糠油
1977 年至今	埃博拉出血热	累计发病 1 000 余人，死亡 700 余人	埃博拉病毒
1986 年	切尔诺贝利核电站事故	299 人受大剂量照射，1 万人死亡，数万人残疾	核泄漏
1988 年	上海甲肝大暴发	310 746 人发病，31 人直接死于本病	食用不洁毛蚶和饮食卫生习惯不良
1995 年	东京地铁沙林事件	死亡 12 人，5 500 人受害，1 000 人紧急入院	沙林释放中毒
2000 年	英国疯牛病事件	18 万只牲畜感染，100 多人死亡	疯牛病病毒
2003 年	非典型性肺炎(SARS)事件	全球累计报告病例 8 000 多例，死亡 800 多人	冠状病毒变异株
2009 年	甲型 H1N1 流感	全球死亡人数超过 9 596 人	甲型 H1N1 流感病毒
2013 年	中国 H7N9 型禽流感	确诊病例 144 例，死亡 45 人	甲型禽流感病毒

（二）突发公共卫生事件危害的具体表现

突发公共卫生事件不仅会对人类健康和生命造成直接威胁，还会对经济、社会和生态环境造成影响和危害。

1. 对人类健康和生命造成直接威胁

突发公共卫生事件对人类最直接、最大的威胁就是对人类健康和生命造成直接危害。1952 年，许多伦敦市民因烟雾感到身体不适，比如呼吸困难和眼睛刺痛。发生哮喘、咳嗽等呼吸道症状的病人明显增多。同时，伦敦市民死亡率陡增，尤其是老年人、婴儿、本来就有呼吸道疾病的人群和本来就有心血管疾病的人群。45 岁以上的死亡人数最多，约为正常时期的 3 倍；1 岁以下的死亡人数其次，约为正常时期的 2 倍。英国卫生部在 1953 年的报告中称，总共有 3 500～4 000 人死于这场烟雾，大约是平时死亡率的 3 倍。从历史上看，突发公共卫生事件给人类带来的危害往往是巨大的。

2. 对经济、社会和生态环境造成影响和危害

突发公共卫生事件除了对人类的健康和生命造成直接危害外，还会对经济发展、社会稳定、生态环境等造成危害和破坏。

在应对突发公共卫生事件过程中，采取的一些交通检疫、限制出口等强制措施和事件本身的蔓延，都会影响人们的消费、贸易和投资活动，导致生产部门运行受阻，对经济和社会稳定造成损害。突发公共卫生事件往往还会对大众心理造成持续不良影响。不同群体心理反应包括患者及亲属因遭受疾病所产生的痛苦、忧虑、社会隔离、不愿工作、失去受教育机会、对抗社会甚至自杀等一系列精神心理反应。

从不同的社会组织来看，突发公共卫生事件发生后对社会影响呈现较大的层次性。

由于事件的公共性及危害性，其影响将向外传递，事件的遭遇者和责任者是最先感知到，事件现场的公众较先感知到威胁。社会心理学研究表明，在社会突发事件中，社会公众的情绪处于一种极不稳定的状态，易对正常的生活秩序以及某些社会组织的正常运转产生影响。政府及相关部门作为突发公共卫生事件应急体系的领军，需要及时启动相应的突发公共卫生应急预案着手处理事件，保证社会秩序的稳定，以免事件的影响进一步扩散。此阶段考验事件处理者及责任者的应急处置能力。如果政府未及时处理或处理不及时，其影响还会扩散到其他国家或地区。突发公共卫生事件社会影响扩散层次如图 3-9 所示。①

突发公共卫生事件中某些特殊危险因子还会对环境造成影响，如媒介扩散或局部意义上的生物入侵、媒介带虫、毒、菌的变化、有毒化学物、辐射对环境污染以及大量使用消毒剂等。这些因子通常会导致生态环境的破坏，影响生态平衡。

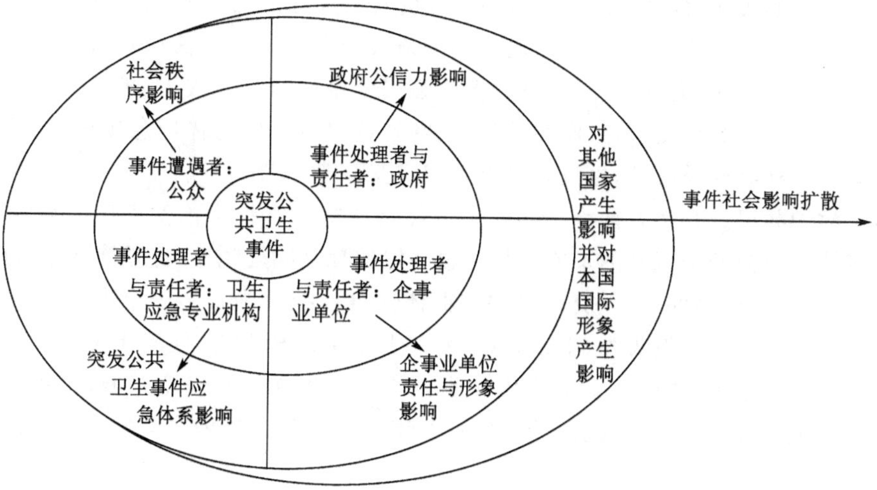

图 3-9　突发公共卫生事件社会影响扩散层次

第五节　社会安全事件

在深化改革、扩大开放为我国经济社会带来良好发展局面的同时，社会公共安全领域面临的情况和问题也日趋复杂。传统的危害社会治安、侵害人民群众生命财产、破坏国家安全的违法犯罪活动虽呈下降的趋势，但总量仍居高位。同时，人们又面临着众多非传统安全因素的挑战。波及范围广、涉及人数多的金融犯罪活动增多，利用高科技手段从事侵犯财产和破坏的犯罪活动频发，暴力恐怖活动的威胁加剧，由人民内部矛盾引发的群体性事件也时有发生。尽管近年来我国社会安全治理取得了令世界瞩目的成果，但是面对当下具有高度不确定性、风险性和复杂性的现代风险社会，社会安全治理仍然面临巨大挑战

① 陈海平，郝艳华，吴群红，等.突发公共卫生事件社会影响评估内容的探讨[J].中国卫生资源，2013，16(1)：9-11.

和威胁。本节将重点围绕社会安全事件的概念、分类、特征和危害等四个方面来展开介绍。

一、社会安全事件的概念

社会安全的概念最早出现在布赞的《人、国家与恐惧》一书中，社会安全理论由哥本哈根学派提出，20 世纪 90 年代社会安全开始作为一个理论得到发展和完善。哥本哈根学派提出社会安全理论的起因是冷战后欧洲安全形势所发生的巨大变化。随着苏联解体、欧洲一体化的飞速发展和欧洲民族主义与排外主义的再次兴起，传统的军事安全与意识形态问题被其他形式的冲突——社会安全所取代。特别是东欧地区发生的民族分离主义、种族冲突和清洗发人深省，社会安全理论就产生于这一背景下。社会安全理论认为社会安全的客体是社会，而不是国家。由此，以军事安全议程为主的传统安全研究范式——国家中心主义范式开始转向社会安全范式，社会安全理念由此诞生。①

关于社会安全事件一词，在我国现行法律条文中并不多见。法律对这一概念没有十分明确的定义。例如《突发事件应对法》将社会安全事件与自然灾害、事故灾难和公共卫生事件一起列为四类突发事件；而在《国家突发公共卫生事件总体应急预案》中只是列举了几类常见的社会安全事件，也没有给出确切定义。学术界对社会安全事件的概念也没有达成一致的共识。有学者认为社会安全事件是严重危害社会治安秩序的突发事件；②也有学者认为社会安全事件的本质特征是由一定的社会问题诱发，把恐怖袭击事件、民族宗教事件、经济安全事件、涉外突发事件和群体性事件统称为社会安全事件；③还有学者认为社会安全事件与自然灾害、事故灾难、公共卫生事件相对应，同属于突发事件中的一类。④ 综合以上观点，本书认为，社会安全事件是指发生在社会安全领域，由各种人为因素导致的且危及社会安全和社会发展，需要由政府及相关部门采取紧急措施予以处置的重大事件。

二、社会安全事件的分类

社会安全事件主要包括群体性事件、恐怖袭击事件、经济安全事件、涉外事件、突发网络舆情事件等。

（一）群体性事件

群体性事件是指由某些社会矛盾引发，特定群体或不特定多数人临时聚合而成的偶合群体，以人民内部矛盾的形式，通过非法的规模性聚集、对社会造成负面影响的群体活动、发生多数人之间语言行为或肢体行为上冲突等的群体行为，或表达诉求和主张，或直接争取和维护自身利益，或发泄不满、制造影响，对社会秩序和社会稳定造成负面重大影响的各种事件。⑤ 例如集体冲击党政机关驻地，拦截交通工具，罢工、罢课、罢市以及违反

---

① 李明明.社会安全理论探析[J].欧洲研究，2006(5)：37-51，158.

② 李飞.《中华人民共和国突发事件应对法》释义及实用指南[M].北京：中国民主法制出版社，2007：62.

③ 汪永清.中华人民共和国突发事件应对法解读[M].北京：中国法制出版社，2007：11.

④ 周定平.关于社会安全事件认定的几点思考[J].中国人民公安大学学报(社会科学版)，2008(5)：121-124.

⑤ 张爱军.群体性事件概念之名实辨析[J].社会科学论坛，2010(13)：167-173.

规定的集会、游行、集体上访等活动。群体性事件分为四类:工人农民的维权事件、社会泄愤事件、骚乱事件和具有意识形态的社会冲突。群体性事件的实质是维权。

近年来,群体性事件呈现出一些新的发展趋势:① 数量增多,发生起数、参与人数、事件规模呈上升、扩大态势。资料显示,中国群体事件从 1993 年的 8 700 起、1999 年超过 3.2 万起、2003 年 6 万起、2004 年 7.4 万起,到 2005 年 8.7 万起(包括妨碍公务、聚众扰乱社会秩序、聚众斗殴、滋事等),13 年间增加到 10 倍。[①] ② 参与主体的广泛性和多元性。早期的群体性事件主要发生在农村或者山区,参与主体以农民为主。但 20 世纪 90 年代之后,随着改革开放的深入、经济体制的巨大改变、国有企业改革,加之贫富分化严重、社会不信任因素增加、部分地区民族矛盾增强,群体性事件扩展到城市,涉及城市的企业职工等人员,并逐渐扩大到下岗失业工人、拆迁户、个体工商户、教师、退伍军人甚至部分干部等。③ 事件类型多样,涉及范围广泛。④ 群体性事件发生地区、行业相对集中,并具有反复性。⑤ 事件中参与行为激烈、暴力对抗的程度明显增加,组织性明显增加。⑥“无直接利益群体”大量介入。

(二)恐怖袭击事件

恐怖主义,是指通过暴力、破坏、恐吓等手段,制造社会恐慌、危害公共安全、侵害人身财产,或者胁迫国家机关、国际组织,以实现其政治、意识形态等目的的主张和行为。恐怖主义及恐怖主义犯罪活动具有以下特点:① 组织上的严密性。恐怖主义为了达到其目的,往往有目的地发展成员,然后有针对性地对成员进行编排、训练,形成了自上而下的严密的组织机构,具有体制上的领导关系,便于实施一系列犯罪活动。② 行为方式的极端性。恐怖组织往往采取极端的方式,例如劫持人质、劫持飞机、恐怖袭击、恐怖爆炸等。这些方式不同于一般的刑事犯罪案件,将目标瞄准特定政治要人或者不特定多数普通人,直接威胁人的生命安全。一旦恐怖行为实施,会造成极端严重的后果,会对普通公众的心理造成巨大的打击。③ 目的上的政治性。恐怖主义的产生往往是各种矛盾冲突造成的,经济利益、种族冲突、外来势力干涉等。恐怖主义不同于一般刑事犯罪的主要区别就在于恐怖主义具有政治性。恐怖主义通过实施恐怖活动试图达到其目的,例如成立新的国家、民族独立、推翻现有政府、表达对现有政府的不满等。

当今世界恐怖主义主要有极端民族主义和极端信仰主义两大类型,此外还存在一些其他类型的恐怖主义,例如新法西斯主义,主要活跃在德国、意大利和法国等欧洲国家,奉行反动的种族主义,仇视、反对外人,选择外籍人员作为实施活动的对象;邪教性质的恐怖主义等。[②]

20 世纪 90 年代以来,恐怖主义问题愈来愈成为影响世界与地区和平、安全和稳定的重要因素。美国“9·11”恐怖袭击事件、法国巴黎恐怖袭击事件都是典型的例子。中国同样面临着恐怖主义的现实威胁和长期的潜在威胁。当前,全世界 100 多个国家受到不同程度的恐怖活动危害,恐怖主义已经演变成国际社会的公害,反恐斗争任重而道远。

(三)经济安全事件

经济安全事件主要是指物价、证券、保险、银行等领域发生的影响社会经济秩序的突

---

① 武西峰,张玉亮. 社会安全事件应急管理概论[M]. 北京:清华大学出版社,2013:51-52.

② 同①90-93.

发经济安全事件，主要包括非法集资、非法设立金融机构、非法开办金融业务以及金融机构违法违规经营等引发的金融突发事件；突发性挤兑金融事件以及其他可能影响金融机构正常经营和提供正常金融服务的事件；可能严重影响保险行业正常运行、保险公司偿付能力和社会稳定的突发公共事件；上市公司因经营不善或退市导致资本市场风险等事件；抬价销售国家定价商品以及价格欺诈、价格垄断等扰乱人民生活和市场秩序的事件等。

经济是国家的基础，经济安全是国家安全的依托和基石。随着全球化时代的到来，在新技术革命的推动下，生产、贸易、金融、投资、消费等经济行为在全球范围内大规模展开，各国形成了相互联系、相互渗透、相互依存、相互竞争、共同发展的国际经济关系，这有利于提高社会生产力，促进各国经济发展，同时也带来经济风险全球化、国际竞争日趋激烈、全球共同问题的威胁扩散等经济不安全问题。各国以经济发展为基础的综合国力竞争加剧，经济安全在国家安全体系中的重要性日益凸显。当前，我国仍然面临错综复杂的局面，经济风险防范能力较低，经济安全意识薄弱，经济安全形势不容乐观。①

（四）涉外事件

涉外事件一般分境外涉我事件和境内涉外事件。境外涉我事件包括重大国际、地区及驻在国形势变化突发事件，涉及我国国家安全和重大利益，关系我国政府确定或调整对外政策、采取应对措施；重大安全威胁突发事件，例如境外发生战争、军事冲突、暴乱、流血政变、恐怖袭击、劫持、自然灾害、事故灾难、公共卫生、社会安全等事件，严重威胁我国驻外机构和人员、留学生及其他人员的生命财产安全和合法权益，或者造成重大人员伤亡、财产损失。境内涉外事件主要包括境内针对外国驻华外交机构和人员的重大政治性社会事件，例如大规模非法集会、游行、示威、严重的蓄意破坏袭击、群体性冲闯馆舍等事件；境内自然灾害、事故灾难、公共卫生、社会安全等突发事件，严重威胁外国驻华外交机构人员、外国在华人员生命财产安全及合法权益或造成重大人员伤亡、财产损失的事件。②

（五）突发网络舆情事件

突发网络舆情事件是指由于受各种突发事件的刺激，人们通过网络对突发事件表达看法、态度、情感并进行网络集聚，给政府和事件当事人施加压力的事件。③ 突发网络舆情事件演变过程纷繁复杂，各种因素都会作用其中，使之呈现衍生性、不确定性、突变性等特点。突发网络舆情事件的发生周期可以分为生成期、扩散期、衰退平复期三个阶段，如图 3-10 所示。① 生成期。这一时期，民众就突发事件的情况创设相关议题、发表评论，以网帖、网络留言等形式，通过论坛、电子公告牌系统（BBS）、新闻网站等网络社交平台在网上进行公布。② 扩散期。这一时期，众多突发事件网络议题浏览者与创设者相互传递或交流信息，产生共振效应，使议题影响范围迅速扩大。③ 衰退平复期。突发网络舆情事件的不断蔓延，给政府造成巨大舆论压力，继而引起政府重视；政府开始介入，采取有效措施，解决突发事件，同时合理引导网络舆情，使之逐渐衰退平复。

---

① 经济安全是国家安全的基石[EB/OL].（2015-07-18）[2018-08-16]. http://finance.sina.com.cn/roll/20150718/060022722820.shtml.

② 王军.突发事件应急管理读本[M].北京：中共中央党校出版社，2009：50.

③ 武西峰，张玉亮.社会安全事件应急管理概论[M].北京：清华大学出版社，2013：146-158.

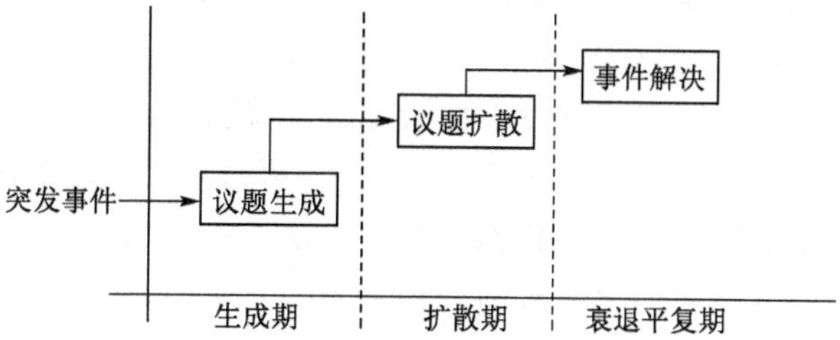

图 3-10　突发网络舆情事件的发生周期

突发网络舆情事件产生的原因主要有：① 对公众突发事件信息获取权淡漠的不良影响；② 体制内正式突发事件信息传递渠道的失语；③ 突发网络舆情事件主体的心理效应；④ 相关不法利益人员及群体的推波助澜。当前，社会正进入一个网络时代，民众权利意识日益觉醒，突发网络舆情事件往往会造成巨大的社会影响。因此，提高政府预防和处置突发网络舆情事件的能力尤为迫切。

三、社会安全事件的特征

社会安全事件属于突发事件的范畴，它具有与自然灾害、事故灾难和公共卫生事件等突发事件的共同特征，即事件的公共利益性和事件消极影响的适度性。同时，社会安全事件也具有自身的独特特征，具体表现在以下几个方面。

（一）事件发生领域的特定性

社会安全事件与自然灾害、事故灾难和公共卫生事件三类突发事件相比，其发生领域具有明显的特定性。社会安全事件主要发生在社会公共安全领域，冲击的是人与人之间形成的社会关系，具有极度的扩张性，直接威胁不特定多数人的人身和财产安全。这些发生领域主要有：一是涉及不特定人生命、健康、财产安全的领域；二是涉及多数人的生命、健康、财产安全的领域；三是涉及重大公私财产安全的领域；四是涉及重大生产安全的领域；五是涉及公共生活安宁的领域；六是涉及重大公共利益安全的领域。而其他三类突发事件的发生领域则不一样：自然灾害是发生在自然界的各种灾害，例如地震、洪水灾害、干旱导致的火灾；事故灾难发生在社会安全领域，冲击的是国家安全生产制度，例如矿山安全事故、交通事故、危险化学品事故等；社会安全事件的社会性，使事件本身可能引起公众的高度关注，或者对公共利益产生较大消极负面影响，危及公共安全、损害公共财产和广大民众的私有财产，甚至严重破坏正常的社会秩序。①

（二）事件引发因素的人为性

社会安全事件是由于人的原因直接引发的，表现出很强的人为性。②

其一，人为的故意或恶意直接导致社会安全事件。突发事件的发生源自两个方面的因素，即自然因素和人为因素。其中自然灾害、事故灾难以及公共卫生事件是由自然原因、人为原因或者二者交互作用的原因造成的，而社会安全事件则完全是人为因素造成

① 周定平．社会安全事件特征的比较分析[J]．北京人民警察学院学报，2008(2)：47-49．

② 同①．

的。社会安全事件引发的直接原因是非自然的因素，是人为的，甚至是故意（恶意）造成的。这里的故意既包括直接的故意，也包括间接的故意。

其二，人为处置不当导致其他突发事件衍生、次生的社会安全事件。社会安全事件的引发因素除了上述原因以外，还应当包括自然灾害、事故灾难、公共卫生事件衍生或次生的动乱、暴乱等社会安全事件人为处置不当因素。这里的人为处置不当，既非故意更非恶意，而是因疏忽大意等方面的因素导致的处置不当。

（三）社会安全事件具有复杂的政治因素

社会安全事件与其他三类突发事件相比，具有明显的政治因素。自然灾害是自然界由于自然力的作用发生的超乎人的掌控能力的事件，其原因不在于"人"，其发生机理与人的意志无关，与政治形态和社会制度无关，没有任何政治色彩。事故灾难发生的原因可能有"人"的因素，但主要是行为人违反安全操作规程，没有尽到安全义务而造成的。行为人主观上没有恶意制造事件的目的，更谈不上对现行社会状态不满甚至攻击社会制度等政治色彩。自人类产生以来，就不断地同各种疾病做斗争。因此，公共卫生事件始终伴随人类发展，其发生和传播也不区分政治制度。而社会安全事件则具有明显的政治色彩。群体性事件虽然在性质上属于人民内部矛盾，但也具有政治色彩。例如，一些作风粗暴、伤害群众感情、执法办事不公、行政不作为或乱作为等行为导致群众不满，加之群体利益关切得不到关注，利益表达渠道不通畅，使得内心的愤恨不断累积，最终一些小事成为导火索，爆发并演变成群体性事件。恐怖主义主要通过对无辜平民采取暴力手段，以此向政府宣誓，来达到一定的政治目的。因此，恐怖主义活动具有很明显的政治色彩。[①]

（四）社会安全事件发生的预谋性

社会安全事件的发生往往经历了一个行为人事先预谋、策划，或者从量变到质变的过程。这一特性表现在以下几个方面：一是社会安全事件爆发之前往往要经历一个缓慢而平静的积累过程，急速爆发只是一个缓慢积累的结果。社会安全事件的发生并不像其他突发事件那样突如其来。二是有些社会安全事件则是社会结构、经济结构、法律结构失衡所致，经历了一个从量变到质变的过程，例如恐怖活动。社会安全事件的发生不可能是无缘无故的，而是存在着复杂的因果联系，或者是一因一果，例如社会动乱；或者是一因多果，例如政府管理不妥。三是尽管对于社会安全事件的受害者，或者对于政府或公众而言，社会安全事件的发生始料未及，但对于引发者而言并非出乎意料。例如，各种重大刑事案件所致的社会安全事件对于作案者而言显然是意料之中的。因此，社会安全事件表现出来的"出乎意料"，主要是从防治者的角度而言的。就引发社会安全事件的主体而言，则是经历了一个预谋、策划或者从量变到质变的过程。

四、社会安全事件的危害

社会安全事件本身就具有高度的危害性，不仅会危害社会稳定，干扰社会秩序，还会挑战国家治理能力，影响治理效果，并影响国家安全。

---

① 武西峰，张玉亮．社会安全事件应急管理概论[M]．北京：清华大学出版社，2013：5-6.

（一）危害社会稳定、干扰社会秩序

社会安全事件往往具有较强的社会性和对社会的危害性。主要表现在：第一，事件对社会治安秩序和公民生命财产安全构成严重威胁或者损害。第二，事件超越个案和局部地点，其影响范围足以达到所谓"社会性"或"公共性"的程度。公共与个人、私人相对，是属于全社会的、公众共同所有或使用的。这里的社会性或公共性表现在事件本身可能引起公众的高度关注，或者对公共利益产生较大消极负面影响，例如危及公共安全、损害公共财产和广大民众的私有财产，甚至严重破坏正常的社会秩序。一方面，社会安全事件通过损害公共财产、危及公共安全、破坏公共秩序等方式，对过去的稳定状态构成现实的威胁或损害。另一方面，社会安全事件在其发展过程中会引起一连串的相关反应。社会安全事件引发的一连串相关反应，一些学者称之为涟漪反应或连锁反应。这些连锁反应常常会对公众的心理造成较大的伤害和负面影响，可能使事件本身进一步恶化、扩散，干扰社会秩序。

（二）挑战国家治理能力，影响治理效果

对于"治理"，不同背景下有不同的解释，但都强调治理的理想状态是充分发挥国家、公民社会和市场等诸多主体的作用，实现一种均衡的理想状态。保证社会安全，即保障社会公众享有安全和谐的生活与工作环境以及良好的社会秩序等状态，包括社会治安、交通安全、生活安全以及生产安全，这是评价国家治理效果的重要指标。社会安全事件通过危害社会稳定，干扰社会秩序，对稳定的社会状态构成现实的威胁或损害；并且在事件发展过程中可能引起一连串的相关反应，导致社会不安全。社会安全事件严重影响社会治理的效果，破坏了充分发挥国家、公民社会和市场等诸多主体作用的这样一种均衡状态，挑战国家治理能力，影响国家治理和社会治理效果。

（三）影响国家安全

社会安全与国家安全是不同的两个问题。通常来讲，国家安全是指任何影响到政权稳定和统治持续的威胁或危险，带有强烈的政治意义。社会安全则是指全社会各个群体避免伤害的能力和机制，体现为普通的法律保护。二者的根本区别是主体的不同，国家安全的主体是统治集团，社会安全的主体是普通的社会成员和群体。但是在现代社会中，一方面现代国家与现代社会相互渗透，联系紧密。影响社会安全的因素必然会直接或间接地影响到国家安全，而影响国家安全的因素也必然是通过对社会的冲击而发挥作用。另一方面现代国家的合法性来自社会的认同和支持。一旦社会出现不安全因素，如果国家治理不力，就有可能引发社会成员和群体对国家的不满甚至抵抗，从而使社会不安全转变成国家不安全。

因此，社会安全不仅是保障社会稳定、和谐、繁荣的基石，而且是保障国家安全的一个基础。中国政府历来重视社会安全，在社会安全治理上也取得了令世界瞩目的成就。当前，世界范围内越来越多的人认为中国是世界上最安全的国家之一。尽管如此，现代社会的高度不确定性、风险性和复杂性，仍然是中国社会安全治理和国家安全治理的巨大挑战。

特别提示

本章简要回顾和总结了国内外公共安全管理内容的研究现状，界定了本书中公共安全管理的研究内容，即自然灾害、事故灾难、公共卫生事件和社会安全事件等四类突发事件，并分别对这四类突发事件的基本概念、分类与分级、特征和危害进行了详细的介绍和分析。

自然灾害是指由于自然现象的突变而给人类的生命、财产及其赖以生存的资源和环境造成威胁和损坏的事件。从不同的角度出发，自然灾害可以有不同的分类方法，根据《国家突发公共事件总体应急预案》，自然灾害主要包括水旱灾害、气象灾害、地震灾害、地质灾害、海洋灾害、生物灾害和森林草原火灾等七类。自然灾害的基本特征有：区域性与不均衡性、突发性与缓发性、群发性与链发性、社会性与易损性。

事故灾难是指是在人们生产、生活过程中发生的，直接由人的生产、生活活动引起的，造成特别重大人身伤亡或者巨大经济损失，性质特别严重，产生重大影响的事故。事故灾难的类别主要包括矿山安全事故、危险化学品事故、核及放射事故、交通事故、火灾事故、公共场所意外事故等六大类。事故灾难一般具有因果性、偶然性、潜伏性等基本特征。

突发公共卫生事件是指突然发生、造成或者可能造成社会公众健康严重受损的重大传染病疫情、群体性不明原因疾病、重大食物和职业中毒以及其他严重影响公众健康的事件。突发公共卫生事件的基本类别包括重大传染病疫情，群体性不明原因疾病，重大食物中毒和职业中毒事件，新发传染性疾病，群体性预防接种反应和群体性药物反应，重大环境污染事件，生物、化学、核辐射恐怖事件，自然灾害引发的突发公共卫生事件等八大类。突发公共卫生事件一般具有突发性和影响的广泛性、群体性和社会危害性、不确定性和处理的复杂性等特征。

社会安全事件指发生在社会安全领域，各种人为因素导致的，危及社会安全、社会发展的，需要由政府及相关部门采取紧急措施予以处置的重大事件。社会安全事件主要包括群体性事件、恐怖袭击事件、经济安全事件、涉外事件和突发网络舆情事件等五大类。社会安全事件的基本特征有：事件发生领域的特定性、事件引发因素的人为性、事件发生的预谋性及明显的政治色彩性。

由于突发事件本身的突发性、损坏性和危害性，往往会严重危害生命安全，造成巨大经济损失，破坏生态环境，扰乱社会秩序，影响社会稳定，加之人们处在一个高度不确定、高度复杂的现代风险社会，因此公共安全的各个领域都面临着巨大挑战和威胁。为了有效减少和规避公共安全管理中各类突发事件造成的生命财产损失和各类危害，有必要进一步加强对突发事件相关领域的研究。

同步思考题

1. 论述国内外公共安全管理内容的研究现状。
2. 简述四类突发公共安全事件的类别和概念。
3. 简述自然灾害的分类及特征。
4. 简述事故灾难的分类、特征及其致因理论。
5. 简述公共卫生事件的分类及特征。

6. 简述社会安全事件的分类、特征及危害。

延伸阅读书目

[1] 战俊红,张晓辉. 中国公共安全管理概论[M]. 北京:当代中国出版社,2007.
[2] 夏保成,张平吾. 公共安全管理概论[M]. 北京:当代中国出版社,2011.
[3] 张海波. 公共安全管理:整合与重构[M]. 北京:生活·读书·新知三联书店,2012.
[4] 张乃平,夏东海. 自然灾害应急管理[M]. 北京:中国经济出版社,2009.
[5] 于殿宝,唐紫荣. 事故学概论:事故研究与应急管理[M]. 北京:煤炭工业出版社,2011.
[6] 伍岳琦,林锦炎. 突发公共事件卫生应急管理[M]. 广州:中山大学出版社,2008.
[7] 武西峰,张玉亮. 社会安全事件应急管理概论[M]. 北京:清华大学出版社,2013.

CHAPTER 4

第四章

公共安全管理组织

学习目标

1. 掌握公共安全管理组织的定义及内涵。
2. 了解公共安全管理的组织体系。
3. 明确政府组织、非政府组织的职责、任务及工作范畴。
4. 掌握现阶段公共安全管理组织面临的问题及对策。

案例引入

2008年汶川大地震

2008年5月12日14时28分，四川省汶川县发生里氏8.0级特大地震，8万多同胞失去生命，数百万人失去家园。这是中华人民共和国成立以来破坏力最大的地震，也是唐山大地震后伤亡最严重的一次地震。据民政部报告，截至2008年9月25日12时，四川汶川地震已确认有69 227人遇难，374 644人受伤，17 923人失踪。截至2008年9月4日，汶川地震造成直接经济损失8 452亿元人民币。

我国公共安全管理体制的相关建设起步较晚。2006年1月国务院发布实施《国家突发公共事件总体应急预案》，为公共安全组织的有序建立打下了法律基础。同年2月，隶属于国务院安全生产委员会办公室领导下的国家安全生产应急救援指挥中心成立，成立短短两年就发生了如此巨大的自然灾害，对于该中心而言无疑是一场严峻的考验：如何让公共安全组织各部门有效组织起来，在全社会广泛动员、协调运作，在尽可能短的时间内进行大量的人员救治及疾病防控、次生灾害预防等工作。此次抗震救灾行动为未来中国灾害管理体系、全面实施自然灾害发生相关的灾害管理系统提供了现实样本。

地震发生后中央政府做到了快速反应，国家地震局迅速发布了正式的地震消息，胡锦涛随即作出批示，温家宝第一时间奔赴抗震救灾前线，抗震救灾总指挥部宣布成立，国家减灾委员会启动二级响应，军队也在第一时间启动了应急预案。5月12日晚中共中央政治局常委召开紧急会议研究部署抗震救灾工作，专业救援队伍也于当晚迅速抵达受灾地区。

与此同时，在政府的统筹下，各类媒体对有关地震震情、灾情、救灾行动进行跟踪报道，国务院新闻办每天都针对地震灾情及救援情况举行新闻发布会，四川省政府也举行多场新闻发布会。新闻媒体在整个抗震救灾中发挥了极大的辅助作用，中央及地方的广播电台、电视台全天候直播抗震救灾的最新进展，其他平面媒体、网络媒体等也都高度关注并及时报道有关灾害和救灾的信息，连续数日跟进报道灾区情况，同时还开放了境外媒体及时赴灾区参与报道。信息的充分、透明、共享，既把灾后的各种谣言传播限制在最小的范围内，也起到了在全国和全世界范围自发的信息动员作用，有利于调动各方共同参与救灾行动。

此次地震灾害中，各项工作千头万绪、纷繁复杂，各相关部门本着“以人为本”的指导思想，坚持把保护灾区人民的生命财产安全放在第一位，在中央政府的直接领导下，高效决策、整合各方有利资源积极进行灾害救助及后期援建。各部门在统一思想指导下，步调一致地迅速推进各项救灾系统内容及环节的实施，包括议程设置、能力建设、资源调动和政策执行等。在此过程中，全社会充分调动起来，共同应对灾难，政府机关、私营企业、民间组织等社会各层都作出了积极响应，各方组织出于自身的立场均在此次救灾活动中贡献出一分力量，为灾后重建打下了良好的基础。5 月 18 日晚，由中宣部、中央外宣办、文化部等多家单位共同主办的“爱的奉献——2008 抗震救灾大型募捐活动”在央视播出。此次募捐活动中，部分公司企业和个人纷纷慷慨解囊。四川省政府 2010 年 2 月的一则公告显示，截至 2009 年 9 月 30 日，全省共接收捐赠资金 201.95 亿元，其中：中央各部门、全国性基金会等拨入 55.64 亿元；四川省本省募集 96.96 亿元；外省拨入 49.35 亿元。

但是，在灾后重建方面也存在一些有待提高的地方。例如，专门为重建家园而设立的公共援助经费不足，当地社区的灾后处理能力较低，民间组织和志愿者对地震的重建工作的参与和持续性不足等。因此，建立起科学的具有可持续发展能力的公共安全管理组织体系，不仅需要政府的引领和主导，更需要调动一切其他组织的能力和智慧，形成全社会同防共治的局面，共度灾害。

（资料来源 《汶川地震十周年 见证众人的力量》，载人民网，http://gongyi.people.com.cn/n1/2018/0515/c151132-29991024.html）

第一节 公共安全管理组织概述

21 世纪以来，伴随着社会生产力的高速发展，人类进入信息化时代，科技的迅猛更新带来的各种新鲜事物层出不穷；但同时某些民族文化的碰撞与地区冲突战乱时有发生，环境的恶化所带来的自然灾害及公共安全问题也频频发生，对经济发展、社会民生、政府治理都造成了巨大影响。公共安全管理范围的不断外延及其造成的严重后果，使得世界各国对公共安全管理的组织建构与完善非常重视，以期有效应对不期而遇的各种公共安全问题。

一、公共安全管理组织的概念及内涵

随着社会变迁及管理形态的发展，管理的概念不仅有广义和狭义的区分，而且还因时代、社会制度和专业的不同，产生不同的定义与解释，使管理概念存在着多样化。一般而言，管理是指一个组织的各级管理者或全体成员在执行计划、组织、领导、指挥、协调、控制

和创新等基本职能的过程中，通过优化配置和协调，使用以人为中心的各种可能资源与活动，从而有效地实现组织目标的活动或过程。①

名词性的“组织”一词是指一种人类社会最普遍的聚合现象，就像俗话所说的“物以类聚，人以群分”那样，组织是人类群体社会进化的产物。它是指在一定的社会环境中，人们通过相互交往而形成的具有共同心理意识，并为了实现某一特定目标而按一定的方式联合起来的有机整体。② 组织往往会具有一定的共性：① 组织是人们在相互交往中形成的一定行为关系的集合。② 组织有着某种特定的目标。③ 组织有一定的结构和行为方式。④ 组织有其内在的精神意识。这种精神意识并非自发形成，而是有意养成的，最终系统化为组织文化。⑤ 组织是一个开放系统，随着组织环境的变化而有机发展。

从人类心理需求层次来看，对于人类群体来说，公共安全是人类最重要的社会发展需求。自有历史记载以来，人类不断面临各种自然或人为的灾害，阻碍着社会的发展及人类自身的进步，人们不得不动用各种手段和力量与灾难做斗争。可以说，人类发展史就是一部不断与灾难进行抗争的历史。尤其是国家形成以后，国家具有组织人民抵御灾害的职责。从这个视角来看，可以说公共安全管理是一门具有深厚历史的学问，公共安全管理组织也是一个国家得以发展兴盛的重要组成部分。

公共安全管理组织是指针对公共安全需求的维护与保障而建立的相关管理机构及组织。它是公共安全管理的权力机关和主要行动的组织实施者，也是公共安全管理得以有序运转的基本单位。它既包括政府层面的组织，也包括非政府层面的组织，是一个复杂的社会多元体系，也是公共安全管理目标得以实现的基本途径。对公共安全管理组织的研究，有助于公共安全相关政策及措施的有效执行，也是社会应急处理或公共安全事件得到及时解决的有力保障。

二、公共安全管理组织的分类与职责

公共安全管理的主体是公共安全政策的制定者、指令的发出者和主要行动的组织实施者，不仅包括政府及其部门也包括其他主体，例如非政府组织、社会团体等，各种公共安全管理主体在公共领域中各司其职、各展其长，发挥着重要的作用。由于参与公共安全管理的部门较多，为进一步厘清各单位或各类组织之间的相互关系，表 4-1 按不同标准对公共安全管理组织进行了分类。

表 4-1　　公共安全管理组织的分类

分类标准	按主管单位或部门	按权属性质	按规模大小
分类结果	政府组织	政府行政组织	政府组织
	非政府组织	社会组织	社会团体
		公共企业	社区组织
		部分介于几者之间的组织（例如医院等紧急救助机构）	个人志愿者团队

① 夏保成，张平吾．公共安全管理概论[M]．北京：当代中国出版社，2011：2-3.

② 陈振明．公共管理学[M]．北京：中国人民大学出版社，2003：41.

从表 4-1 中可以看出，按不同标准分类时，在公共安全管理中政府组织始终是相对于其他组织具有自身固定属性的一种组织，是公共安全管理的权力机关和主要行动的组织者及实施者。① 政府组织主要的运行方式是在各级政府的统筹规划下，依据中央和地方权责划分进行行政决策，其主要资金来源依赖于中央或地方政府财政支出，其首要任务是维护国家安全、保障公民的生命财产安全、维护法纪执行，除此之外，还包括维护日常社会生产和生活秩序。总体而言，政府组织是管理内容最多样化的公共安全管理组织。

非政府组织的一般定义为：虽不具有政府所拥有的社会行政管辖权，但以提供公共物品与服务为主要目的，由一定的社会成员自愿组成、具有稳定的组织形式和法律地位、独立于政府和企业运作、不以营利为目的的组织。

参与公共安全管理的非政府组织从功能上讲，分为两类，一类是以慈善和人道主义事业为主要宗旨的常设组织，包含一些宗教的组织，比较著名的有国际红十字会、红新月会等，以及这些组织在各个国家的分支机构。参与公共安全管理事务只是这类组织的部分职责，一般其主要的关注点在于灾害发生后的救治援助活动。另一类是专门的以公共安全管理为主的组织，比如相关的志愿者组织、美国的社区紧急事态应对小组等。它们与国家的公共安全管理部门密切配合，参与管理的若干阶段，甚至参与全部过程。这两类非政府组织虽然没有政府职能部门的权力，但它们被相关国家纳入了公共安全管理体系，承担了部分管理职能。因此，它们是国家公共安全管理工作的重要参加者和组成部分。

除此之外，还有一些机构和协会，比如由 25 个亚洲成员国共同组成的位于日本神户的亚洲灾难减除中心（Asian Disaster Reduction Center）、世界气象信息服务中心（World Weather Information Service）、国际紧急事态管理协会（International Emergence Management Society）等。它们虽然涉及紧急事态管理的某一方面，但不具备管理的职能，不是权力的发出者，②主要起到协助各国政府组织进行相关灾害预防及减除工作的作用。

由于非政府组织的正常运行凭借的是志愿精神和公众的认同，而不是行政权力，因此同政府组织比起来非政府组织具有与社会公众联系紧密的优势。同时，非政府组织比政府组织更富有灵活性和创造性，在专业技术、社会动员、灵活能动、组织机制等方面更具有优势。从供给角度讲，非政府组织完全可以在公共安全保障与公共事件应对上发挥其重要作用。

政府组织与非政府组织的比较见表 4-2。

表 4-2　　政府组织与非政府组织的比较

比较内容	政府组织	非政府组织
应急目标	① 保障公民的生命财产安全 ② 维护法纪 ③ 维护社会秩序 ④ 维护国家安全	保障受灾人群的基本权利
中立性	如果政府作为冲突一方，则很难保持中立性	一般而言保持中立，并按实际需要提供援助

① 夏保成. 美国公共安全管理导论[M]. 北京：当代中国出版社，2006：27.
② 同①55.

续表 4-2

比较内容	政府组织	非政府组织
行政决策过程	视中央和地方权责划分而定	在问责与效率之间寻求平衡，强调独立志愿人员的参与
资源调动	从政府财政支出	部分机构有储备的资源可做周转，但一般也需要尽快筹集、募捐专项资金
应急手段	运用行政命令、指示、规定等强制性手段，甚至在极端情况下可以借助军警等暴力工具	① 人员派遣 ② 物质援助 ③ 募集资金 ④ 心理援助
工作范围	管辖区域	视本身网络、政策、资源而定，一般比政府的工作范围小得多
优点	① 事权集中，统一计划和指挥，易于统筹全局，发挥组织的整体作用 ② 各个部门分工负责，使各个层级的行政首长能够集中精力考虑全局的大问题 ③ 易于沟通协调，步调一致，提高效率 ④ 行动迅速，能及时地根据事发情况作出决策，就地组织实施，并有利于监督控制 ⑤ 各层级行政首长负责全面管理工作，有利于培养综合型的行收管理人才	① 弥补政府组织不足，促进社会公平和稳定 ② 对社会资源进行合理、公正、高效率分配 ③ 加强成员彼此之间的沟通 ④ 具有较强目标性与高志愿性
缺点	① 权责关系复杂，容易造成部门间相互推诿和扯皮 ② 各层级行政首长管辖事务过多，责重事烦，难于事事精通 ③ 上级任务繁杂，缺乏专业分工，往往顾此失彼 ④ 容易导致信息传递失真，难以直接有效地实现组织目标	① 经费、资源获取困难 ② 组织内部制度性、规范性不足 ③ 缺乏自主性、独立性，对政府组织依赖较大 ④ 专业能力、管理能力相对欠缺

第二节　我国公共安全管理政府组织

政府组织包括参与公共安全管理的各级政府及其部门和机构，它们是公共安全管理的权力部门，也是主要的管理实施部门。在现代国家制度中，公共安全管理是现代政府的主要职责之一。保障公共安全，是政府履行管理和服务职能的重要内容。在应对各种公共事件的过程中政府是主要领导者和组织者，是保障公共安全最重要的力量，是主导作用的发挥者。

一、组织结构分类

政府专职的公共安全管理机构是否健全，参与公共安全管理的部门其管理职责是否到位，是决定政府对各类公共安全管理事件的管理效率和效果的关键所在。[①] 我国政府

① 夏保成. 美国公共安全管理导论[M]. 北京：当代中国出版社，2006：27.

实施公共安全管理的常设机构大致可分为四类。

（一）领导机构

《突发事件应对法》规定：突发事件发生后，在中央由国务院，在地方由各级人民政府统一负责各类突发事件的应对。国务院是突发公共应急管理工作的最高行政领导机构。在国务院总理领导下，国务院常务会议和国家相关突发公共事件应急指挥机构，负责突发公共事件的应急管理工作；必要时，可派出国务院工作组指导有关工作。根据突发事件的响应程度，国务院只需要对特别重大或需要其协调的重大突发事件作出应急响应，其他级别的突发事件则由地方政府按照“属地管理为主”的原则来进行应对。

（二）职能机构

公共安全管理的职能机构是指依据有关法律、行政法规和各自职责，负责相关类别突发公共事件应急管理工作的专业性或兼营性部门，例如除水利、气象、地震、民政、安监等部门外，卫生、公安、外交乃至人民银行等金融部门都被赋予突发事件应急管理的职责。2018 年我国应急管理部成立。它将国家安全生产监督管理总局的职责，国务院办公厅的应急管理职责，公安部的消防管理职责，民政部的救灾职责，国土资源部的地质灾害防治职责、水利部的水旱灾害防治职责、农业部的草原防火职责、国家林业局的森林防火相关职责，中国地震局的震灾应急救援职责以及国家防汛抗旱总指挥部、国家减灾委员会、国务院抗震救灾指挥部、国家森林防火指挥部的职责整合于一身。公安消防部队、武警森林部队转制后，与安全生产等应急救援队伍一并作为综合性常备应急骨干力量，由应急管理部管理，实行专门管理和政策保障。中国地震局、国家煤矿安全监察局划由应急管理部管理。

（三）议事协调机构

在自然灾害领域，中央层面由国家减灾委员会、国家防汛抗旱总指挥部、国务院抗震救灾指挥部等部门议事协调机构负责全国灾害管理的协调组织工作，分别对应承担日常具体工作的民政部、水利部和国家地震局等三个部门的行政职能。现在这三个部门的职责已整合进应急管理部，仍然承担着研究制定国家减灾工作的方针、政策和规划，协调开展重大减灾活动，指导地方开展减灾工作，推进减灾国际交流与合作等职能。在社会安全领域，1991 年国家成立了中央社会治安综合治理委员会，1998 年成立了中央维护稳定工作领导小组办公室，对口公安部的职责。2018 年 3 月，根据中共中央印发的《深化党和国家机构改革方案》，上述两个部门的职责都交由中央政法委员会承担。在安全生产领域，2003 年成立现并入应急管理部的国务院安全生产委员会，主要负责研究并提出安全生产重大方针政策和重要措施的建议；监督检查、指导协调国务院有关部门和各省、自治区、直辖市人民政府的安全生产工作；组织国务院安全生产大检查和专项督查；参与研究有关部门在产业政策、资金投入、科技发展等工作中涉及安全生产的相关工作；负责组织国务院特别重大事故调查处理和办理结案工作；组织协调特别重大事故应急救援工作；指导协调全国安全生产行政执法工作；承办国务院安全生产委员会召开的会议和重要活动，督促、检查国务院安全生产委员会会议决定事项的贯彻落实情况等。2013 年成立的中央国家安全委员会作为中共中央关于国家安全工作的决策和议事协调机构，统筹协调涉及国家安全的重大事项和重要工作。在卫生安全领域，2018 年 3 月 27 日新组建的国家卫生健康委员会正式挂牌。

（四）咨询机构

国家减灾委员会下设国家减灾委员会专家委员会，为我国的减灾工作提供政策咨询、理论指导、技术支持和科学研究。与此同时，全国各级政府也相应组建应急管理专家队伍，进一步发挥专家在应急管理体系建设和突发公共事件防范、处置过程中的决策咨询和技术指导作用。这些咨询机构加强了应急管理重大理论和技术研究工作。

二、组织发展历程

自 1949 年以来，我国应对危机的范围从以自然灾害为主逐渐扩大到覆盖自然灾害、重大疫情、生产事故和社会危机等四个方面。与此相应，我国公共安全管理组织系统的发展也经历了三个阶段：即第一代应急管理系统、第二代应急管理系统和应急管理部的成立。

（一）第一代应急管理系统（1949—2003 年）

实际上，从 1949 年中华人民共和国成立到 2003 年 SARS 事件之前，官方文献、理论研究和媒体报道都极少使用“应急管理”这一概念表述。对这一时期的相关实践更准确的表述是“灾害管理”。这一时期，灾害种类相对比较单一，主要是洪涝、地震等自然灾害，以及肺结核、鼠疫、血吸虫等公共卫生事件，形成了以“条条管理”为主的单一灾害管理。1950 年 2 月，中央救灾委员会成立，参加的委员单位有政法委员会、内务部、财经委员会、财政部、农业部、水利部、铁道部、交通部、食品工业部、贸易部、合作事业管理局、卫生部、全国妇联等 13 个机构。此后，相继建立了地震、水利和气象等专业性或兼营性部门，负责职能管辖范围内的灾害预防和抢险救灾，整个社会生产服从于中央计划安排。在这样的整体背景下，中央政府是救灾的唯一责任主体，形成了“全国找中央”的防灾救灾局面。同时，政府强调人民群众的力量，提倡生产领域中的灾害自救与互救。改革开放以后，除了传统的自然灾害以外，伴随工业化和城市化进程的工业、交通等领域的事故和社会群体性事件开始大量出现：公路、民航和铁路领域的交通事故数量直线上升，以国有企业改革和土地拆迁为诱因的社会群体性事件成为影响社会安定团结的主要因素，突发事件的破坏力增大。在自然灾害领域，中央层面由国家减灾委员会、国家防汛抗旱总指挥部、国务院抗震救灾指挥部等部门议事协调机构负责全国灾害管理的协调组织工作，分别对应承担日常具体工作的民政部、水利部和国家地震局的行政职能。1992 年，邓小平视察南方谈话之后，国家经济发展速度进一步加快，引发的社会问题也凸显出来。面对新兴领域风险加剧的现实，1992 年国家成立了中央社会治安综合治理委员会，1998 年成立了中央维护稳定工作领导小组办公室，对口公安部的职责。2003 年国务院机构改革中，安全生产监管局从国家经贸委中独立出来，成为国务院直属机构；同时成立国务院安全生产委员会，对口原安全监管局。一系列应急管理体制中的安全管理体系与部门间议事协调机构分别对口专业部门的调整及制度安排，成为这个时期的一个明显特点。

这一阶段应急管理行政体制的特征：一是不完整的单部门负责制。例如，水利部门主要负责洪涝灾害的防范和应对，气象部门主要负责气象灾害的预报和监测，地震部门主要负责地震灾害的预报和监测，民政部门主要负责灾后的生活救助，安监部门主要负责安全生产事故的预防、救援和调查。这里所说的“不完整”，主要是指灾害管理在制度上缺乏整体设计，仅对洪水和地震的管理相对成熟。二是临时性指挥部机制。在国家层面，主要有三大临时性指挥部,即国家防汛抗旱总指挥部、国务院抗震救灾指挥部和国家森林防火指挥部。这些指挥部的设立可以在一定程度上弥补单部门负责制的缺陷,提升防汛抗旱、抗震救灾和森林灭火中对多部门进行协调的能力。三是外生性减灾机制。在联合国"国际减灾十年"活动的倡导下,中国也成立了"国际减灾十年"委员会,并在"国际减灾十年"活动结束之后更名为中国国际减灾委员会,2005 年更名为国家减灾委员会(简称"国家减灾委")。可见,在 2003 年 SARS 事件之前,中央政府已开始重视防灾减灾,然而由于地方政府缺乏内生动力,防灾减灾的效果并不理想。四是重大自然灾害的中央"兜底"机制。这一时期地方政府在自然灾害管理中责任模糊,相应的机构设置也不健全。一旦发生重大自然灾害,救灾主要依靠中央"兜底",地方政府缺乏开展防灾减灾的动力。

随着中国社会在经济系统、工业结构、社会结构、治理体系等领域的巨大转变,各种公共突发事件、自然灾害、公共卫生事件、生产和安全方面的事故不断增加,第一代应急管理系统应对这些突发事件的方法和体制已经不那么有效了,有的甚至已经失灵。2003 年的 SARS 事件就很明显地反映出了第一代应急管理系统的薄弱环节:首先,风险意识不强,而且反应不够迅速;其次,政治动员的能力很强,但社会组织能力相对来说不足;第三,不同的部门、不同地方之间缺乏协调,综合协调能力不够。最后,沟通交流方面,信息公开的步伐迈得还不够大。因此,我国开始构建第二代应急管理系统。

(二)第二代应急管理系统(2004—2018 年 2 月)

2003 年 SARS 事件之后,党和国家领导高度重视应急体系建设,依托政府应急管理办事机构、议事协调机构和联席会议制度建立起应急协调机制。同时,国家安全生产行政管理体制也逐步理顺。经过几年自上而下的持续努力,形成了以"一案三制"为代表的第二代应急管理系统。"一案"为预案,"三制"是指"法制、体制和机制"。在组织方面,2005 年,国家安全生产监督管理局升格为国家安全生产监督管理总局,规格为正部级。2006 年,国务院办公厅设国务院应急管理办公室,履行值守应急、信息汇总和综合协调职责,发挥运转枢纽作用。国务院应急管理办公室的成立,是我国应急管理体制的重要转折点,是综合性应急管理体制形成的重要标志。从 2006 年 5 月开始,各省、自治区、直辖市人民政府以及各县级以上人民政府按照国务院应急管理办公室的模式,相继建立了各地的应急管理办公厅(室)。到 2006 年年底以前,县级以上政府应急管理工作全面展开。

国务院各部门和各级地方政府作为突发事件应急管理工作的行政主体,按照行业管理职责和区域管理职责开展工作,国务院应急办统一负责协调和信息汇总。遇到重大突发事件,启动非常设指挥机构,或者成立临时性指挥机构,由国务院分管领导任总指挥,国务院有关部门参加。国务院应急管理办公室服务于国务院,领导应急响应和决策工作。国务院应急管理办公室不取代各有关部门的应急管理职责,民政、公安、国土、环境、水利、安监等各有关部门都负有应急管理职责,相应地在各自部门内部设立应急管理机构,负责相关部门突发事件的应急管理工作。国家防汛抗旱、安全生产、海上搜救、森林防火、核应急、减灾、抗震、反恐怖、反劫机等专项指挥机构及其办公室,发挥在相关领域突发事件应急管理中的指挥协调作用。地方各级政府是本行政区域突发事件应急管理的行政领导机构,负责本行政区域各类突发事件的应对工作;地方各级政府办公厅(室)和相关部门相应履行应急管理办事机构、工作机构的职责。

与此同时,全国应急管理专家队伍正式成立。组织各地区、各有关部门推荐应急管理专家人选，遴选33个领域的40多名专家正式成立了应急管理专家组。制定了专家组工作规则，明确了工作重点，进一步发挥专家在应急管理体系建设和突发公共事件防范、处置过程中的决策咨询和技术指导作用，加强了应急管理重大理论和技术研究工作。

党的十八大以来，新一代领导集体提出了国家治理体系和治理能力现代化的战略目标。国家开始重构应急管理体系，建立国家安全委员会，修订国家应急预案，各级党委书记成为第一责任人，实行党政同责的管理制度。

第二代应急管理系统的主要特点是综合化管理。其主要特征为：一是相对完整的事前单部门负责制。在第一代应急管理系统的基础上，单部门负责制的适用范围扩大。除水利、气象、地震、民政、安监等部门外，卫生、公安、外交乃至人民银行等金融部门都被赋予突发事件应急管理的职责，从而形成了相对完整的分类管理体系。这里所说的“事前”，主要是指在突发事件发生之前。分类管理部门需要在突发事件发生之前做好预防和准备工作。二是高度统一的事后政府负责制。依据《突发事件应对法》的规定，突发事件发生之后，在中央由国务院，在地方由各级人民政府统一负责各类突发事件的应对。三是附属式综合协调机制。为加强突发事件应急响应中对不同职能部门的协调，通常由各级人民政府内设应急管理办公室（简称“应急办”）。这里所说的“附属式”，主要是指应急管理办公室在行政层级上低于相关职能部门，只能依托各级人民政府的行政权威才能有效开展协调工作。因此，在实践中，应急管理办公室的主要职能是应急值守，综合协调职能发挥得并不充分。四是属地化的“责任下沉”机制。突发事件按照一些主客观指标被划分为四个等级，响应主体分别对应于国务院、省（直辖市）、市（区）、县各级人民政府，国务院只需要对特别重大或需要其协调的重大突发事件作出应急响应，其他级别的突发事件则由地方政府按照“属地管理为主”的原则来进行应对。

随着我国突发事件不断表现出复合型的特点，第二代应急管理系统不断暴露出综合协调难的特点，并逐步演化为阻碍社会经济发展的突出问题。因此，总体国家安全观的提出深化了对应急管理的认识，强调以整体的、全面的、联系的、系统的观点来思考和把握国家安全问题，以健全集中统一、高效权威的国家安全体制和构建立体化的公共安全网为目标。2016年10月，中央全面深化改革领导小组第二十八次会议审议通过的《关于推进防灾减灾救灾体制机制改革的意见》，明确提出：坚持以防为主、防抗救结合，坚持常态减灾与非常态救灾统一，实现从强调灾后救助向注重灾前预防转变、从应对单一灾种向综合减灾转变、从减少灾害损失向减轻灾害风险转变。2016年12月，《中共中央国务院关于推进防灾减灾救灾体制机制改革的意见》强调统筹灾害管理和综合减灾的改革导向。2018年1月，中共中央办公厅、国务院办公厅印发《关于推进城市安全发展的意见》，要求：健全公共安全体系，打造共建共治共享的城市安全社会治理格局，促进建立以安全生产为基础的综合性、全方位、系统化的城市安全发展体系。党的十九大对我国公共安全和应急管理工作再次作出重要部署，提出：社会治理体制的基本路径是完善党委领导、政府负责、社会协同、公众参与、法治保障，理顺公共安全治理体系与社会治理体系的内在关系，落实党委领导、政府负责的核心思想，体现社会协同、公众参与的整体格局，明确构建全方位、立体化公共安全网的要求。安全生产和自然灾害管理要统筹考虑，树立安全发展理念，弘扬生命至上、安全第一的思想，健全公共安全体系，完善安全生产责任制，坚决遏制重特大安全事故，提升防灾减灾救灾能力。自党的十八大以来，这一系列关于深化改革、国家治理体系、公共安全治理体系等领域内的思想和举措完成了应急管理行政体制改革的顶层设计。

（三）应急管理部的成立（2018年3月至今）

根据2018年3月17日第十三届全国人民代表大会第一次会议批准的国务院机构改革方案，中华人民共和国应急管理部成立。① 3月19日，全国人民代表大会任命王玉普为应急管理部部长。3月22日，中共中央组织部有关负责人宣布中央关于应急管理部领导班子任命的决定，应急管理部实行双首长制，该部党组书记和行政首长由两人分别担任，应急管理部党组书记由黄明担任。② 同年4月18日，新任应急管理部党组书记黄明就应急管理部的职责和定位、组建背景、近期工作重点和改革方向向社会做了解答。至此，一个崭新的国家机构全貌向社会展现。③

应急管理部将国家安全生产监督管理总局的职责，国务院办公厅的应急管理职责，公安部的消防管理职责，民政部的救灾职责，国土资源部的地质灾害防治、水利部的水旱灾害防治、农业部的草原防火、国家林业局的森林防火相关职责，中国地震局的震灾应急救援职责以及国家防汛抗旱总指挥部、国家减灾委员会、国务院抗震救灾指挥部、国家森林防火指挥部的职责整合于一身。

在与地方政府关系方面，按照分级负责的原则，一般性灾害由地方各级政府负责，应急管理部代表中央统一响应支援；发生特别重大灾害时，应急管理部作为指挥部，协助中央指定的负责同志组织应急处置工作，保证政令畅通、指挥有效。应急管理部要处理好防灾和救灾的关系，明确与相关部门和地方各自职责分工，建立协调配合机制。

应急管理部的组建是顺应现代应急管理客观发展需要的崭新实践。现代各国应急管理体系的一个基本特点是管理对象、管理职能、管理过程三个方面各自内部要素的高度统一，我国应急管理部的成立体现了这一要求。一是应急管理对象的统一。由国务院组成部门来统一管理自然灾害和生产事故等公共突发事件，反映出党和政府对于现代复杂系统背景下对风险演化和灾害形式复合型特点的准确认识，即如何应对多因、多果和多形式的公共突发性事件。二是应急管理职能的统一。新组建的应急管理部实现应急管理职能的静态统一和动态统一。新部门整合先前分散在13个部门、机构的应急管理职能，基本完成了自然灾害和事故灾难领域内的全灾种管理的静态职能统一。应急协同职能从议事协调机构、联席会议、政府办事机构到现在的部门综合管理，基本完成了政府应急管理职能从非常态化到常态化的动态职能统一。三是应急管理过程的统一。应急管理部成立后将有助于解决突发事件事前预防准备、事中响应协调、事后恢复善后全过程的相关组织困境。这次改革赋予应急管理部整体规划和指导的全过程应急管理职责；同时，也明确了灾害和事故类公共突发事件的物资准备、预案演练，指挥应对和恢复善后的全过程管理职能。

应急管理部成立之后，应急管理的外延发生了显著的变化，虽仍属于第二代应急管理

---

① 第十三届全国人民代表大会第一次会议关于国务院机构改革方案的决定[EB/OL].(2018-03-17)[2018-05-01]. http://www.gov.cn/xinwen/2018—03/17/content_5275072.htm.

② 应急管理部领导班子任命 王玉普任部长[EB/OL](2018-03-23)[2018-05-01]. http://renshi.people.com.cn/n1/2018/0323/c139617-29884562.html.

③ 丁怡婷.当好守夜人 筑牢安全线：人民日报专访应急管理部党组书记黄明[EB/OL].(2018-04-18)[2018-05-01]. http://www.aqsc.cn/news/201804/18/c69733.html.

系统①,但它将我国的应急管理体系的综合化进行了细分:一是以“一案三制”为核心的应急管理体系;二是以应急管理部为牵头组织的应急管理体系。

第三节 发达国家公共安全管理组织

公共安全管理职能是国家公共管理职能的重要组成部分,是衡量一个国家现代化水平的重要指标。目前,国外关于公共安全管理的组织模式主要有美国模式、日本模式、俄罗斯模式。三种模式各具特色,对加强我国公共安全管理政策研究、推动法律法规优化整合、加大宣传教育培训力度及夯实社会化基础具有重要借鉴意义。

一、美国的公共安全管理行政组织体系

美国是应急管理体制建立较早的国家。其公共安全管理体系由联邦、州和地方政府(市、县、社区)三个层级组成,见图 4-1。

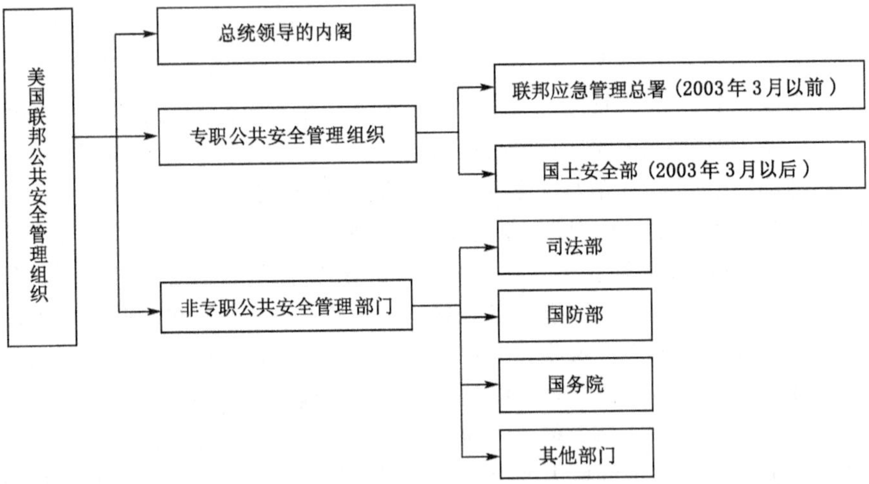

图 4-1 美国联邦公共安全管理组织体系

(一) 联邦政府安全管理组织

在联邦政府层面,应急管理工作主要由国土安全部负责。国土安全部下属的联邦应急管理局是联邦层面应急管理的综合协调机构,负责处理与重大灾害相关的防灾减灾救灾及民防工作;通过全过程应急管理,领导联邦政府各部门共同应对超出各州应对能力的重大自然灾害和火灾爆炸事件,实现保护各种设施、减少人员伤亡、降低财产损失的目标。国土安全部成立于 2002 年,是美国自 1947 年成立国防部以来最大规模的一次政府机构调整。专门负责国内安全及防止恐怖袭击活动。联邦应急管理局成立于 1979 年,2003 年并入国土安全部,其主要负责人由美国总统直接任命。

---

① 张海波.新时代国家应急管理体制机制的创新发展[EB/OL].(2019-04-03)[2019-04-05].http://www.rmlt.com.cn/2019/0403/543751.shtml.

总统是美国最高行政长官和三军总司令，在公共安全管理方面享有最高和最终的决定权。总统公共安全管理权力的行使包括四个方面的内容：① 联邦公共安全管理机构的设置与重组；② 公共安全管理部门主要官员的任命；③ 公共安全管理政策的制定；④ 宣布紧急事态以及实施与此相关的配套措施。

总统宣布紧急事态和重大灾害状态的程序分为七个步骤：① 灾害一发生，受灾州立即同联邦应急管理局的地区办公室接洽；② 若灾害超出州和地方政府的应急能力，受灾州请求联邦应急管理局实施联合初步损失评估；③ 基于评估内容，州长通过联邦应急管理局的大区主任向总统递交宣布该受灾地区紧急事态的申请；④ 联邦应急管理局的大区办公室将事件概述、提出建议及州长申请呈送联邦应急管理局的总部；⑤ 总部高级官员根据这些材料开会，讨论决定给总统的决策建议；⑥ 联邦应急管理局的建议送交白宫审查；⑦ 总统宣布紧急事态、重大灾害状态或拒绝申请。

（二）州政府应急服务办公室

在州及地方政府层面，均设有不同规模的应急管理专门机构，其主要负责人由各州州长及地方政府领导任命。在美国，州一级的公共安全管理机构通常主要负责灾害应对和灾后重建工作。美国有50个州和6个领地设有应急管理部门。这些应急管理部门不仅名称不同，组织机构也不尽相同。除了指派的国民卫队援助（包括其人员、技术、通信系统、装备、空中和道路交通工具、重型机械和挖土机等）之外，大多数州政府在紧急事态应急方面均可独当一面。

（三）地方政府应急管理机构

在实际运行过程中，美国应急管理工作主要由州和地方政府承担。州及地方政府有很大的自主权，一般灾害的应急指挥权也属于事发地政府。地方政府仅在其无法应对灾害时才向州或联邦政府提出援助请求。接到救援请求后，州或联邦政府会按照法律规定和程序，调用相应资源予以增援。此外，美国各州及地方政府通过签订应急互助协议等方式，建立了较为完善的区域协调互助机制，确保一个地区在应对灾害时可以获取更多的应急支援。通过突出属地管理，美国建立了以州和地方政府为骨干和主力，以联邦政府为辅助力量的应急管理体制。

除了以属地管理为主外，美国应急管理体制还有两个显著的特点，即分级响应和标准化运行。分级响应是根据事件的严重程度和公众的关注程度，在同一级政府的应急响应中，根据不同的响应级别实时响应。标准化运行指的是在整个应急响应过程中，包括人员调度、物资调拨、信息共享、术语代码使用、文件记录和发布格式等都要遵循标准化的运行程序。

二、日本的公共安全管理行政组织体系

近年来，日本逐步建立了以首相为最高指挥官，内阁官房负责整体协调和联络，通过中央防灾委员会等制定对策，突发事件牵头部门相对集中管理的三级（中央、都道府县、市町村）应急管理体制。

在中央一级，由中央防灾委员会负责制订防灾基本计划和防灾业务计划。在地方一级，地方根据国家防灾基本计划的要求，并结合本地区的特征，制订本地区的防灾减灾

计划。

当重大灾害发生时,首相首先征询中央防灾委员会的意见,然后决定是否在内阁府成立紧急救灾对策总部进行统筹调度,并在灾区设立紧急救灾现场指挥部,以便就近指挥。内阁府作为应急管理中枢,承担汇总分析日常预防预警信息、制定防灾减灾政策以及中央防灾委员会日常工作的任务。各类突发公共事件的预防和处置,由各牵头部门各司其职、各负其责,实行相对集中管理。例如,内阁府牵头无明确主管部门负责事件的应急救援工作,经济产业省牵头生产事故的应急救援工作,总务省消防厅牵头火灾、化学品等工业事故的应急救援工作。

此外,日本全国 47 个都道府县、2 000 多个市町村相互签订了 72 小时相互援助协议。通过相互协作模式,日本联合防灾救灾和应急管理体制已经覆盖到基层组织。

为了进一步提升政府的防灾决策和协调能力,进入 21 世纪后,日本政府将国土厅、运输厅、建设省与北海道开发厅合并为国土交通省,把原来设在国土厅内的"中央防灾会议"提升至直属总理大臣的内阁府内,并于内阁府内设置由内阁总理任命的具有特命担当(主管)大臣身份的"防灾担当大臣"。"防灾担当大臣"的职责是:编制计划;在制订灾害风险减少的基本政策时进行中心协调;在出现大规模灾害时寻求应对策略;负责进行信息的收集、传播和紧急措施的执行;担任国家非常灾害对策本部部长以及紧急灾害对策本部副本部长(本部长由内阁总理大臣担任)。日本公共安全管理组织结构,见图 4-2。①

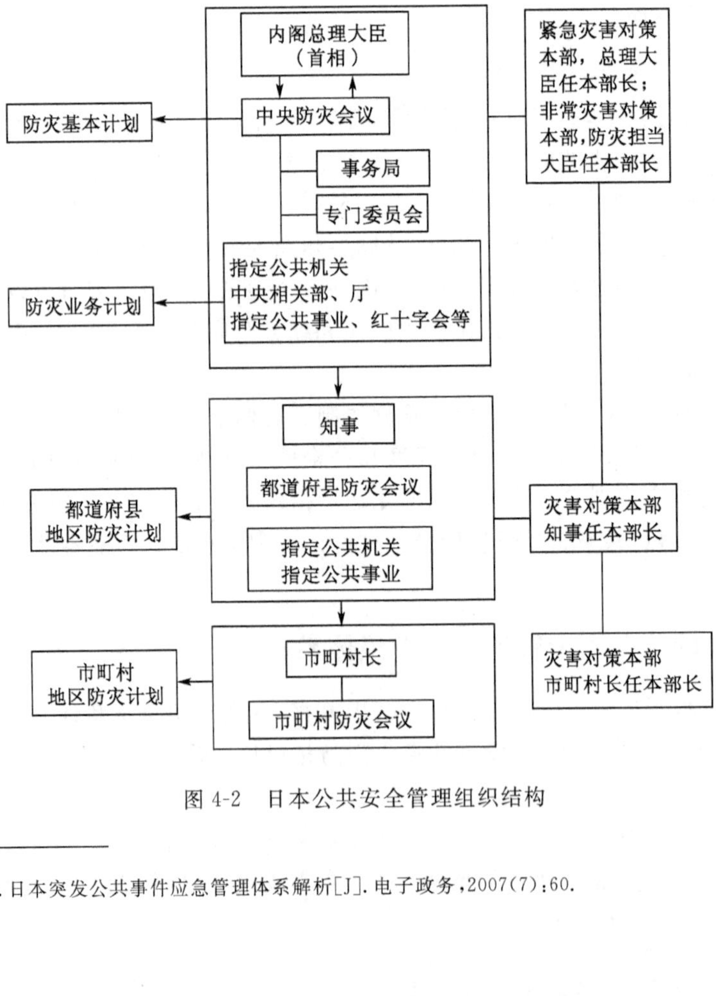

图 4-2 日本公共安全管理组织结构

① 姚国章.日本突发公共事件应急管理体系解析[J].电子政务,2007(7):60.

三、俄罗斯的公共安全管理行政组织体系

俄罗斯是世界上少数几个为了灾害的预防和管理，在各级政府中建立专门服务机构的国家之一。

自 20 世纪 90 年代初以来，俄罗斯逐渐建立了以总统为核心，以联邦安全会议为决策中枢，以紧急情况部为综合协调机构，联邦安全局、国防部、外交部、情报局等权力执行部门协调配合的垂直型应急管理体制。

联邦安全会议由总统直接领导，是保障国家安全的整个国家机制的核心，下设 12 个常设的跨部门委员会，职能涵盖了从国家安全情报的收集与分析、突发事件预测、制定应急预案到形成实际决策、协调行动、决策效果评估等应急管理的全部环节。

紧急情况部是俄罗斯应对灾害事件的组织核心，主要负责自然灾害、技术性突发事件和公共安全事件的预防和救援工作，在必要时可调用本地资源，并可通过总理办公室请求获得国防部或内务部的支持。

在纵向组织体系上，俄罗斯在俄联邦、联邦主体（州、直辖市、共和国、边疆区等）、城市和基层村镇四级设置了垂直领导的应急管理机构。为强化应急管理机构的权威性和统一性，紧急情况部在俄联邦和联邦主体之间设立了 8 个区域中心，每个区域中心的应急管理工作由紧急情况部的区域分部负责。联邦、区域、联邦主体和城市等每一级的紧急情况机构下设指挥中心、救援队、信息中心、培训基地等管理和技术支撑机构，确保紧急情况部发挥中枢协调作用。

在具体实施环节，俄罗斯还建有全国紧急情况预防和应对体系，覆盖了俄罗斯联邦的各个行政区划单位，形成了横向协调、纵向贯通的全国应急管理组织体系。

四、发达国家应急管理组织体系的共性

（一）统一领导与协调联动并举

对于应急管理工作，发达国家基本都由政府首脑担任最高领导，成立国家层面的管理机构并进行统一协调管理。例如，美国应急管理体制以总统为核心，以国土安全部为决策中枢；俄罗斯和日本则由总统或内阁首相作为应急管理的最高指挥官。由国家最高领导统一领导应急管理工作，能较好地树立权威、调动资源并妥善处置。此外，美国、日本、俄罗斯等国均设立了中枢机构，采取纵横结合的网络式应急管理模式，注重地方管理体制系统与中央管理体制系统的对接，提升了紧急状态时的社会整体联动能力。

（二）全过程管理和关口前移并行

西方发达国家注重将灾害事件的预防与应急准备、监测与预警、应急处置与救援、事后恢复与重建等职责统一起来，真正实现事件预防、应对和恢复的综合性和全方位性；同时加强关口前移，强调风险管理的重要性，从以事件管理为主向事件管理与风险管理并重转变，例如美国推行国家战略风险评估，从更基础的层面避免或减少威胁国家和公众的事件发生。在英国，由内阁国民紧急事务秘书处制定国家风险评估工作规程。该工作规程确定了未来五年内的风险并绘制了 80 个危害和威胁风险矩阵，以提升政府部门的应急准备能力和决策能力。

（三）行政管理与社会化服务并存

在横向管理组织体系方面，注重发挥国家层面的应急协调能力；在纵向管理体系方面，注重发挥地方的管治作用并调动社会力量广泛参与。

在欧美主要发达国家，非政府组织、私人组织以及民众力量参与应急救援的情形非常常见。例如美国特别注重发挥红十字会、红新月会等慈善性组织的作用，并成立“全国灾害志愿行动组织”，通过合作、沟通、协调、协作的方式参与到灾害事件救援中。《日本灾害对策基本法》明确了地方公共团体、区域公共团体、防灾重要设施的管理者及市民在防灾方面的责任。

（四）制度建设与程序化运作并重

经过长期的发展和完善，发达国家持续加强应对突发事件的制度和法规建设，遵循流程管理思想，形成了包含监测预警、信息报告、应急处置、反馈评估、协调联络和社会动员等在内的制度体系。同时，加强制度的程序化运作。例如美国应急现场指挥官的确认遵循以下程序：如果突发事件只与一个单位有关，那么由最先到达现场的资深应急管理人员或事发辖区的主管担任现场指挥官；如果突发事件涉及多个单位，通常会根据法律规定来指定现场指挥官；如果突发事件范围较大或较复杂，负责单位应指派级别和资历更高的人员接替先前人员担任现场指挥官，同时，先前的现场指挥官应提交一份现场应急工作开展情况的完整简报，并将指挥权限交接告知所有应急管理参与人员。这种程序化运作方式避免了负责人之间的推诿扯皮，在抢救生命、减少损失、消除恐慌和恢复秩序等方面具有重要作用。

第四节　我国公共安全管理组织体系的未来发展

我国应急管理工作迎来了历史的发展机遇。应急管理部的组建将有效贯通防灾减灾、安全生产、应急救援等领域的应急管理工作。构建一支反应迅速、能力全面的应急队伍，有助于解决应急能力发展不平衡、不充分的难题，最大限度地满足人民群众日益增长的安全需求。我国应急管理工作面临巨大的挑战。当前我国国家安全的内涵和外延比历史上任何时候都要丰富，时空领域比历史上任何时候都要宽广，内外因素比历史上任何时候都要复杂。所以，新时代的应急管理体制建设，既是发展机遇，更是巨大挑战，必须毫不犹豫地坚持总体国家安全观，并在以下几个方面加以推进。

一、明确新时代应急管理体系建设的总体目标

《国家突发事件应急体系建设“十三五”规划》提出：到 2020 年，建成与有效应对公共安全风险挑战相匹配、与全面建成小康社会要求相适应、覆盖应急管理全过程、全社会共同参与的突发事件应急体系，应急管理基础能力持续提升，核心应急救援能力显著增强，综合应急保障能力全面加强，社会协同应对能力明显改善，涉外应急能力得到加强，应急

管理体系进一步完善，应急管理水平再上新台阶。[①]

二、全面推进应急管理体制建设

成立应急管理部仅仅是体制创新的第一步，真正实现应急管理体制创新的目标还必须理顺几大关系，才能真正按照十九大和十九届三中全会的决策部署，从上到下把应急管理机构改革落到实处，推动统一指挥、专常兼备、反应灵敏、上下联动、平战结合的中国特色应急管理体制的形成。

首先，要理顺统一指挥和分工协作的关系。这次的改革尽管已经十分突出应急管理职能的整合，但出于各方面考虑，社会安全类和公共卫生类的突发事件并没有划入新成立的应急管理部。因此，政府一方面在分管和指挥上必须明确，另一方面各级政府办公厅(室)还必须与应急部门有对应，并不能因为成立了应急部门就可以完全放手，否则无法有效服务于领导者的决策和指挥。

其次，要处理好上下级的关系。新成立应急管理部门之后，各级政府相应成立应急管理部门。应急管理部要明确与相关部门和地方各自的职责分工，建立协调配合机制。这就带来了原来“属地为主、分级负责”的原则与“反应灵敏、上下联动”新体制如何兼容的问题。

最后，要处理好各部门的职责边界问题。成立应急管理部门之后，卫生部门(卫生健康委员会)和公安部门既要分别承担公共卫生突发事件和社会安全突发事件的应急，又要协助应急管理部门实施相应的应急处置和救援，这就必须从法律上按照新的管理分工，明确各自法律责任，规范好各个部门的责任清单和行为边界。

三、创新完善应急管理机制建设

经过多年的努力，我国的应急管理组织建立了比较完善的机制，主要包括：信息报告机制、应急联动机制、信息发布机制、新闻工作体制机制、恢复重建机制、应急评估机制、调查评估机制、资金投入机制等。但是进入新时代，一些原有的机制在新体制下显然会有很大的不适应，必须改革和创新：一是完善信息报告机制，拓展信息获取渠道，丰富信息报送内容和手段，在首报、续报、终报等环节，不断提高信息报告的速度和准确性。具体来说，在获取端，要大力开发专业信息软件并广泛使用手机 App，充分利用成立应急管理部之后队伍扩编和整合的优势，既实现信息获取渠道的广泛性、专业性，又实现信息获取的快速性和直接性。在报送端，实现突发事件信息的多渠道进、单渠道报的目标。在使用端，要大力提高信息研判的专业化、自动化水平。从而实现突发事件信息管理的零屏蔽、零延误、零错误。二是要完善信息发布机制，注重运用新媒体技术手段，及时准确回应社会关切，正确引导突发事件舆情。三是完善调查评估机制，应认清事故调查的目的不仅仅是为了追究事故责任，更是为了查清事故根源、避免类似事故再次发生。四是要健全应急联动机制。在突发事件防范与应对的各个环节，应加强部门间应急联动机制建设，有效形成四大协调联动机制，即部门内横向联动机制、区域内横向协调联动机制、跨区域横向联动机

① 国务院办公厅关于印发国家突发事件应急体系建设“十三五”规划的通知[EB/OL].(2017-07-19)[2018-05-01]. http://www.gov.cn/zhengce/content/2017－07/19/content_5211752.htm,2017-01-12.

制和纵向协调联动机制;拓宽区域协作范围,建立中国与邻国应急协作机制,实现跨国区域协作。

四、全面提升应急管理能力

在风险社会背景下,提升国家治理,满足人民日益增长的安全需要的能力是新时代应急管理创新发展的应有之义。

第一,持续提升应急管理核心救援能力。加强公安消防和武警水电、交通、森林部队及防化力量建设,提高重点行业领域(例如国家级危险化学品、水上应急救助和抢险打捞、海上溢油应急队伍、核事故应急等)专业应急救援能力,打造一支平战结合、主导有力,突击有效的综合救援队伍。

第二,全面加强综合应急保障能力。一是完善应急物资保障体系,切实解决好应急物资总量不足、结构不合理、布局不合理等突出问题。二是提高紧急运输保障能力,完善公、铁、水、民航等应急运力储备,切实保障突发事件发生时,应急物资及时有效到位。三是强化应急通信保障能力,加强通信网络关键基础设施的建设,制定不同类别通信系统的现场应急通信互联互通标准。四是强化应急管理科技支撑能力,加强应急基础数据库建设,推动应急平台之间互联互通、数据交换、系统对接、信息资源共享。

第三,重点提升社会公共安全能力。维护公共安全体系,要从最基础的地方做起,把基层一线作为主战场,坚持重心下移、力量下沉、保障下倾。因此,要推进建立政府主导和社会参与相结合,全民动员、协调联动的应急管理工作格局,就需要督促企事业单位积极履行安全管理主体责任,引导公众增强风险防范意识,增强全社会的风险防范能力;把公共安全教育纳入国民教育和精神文明建设体系,加强安全公益宣传,推进公共安全、应急管理宣传教育工作进企业、进社区、进学校、进农村、进家庭,提高全民公共安全意识和应急技能;开展公共安全知识普及,提升公众突发事件防范意识和自救互救能力;强化大中小学公共安全和应急管理基础知识和基本技能培养,健全公共安全社会心理干预体系;支持引导社会组织、慈善组织、志愿者等有序参与到突发事件应急管理过程中来。

应对公共突发事件是一门专业学问,治理现代化呼唤应急管理专业化、综合化、法制化、现代化。我国的应急管理体制已从单部门应对单一灾害发展为综合协调,从联席会议制度形式发展为政府部门管理制度设计,改革成绩斐然。新组建的应急管理部也必将在不断创新发展中提升我国公共安全治理的综合能力和水平。

特别提示

本章着重对公共安全管理组织的定义及内涵进行了梳理,对公共安全组织进行了分类,比较分析了政府组织、非政府组织在公共安全领域的职责、任务及业务范畴。重点讲述了我国公共安全管理组织的行政结构与历史发展,并借鉴分析了发达国家应急管理组织的美国模式、日本模式和俄罗斯模式,在此基础上指出了我国公共安全管理体制的未来发展。

本章学习的难点在于如何清楚地认识到一个完整的公共安全管理体系必须借助于各方力量,有效协同、交叉共治,并充分发挥各部门、各类别组织的最大作用,进一步保障公共安全。在学习的过程中应树立起构建公共安全管理整体观的意识。

同步思考题

1. 公共安全管理组织概念包括哪些内涵？
2. 我国公共安全行政组织的基本构架是什么？
3. 政府组织与非政府组织的职责范围及内容分别是什么？
4. 为何要建立起科学的公共安全管理组织体系？应当如何实现？
5. 中国组建应急管理部的重要内容及意义是什么？

延伸阅读书目

[1] 高全喜. 大国策：全球视野中的公共安全[M]. 北京：人民日报出版社，2009.

[2] 王宏伟. 公共安全管理研究：非常规突发事件及其应对[M]. 北京：人民出版社，2013.

[3] 战俊红，张晓辉. 中国公共安全管理概论[M]. 北京：当代中国出版社，2007.

[4] 夏保成. 美国公共安全管理导论[M]. 北京：当代中国出版社，2006.

[5] 张成福，唐钧. 政府危机管理能力评估：知识框架与指标体系研究[M]. 北京：中国人民大学出版社，2009.

[6] 丁文喜. 突发事件应对与公共危机管理[M]. 北京：光明日报出版社，2009.

CHAPTER 5

第五章

公共安全管理过程

学习目标

1. 了解国内外公共安全管理过程划分的模式。
2. 掌握公共安全管理各环节的工作内容和原则。
3. 理解公共安全管理过程中可能出现的问题及对策。

案例引入

吉化爆炸引发多米诺骨牌式危机

回顾2005年，震惊中外的吉林石化爆炸案件，由一个企业车间爆炸蔓延到空气污染、河流水资源污染危机，再到地震谣言、哈尔滨市水危机、抢购潮、客运潮、国际事件等。大众被卷进了一场真真假假、多米诺骨牌式危机之中。吉林石化爆炸是这场多米诺骨牌式危机的“导火索”。

2005年11月13日下午1时45分，位于吉林市龙潭区遵义东路的中石油吉林石化公司双苯厂发生爆炸，在随后的两个小时内，厂内又接连发生5次爆炸。据媒体披露共造成5人死亡、1人失踪、70多人受伤。事故导致该厂新苯胺装置、1个硝基苯储罐、2个苯储罐报废，导致苯酚、老苯胺装置等4套装置停产。

2005年11月13日深夜，吉林石化公司召开了新闻发布会称，吉林石化公司双苯厂爆炸原因初步查明。由于该厂苯胺装置硝化单元发生着火爆炸，T-102塔发生堵塞，循环不畅，事故是因处理不当造成的。

据新华网次日的报道，中石油吉林石化公司党委副书记、副总经理邹海峰在新闻发布会上称，爆炸发生后他们对大气污染情况进行了实时监测，结果表明没有造成大气有毒污染。公司环保处副处长李志民和吉化总医院副院长张凤林介绍，苯在燃烧前有较强的毒性，但在燃烧、爆炸后瞬间可分解成二氧化碳和水，对人体没有毒副作用。

对此，一位吉林市主管副市长也向民众信誓旦旦地说，吉化车间爆炸不会造成大规模污染，没有大规模疏散居民计划。

然而事实并非如此。事故后产生的主要污染物苯、苯胺和硝基苯等有机物，以及事故区域排出的污水通过吉化公司东10号线进入了松花江，形成长达80公里的污染带，并直接威胁哈尔滨市及下游沿江的数百万居民用水。

从11月20日中午开始，社会上和网络中一直有哈尔滨市近期将发生地震的传言。此说法被广大市民竞相传播，且有越演越烈之势，大庆、肇东、肇州、肇源、安达、绥化、青冈等地均深受影响。在这种情况下，一些市民开始采购食物储藏、带帐篷户外过夜。直到翌日中午，黑龙江省地震局才出来辟谣，呼吁广大市民不必恐慌。

11月21日，哈尔滨市政府下发停水通知，称市区市政供水网设施要进行全面检修，决定从11月22日中午12时起停水4天。

一个几百万人口的大城市仅仅因为水网检修就要全城停水且处于寒冬季节的哈尔滨怎么可能进行全城维修水网设施呢？于是，21日中午起，哈尔滨市陷入了前所未有的恐慌，饮用水、水容器、啤酒、牛奶、饮料等统统遭遇抢购，甚至八宝粥、罐头、速冻水饺等快餐食品和擦手的湿纸巾也未能幸免。不少人开始通过各种方式离开哈尔滨市，出城道路一度拥堵。22日，哈尔滨市政府决定向市民公开停水的真实原因：由于松花江水质污染，需要4天时间处置。同时，省、市两级政府紧急调运物资，打击哄抬物价等行为；采取多种措施保障居民用水等。很快，恐慌消失。11月27日，冰城水荒危机解除。

在对吉化爆炸事件的总结中，我们不但要看清灾难和事故，更要看清灾难和事故发生的根源。从某种意义上来说，发生堵塞、循环不畅、处理不当等问题是在检查、管理的工序上出了问题，对于忽略小问题而引起的社会大问题，不但吉化集团、中石油要反思，国内其他的大型国有企业也应该认真反思。同时，政府部门和企业在此类事情处理时，一定要早发现早汇报，把危机限制在一定的范围之内。

吉林石化爆炸后，有毒气体的泄漏并顺风蔓延，导致周边包括吉林化工学院全体师生在内的数万人被紧急疏散。地震传言和停水事件引起市民的恐慌和抢购风潮，部分居民甚至"逃离"东三省，前往外地亲戚家躲避，于是又形成了客运潮等，各种恐慌气氛和流言蜚语使危机被人为扩大。于是，一场企业危机演变成为社会公众危机。

有人将哈尔滨水危机与几年前的"非典"危机做了个比较，认为其存在一个类似问题，就是当今中国社会对重大社会危机的应对和承受能力还存在问题。无论是普通大众面对危机的心理和实际承受能力，还是政府处理(管理)危机的能力和方式，都有待改进。

（资料来源　苏培科：《吉化爆炸引发多米诺骨牌式危机》，载《中国经济时报》A01版，2006年1月25日。）

"事未至而预图，则处之常有余；事既至而后计，则应之常不足。"出自辛弃疾的《美芹十论》。在公共危机管理中，未雨绸缪、充分准备无疑是至关重要的。

第一节　公共安全管理过程概述

公共安全问题的爆发往往要经历潜伏期、形成期、爆发相持期和消退期。针对不同的阶段的特点，公共安全管理部门要采取相适应的对策。公共安全管理的过程与性质在很大程度上取决于当地的经济和社会条件，公共安全管理过程需要耗费大量的资源。因此，公共安全管理过程既是管理手段和方法的集合，又是科学的公共安全管理理念的体现——不仅仅体现为一系列可见的步骤和程序，也包括很多复杂的因素。

一、公共安全管理过程的含义

过程也可理解为流程、阶段，指事物发展所经过的程序。关于过程（流程）的含义，有诸多解释：在质量管理学中过程是指将输入转化为输出的一组操作；①流程是一系列相关的、有内在联系的活动或事件；②哈默指出，流程是指把一个或多个输入转化为对顾客有价值输出的一系列活动的集合；③从操作的观点看，流程是一组密切联系、相互作用的活动，每一项活动都有内容明确的输入和输出，都有定义明确的开始和结束；④流程是一组将输入转化为输出的相互关联或相互作用的活动；⑤流程是完成某一目标（或任务）而进行的一系列逻辑相关的活动的集合。由上述观点可以将过程的定义归结为，为完成某一目标（或任务）而进行的一系列有序的活动的集合。⑥

公共安全管理的过程是以政府为主要角色的公共安全管理主体为实现社会安全的意图和目标而实施的持续不断的组织、协调、指挥、控制等一系列活动。

二、公共安全管理过程的划分

公共安全管理是国家的战略选择。关于公共安全管理具体过程的划分，不同学者有不同的观点比较常见的划分模式有以下四种。

（一）希斯的4R理论模式

美国危机管理专家希斯的危机管理4R理论模式，将危机管理过程分为缩减、预备、反应、恢复等四个阶段。

第一阶段：缩减阶段。在缩减阶段，管理者的主要的任务是预防危机的发生和减小危机发生后的影响范围。对任何有效的危机管理而言，缩减是核心。因为在缩减阶段，危机最容易控制。

第二阶段：预备阶段。预备阶段主要是进行危机的防范工作。在危机发生前，就应该组成危机管理团队，制订危机管理计划，对员工进行培训和演习。危机管理团队应保证每个员工都掌握一定的危机处理方法，一旦发生危机，可以从容应对，使损失最小化。

第三阶段：反应阶段。在危机爆发后，需要及时出击，要在尽可能短的时间内控制危机的发展势头，运用各种资源和方法应对危机，缩减危机的影响范围。

第四阶段：恢复阶段。在危机发生并得到控制后，管理者应着手后续形象的恢复和提升；还应在危机管理结束后总结经验教训，为今后的危机管理提供经验和支持，避免重蹈历史覆辙。⑦

（二）PPRR模式

根据危机发生的规律，公共危机管理分可为危机前的预防、危机前的准备、危机爆发

① 马义中，汪建均．质量管理学[M]．北京：机械工业出版社，2012：121.

② 杨湘洪．现代企业管理[M]．南京：东南大学出版社，2003：221.

③ 哈默．企业行动纲领[M]．赵学凯，王建南，房成鑫，译．北京：中信出版社，2002：122.

④ 吴文昭．电子商务概论[M]．兰州：兰州大学出版社，2005：142.

⑤ 刘凤军．流程与战略协同最佳实践[M]．北京：知识产权出版社，2015：5.

⑥ 张绪柱．基于流程优化的企业组织设计研究[D]．济南：山东大学，2011：9.

⑦ 希斯．危机管理[M]．王成，译．北京：中信出版社，2004：22.

期的应对和危机结束期的恢复等四个阶段。这四个阶段通常被称为 PPRR，即预防(Prevention)、准备(Preparation)、反应(Response)和恢复(Recovery)。PPRR 理论是危机管理中应用比较广泛的理论。美国联邦安全管理委员将其修正为：缓和(Mitigation)、准备(Preparation)、反应(Response)、恢复(Recovery)，所以又称 MPRR 模式。

1. 危机前的预防(监测、预警阶段)

危机管理的最高境界不在于危机事件发生后的干预，而是在于危机爆发前的预防，要排除导致危机发生的各种可能性。在这个阶段控制潜在危机，花费最少，也最简单便捷。危机的预防包括几个环节：首先，分析危机所处的环境，对管理范围内的政治、经济、社会、自然等条件进行评估；其次，危机管理者找到可能导致危机的关键因子，并尽可能提前加以解决。

2. 危机前的准备(预控、预防阶段)

根据监测、预警情况，分析可能发生的危机的爆发方式、规模，进行预先的控制和防范，以防止危机的发生或者减轻危机发生后的危害。同时，要准备多套应急方案，一般要以最坏的打算为底线。危机一旦发生，一方面可以根据实际情况选择预案，同时要有完备、充足的物质保障；另一方面，建立危机预警机制。随着科学技术的不断进步和对危机研究工作的不断深入，人们在很多领域建立危机预警机制已成为可能。危机管理的关键在于预防，古人云“凡事预则立，不预则废。”做好预防、预控工作就等于做好了危机管理工作的一大半，甚至有可能是做好了全部的工作。因为，如果做好了预防、预控工作，即使危机最终没有发生，也相当于做好了危机管理的全部工作；如果因为预防预控工作而减轻了危机带来的影响，就至少是做好了危机管理的一大半工作。因此，要加强危机前的准备工作。如果这项工作没做好，那么则可能导致本来程度轻的、局部的危机改变性质，蔓延为全局性的、严重的危机。

3. 危机爆发期的应对(应急处理阶段)

防患于未然易说难做，很多危机并非人力所能控制。对于无法防止且已经发生的危机事件，政府应根据事先制定的应急预案，采取应急行动，控制或者解决正在发生的危机事件，减轻危害，保护人民的生命和财产安全。因此，应急处理工作十分重要，是整个危机管理阶段的核心。同时，应急处理阶段又是整个公共危机管理过程中最困难、最复杂的阶段，因为应急处理阶段是在危机事件发生的紧急状态下进行的，危机事件通常来势凶猛，能够让人们作出有效反应的时间很短。

因此，在反应阶段，要做到以下三个方面：首先是遏制、缓解已发危机，平缓其造成的冲击。这项工作对危机管理部门的能力有极高的要求，因为危机管理部门要在极端困难的情况下为决策者提供准确而必要的信息。决策者只有依靠这些信息才能迅速找到危机要害，及时出击，在最短的时间内遏制、缓解危机的冲击。其次，要注意隔绝危机，避免已发危机的蔓延。危机管理者要把危机限制在一定的范围内，通过有效的危机反应，防止危机扩大或者扩散。再次，要加强媒体管理，防止谣言流传、虚假信息散布等问题影响决策。在危机处理阶段，应急指挥体系、信息和通信系统、运输系统、媒体宣传系统等相关方面的相互协调、优势互补十分重要，和谐高效的应急管理体系对于做好应急处理工作有着决定性的作用。

4. 危机结束期的恢复(评估、恢复阶段)

危机过后,需要恢复与重建。恢复和重建不仅仅意味着恢复危机中所受到的损害,更重要的是总结危机发生的原因和危机管理过程中出现的问题,积累宝贵的经验,避免重蹈覆辙,将可能会发生危机的漏洞弥补起来。

在危机管理的PPRR模型中,2P(预防与准备)比2R(反应与恢复)重要,只有做好2P才能做好2R。如果没有做好2P,2R只能尽人事;相反的,做好2P,即使没有做好2R,也可以提前做好应急准备,危机带来的损害能够得到适当减缓,这就是人们常说的"预防重于治疗"的道理。

(三)米特罗夫和皮尔森的五阶段模式

美国学者米特罗夫和皮尔森将危机管理过程分为五个阶段:①

第一阶段,信号侦测阶段:识别危机发生的预警信号。

第二阶段,准备及预防阶段:对可能发生的危机做好准备并尽力减少潜在损害。

第三阶段,损失控制阶段:在危机发生之后,努力使危机不影响企业的其他部分或外部环境。

第四阶段,恢复阶段:尽快从危机的伤害中恢复过来,实现正常运转。

第五阶段,学习阶段:从危机处理的整个过程中,汲取危机再次发生的经验教训。

(四)奥古斯丁的六阶段模式

奥古斯丁将危机管理划分为六个不同的阶段,并针对不同的阶段提出了具体的管理建议。

第一阶段:危机的避免。此阶段实质上是危机预防。奥古斯丁认为,预防是控制潜在危机花费最少、最便捷的方法。管理者在这个阶段必须尽力将风险减到最小;当不得不冒风险的时候,必须确保风险与收益相称;对于无法避免的风险也必须要有恰当的风险保障机制。

第二阶段:危机管理的准备。因为预防不能做到尽善尽美,所以必须为预防一旦失效做些准备工作,即应急准备。要建立一个危机处理中心,制订行动计划、通信计划、组织实战演习并建立重要关系,以防范危机的突然袭击。危机管理的准备工作中要特别强调注意细节问题,做到有备无患。

第三阶段:危机的确认。对于危机管理来讲,这个阶段最富有挑战性。通过收集上来的各种有效信息,来判断和论证危机是否已经发生。如果危机确认已经发生,应该尽快找出危机的源头,为解决危机提供思路。在收集危机发生的信息时,可以倾听大家的意见,必要时还要请外部专家帮助诊断。只有在危机发展过程中准确地辨认出危机,才可以有效地解决危机。

第四阶段:危机的控制。当确认危机发生时,必须迅速作出反应。首先是要止损,尽可能地将危机的扩散度和所带来的损失控制在最小的范围内。要做到这一点,果断决策是最重要的。同时,也需要根据不同的情况,确定工作的优先次序。

第五阶段:危机的解决。在这一阶段,速度至关重要。危机不等人,管理者在处理危

---

① 余明阳,张惠彬.危机管理战略[M].北京:清华大学出版社,2009:15-16.

机时必须要做到迅速反应、积极回应，掌握主动权，调动一切力量尽快控制住危机的发展。否则，有可能使危机的危害性进一步加大，使危机蔓延到更大的范围。

第六阶段：从危机中获利。这个阶段主要是对前五个阶段的工作进行总结、反思。如果前五个阶段处理得较好，这个阶段还可以提供一个至少能弥补部分损失和纠正错误的机会。虽然遭受重要损失，但如果能够从前五个阶段的工作中吸取一些经验教训，也是非常有价值的。值得注意的是，人们总是习惯于把自己犯过的错误称为"经验"。实际上，此"经验"既包括成功的经验，也包括失败的教训。危机的发生是对公共安全管理工作的一项严峻考验，在处理危机的过程中，公共安全管理部门有机会对公共安全管理过程有一个全新的认识，从中也会学到不少东西，受到很大启发。

我国对突发事件管理过程的划分主要是根据《突发事件应对法》中的四个阶段：一是预防与应急准备；二是监测与预警；三是应急处置与救援；四是恢复与重建。它将突发事件管理的应对范围界定为从预警阶段到补偿阶段，以突发事件管理的全过程为主线，对事前、事发、事中、事后各个阶段的应对方法进行了细分。

各级政府、非政府公共组织、企业、公民等在组织或参与公共安全管理活动工作时，参照预防与应急准备、监测与预警、应急处置与救援、恢复与重建这四个步骤进行，同时也制定了各级应急预案、地方法规和行动准则。为了更好地研究我国公共安全管理工作，本章对上述四个过程将分别进行阐述。

第二节　预防与应急准备

预防是指预先做好防备，即事先防备。由历史经验可知：人们在有准备的情况下，防范能力和战斗能力要强得多；相反，当人们在毫无准备的情况下，防范能力和战斗能力都会大大减弱，更容易受到伤害。因此，在战争中，战胜敌人的法宝往往就是发动始料不及的突然袭击。军事上，"兵贵神速"讲的就是胜在出其不意上。同样，要战胜突发的公共安全问题，至关重要的就是要在公共安全问题爆发之前做好充分的准备，避免在毫无准备或者准备不充分的情况下被动挨打、受到伤害、造成损失。

由于公共安全问题受众群体十分广泛，一旦发生公共安全问题，将对社会造成严重的影响，所以在公共安全管理过程中，更要加强预防和应急准备。预防和应急准备是公共安全管理过程中至关重要的环节，有效的预防和完善的应急准备工作可以减少甚至杜绝公共安全问题的发生。

一、公共安全问题的预防

所谓公共安全问题的预防，是指在问题发生之前，通过政府主导和全社会动员，采取各种有效措施，来消除隐患，避免公共安全问题的发生。或者，在公共安全问题来临前做好充分准备，防止（未来可能发生的）问题扩大或升级，最大限度地减少公共安全问题发生所带来的损失。

英国公共安全管理学家里杰斯特认为，预防是防止公共安全问题发生最有效的办法。通常情况下，对于公共安全问题的预防一般分类以下三种类型。

（一）预先预防

预先预防需要事先根据以往发生的同类危机的性质、特点、危机爆发的条件等，开发一套相对完善的系统或程序，用来接受和处理监控地点反馈的信息；根据信息辨认是否具备危机发生的前提条件，评估公共安全问题发生的可能性；一旦发现有风险，可立即采取必要的措施进行风险减除，避免这些隐患继续存在和发展。预先预防一般针对实践过程中发生概率较高的事件，通过安全监督管理等规章制度以及法律法规体系的规范和约束来防范安全生产过程中的技术问题。比如，对食品、药品生产和流通过程的全程监督与检查；对企业生产设备的定期检测与维修。

（二）预见预防

预见预防在实践工作中难度最大，但却又最重要。对于地震、海啸、台风等天灾，可以通过不断进步的科学技术进行精准预测。生产生活过程中的技术性灾难也可以通过强化管理措施来避免。但是，人为的祸难却往往具有复杂的社会政治、经济、文化等因素，很难准确地预测。其实不少因人为因素导致的公共安全问题，大多都是因为社会矛盾长期累积，社会利益矛盾得不到有效解决而导致的。通过分析、调查社会现象，可以对社会经济发展过程中的突出问题和矛盾进行综合归纳，结合人类社会发展过程中的一般规律，预见这些矛盾导致公共安全问题发生的可能性。同时，要对公共安全问题发生的时间、规模、影响范围等进行评估，并根据评估结论警示有关组织或个人。比如，过大的贫富差距会导致社会冲突，但这种冲突是以骚乱事件、恐怖活动还是战争的形式出现，则需要根据当时、当地和人物的不同情况而定。如果通过调查发现，一个国家或地区的贫富差距较大，就必须提醒决策机构采取一定的措施来化解矛盾，避免公共安全问题的发生。因此，在宏观上掌握经济社会的基本走势，在微观上注意及时化解各种社会矛盾，在体制上为不同群体提供畅通的利益诉求渠道和路径，有助于给突发公共危机事件的预见提供有效的参考。

（三）再发预防

再发预防是指通过对以前发生过的同类或类似案例的致灾因素进行分析总结，采取有针对性的预防措施，消除导致灾害发生的前提条件，从而预防此类案例再次发生，做到"亡羊补牢"。例如，在某些事故高发路段，贴上警示标语，提高司机的安全驾车意识；在地震、泥石流发生频率较高的城市，经常开展一些预防与应急演习活动，强化人们的灾害预防意识，提高应对能力。这样，一旦再度发生诸如地震、泥石流等突发性公共安全问题时，就可以通过已经具备的防灾减灾能力，减缓灾害带来的损失。

二、应急准备与演练

（一）应急准备的内容

一般情况下，应急准备的内容应该包括应急设施设备建设、应急救援队伍建设、应急物资准备、应急通信准备、人才和技术能力准备等几个方面。

1. 应急设施与设备建设

在应急救援工作中，应急设施与设备是不可缺少的。在应急准备工作中，要保证应急救援设备的配备必须达到标准，且要注意保养和维护，使应急设施与设备处于可用状态，一旦发生危机能立即投入使用。

2. 应急救援队伍建设

我国应急救援队伍主要有九大类，可分为主要应急队伍、专业应急救援队伍和非专业应急救援队伍：武警部队地震应急救援队，武警交通、水电、森林部队应急抢险救援队，公安消防部队和预备役等军队力量以及矿山救护队，地震灾害紧急救援队，危险化学品救援队，紧急医疗救护队，企事业专职消防队和各类社会救援组织等。其中，解放军、公安消防部队、矿山救护队和武警森林部队、水电及交通部队等是我国应急救援的专业力量，主要承担各自行业领域内公共安全事件的应急救援工作；企事业专职消防队、志愿消防队和各类社会救援组织等是我国应急救援队伍的社会力量。[①]

3. 应急物资准备

“兵马未动，粮草先行”，合理储备应急物资资源是保障公共安全管理顺利开展的基础。应急物资的储备可以分为实物储备、资金储备、生产能力储备和社会储备等四种形式。一般来说，以实物形态储存的物资都是专用性强、生产周期长、不易腐烂变质的物资；以资金或者生产能力储存的物资都是生产周期比较短、平时储存不经济的物资；社会储存的物资多为通用型物资。

（1）实物准备。我国已初步建成应急物资储备保障制度，包括重要应急物资的监管、生产、储备、调拨和紧急配送体系等，在一定程度上可以解决受灾群众的生活问题，为较短时间内恢复正常的生活、生产奠定了坚实的基础。

（2）资金储备。我国的应急财政资金来源有三种：财政拨款、社会捐助、政策保险和商业保险。当公共安全事件发生时，政府有义务下拨应急救灾资金，政府的财政拨款是应急保障的基础。《预算法》规定，各级一般公共预算应按照本级一般公共预算支出额的百分之一至百分之三设置预备费，用于当年预算执行中的自然灾害救灾开支及其他难以预见的特殊开支。《国家突发公共事件总体应急预案》规定，应保证突发公共事件应急准备和救援工作所需资金；鼓励自然人、法人或者其他组织（包括国际组织）按照《公益事业捐赠法》等有关法律、法规的规定进行捐赠和援助。但是，在应对突发事件中可以起到重要作用的保险还没有发挥其应有的作用。目前，我国社会公众的灾害保险意识还比较弱，保险企业开发灾害保险的品种也不多，尚未有专门针对公共安全事件的保险产品。因此，需要大力发展灾害保险业，以市场化机制分担公共安全管理过程中政府的财政负担，从而提高我国公共安全管理的财政保障水平。

（3）生产能力储备。公共安全管理部门要摸清有生产应急物资资质的企业所具备的生产能力，确保物资需求膨胀时可以通过企业扩大生产，及时供应应急所需物资。依据《突发事件应对法》第五十二条的规定，履行统一领导职责或者组织处置突发事件的人民政府，必要时可以要求生产供应生活必需品和应急救援物资的企业组织生产、保证供给。为了保障应急救援物资、生活必需品和应急处置装备的生产和供给，县级以上地方人民政府与有关企业签订应急物资的生产、供给合同是必要的。

（4）社会储备。政府要本着“不求所有，但求所用”的原则，与商家签订储备协议，保

---

① 和丽秋. 云南消防部队综合应急救援能力建设研究[M]. 北京：中国环境科学出版社，2015：6-8.

障商家库存量可以满足紧急状态下的物资供应。至于商家因储存造成的经济损失，政府应予以一定的补偿。此外，要广泛动员社会公众准备手电筒、哨子、救生绳索，必备药品及一些五金工具等在内的应急包。

应急物资准备是预防公共安全问题的物质基础，必须坚持经济和实用原则。所谓经济原则，是指按经济规律办事，讲究投资的经济效益和厉行节约、降低成本，避免闲置、积压和浪费，应千方百计地提高资源的利用率，以有限的资金投入获得最佳的效果。

4. 应急通信准备

公共安全管理离不开信息的传递。应急通信是应急管理者的“千里眼”和“顺风耳”。依据《突发事件应对法》第三十三条的规定，国家建立健全应急通信保障体系，完善公用通信网，建立有线与无线相结合、基础电信网络与机动通信系统相配套的应急通信系统，确保突发事件应对工作的通信畅通。突发事件是不断演变的，这就需要应急管理者进行动态的决策，不断根据事件的发展发出各种指令，进行应急资源调配。通信起着信息桥梁的作用，是决定应急决策是否及时和准确的关键因素。

5. 人才、技术能力储备

人才储备是指储备与公共安全管理相关的专业人才。一旦需要某种特殊的应急资源，人才储备工作可以迅速组成专业人才，提供专业咨询和指导，很快满足应急处置的需求。要注意储备数量较少、分布较散且一般技术人员不能代替的专家，例如危险化学品应对专家、爆破专家、信息技术专家、网络系统维护人才等。这些专业类的人才应作为人才储备的重点。要建立与专家的日常联系和信息沟通机制，建立专业人才数据库，一旦发生公共安全问题，可以迅速联系到相关专家，取得帮助。

（二）应急预案制定与演练

应急预案又称应急计划，是针对可能发生的重大事故（件）或灾害，为保证迅速、有序、有效地开展应急与救援行动、降低事故损失而预先制定的有关计划或方案。它是在辨识和评估潜在的重大危险、事故类型、发生的可能性、发生过程、事故后果及影响严重程度的基础上，对应急机构与职责、人员、技术、装备、设施（备）、物资、救援行动及其指挥与协调等方面预先做好的具体安排。① 好的应急预案能够对可能发生的公共安全问题超前思考、超前谋划、超前化解，从而化危机为转机，最大限度地预防或减少公共安全问题发生所造成的损失。

1. 应急预案的基本内容

根据 2004 年 4 月国务院办公厅印发的《国务院有关部门和单位制定和修订突发公共事件应急预案框架指南》，应急预案的主要内容应包括以下八项内容。① 总则：说明编制预案的目的、工作原则、编制依据、适用范围等。② 组织指挥体系及职责：明确各组织机构的职责、权利和义务，以突发事故应急响应全过程为主线，明确事故发生、报警、响应、结束、善后处置等环节的主管部门与协作部门；以应急准备及保障机构为支线，明确各参与部门的职责。③ 预警和预防机制：包括信息监测与报告、预警预防行动、预警支持系统、

① 刘铁民. 应急体系建设和应急预案编制[M]. 北京：企业管理出版社，2004：13.

预警级别及发布(建议分为四级预警)。④ 应急响应:包括分级响应程序(原则上按一般、较大、重大、特别重大四级启动相应预案),信息共享和处理,通信,指挥和协调,紧急处置,应急人员的安全防护,群众的安全防护,社会力量动员与参与,事故调查分析、检测与后果评估,新闻报道,应急结束等 11 个要素。⑤ 后期处置:包括善后处置、社会救助、保险、事故调查报告和经验教训总结及改进建议。⑥ 保障措施:包括通信与信息保障,应急支援与装备保障,技术储备与保障,宣传、培训和演习,监督检查等。⑦ 附则:包括有关术语和定义、预案管理与更新、国际沟通与协作、奖励与责任、制定与解释部门、预案实施或生效时间等。⑧ 附录:包括相关的应急预案、预案总体目录、分预案目录、各种规范化格式文本,相关机构和人员通信录等。

2. 应急预案制定时应注意的问题

应急预案制定的合理性直接关系到公共安全事件应对和恢复的成功与否。因此,在制订应急计划时,要尽可能地考虑科学性与可行性,应特别要注意以下六个问题。

(1) 避免过于具体或教条。应急预案就是要为管理者提供一个指导性的计划,而并非应对公共安全事件的操作方案或完全手册。因为公共安全事件有无法预知的特点,所以应急预案难以穷尽所有危机,也难以穷尽危机的所有细节。应急预案不能事无巨细、毫无弹性,应有较强的通用性和灵活性。

(2) 充分利用外部资源。在制定应急预案时,既要注重对内部资源的利用,也要注重对外部资源的利用。在危机处理中,尤其要注重发挥外部专家的作用。外部专家包括行业技术专家、学者、媒介精英、政府官员等。

(3) 预案应避轻就重。有时候可能同时爆发几种危机。为避免多种危机并发式的混乱,应根据应急预案中提出的排序标准和危机爆发后的实际情况,首先解决主要问题。

(4) 信息要全面。资料是预测的依据,公共安全事件预测质量的高低,很大程度上取决于资料收集得多少和对资料了解得深浅。不仅要考虑影响公共安全事件的各个变量(可能受公共安全事件影响的地区、单位、个人等)的情况,还要预测环境变化后该地区、该单位及个人将发生什么样的变化。信息必须始终保持及时、客观、全面、真实、稳定、连续、完整。只有全面系统地了解公共安全事件的各种信息,周密地考虑公共安全事件相关各种要素,才可能科学合理有效地进行预测、风险评估和预案制定。

(5) 权威性。制定和完善预案要符合党和国家的方针政策,符合有关法律、法规、规章的规定。使预案有法律依据。要明确公共安全管理体系的组织指挥权限、职责和任务等一系列行政性管理规定,以保证公共安全管理工作的统一指挥。

(6) 灵活性与时效性。公共安全事件的发展是难以预测的,影响公共安全事件的内部环境和外部环境也在不断变化,并且各环境之间也有可能相互影响而互动变化。因此,应急预案一定要有灵活性。管理者可以根据环境变化灵活应对,应急预案也要根据事件的推移和环境的变化不断修正,及时予以充实完善。

3. 应急预案的实施与演练

编制预案时要强调预案的培训、宣传和演练。针对预案目标与内容的培训、宣传和演练是应急预案管理的基础。应急预案中列入的所有功能和活动都必须经过培训演练。这些功能和活动包括切实提高领导干部在内的各类应急工作人员的意识和能力,熟悉和掌握应急响应程序和方法。在培训和演练中发现的问题可以作为预案更新修改的重要参考。

应急培训与应急预案演练的基本任务如下：① 锻炼和提高应急救援队伍在突发事件发生的情况下快速抢险堵源的能力；② 提高及时营救伤员的能力；③ 正确指导和帮助群众防护或撤离；④ 有效消除危害后果；⑤ 开展现场急救和伤员转送等应急救援技能和应急反应综合素质培训；⑥ 有效降低事故危害，减少事故损失。应急演练是检验应急预案可操作性和实用性的重要步骤。应急预案编制发布后，并不能保证政府主管部门、企业、个人对实际发生的公共安全事件所做的响应是有效的，因此需要加强演练。通过演练可以提高参与者对危机的熟悉度和处理危机的能力，降低实际操作过程中的人为错误，同时降低现场调配资源的时间耗费。如果不进行培训和演练，那么如同只给战士发枪，而不去给他们弹药、不教他们使用的方法。仅有武器是不能够作战的。

4. 目前我国应急预案存在的主要问题

在我国的公共安全管理过程中，应急预案的建设仍然存在很多问题：很多地方的应急预案只是一种理念的设计，真正到了具体操作中还有很多无法预料的情况；更有甚者，一些地方的应急预案往往是作为一种应付检查的“文件”而存在。

(1) 应急预案覆盖率高，针对性和具体性不强。我国的公共安全管理工作刚刚起步，许多地方和部门不了解应急预案制定时要注意的问题，在制定应急预案时存在上行下效、千篇一律的问题，缺乏针对性。在许多部门制定的应急预案中，照搬上级预案的原则性语言太多，对具体实践操作工作的指导性语言太少。预案应该力求简约，做到详略得当。《颜氏家训》中说：“博士买驴，书券三纸，未有驴字”。它讽刺了行文啰嗦、不得要领的现象。在应急预案的制定中，应特别注意避免“博士买驴”的现象，加强应急预案的针对性和具体性。

(2) 应急预案缺乏演练，实操性低。许多地方和部门制定应急预案后，将其束之高阁，既没有经过演练，也没有经过实战检验，成为一种为了应付检查的“文件”而存在。这样的应急预案实际操作性得不到保障。有的虽然进行了演练，但是却将“演练”变成了“演戏”，基本上是只演不练。无法根据演练结果进行修改，应急预案的可操作性得不到提高。

(3) 预案制定缺乏“衔接”，兼容性不强。公共安全管理是一个复杂的系统工程，经常要涉及上下左右多个组织、多个部门之间的“衔接”。因此，在编制应急预案时必须按照“上下贯通、部门联动、政企结合、协调有力”的原则，应急预案才能形成一个完整、统一的体系。因为在许多危机的处置过程中容易形成次生、衍生灾害，所以应急预案的衔接性、兼容性必须得到重视。我国的应急预案尚未形成一个完整的系统，只是一个框架。只有作为一个体系出现的时候，公共安全管理的各个部门才能明白自己在实现整体目标中的作用，发挥“1+1>2”的作用。

(4) 应急预案缺乏宣传，公众参与度不高。社会公众是公共安全管理的重要承载主体，也是公共危机管理的重要参与力量。政府在制定应急预案时应该征求社会公众代表的意见，发挥群策群力的优势，使公众知晓自身在公共危机管理中所扮演的角色及其价值所在。这样，在公共安全事件发生时，公众知道何事可为，何事不可为，便于服从政府的统一指挥和调度。然而在我国从国家到省、市、县，在出台应急预案时大多都把应急预案设为“机密”文件，一般人无法接触到应急预案，大大阻碍了应急预案的宣传与普及，导致公众在应对公共安全问题时参与度不高。

此外，应急预案不是为了应付检查的“文件”，更不是规避责任的“免责条约”，应以对社会公众高度负责的精神，认真落实好应急预案的制定和演练工作，使应急预案真正成为应对公共安全问题的有力武器和得力助手。

第三节　监测与预警

监测与预警是公共安全管理过程中的前期基础和重要环节。如果风险在萌芽状态或初起时能够被发现并被及时采取有针对性的措施，那么能够适当减缓风险或防止公共安全问题的发生和升级，提高应对的针对性和有效性，减轻应对压力，减少损失。

一、监测与预警的含义

监测是预警的前提。所谓监测，是指在公共安全问题发生之前对各种致灾因子及其表象进行实时、持续、动态的监视和测量，收集相关数据和信息，并通过风险分析与风险评估来研究、判断公共安全问题发生的可能性。监测是预警的前提和基础。为及时有效地应对公共安全问题，必须及时掌握有关信息，对可能发生公共安全问题的各种现象进行监测。

预警本意就是“预先警告”。预警是指通过收集各种数据、情报和资料，运用逻辑推理和科学预测的方法、技术，提前发现、分析和判断评估风险，并根据风险评估结果发出准确的警示信号或信息，采取必要的行动，防止或消除不利后果的一系列活动。

在公共安全管理过程中，监测和预警是相辅相成的关系。监测是获得相关信息并进行研究、判断；预警则是将研究、判断的结果传递给特定的受众群体。一方面，科学的监测是精确预警的前提和基础；另一方面，只有通过有效的预警才能把预测得出来的结论及时地传递给受众。监测预警的最终目的就是使社会公众采取响应行动，减少公共安全事件带来的不利影响。

二、监测与预警的功能

监测与预警处于公共安全管理过程中的“前哨”地位，它的功能主要包括以下五个方面。

（一）预测功能

通过对政治、经济、社会、自然领域的有关指标进行监测，及时发现异常情况及特征，事先找出偏差；当出现不利因素或异常情况时，评估公共安全问题形成的可能性及严重程度，进而提出警告信息，以让政府部门更为迅速、主动地应对问题，减少对社会的危害。

（二）警报功能

当监测到的异常情况突破一定的指标时，监测预警机制就会实现从监测到预警的过渡，可以就有关信息和结果向相关部门或社会公众发出警示，发挥导向作用，提醒各方做好准备。

（三）评判功能

根据跟踪、检测的结果对比分析，运用现代公共危机管理技术、评价技术对公共危机的发展状态作出判断，找出组织运行中的弊端及其病根之所在。

（四）减缓、化解功能

在公共安全管理过程中，有效的预警可以减缓或阻止风险的扩大升级，避免风险演变为公共安全事件或一般事件演变成重大事件，减轻公共安全问题造成的损失。

（五）教育功能

监测与预警可以培养公众的风险意识，使公众居安思危。公共安全管理部门通过对风险发生的缘由、处理经过、解除风险的各项措施等进行总结，将这些经验和教训作为未来类似情况应对的前车之鉴；也可以将纠正偏差与过失的一些经验教训转化为公共安全教育、培训的案例。

三、监测与预警的基本原则

一般来说，建设监测与预警机制，需要遵循以下原则。

（一）权威性原则

监测与预警工作必须在政府主导下进行，尤其是相关预警信息必须由政府或授权的权威机构进行发布。采取多种渠道发布警报往往会缺乏相互之间的一致性，相互冲突、矛盾的警报会遭受人们的质疑。如果社会公众不相信警报的真实性，那么他们就不会接受警报内容，更不会按照警报的建议采取行动。因此，警报的发出部门必须具有权威性。只有在政府的统一部署和领导下，各部门在应对公共安全问题时才能协调统一、互相配合，人民群众才能坚定信心、有条不紊地应对公共危机带来的各种不测，渡过难关。

（二）公开性原则

在公共安全管理过程中，不涉及机密的信息要尽可能地让社会公众知情。公开透明的工作可以争取到社会各方面的理解和支持，也可以为有效应对危机创造有利的环境。让社会公众清楚危机的发展趋势，不仅仅能有效地做好预防工作，减少群众损失，更有利于提高监测与预警的精度与效率。

（三）及时性原则

公共安全问题有效预警的前提是：在公共安全事件发生之前，识别存在的各种威胁。在此基础上甄别出不利因素或异常情况并发出警报，提醒社会公众采取行动，避免公共安全问题的发生或最大限度地减轻公共安全问题带来的影响。监测与预警机制如果不能及时发现潜在的风险并传递预警信息，就无法为提前应对赢得宝贵的时间，其存在也就失去了意义和价值。

（四）准确性原则

准确性原则要求公共安全监测与预警必须从客观实际出发，尊重事实，对造成公共安全问题相关因素之间的本质联系、时间演化、发展趋势进行分析，准确地进行预测和报警，防止过与不及两个倾向。在当今的信息化时代，警报一旦发出，传播速度惊人。如果预警不准确，不仅付出的成本不会带来预期的收益，而且会错过应对危机的最佳时间。长此下去，社会公众对监测与预警的信任度就会降低，监测与预警也就无法发挥应有的作用了。

（五）可达且易懂性原则

监测与预警信息一定要覆盖到所有的利益相关者，因为损失的降低程度通常与获得并接受警报的人数呈正比。社会公众只有了解信息并理解信息的内容，才有可能接受信息。因此，要采用通俗易懂的语言及多样化的渠道传播预警信息和警情发展情况，尤其要特别关注语言不通的外国人、老人、妇女、儿童等。

（六）持续性原则

公共安全管理不能只靠事发后的补救，应该更多地偏向事前预防。这就要求公共安全管理部门对危险要素的监测和预警要全天候、持续地进行，因为持续性地对危险要素的参数和先兆进行监测是及时发出准确警报的前提。坚持持续性原则，将监测预警工作贯穿公共安全管理事前、事中、事后等各个环节，实现早发现、早控制、早解决，把公共危机造成的损失程度降到最低。

四、监测与预警的工作流程

监测与预警的最终目的是使社会公众采取响应行动，降低公共安全问题的不利影响。监测与预警工作的基本流程，大体上可以分为日常和事发两部分。

（一）日常工作流程

(1) 收集监测信息并加以分析。全天 24 小时不间断地对各监测点进行持续监测，并注意收集相关部门的预警联动信息，将获取到的数据或信息送到监测分析部门。常规数据按照事先约定的周期定期报送；如果有异常情况，必须要在第一时间传送。

(2) 评估社会系统，注重隐患排查。对公共安全管理部门的管理能力和社会系统所存在的缺陷和薄弱环节进行综合评价与排查，找出可能会导致公共安全问题发生的致灾因素；根据致灾因素的性质、严重程度等，评估会导致公共安全问题产生的可能性大小，以及一旦发生公共安全问题将会影响的范围和程度。

(3) 维护监测设备与系统。对监测设备、系统、传输网络进行管理与维护，不仅要保障数据采集与传输工作正常进行，而且要保证信息的全面性与准确度。

（二）事发工作流程

在公共安全问题发生时，监测与预警工作可分为事前、事中、事后三个阶段。①

(1) 事前。通过各方面数据的采集与分析，及时发现征兆并进行重点分析和研究判断。根据研究判断的结果对风险进行初步定级，并上报监测与预警领导小组。监测与预警领导小组可根据实际情况，组织专家组进行会商，形成预警定级最终结果并上报专项指挥部。预警信息发布部门会根据需要及时做好预警信息的对外发布工作。

(2) 事中。保持与应急机构及相关部门的协同，对公共安全事件的发展状态进行跟踪监测，并不断对其发展趋势进行预测、上报。特别要对公共安全事件可能造成的次生、衍生危机进行预测，并通报相关部门。预警信息发布单位要密切关注公共危机发展变化

① 张永理.公共危机管理[M].武汉：武汉大学出版社，2015：129.

情况，并依据事态变化情况和专家顾问组提出的预警建议适时调整预警级别，将调整结果及时通报各相关部门；在公共安全事件结束后及时对外发布预警取消信息。

（3）事后。对监测与预警工作进行总结，将信息数据归入知识库，作为未来监测与预警工作的参考依据。

五、监测与预警的先进管理模式

当前，国际形势和社会结构越来越复杂，信息传播也十分迅速，应对公共安全问题已经不是某一个国家的问题，而是各国政府面临的挑战。在实践过程中，各国都根据自己的国情形成了不同的公共安全监测与预警管理模式。这些模式为我国公共安全监测与预警管理工作提供了许多有益的借鉴。

（一）美国模式

美国的公共安全预警系统有完备的公共安全应急计划、高效的核心协调机构、全面的公共安全应对网络、发达的应急文化和健全的法律体系作为后盾，可以对整个公共安全监测与预警过程进行科学部署，使政府部门职责清晰，公共安全预警工作有条不紊。

（1）完备的公共安全应急计划。在公共安全管理过程中，最重要的是预防，需要“未雨绸缪”，美国在这方面的工作值得借鉴。美国在事前阶段制定了纲目并举的操作计划，既有总体上的联邦应急计划，也有具体针对特殊性质公共安全事件的运作纲要。联邦应急计划具体阐述了公共安全问题应对中的政策、预案涉及的前提、运作纲要、应对和恢复行动，以及各联邦政府部门和各机构的职责，适用于所有联邦机构，并规定了公共安全事件应急处理的政策和程序、联邦与州的协调机制以及联邦的能力和责任。

（2）高效的核心协调机构。美国的联邦紧急事务管理署是公共安全管理中的重要决策、协调和执行部门，在危机管理中发挥着首要协调部门的作用。当遇到重大紧急事件时，它可以直接向总统府报告并处理国家灾情，在联邦政府、州政府、地方政府、私人商业部门和社会志愿者之间架起桥梁。联邦紧急事务管理署已经成为政府最高领导处置事件的指挥司令部，建立了集军队、消防、医疗、民间救难组织等一体化的指挥、调度体系，一旦发生重大灾害即可迅速动员一切资源，在第一时间进行支援工作，将灾情损失降到最低。

（3）发达的应急文化。长期以来，美国重视对提高公民应急意识和应急能力的教育，积极进行公共安全应急知识的宣传和应急能力的教育培训、演习。塑造发达的应急文化已经成为美国公共安全管理的一项重点工作。例如：国家安全委员会把六月定为美国的全国安全月，并制定不同的主题进行宣传；重视学校危机教育，将食品安全、急救训练、应急逃生措施等教育内容纳入课堂；重视安全人才培养，在美国大学里设立了国土安全、反恐和灾难处理等专业，以适应国家对安全方面人才的需求；重视安全意识宣传，宣传教育的内容具体性、针对性、操作性较强。

（4）先进的应急平台体系。在美国，制定应急预案和应急计划都可以通过应急平台来完成。美国的应急平台体系是高新技术的综合集成，具备风险分析、监控监测、预测预警、动态决策、综合协调、应急联动与总结评估等功能。运用最新的科技搭建的可以纵横通联的国土安全信息网，具备安全隐患和威胁状况的分析功能和超强的地理空间信息支持，可以通过卫星技术得到相关地点的图像并发布国土安全咨询报告和通告。

（5）健全的法律体系。美国在灾害应急处理方面有《美国灾害救助和紧急援助法》，紧急状态应对方面有《美国全国紧急状态法》,反恐方面有《美国移民与归化法》等。除此之外,美国还制定了其他有关紧急状态或突发事件应急处理的法律和有关行政命令等,数量庞大、内容具体。这些法律都为美国公共安全管理提供了坚强的法律保证。

(6)注重社会参与。美国政府依托政府之外发达的社会组织系统,建立了一整套社会参与机制,比如:提高公民危机意识和应急能力,鼓励公民参与监测与预警工作;注重发挥社区自治组织的作用,延伸政府公共预警能力;重视志愿者组织力量,协助监测预警工作的开展。全社会参与的公共预警与应急网络系统在公共危机管理中发挥着重要的功能。

(二)日本模式

日本是世界上自然灾害最为频繁和严重的国家之一。也正因如此,日本公共安全预警机制比较完善。

(1)健全的法律体系。日本拥有各种公共安全管理法律40多部,具体包括:《日本自然灾害对策基本法》《日本大规模地震对策特别措施法》《日本原子能灾害对策特别措施法》等。除此之外,地方法规也相当完善。

(2)成熟的预警管理机制。日本的公共安全管理机制主要体现在政府职能部门的协调、沟通与管理方面。以法律为依托,内阁总理大臣为最高指挥官,内阁官方来协调不同机构、部门之间的联系,中央各部门例如防卫省、消防厅、警察厅等给予必要的配合。日本在各级政府都建立了一套运转高效的公共危机预警机构。公共安全问题发生时,可以根据危机类型选择相应的应急计划和政府职能部门。日本形成了以首相为最高长官的运转效率高、职能明确,既有政策制定机构,又有政策研究咨询机构的公共危机预警管理体系。

(3)先进的预警设备和技术。为了提高日本的公共安全预警能力,日本对预警设备和技术的配置非常重视。以预警部门的信息化设备为例,日本在首相官邸设置了联通各相关省厅的热线、卫星携带电话、紧急集团电话等通信设备和大型液晶投影设备等;在负责收集、整理、分析的各相关部门设置了提供情报的情报汇总中心,配备了不易干扰、最先进的情报通信设备,能召开电视会议、传送图像、地图信息等数据。

(4)高度信息化的应用。日本有充沛的信息资源和发达的信息技术。高度信息化给予公共安全预警、监测和控制很大的技术支持。创新公共安全管理方式,将信息技术和公共安全预警相结合,这使公共安全管理过程更加有效。

(5)重视公民预警意识和技能的培养。日本非常重视对公民公共安全预警意识和技能的培养,设法通过各种途径宣传预警知识和技能。例如:在日本,随处可见公园、绿地等公共设施避难所的标识牌,引导居民在发生危险时以最短时间、最快的速度到达安全场所;日本政府还出资修建了很多防灾体验中心,免费向公民开放;在卡通片的片头安排10秒钟左右的防灾知识广告;在学校和社区分发相关防灾宣传册等。日本政府良好的公共安全预警教育培训工作,使得民众对于公共危机发生时可能出现的情况、预防要领等知识了如指掌,可以最大限度减少人员伤亡。

(三)俄罗斯模式

自苏联解体后,俄罗斯经历了政治危机、经济危机、车臣危机等,在应对各种公共危机的过程中,俄罗斯逐步形成了自己的公共安全管理机制。

(1)预警法律体系。俄罗斯最早有关公共安全预警的法律可以追溯到1990年的《苏联紧急状态法律制度法》和1991的《俄罗斯苏维埃联邦社会主义共和国紧急状态法》。1991年6月独立后，为了更加有效应对公共危机，俄罗斯相继颁布了很多有关法律。例如，《紧急事件和救援服务以及救援者地位法》《俄罗斯联邦紧急状态法》等。其中，《俄罗斯联邦紧急状态法》于2001年5月签署通过，这是俄罗斯迄今为止影响最为深远的公共安全法律，类似于《美国全国紧急状态法》。该法对紧急状态的宣布、开始及终结过程、期限等均作出了严格的规定。

(2) 预警管理体系。俄罗斯公共安全预警管理体系的特点是“大总统、大安全”。“大总统”指的是俄罗斯总统强大的权力。俄罗斯总统不仅是国家元首与军队统帅，还拥有立法权。总统是预警管理系统的核心，拥有至高无上的权力，任何公共安全预警的行动和方案必须经总统同意；而政府只是在某种程度上执行总统的指令，并没有决定权。“大安全”是指俄罗斯设置有专职的国家安全战略的重要机构——俄罗斯联邦安全会议。俄罗斯联邦安全会议是负责国家公共安全决策的最高机构，设有12个部门委员会：宪法安全、国际安全、信息安全、经济安全、生态安全、社会安全、国防工业安全、独联体安全、边防政策、居民保健、动员与动员准备、科学委员会等，几乎覆盖了国家安全的所有领域。另外，俄罗斯其他政府部门，例如紧急情况部、联邦安全局、联邦边防局等政府机构也承担着相应的职责。

第四节　应急处置与救援

公共安全问题的处置与救援是公共安全管理的重要环节之一。公共安全问题发生后，管理部门应当根据问题的原因、性质、特点和危害程度，迅速组织各方面力量，调动各种应急资源，及时对公共安全问题进行有效处置，并积极开展救援工作，尽可能地减缓和消除其对公众生命、健康与财产的损害。

一、应急处置与救援的内涵

应急处置与救援是指当公共安全问题发生时，应急处置部门为保障社会公众的生命和财产安全，减少公共安全问题发生所带来的负面影响，所采取的一系列应对行动和措施。

应急处置与救援是公共安全管理过程中事中阶段的反应，是公共安全管理中非常重要的阶段，直接影响着公共安全管理效果的好坏。应急处置与救援包括先期处置和应急响应两部分。先期处置是指在公共安全问题发生后，事发单位或组织在向政府上报的同时应该进行初步应对，避免公共安全问题的危害进一步扩大。应急响应是指各级政府在收到上报信息后，根据公共安全问题的性质和严重程度，判断级别并启动相应的应急预案，开展应急处置与救援工作。应急处置与救援面对的是典型的时间紧、信息缺、任务重且决策质量要求高的工作环境，因此越是及时控制越能减少损失。公共安全问题发生后，必须在第一时间采取措施控制事态发展，减少负面影响。

二、应急处置与救援的基本原则

为了提高公共安全问题应对的效率和效果，降低公共安全问题造成的损失，在应急处置与救援中必须遵循以下五个原则。

（一）以人为本，生命第一

在应急处置与救援时要把保护和挽救公众生命安全作为公共安全管理的首要责任。要坚持“先救人，后救物”的原则。因为物是为人服务的，且绝大部分物都是可以重建和恢复的，而人的生命只有一次，逝去就不可复生。如果遇到特别重大的公共安全问题，影响到生命健康的人数过多、处置措施确实无法避免人员伤亡的情况下，应该使“无伤亡代价”原则让位于“最小伤亡代价”原则。只有这样，才能更好地保护群众的利益。

（二）积极应对，快速高效

公共安全问题的破坏性和连带性，要求应急处置与救援必须快速及时。公共安全问题发生后，能否尽快控制住事态的发展，使危害不扩大、不升级、不蔓延，是应急处置的关键。因此，公共安全管理者必须在最短的时间内调查事故原因、评估危害范围和事态发展方向，制定出最佳的解决方案，及时进行应急处置与救援，降低公共安全问题发生所带来的影响。特别是在应急救援中，时间就是生命，突发事件发生后的 72 小时是救援的黄金时间。研究表明，幸存者第一天有 80%的生还可能，第二天剩下 53.4%，第三天只有 34.8%。时间越长，生还的可能性越小，因此必须抓紧时间抢救生命。政府肩负着公共事务管理的职责。当公共安全问题发生后，无论是否为政府日常管理职责，政府都有义务保护社会公众的安全和利益。因此，一旦发生公共安全问题，政府必须采取积极的态度，主动应对，以赢得公众的理解与信任，掌握事件处置与舆论引导的主动权。即使政府需要对事件的发生负责，也会因其积极主动的态度而缓解公众问责的压力。

（三）主动公开，实事求是

公共安全问题一旦发生，就会引起社会公众的高度关注，如果不及时、如实公布相关信息，难免使社会公众产生各种猜测和怀疑，散播各种虚假、不真实的信息。主动公开、实事求是，是政府取信于民、凝聚人心的最佳手段。这样不仅能有效地减少公民的疑虑、消灭小道消息的生存空间，安抚和稳定人心，有利于民众配合政府的应急工作，也有助于应急处置和救援工作的开展。掩盖事实、弄虚作假的情况如果被揭穿，不仅会增加应急处置与救援的难度，政府的公信力也会受损。因此，要如实地公布公共安全问题发生的原因、严重程度、政府已经采取了哪些措施、现在的处理状况以及最新的事件发展状况；用权威真实的声音占领宣传的主阵地，安抚民心，消除谣言与小道消息，减少社会公众的疑虑。

（四）协同合作、科学应对

在公共安全问题的应急处置与救援过程中，需要参加的部门和人员比较多。各主体因工作性质、职责不同，故利益取向会有差异，在处置与救援过程中介入的方式和程度也有所不同。如何组织、指挥和协调这些部门进行协同合作，形成政府主导下的多元主体参与的应急处置与救援管理机制则显得十分重要。只有形成高度集中、统一领导与指挥的应急管理指挥系统，实现资源整合，才能避免各自为战，确保政令畅通。

科学应对就是要尊重和依靠科学，对公共安全问题进行专业处置。在应急处置与救援过程中，要充分利用专业人员的知识、技术、装备和专家“外脑”的作用，进行科学应对，实现公共安全问题的专业处置。科学应对可以使公共安全问题的应急处置与救援能够依法、科学、有序地进行，进而减少不必要的生命、财产损失。

（五）合法性与应急性相结合

合法性原则是公共安全管理部门在紧急状态下进行应急处置与救援必须遵守的原则。即使是在应急状态下，一切应急活动均应受到法律的约束，不能采取与法律相抵触的应急处置措施。

应急性原则是合法性原则的必要补充。在紧急情况出现时，为了及时有效地避免危害的进一步扩大，政府可以依据应急性原则行使行政紧急权进行特事特办，简化应急救援与处置的措施和程序，用最短的时间控制事态的发展，最大限度地减少公共安全问题所造成的损失。必须注意的是，这些非常措施必须符合紧急状态下的法律制度。如果紧急状态下因法律规范缺位导致无法可依时，指导人们行为的最高准则应该是公共利益。不受任何限制的行政紧急权容易被滥用，这是合法性原则所不允许的。总之，应急性原则要在合法性原则的基础上兼顾并侧重应急工作效率，应该是合法性原则指导下的规范性应急，而非突破合法性原则的盲目应急。

三、应急处置与救援的现场指挥

现场指挥是公共安全管理工作中内容最复杂、任务最繁重的部分。它是应急决策与处置的纽带，也是整个应急管理的核心环节，在一定程度上决定了应急处置的效率与质量。科学合理的现场指挥，不仅能大大降低公共安全事件造成的损失，对后期减控直接和间接损失都有重要意义。

公共安全事件的指挥与控制，一般指公共安全事件发生后的人员管理、信息分析和决策。在实施应急救援过程中，必须有人负责全面指挥。

（一）现场指挥中心

现场指挥中心是指在现场应急处置与救援过程中，由相关部门组织的、临时性应对突发公共事件的决策、指挥与处置机构。它应由各级领导、专项指挥部、各相关部门、事故处理专家组成，必须具备通信、预警、灾情评估和监视、确定行动程序、协调及分配救援力量、管理公众信息与新闻媒介等多方面的功能。

（二）现场指挥中心的职责

现场指挥中心与应急指挥中心的不同之处在于，现场指挥中心偏重于事故现场的应急救援指挥和管理工作。现场指挥中心的职责如下所述。

（1）确保应急计划的实行，监督应急行动的快速有效性，全面启动所有适当的程序和应急措施。

（2）根据突发事件的进展、相关工作预案和领导指示，组织、指挥参与现场救援的各单位，迅速控制局势，力争把损失降到最低。

（3）检查并有效控制事故现场范围内应急人员的调动和资源供应，确保有充足的物资投入到应急救援工作中。

（4）实施属地管理，组织公安等相关部门，做好交通保障和人员疏散和安置工作，维护好社会秩序。

（5）应在事故现场与事故指挥员、支持保障部门、信息管理部门之间建立并保持必要的通信联系，做好突发情况的应急准备。

(6) 及时掌握和报告重要信息，研究制定紧急处置情况处理方案并报本级或上级应急管理机构。现场指挥部应随时跟踪事态的进展情况，一旦发现事态有进一步扩大的趋势，有可能超出自身的控制能力，应立即向上级政府发出请求，由上级政府部门协助调配其他应急资源；同时，及时向事件可能波及的地区通报有关情况，必要时可通过媒体向社会发出预警。

建立科学有效、标准规范的突发事件现场指挥制度是做好突发事件应对工作的重要前提和基础。当前，德国、美国、加拿大、澳大利亚、日本等国家及国际组织都在加强或推动突发事件现场指挥制度的建设工作。目前，我国有的地方开始了突发事件现场指挥员制度的一些探索，但是由于缺乏国家层面对突发事件现场指挥制度的整体设计，所以在突发事件的现场指挥中仍存在一些难题亟待破解。从国家宏观层面来看，《突发事件应对法》第四条规定，国家建立统一领导、综合协调、分类管理、分级负责、属地管理为主的应急管理体制。但是该条规定并没有对突发事件现场指挥体制和职责加以明确。而在一些重特大突发事件应对的现场工作中，由于现场处置工作往往具有行政层级多、参与部门多、涉及领域广、管理对象复杂等特点，现场指挥中的协调和关键决策工作非常困难。从突发事件现场指挥的具体实践看，普遍存在现场指挥编组不统一、现场管理流程不规范、协调工作不清晰、指挥人员素质参差不齐、现场处置工作缺乏科学指南等问题。上述问题严重制约了突发事件现场管理工作的有效开展。当前，要高度重视突发事件现场指挥制度建设工作，加强突发事件现场指挥制度的整体设计，设计和建立全国统一的规范化、标准化的现场指挥架构和规范，加强现场指挥人员队伍建设，建立突发事件现场标识系统和资源管理制度，加强相关保障制度建设。

四、应急处置与救援的流程

将应急处置与救援工作流程化、科学化，有助于提高紧急事态下救援处置工作的效率。根据《国家突发公共事件总体应急预案》和救灾实践经验，应急处置与救援工作应该遵循以下基本流程。

（一）接警和初期研判

当各级公共安全管理机构以及 110、119、120、122 等报警台接到警情上报时，必须认真了解公共安全事件发生的详细情况，具体应该包括事情发生的时间、地点、性质、规模、人员伤亡、财产损失等情况；同时，要及时进行跟踪、核查、研判事态发展趋势。报警情况得到初步核实后，要在第一时间发出预警信息和警报。

（二）信息报告

应根据公共安全事件的严重程度及时向有关部门和领导报告。相关部门和领导在接到报告后，要尽快根据收集上来的信息进行初步判断，确定突发公共安全事件的级别和影响范围；当所发生的公共安全问题超出自身管辖范围时，应迅速向上级机关报告。特别重大或者重大突发事件发生后相关部门应立即报告，从事件发生到报告国务院最迟不得超过 4 小时。除此之外，在应急处置过程中，相关部门也要继续及时汇报事态发展情况与救援工作中遇到的问题。

（三）先期处置

按照属地管理原则，不论发生哪一级别的公共安全问题，事发地的人民政府或有关部门在迅速上报的同时，必须根据自己的职责和权限范围进行先期处置，阻止危害的扩大与升级，减少社会公众的生命财产损失。

（四）启动应急响应

公共安全事件的级别确定后，应急指挥机构和政府应根据事件的级别及时启动相应的应急预案。根据我国《突发事件应对法》以及其他相关法律法规的规定，一旦宣布启动应急预案中的应急响应程序，各有关部门都应该根据相关规定承担起应急职责，迅速成立现场指挥中心和专家组赶赴突发事件现场，调动应急救援队伍和应急救援物资支援现场处置行动。

（五）制定应急处置与救援方案

制定应急处置与救援方案要面临的约束条件十分苛刻：时间紧迫、信息有限、人力资源紧缺且技术支持缺乏。在这种情况下，要制定出恰当且科学的处置措施和救援方案，极为不易。决策者是否具备科学决策能力、驾驭全局能力、开拓创新能力和丰富的经验是应急决策能否成功的关键。

（六）实施应急处置与救援方案

应急处置与救援方案制定以后，相关部门及人员应该立即着手执行该方案。各部门应在应急指挥中心的统一领导下，各司其职，协调联动，开展人员救助、警戒与交管、工程抢险、医疗救护和人员疏散等应急处置与救援工作。

（七）调整处置与救援方案

应急处置与救援方案不可能预见公共安全事件发展过程中的所有问题，需要在实施过程中，根据具体情况，不断进行调整。在调整的过程中，要重点做到以下几个方面：一是要根据事态发展情况持续地进行信息收集和分析；二是要注意征求和听取相关专家的意见；三是要及时地向上级部门汇报调整信息，并将调整方案及时告知参与处置救援的部门和人员。

（八）临时恢复

救援行动完成后就进入了临时恢复阶段。临时恢复阶段的工作包括现场清理、人员清点和撤离、警戒解除、善后处理等。

（九）应急处置与救援结束

当局势得到控制、危险因素得以消除后，相关处置与救援措施会相应停止。例如，取消现场指挥部、发布相关信息告知公众等。

五、应急处置与救援措施

当突发公共安全问题时，为了更好地开展应急处置与救援工作，保护公民的生命、财产与健康，政府可以依法采取各种应急措施。

（一）应急处置与救援措施的性质、实施依据

应急处置措施可能会带有强制性，也可能会限制一部分公民或组织的权利，但其性质

是国家行政机关采取的强制性行政手段，是一种行政行为，其根本目的是保护人民生命财产安全，维护国家安全、公共安全、环境安全和社会秩序。一旦威胁和危害得到控制和消除后，履行统一领导职责或者组织处置工作的人民政府应当停止相关的应急处置措施。从性质上来说，应急处置措施是一种暂时的强制性行政应急措施。

应急处置与救援措施具有明显的紧急性、强制性，在应急救援与处置的过程中很容易伤害到社会公众的合法权益。因此，行政机关对应急处置措施的采用，必须以法律为实施依据。我国目前的应急法律规范体系，除了《突发事件应对法》《国家突发公共事件总体应急预案》等应急一般法律外，就突发事件的不同类别而言，有关紧急状态的法律规范有《国防法》《戒严法》《兵役法》《人民防空法》等；有关自然灾害的法律规范有《防震减灾法》《防洪法》《森林法》《草原法》等；有关事故灾难的法律规范有《消防法》《民用航空法》《安全生产法》《矿山安全法》《道路交通安全法》《民用运输机场应急救援规则》《铁路行车事故救援规则》《核电厂核事故应急管理条例》《危险化学品安全管理条例》等；有关公共卫生事件的法律法规有《传染病防治法》《突发公共卫生事件应急条例》《传染病防治法实施办法》《食品卫生法》《食物中毒事故处理办法》等；有关社会安全事件的法律规范有《戒严法》《民兵战备工作规定》。另外，我国还是《制止恐怖主义爆炸事件的国际公约》《打击恐怖主义、分裂主义和极端主义上海公约》的缔约国。

（二）非社会安全类事件的应急处置与救援措施

依据《突发事件应对法》第四十九条的规定，自然灾害、事故灾难或者公共卫生事件发生后，履行统一领导职责的人民政府可以采取下列一项或者多项应急处置措施。

1. 救助性措施

我国公共安全事件应急处置和救援的原则首先是“以人为本”，将社会公众的生命安全放在首位。在危机已经来临可能危及公民生命、健康时，应急管理部门必须有效地组织人员对处于洪区、疫区、火灾区、放射区、地震区等灾区的公民进行营救、疏散或组织撤离；将在危险区域内受到威胁的人员转移到安全地带，并妥善安置；解决受到威胁人员急需的衣、食、住、行等问题。在应急处置与救援过程中要先避险，后抢险；先救人，后救物。

2. 控制性措施

非社会安全类公共安全事件发生后，应急管理部门应当根据危险源、危险区域和所划定的警戒区逐层实施有效的控制。危险源是危险物品大量聚集的地方，例如被传染病病原体污染的公共饮用水源、易燃易爆物品、危险化学品、放射性物品存放地。这些危险源具有较大的危险性，在自然灾害、事故灾难、公共卫生事件发生后，应当及时予以控制。同时，要标明危险区域，封闭可能造成传染病扩散的场所、对传染病疫区的危险场所，划定警戒区，实行交通管制，限定部分人员出入，为应急处置与救援创造一个比较有利的外部环境。这样不仅能防止危害升级，也能使应急救援队伍、装备、物资等顺利到达事发现场。

3. 保障性措施

公共安全事件发生后，基础设施部门应当立即抢修被损坏的交通、通信、供水、排水、供电、供气、供热等公共设施，因为现代社会的正常运转高度依赖于基础设施。基础设施的恢复不仅有利于减少灾害损失，而且有利于生活、生产以及整个社会秩序的恢复。在应急处置与救援过程中，要向受到危害的人员提供避难场所和生活必需品，给予受灾人员生活和物质帮助;应实施医疗救护和卫生防疫措施,使灾区人民可以得到及时医治,实现大灾后无大疫。

4. 预防性措施

在公共安全事件处置过程中,公共安全管理部门不仅要着力减轻已经造成的损害,还要对有关设备、设施以及活动场所潜在的风险进行排查,并采取有效的预防性措施,防止社会公众蒙受新的损失。例如,火灾发生后要截断电力、可燃气体和液体的输送,限制用火用电。传染病发生后,为防止疫情的传播,限制或停止集市、集会、影剧院演出或者其他人群聚集的活动,并及时停工、停业、停课等。此外,应急管理部门要防止各种次生、衍生事件的发生,比如自然灾害引发的群体性事件。预防性措施对保护人民的生命健康和财产安全是必要的。

5. 动员性措施

公共安全事件的应急处置与救援不能缺少强有力的资金、物资和人力支持。公共安全管理部门需要启用各级政府的财政预备和应急物资储备。必要时,也可开展社会动员,紧急征用企业、社会所储备的物资、设备、设施、工具,在应急工作结束后给予被征用单位和公民适当的补偿。同时,可以广泛动员社会公众,特别是有特定技术专长的公民,在公共安全应急处置与救援的过程中发挥自己独特的作用。

6. 稳定性措施

公共安全事件发生后,商品供应会出现短暂的稀缺,要防止不法分子囤积居奇、哄抬物价、制假售假等扰乱市场秩序的行为。要稳定市场价格,维护市场秩序,避免不法分子利用公共安全事件造成的混乱局面进行违法犯罪活动,保证干扰应急处置工作的顺利开展。因此,公共安全管理部门应协调国家执法机关,采取有效的稳定性措施,严厉打击违法犯罪活动,为公共安全事件的应急处置与救援营造一个良好的外部环境。

(三) 社会安全事件的应急处置与救援措施

依据《突发事件应对法》第五十条的相关规定,社会安全事件的处置措施主要包括以下五种。

1. 强制隔离措施

强制隔离措施是指针对群体性事件等社会安全事件采取的措施。隔离,就是要将相互冲突和对抗的当事人置于不可能再发生冲突的地方。当社会安全事件发生时,公共安全管理部门根据事件的性质和危害程度,协同公安机关,依法进行强制干预,将冲突双方隔离,有效地控制现场事态,维持正常的社会秩序。

2. 保护控制措施

保护控制措施是指对重点设备设施实施安全保护的措施。当社会公共安全事件发生后,可能会对特定区域内的建筑物、交通工具、设备、设施和能源系统进行破坏,因此需要对其进行重点保护。燃料、燃气、电力、水等物质的供应关系着千家万户,涉及国计民生,应急管理部门应协调公安部门,对其采取必要的控制性措施,予以安全保障,防止因社会安全事件的发生造成不必要的破坏。

3. 封锁限制措施

社会安全事件发生后，为了维护社会治安秩序，公安部门要进行现场管制，对出入封锁区域人员的证件、车辆、物品进行检查，限制有关公共场所内的聚众活动。封锁限制措施的实施有助于及时维持处置现场秩序，抓获犯罪嫌疑人，避免新的社会安全事件发生。

4. 重点保护措施

重点保护措施是指对国家重点部门的保护措施，在社会安全事件发生后，要对国家机关、军事机关、广播电台、电视台、外国驻华使馆进行保护并设置临时警戒线，防止上述部门受到冲击。上述国家重点部门经常是公共安全事件公众表达利益诉求和发泄不满情绪的对象。国家的重点部门不仅是敏感地点，而且具有较高的象征性价值，容易成为恐怖袭击等暴力活动的对象。因此，在处置社会安全事件的过程中，要重点加强对以上部门的保护工作。

5. 其他合法措施

由于公共安全事件的处理措施是多种的，在必要的情况下，可依照法律、行政法规和国务院的规定，采取以上几种措施之外的其他措施。此外，为保障国家经济安全，我国制定了银行、证券、保险、税收、外汇等经济方面的法律、法规，建立了各种经济调控措施和监管制度，规定了各种宏观调控时采取的措施。当公共安全问题严重影响国民经济正常运行时，国务院或者国务院授权的有关主管部门可以采取保障、控制等必要应急措施，保障人民群众的基本生活需要，最大限度地减轻突发事件的影响。

第五节　恢复与重建

一般认为，在公共安全事件的事态得到有效控制，不会再对生命和财产造成大的损害后，公共安全管理应进入下一阶段——恢复与重建。但实际上，应急处置与救援阶段、恢复与重建阶段之间的界限比较模糊。在应急处置与救援阶段，交通、通信、供电、供水等基础设施对抢险救灾十分重要，需要优先考虑。因此，恢复与重建活动实际上在应急处置与救援阶段就开始了。

在我国现有的公共安全管理框架下，切实加强事后恢复重建机制建设，提高政府在公共安全事件事后的恢复重建能力，对最大限度地减少公共安全事件造成的损害，尽快恢复经济社会秩序，维护群众的切身利益和社会稳定，促进经济社会全面、协调、可持续发展，具有重要意义。

一、恢复与重建的含义及内容

恢复与重建是消除公共安全事件短期、中期和长期影响的过程。从字面上看，它主要包括两类活动：一是恢复，使社会生产生活运行恢复正常状态；二是重建，对因灾害或灾难影响而不能恢复的设施进行重新建设。

（一）恢复与重建的含义

恢复与重建主要包括四类活动：第一，最大限度地限制灾害的升级，尽可能地降低灾害所带来的损失；第二，弥补灾害给社会、心理、物质和环境带来的损失或创伤；第三，抓住机遇，进行调整，满足人们对社会、经济、自然和环境的需要；第四，减少或降低未来社会所面临的风险。以上几个方面已经基本阐明了恢复与重建的含义。归结起来，恢复与重建就是一个逐步消除突发事件短期、中期和长期影响的过程，不仅意味着补救，还意味着发展。

（二）恢复与重建的内容

公共安全事件的恢复与重建主要包括物质影响、社会影响、心理影响和环境影响四大方面的内容。

1. 物质影响

公共安全事件最直接的影响就是造成社会公众生命财产损失，所以对物质影响的恢复与重建应该是恢复重建工作中的首要内容。物质的恢复与重建主要包括基础设施的恢复与重建、公民生命安全的关注、公民财产补偿等几方面。基础设施恢复主要是对被破坏的住所、交通要道、通信设施等为居民生活和社会生产提供公共服务的物质工程设施的恢复和重建。公民生命安全的关注主要指依靠医生、救援组织及有关专家对受伤群众进行救助和治疗。对公民财产的补偿在恢复和重建阶段有三种方式：一是社会各界的支持和救援，通过社会捐款等方式为受灾地区及其群众筹集资金；二是保险的支付和赔偿；三是政府主导的重建工作。①

2. 社会影响

公共安全事件发生后，受灾群众往日生活的社会秩序会遭到一定程度的破坏，最基本的生活方式将受到冲击或者改变，人与人之间的社会支持网络将会发生变化。恢复公共安全事件带来的社会影响，则应该从制度安排的角度为受灾人员、受灾组织和受灾地区提供更为长远的恢复机制。

（1）建立受灾情况调查评估制度。做好恢复与重建工作，首要任务是对受灾地区的具体情况进行调查评估，例如调查受灾范围、损失的性质、程度等。

（2）建立全面的恢复与重建计划。经过对受灾情况的科学评估，建立全面的恢复与重建计划。具体应该包括对受灾地区的住房、道路、通信、水电供应等基础设施的重建和对受灾人群财产、健康等方面的恢复。

（3）建立相应的职责体系和法律规范。明确政府和公共组织的具体职责，建立恢复与重建工作相关的法律规范。保证恢复与重建的每一个步骤都在法律规范的范围内实施，一方面能够保障社会公众的权益，另一方面有助于政府及有关组织更好地发挥恢复与重建的职能。

（4）建立对受灾人员的专项救助计划。对受灾群众的专项救助计划包括对受灾人群的保险理赔、再就业指导、面对受灾群众的社会捐助、政府补偿等。这些措施能够帮助受灾地区群众迅速恢复正常的生产和生活。

3. 心理影响

由于公共安全事件的突发性和破坏性，很容易对受灾人员的心理带来明显的冲击或

---

① 张永理，李程伟. 公共危机管理[M]. 武汉：武汉大学出版社，2010：175.

创伤。尤其是当灾害导致一部分人失去亲人或朋友时,会给幸存者带来巨大的精神打击,造成永久的伤害和心理阴影,难以抹去。对于此类人员进行心理干预和心理救助是灾后恢复与重建工作的重要内容,体现了现代政府和社会更多的人文关怀。

4. 环境影响

公共安全事件的破坏性。可能会导致对灾区生态环境的破坏。例如,地表的植被、地形地貌遭到大面积的植被破坏;水质被污染,原有生态系统失去平衡,生物多样性受到严重影响;产生大量废物、垃圾等污染物。在恢复与重建过程中,要采取有效措施加大对环境整治的投资力度,对环境恢复工作进行规范化管理,落实环境恢复补偿制度,恢复灾区生态环境。

二、恢复与重建的原则

恢复与重建是由政府主导,社会多元主体共同参与的公共安全管理行为。为了高效、有序地开展对公共安全突发事件影响人群的生命救护、基础设施重建、社会经济秩序恢复、灾后心理干预、生活救助、损失补偿等活动,快速消除公共安全事件的影响,在恢复与重建过程中,应当遵循以下六个原则。

(一)政府主导,公众参与

在公共安全事件的事后恢复与重建过程中,必须坚持政府主导、公众参与的基本原则。通过强有力的政府主导作用,可以保证在短时间内调动各种资源,组织各方力量尽快投入恢复灾区生产生活秩序的活动中去,以最快的速度消除灾害所带来的影响。同时,政府在恢复重建阶段也要积极开展社会动员,鼓励灾区群众参与灾后自救互救,号召其他地区的公众向灾区捐款捐物。

(二)全面恢复,重点突出

恢复与重建不仅需要整体规划,全面消除灾害对社会、环境、经济乃至社会公众心理的影响,而且要突出重点,着重恢复与重建影响人们生产生活和可持续发展的重点领域和至关重要的生命线系统,做到将有限的人力、财力、物力有重点地投入。

(三)公平公正,关注弱者

在恢复与重建过程中,必须遵循公平公正的原则。每一个阶段的每一个环节,都要及时向社会公开,尽可能地征求公众意见,公平公正地对灾区社会公众进行救助。当然,不同的地区、不同的人群面对同样的灾害,因为脆弱性高低不一,其受损程度也就不同,应该区别对待。特别是对老人、儿童、残疾人等弱势群体,经济欠发达地区,受灾严重地区等应该适当倾斜,给予足够关怀。

(四)生产自救,多样补偿

在恢复与重建过程中,灾害损失补偿是非常有必要。启用经济补偿仅仅可以在短期保证受灾人民的基本生活权益,避免灾民因灾陷入困境,恢复被灾害打乱的生活与工作秩序,避免社会失控。从长远来看,更应该鼓励灾区民众自力更生,自觉地展开生产自救,避免一味依赖政府救助。因此,应启动多样化补偿机制。例如,可以为灾区人民提供一些政策优惠(创业支持、贷款优惠、减免税收、就业技术培训、社会保险等),使补偿形式多样化,帮助灾区人民增强自我救济的能力，使其尽快地恢复生产、生活秩序。

（五）注重效率，兼顾质量

公共安全事件的发生不仅会带来巨大的经济损失，而且会带来很多社会不稳定因素。因此，提高灾区恢复重建效率，在最短时间内恢复灾区人民的生产生活，极其重要。当然，在加快进度，注重效率的同时，还必须保证质量，因为质量才是生命线——任何恢复重建项目，如果质量出了问题，可能会产生新的灾害，这本身也是一种巨大的资源浪费和低效率活动。

（六）立足当前，兼顾长远

恢复与重建工作不能仅仅是为了消除某一次灾害的消极影响，还应该总结经验，吸取教训，增强灾区的防灾、减灾和可持续发展的能力。因此，在恢复与重建过程中，不仅要立足当前影响的消除和需求的满足，还要从长远且可持续发展的角度来设计、实施重建项目。美国学者们所倡导的总体灾害恢复理念，指的是人们在灾害恢复与重建活动中，要注重改善生活质量，维护公共安全，抓住经济发展的机遇，保护生态环境，减轻自然灾害的风险。也就是说，在事后恢复与重建过程中，人们要善于抓住机遇，放眼未来，使灾害恢复成为灾区经济发展的新起点。

三、恢复与重建的过程

在恢复与重建中，应当遵循科学、合理的恢复程序，有计划、有步骤地推进恢复管理工作的实施。不同的公共安全事件有着不同的恢复过程，但大致都包括以下几个阶段：准备阶段、计划阶段、实施阶段、验收评估阶段、总结与反思阶段。

（一）准备阶段

准备阶段的主要工作是对受灾地区的状况进行全面评估。灾后评估是为恢复与重建方案的制定和具体实施提供数据支持，以确定恢复与重建所需要的资源、救助的种类与数量。评估阶段的工作流程为：

（1）组织人员。针对性质不同的公共安全事件，召集各自行业的专业人员，依据各自技术标准，组成核灾小组。

（2）资源准备。集合评估所需的一切资源，包括评估所需的设施设备、信息资源、资金等。

(3)评估活动实施。深入灾害现场，与当地政府合作，依据评估的技术化和专业化流程进行资料整理，提出评估报告。

（二）计划阶段

根据评估结果，结合相关预案规定，由各级政府和相关部门编制具体的恢复与重建计划。制订并实施科学、有效的计划可以使受灾地区尽快恢复生产、生活、工作和社会秩序。制订恢复与重建计划的要求是：

（1）履行统一领导责任的人民政府对公共危机的整个过程较为熟悉，能够更加准确地把握危机的性质、特点、严重程度和发展趋势。所以，恢复与重建计划由履行统一领导职责的人民政府制订。

（2）恢复与重建计划的内容应该重点强调基础设施和住房重建、事故善后处置、疫情防治、心理干预、灾区经济发展规划等。

(3) 恢复与重建计划对灾区的经济发展和灾区人民的生产生活影响巨大,必须征得上一级人民政府同意。恢复与重建计划经上级人民政府批准后,履行统一领导职责的人民政府应做好具体实施工作。

(4) 尽快恢复灾区人民的生产生活秩序是恢复与重建工作中最紧迫的任务。政府要组织、协调有关部门,尽快修复被损坏的交通、通信、供水、排水、供电、供气、供热等公共设施,帮助人们尽快恢复正常生活状态。对因公共安全事件而陷入生产经营困境的企业,要根据实际情况给予必要的支持和帮助,帮助其尽快恢复生产。

(三) 实施阶段

在计划的实施阶段,要积极开展社会动员,整合各种资源,严格执行恢复与重建计划,并严把项目质量关。同时,要在实施的过程中,根据灾区灾后的发展情况,不断地修改完善恢复与重建计划。在具体实施过程中,要广泛听取社会公众的意见,动员广大社会公众积极参与,做到群智、群策、群力。既要考虑到灾区经济发展建设的需要,又要考虑到公众对往日生活环境的归属情怀,做到既合情又合理。

在灾区恢复与重建工作具体实施过程中,要实现补偿与安置的公开透明化。要强化政府的内部监督和工作的外部监督,对于政府拨付的资金、物资及社会捐助,做到资金、物资的使用情况及时公布,账目清、情况明、有据可查、有条有理。

(四) 验收评估阶段

根据恢复与重建计划,按照国家规定的验收标准,逐项检查、评估与验收。对于不合格的项目依法问责,并要求返工。在评估时要做到:站在公共安全管理的整体高度,对整个恢复与重建工作进行评估;针对恢复与重建工作的基本过程进行评估;围绕恢复与重建计划中涉及的具体项目的开发、实施和验收过程进行评估。

(五) 总结与反思阶段

总结与反思阶段应站在公共安全管理整体的高度,对恢复与重建工作进行反思,并将经验和教训纳入未来防灾、减灾的规划中。

四、事后总结与改进

事后总结与改进虽是公共安全管理过程中不容忽视的环节,但在实践中却得不到人们的足够重视,常常被忽视。在公共安全问题处置结束后,应认真、全面、深入地总结其中的经验与教训。具体而言,要仔细梳理公共安全事件发生的现象和规律,总结管理过程中的有益经验;并把这些认识的成果不断运用到实践中去,从而不断改进应对公共安全事件的方法,提高应对能力。

(一) 事后总结的内容及步骤

1. 事后总结的内容

公共安全管理的事后总结要包含以下两方面的内容:一是对公共安全事件发生规律的认识进行反思,找出过去认识上的偏差和错误,不断提高风险识别与控制的能力;二是对公共安全管理过程进行总结,找出经验教训,为以后改进公共安全管理工作提供依据。

(1) 公共安全事件产生的原因与经过。履行统一领导职责的人民政府应当完整记录公共安全事件发生的时间、地点、外在表现、影响范围、持续时间、严重程度等要素，详细描述公共安全事件发生、发展、消除的整个经过，记录引起公共安全事件发展中的各项自然因素和人为措施。要在客观描述的基础上，通过各种技术手段及各类统计方法分析突发事件产生的原因。

(2) 总结公共安全事件应对过程中的经验教训。履行统一领导职责的人民政府应当对公共安全事件应对的全过程进行分析，主要包括制定的应急预案是否合理；采取的预防措施是否有效；应急准备是否充分；监测、预警系统是否能及时、准确地反映公共安全事件的情况；预警信息传达渠道是否畅通；应急处置措施和恢复与重建措施是否合理、合法；各阶段的组织体系是否运转良好等。

2. 事后总结的步骤

公共安全管理事后总结一般可分为三个步骤：

(1) 对公共安全管理过程进行全方位调查。此步骤包括对公共安全事件发生的原因、相关处置措施等进行全面、系统的调查，力求全面掌握真实可靠的资料。

(2) 总结和评估。此步骤是对公共安全管理工作进行全面评估和反思，包括对风险识别与减缓、危机预防、预警和预控系统、应急预案的制定与实施、应急处置与救援、信息发布、舆情管理、恢复与重建等所有环节进行总结，详尽列出公共安全管理工作中存在的各种问题。

(3) 根据总结出的经验教训进行整改。此步骤是对公共安全管理中存在的各种问题综合归类，分别制定出详细的、切实可行的改进方法和措施，并责成有关部门逐项落实。公共安全管理的经验教训应总结成书面的调查评估报告，并将报告公开或者上报有关领导和实际管理部门，为今后改进公共安全管理工作提供参考。

（二）相关改进措施

公共安全管理的事后总结，不仅有利于传承公共安全管理过程中的宝贵经验，而且有利于发现公共安全管理体制存在的问题及管理工作中的不足并及时改进。事后总结与改进就是要利用公共安全管理过程中所呈现的问题来改善今后的管理工作。

1. 加强危机意识教育

公共安全管理部门应当总结经验教训，更新组织观念。不仅应向组织成员灌输危机概念，强化其危机意识，而且要通过警示宣传、自救互救培训、学校教育、社会演习等方法对公众进行危机意识培训。政府要在以后的工作中将常态管理同公共安全管理结合起来。做好公共安全问题时刻都会发生的思想准备，在平时要积极有效地增进社会整体应对危机的能力。

2. 加强预案治理

首先，没有建立危机预案的要进行预案建设；其次，要根据在危机发生过程中按原定预案实施的情况进行效果分析和利弊评价；最后，要根据效果分析和利弊评价对原有的危机预案做进一步的完善。

3. 加强政策改进

公共安全问题的发生对于一个理性的政府而言，可以成为公共政策改进和完善的外部动力。公共安全问题发生后，政府要采取一切措施甄别公共安全事件的诱因，进而通过对事故原因的分析，总结公共安全管理工作中的不足。同时，也要了解政策受众群体合理的利益和要求，调整组织的政策导向与价值选择，把危机变成改善组织政策的回应手段和措施。

特别提示

本章重点介绍了公共安全管理过程中各阶段工作的任务、特点、应遵循的原则和应注意问题。

公共安全管理的最高境界就是要将灾难消灭在萌芽状态，因此预防与应急准备工作必须得到重视。预防准备阶段的主要工作是风险预防、应急准备、应急预案的制定与演练。应急准备工作要重点从应急设施设备建设、应急物资、应急救援队伍、应急通信、应急人才和技术等几个方面进行。在制定与实施应急预案时，要尽可能地考虑到科学性与可行性，避免过于教条或者避重就轻。

监测与预警可以在危机萌芽或初期及时发现征兆，并对其发展作出准确的预测和判断。及时采取有针对性的措施，能够防止危机的发生或升级，有效地控制事态的发展。监测与预警处于公共安全管理过程中的“前哨”地位，其功能主要包括预测功能、警报功能、评判功能、减缓与化解功能、教育功能等。监测与预警信息在发布和传播时要注意信息的权威性、公开性、及时性、准确性、可达且易懂性和持续性。

应急处置与救援是公共安全管理的核心环节之一，是在公共安全问题发生后，政府根据公共安全问题的性质、特点、危害程度等在第一时间组织各方力量，对公共安全问题进行有效处置和应对的一系列措施。应急处置与救援工作决定着公共安全问题管理效果的好坏。应急处置与救援工作应遵循的基本流程是：接警和初期研判、信息报告、先期处置、启动应急响应、制定处置与救援方案、实施处置与救援方案、调整处置与救援方案、临时恢复、应急处置与救援结束。

当公共安全问题局势得以控制，不会再对生命和财产造成重大损害时，就进入了公共安全管理工作的恢复与重建阶段。此阶段的主要任务是对灾害所造成的物质影响、社会影响、心理影响和环境影响进行恢复。这个阶段的工作将一直持续到所有系统基本恢复正常时。恢复与重建是全过程公共安全管理不可或缺的环节，对恢复经济社会秩序，维护群众的切身利益和社会稳定，促进经济社会全面、协调、可持续发展，具有深远意义。

同步思考题

1. 应急准备有哪几个方面？
2. 应急培训与应急预案演练的基本任务是什么？
3. 简述美国、日本、俄罗斯公共安全预警机制对我国的启示。
4. 应急处置中现场指挥部的职责与作用如何体现？
5. 恢复与重建规划包括哪些内容？在恢复与重建规划的实施中应注意哪些问题？

延伸阅读书目

[1] 战俊红,张晓辉.中国公共安全管理概论[M].北京:当代中国出版社,2007.
[2] 王宏伟.突发事件应急管理基础[M].北京:中国石化出版社,2010.
[3] 夏保成.西方公共安全管理[M].北京:化学工业出版社,2006.
[4] 张永理,李程伟.公共危机管理[M].武汉:武汉大学出版社,2010.
[5] 李飞.《中华人民共和国突发事件应对法》释义及实用指南[M].2版.北京:中国民主法制出版社,2014.

第六章

CHAPTER 6

公共安全预案管理

学习目标

1. 掌握应急预案和预案管理的核心概念和基本内容。
2. 掌握应急预案编制的基本要求、内容和流程。
3. 掌握应急预案评估的准则和内容。
4. 了解应急预案演练的概念、分类和过程。

案例引入

2011年2月，利比亚发生内战，严重威胁着中国在利比亚公民的生命安全。胡锦涛、温家宝在第一时间作出重要指示，国务院及有关部门根据国家涉外突发事件专项应急预案，迅速启动应急响应，成立了由张德江任总指挥的应急指挥部。2月22日，张德江紧急召开应急指挥部全体会议，要求各有关方面根据应急预案，按照职责分工，密切配合，千方百计保障我方人员安全、财产安全和国家利益。从利比亚撤侨工作立即紧张有序地展开。

根据应急预案的要求和安排，外交部发挥牵头作用，成立了应急工作领导小组，使用一切手段摸清中国在利比亚人员的分布和组成，掌握有关中国人员主要聚居地的交通安全等方面的关键信息，为国家及时制定、实施救援方案提供重要依据；商务部组织装有大量生活物资和医疗救援物资的包机飞往利比亚和周边国家；交通部成立人员撤离、船舶安全保障两个工作组，全力协助撤离及安全保障工作；中国民航局启动应急程序，选派业务骨干，调派飞机执行任务；正在亚丁湾索马里海域执行护航任务的中国海军第七批护航编队“徐州”号导弹护卫舰遵照中央军委的指示赶赴利比亚附近海域，为撤离中国在利比亚被困人员的船舶提供支持和保护；空军派出4架伊尔-76飞机，于2月28日飞赴利比亚执行接运中国在利比亚人员的任务。到3月2日，35 860名有回国意愿的中国公民全部平安顺利撤出利比亚，应急预案对本次成功撤离发挥了重要作用。这次成功撤侨在国内外引起强烈反响，美国《侨报》：“中国此次规模惊人、过程感人的撤离壮举，向世界展现了今日中国的强大国力，而这份国力不仅体现出她具备强大的外交、军事、经济实力和决策、组织、动员、行动能力，更凸显了中国长期履行的平等、互重、互利和与人为善的对外政策已经开花结果。”《欧洲新报》：“这是一次将人文关怀、政府职能、企业潜力发挥到极致的行动。”

（资料来源 闪淳昌，薛澜：《应急管理概论：理论与实践》，高等教育出版社 2012 年出版，第 380 页）

人类社会发展的历史，就是一部书写人类与各种风险、灾害和事故斗争的历史。居安思危、趋利避害是人性中固有的因子，也是人类社会普遍的做法。因此，古今中外存在着大量的应急预案观念和预案管理做法。例如“居安思危，思则有备，备则无患”“凡事预则立，不预则废”，诸如此类的应急观念不胜枚举。与此相应，现实中存在着很多应急预案的实践，例如《三国演义》呈现的画面——诸葛亮多次施展锦囊妙计。从应急预案角度说，所谓的“锦囊妙计”其实就是各种作战预案。又如古代中国源远流长的救荒书，类似于今天防灾救灾的应急预案。据统计，可考可查的救荒书约 280 部，而实际流传者远不止此数。西方也有类似的应急预案思想和实践，例如有关挪亚方舟的故事。西方著名的格言——没有计划即准备失败(Failing to plan is planning to fail)，也非常典型地反映了应急预案的理念。当前的应急管理工作中，编制各种应急预案以有效应对人类社会面临的或可能面临的各种突发事件和灾害，已是各国政府和其他相关组织的常识，并已成为一种普遍性做法。对于政府而言，制定应急预案以应对突发事件是政府管理事务的必需选择。任何一个政府，都必须及时有效处理好各种突发事件和灾害，提供各种应急保障和服务，保护民众生命和财产安全，降低灾害损失，否则，它就不是一个合格的政府。由此可知，从古到今，人们都在制定预案，以应对各种灾害和风险。

第一节 应急预案概述

应急预案是政府组织管理、指挥、协调应急资源和应急行动的指导性方案和程序性规范，它为公共安全管理提供了处理突发事件的“通用式”方法和行动指南。当前我国已经形成“纵向到底，横向到边”的应急预案体系，并在实践中不断修订和完善预案，提升应急预案的质量，加强应急预案的针对性和实用性。

一、应急预案的概念

（一）应急预案的含义

日常生活中，广泛存在着一些术语和用语，它们表达着近似或蕴含应急预案的思想。例如：文件、应急指南、操作手册、管理工具、经验总结、预测……这些词语实际上已经触摸到了应急预案的一些要素。

应急预案是政府或其他组织针对可能发生的紧急事态或突发事件，为迅速、有序地开展应急行动而预先制定的行动方案。从该定义可知：应急预案是政府或组织针对紧急事态所采取的全部行动的方案，它要规定政府或管理部门在事前、事发、事中、事后的工作内容。简言之，应急预案是预先制定的突发事件发生时的处置方案，规定了政府和相关主体要做的应急准备，明确谁来做、怎样做、何时做以及相应的应急资源、物资、设备和策略等。

应急预案的基本要素包括以下四点：

第一，应急预案实施的情景和条件，即在什么情况下启动应急预案。例如本章“案例引入”中的危机情景是利比亚发生的内战已危及中国在利比亚公民和华侨的安全。

第二，应急预案实施的人和部门，即哪些应急行动主体。例如本章“案例引入”中涉及了国家领导人、外交部、商务部、交通部、民航、海军和空军等。

第三，实施应急预案所使用的资源。例如本章“案例引入”中实施撤侨救援所用的飞机、船舶、医疗救援物资、生活物资等。

第四，实施的具体行动。实际上每个部门从事的救援行为都是实施的具体行动。

（二）应急预案的特征

根据应急预案的定义和对应急预案的要素，可以对应急预案的基本特征做进一步的归纳。

1. 预测性

应急预案是针对潜在危险和可能发生的突发事件在充分调查的基础上，进行风险辨识、风险分析和风险评价，以便作出相应的安排和部署。因此，应急预案具有明显的前瞻性特征，即预测性。

2. 全程性

应急预案的内容涉及应急管理4R理论的全过程，覆盖事前预测预警、事发识别应对、事中应急救援处置和事后恢复重建的突发事件全生命周期。

3. 系统性

应急预案涉及不同应急管理工作的各个过程和环节，涉及不同层级和部门的政府，涉及政府之外的企事业单位和广大民众；不同层级和部门的预案以及不同专项预案之间应该相互衔接，组成严谨的应急预案体系，形成应急管理的合力。

4. 权威性

应急预案作为应急管理的行动纲领，一般是由各级政府和部门制定实施，具有形式上的非规范性，也具有一定的法律效力和权威性。这一特性确保了应急预案制定中的覆盖性和执行中的畅通性。

5. 规范性

应急预案规定了标准化的运作程序，以保障迅速有效地展开行动。应急预案对突发事件发生后各种主体采取的行动作出了程序性的安排，例如信息报送、应急响应程序等。

6. 实用性

应急预案的生命力在于实用，能够起到指导应急管理实践工作的效果。如果预案缺乏实用性和针对性，则可能对应急管理者产生麻醉效应，使其误认为已经做好了应急准备。[①]

二、应急预案的作用

不论从理论角度还是现实层面，应急预案的建设都是非常必要的。它的作用机理在于通过风险识别和风险评估建立日常的管理，以自身的确定性应对突发事件中的确定性，

① 王宏伟. 公共危机管理概论. 北京：中国人民大学出版社，2016：69.

以自身的灵活性应对突发事件中的不确定性。实践证明，有效的应急预案确实能够发挥良好的指导作用。

（一）应急预案的认识误区和定位

1. 应急预案的认识误区

在实践中，存在着对应急预案几个典型的认识误区。

第一种误区认为，没有应急预案照样可以处置突发事件。这是一种随机应变的观点，认为有没有应急预案都不得不面对突发事件。该观点没有看到大多数主体在突发事件来临时往往准备不足、反应慌乱、甚至没有反应等状况。

第二种误区认为，即使有了应急预案也不能有效处置突发事件。该观点认为现实中很多突发事件的处置印证了这一点。例如，2015 年发生的天津港大爆炸。该观点没有看到面对重大或特别重大的突发事件时，应急预案在降低危害、减少损失和挽救生命等方面的重要作用。

第三种误区认为，有了应急预案就万事大吉了。该观点很明显存在侥幸心理，认为有了应急预案就能从容面对各种突发事件。实践中即使有了应急预案，也要对预案进行评估、演练，及时修订，让预案落实到行动中以便真正发挥效用。

第四种误区认为，有没有应急预案都无妨大局。该观点认为，各级政府和部门是应急管理的主体，应急预案对自己的意义不大。持这种观点的人缺乏危机意识和应急准备意识，因为每个个体才是突发事件中的第一反应主体，有效的自救和互救是不可缺少的。

通过认识上述四种误区可知，编制应急预案是必要的。

2. 应急预案的定位

我国自 2003 年 SARS 事件以来，形成了以“一案三制”为核心的应急管理体系。其中，一案就是应急预案，该体系从表述上把应急预案放在了第一位。预案作为应急管理的龙头和抓手，被置于应急体制、应急机制与应急法制之前，[①]充分彰显了应急预案的定位。应急预案是“一案三制”的支点，也是应急管理实践中最开始探索建设的，是应急体制、应急机制和应急法制建设的基础。

应急预案对应急管理全过程所涉及的主体、权责、资源、行动、程序等都作出了制度性安排，用以指导公共安全管理工作，因此应急预案是公共安全管理工作的生命线。

应急预案针对潜在的可能危险制定了应该采取的特定的应急行动，描述了应急行动必须遵循的基本程序，例如发生情况向谁报告、报告什么内容、采取哪些应急措施等，用以指导应急管理实践。因此，应急预案是应对公共安全事件的通用方法和指南。

以上相关描述，充分显示了应急预案在公共安全管理中的定位和地位。

（二）应急预案的必要性

1. 严峻的公共安全形势

我国目前的公共安全形势较为严峻。我们国家处于工业化、城镇化、信息化的转型、转轨、转变时期、快速发展期和矛盾凸显期，这一时期的公共安全问题很多。同时，我国又

---

① 王宏伟.公共危机管理概论.北京：中国人民大学出版社，2016：65.

是自然灾害多发的国家之一，遇到的突发事件较多。怎么把各种公共安全问题管控好，把相关冲击和损害降到最低的限度，这是我国政府要积极应对的。2019 年发生的江苏省响水爆炸事件和江苏省东台市丙肝感染事件不断警示政府和公众：必须对突发事件保持足够的警醒。

2. 安全是民众的渴望和基本需要

贝克在《风险社会》一书中指出，传统社会面对的基本问题是——我饿，是一个解决吃饭的问题；现代风险社会面对的基本问题是——我怕，是一个怎么解决人对安全渴望和需求的问题。安全是人类生存的首要需求。缺失了安全，人的生存就失去了“依据”和“保障”；安全是获得幸福的首要条件，没有安全感就不会有幸福感。新时代我国居民对美好生活的向往，其中之一就是安全感，所以我国各级政府的重要任务之一就是满足人民日益增长的安全感需要，使民众的安全感更加充实、更有保障、更可持续。

3. 应急预案建设是各级政府和部门的责任

从政府的实践工作来看，及时回应和处理各类突发事件是当前各级政府工作的重要任务之一。安全、有序和稳定是地方经济社会发展的前提，这必然要求各级政府有效回应和处理各种突发事件，降低危害和损失。因此，制定应急预案是各级政府的重要任务之一。要有效回应突发事件，必须进行预案建设。党的重要决定和国家法律法规，对此都有明确的要求。

4. 应急预案影响应急管理效果

从应急管理实践看，有无有效的应急预案指导，其结果显著不同。据国外研究显示，应急预案有效运行的单位在突发事件应对时的行动效率比没有应急预案的单位要高 2.5 倍。虽然应急预案不能保证绝对的成功，但是没有应急预案或应急预案不科学、不健全则可能是应急响应和救援不力的主要原因。

在 2003 年 SARS 面前，无论是普通民众还是各级政府都是极度脆弱的，SARS 给每个人上了一课。SARS 疫情的发生和快速蔓延，暴露了我国政府在公共危机处理中的诸多问题。2008 年冰冻雨雪灾害暴露了这样的现实——高风险的城市、不设防的农村。虽然 SARS 事件后，我国建立起了比较完善的应急预案体系，但是这次灾害告诉人们，原来灾害还可以这样次生发展，单灾种的预案是那么苍白。上述两个案例之所以不成功，主要原因在于没有有效的应急预案：没有想到会发生这样的事故或灾害，没有针对性的应急预案，不得不在突发情境下作出临时决定。

2008 年的汶川大地震给我们国家和民众造成的伤害和损失无疑是巨大的。不过，在这样的巨灾面前，党中央和国务院的快速响应和部署，国务院各部门、各级政府的快速跟进，救灾部队的及时出动，社会的广泛动员参与，凸显了预案在面对巨灾时的重要作用。2010 年 8 月四川清平乡 5 400 余名村民被深夜叫醒，免遭了突发泥石流灾害。根据报道，当地政府事先安排了监测人员，建立了预警渠道和疏散机制，设置了避难场所。这两个案例中有效的应急预案发挥了作用，使得面对突发事件时有明确的行动指南，可以有效缓解突发事件带来的损失。

（三）应急预案的作用逻辑

从逻辑角度看，应急预案相当于用一套固定的确定体系去应对不确定的突发性事件，所以应急预案就不可避免地具有了两个功能。第一,以确定性去应对突发事件中的确定性问题,即通过资源调配、权责体系构建、相应程序的设置等。第二,以灵活性去应对突发事件中的不确定性,也就是进行危机分析和危机决策。危机分析是通过所有可能获得的信息对危机的发生、发展及趋势进行分析。危机决策是在危机分析的基础上有针对性地采取措施以化解危机。

基于上述逻辑,应急预案的焦点应从危机本身转化到危机成因分析与控制。应急预案关注的实质是一个突发性的危机事件如何才能转化为一个普通的常规事件,即如何实现从应急管理到常规管理的转变。因此,基于上述作用机理,应急预案其实是基于风险分析的全过程应急管理,而不是撞击反应式的被动救火思维;是基于常规状态的各种应急准备,有效预防瞬息多变的应急实际;是基于情景的应急预案的设计,是打破行政职能分割的应急功能设计。

(四) 应急预案的具体作用

通常来说,应急预案具有四个方面的作用。

1. 预测作用

应急预案是针对各种可能的突发事件进行风险分析,并提出针对性的应对措施。应急预案涵盖了监测预警和应急处置等主要内容,这些内容通常以标准化程序和流程的文本形式出现。

2. 依据作用

应急预案对日常应急管理工作具有指导作用。只有明确了日常的对应性工作,达到“应急工作平常做”的效果,才能实现“应急时刻能工作”的结果。应急预案是应对各类突发公共事件的文本,更是形式上关于应急管理活动的非规范性法律文件,为政府行使紧急权力提供了依据。应急预案作为应对突发事件的工作方案,是具体应对行动的依据;同时,它使得应急管理工作有据可依、有章可循。应急预案的编制也是开展应急培训和演习的依据。

3. 保障作用

应急预案明确了应急救援的范围和体系,厘清了相关主体在应急管理各个过程和环节的权责,为应急准备和应急管理提供了组织保障和物资支撑,有利于相关主体及时作出反应,降低损失和危害程度。

4. 规范作用

应急预案的存在有利于提高全民危机意识、风险防范意识和应对危机的能力,并能有效促进社会成员参与突发公共事件应对工作。

三、应急预案的分类

不同类型的应急预案其侧重点和表现形式不尽相同,因此有必要探讨应急预案的分类。根据不同的分类标准,应急预案的分类主要有以下几种方法。

(一) 根据应急预案的主体和功能分类

《国家突发公共事件总体应急预案》将我国应急预案体系设计为:国家总体预案、专项预案、部门预案、地方预案、企事业单位预案以及大型集会活动预案等六个层次。

1. 根据应急预案的主体分类

从主体来看，应急预案可以分为国家应急预案、地方应急预案、乡镇街道基层自治应急预案和企事业单位应急预案。

2. 根据应急预案的功能分类

从功能层次看，应急预案可以分为综合应急预案、专项应急预案、部门应急预案和重大活动应急预案。

(1) 综合应急预案又称总体应急预案。综合应急预案是应急预案体系的总纲，是对应急管理的总体制度安排。它是从总体上对应急方针、政策、组织架构及相关职责、行动和保障措施等基本要求和程序作出规范的综合性文件。由此可知，总体应急预案具有战略性、原则性和指导性的特征。

(2) 专项应急预案是应急管理主体针对某一类或某几种突发事件或重要专项工作而预先制定的涉及多个部门职责的工作方案。它通常是由牵头部门组织制定。专项应急预案是为应对本部门、本行业、本领域的突发事件或者本部门工作而制定的工作方案。专项意指专一或专门，强调针对性，可针对某一类型或某几种类型的突发事件，也可针对重要的生产设施、重大危险源或重大活动等。例如地震、防汛抗旱、环境突发性事件等专项应急预案，通常是由牵头部门和其他相关部门配合制定的。其中，地震专项应急预案的牵头部门是地震局和科技局，这体现了典型的跨部门协同的特点。

(3) 部门应急预案是有关部门(单位)根据总体应急预案、专项应急预案和本部门职责为应对突发公共事件制定的预案，由有关部门(单位)制定，报本级政府备案后颁布实施。例如各级政府的水利部门、民政部门、环保部门、交通部门制定的部门应急预案，具有明显的专用性和部门独有的特征。

(二) 根据突发公共事件的类型分类

根据《突发事件应对法》中对突发事件的正式分类，应急预案可分为自然灾害事件类应急预案、事故灾难事件类应急预案、公共卫生事件类应急预案和社会安全事件类应急预案。

(三) 根据应急预案的级别分类

根据事故可能的影响范围、地点及应急方式，我国将应急管理体系中的应急预案分为五个级别，如图 6-1 所示。

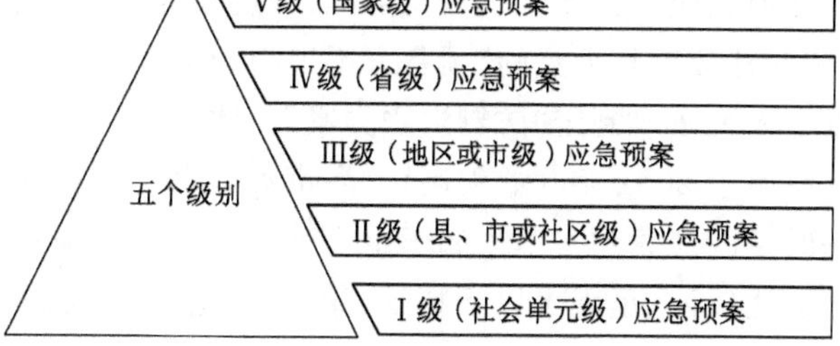

图 6-1　应急预案的五个级别

(1) 社会单元级应急预案。突发事件的有害影响局限在一个社会单元,例如某个企业、火车站、农场、加油站等的界区之内,并且可以被现场的操作者遏止或控制在该单元区域内。这类突发事件可能需要投入整个社会单元的力量来处置,但其影响基本不会扩大到公共区。

(2) 县、市或社区级应急预案。突发事件危及了公共区,但仍可被所在县、市或社区的力量所控制。

(3) 地区或市级应急预案。突发事件影响范围大、后果严重,或是发生在两个县或县级市管辖区边界上,应急救援需要动用地区的力量。

(4) 省级应急预案。发生的突发事件是一种规模极大的灾害或事故,或者需要用到事发地所没有的特殊技术和特种设备,故需要动用全省范围的力量来进行控制。

(5) 国家级应急预案。突发事件的后果极其严重,影响范围跨越了省级行政区,控制其影响需要邻近省市或中央部门的援助。

四、我国应急预案的建设与发展

作为应急管理中的规范性指导文件,应急预案的重要性不言而喻。但是从实践来看,我国应急预案的建设时间并不长。我国政府在 20 世纪 80 年代末正式开始相关应急预案建设工作,直到 2003 年 SARS 疫情后应急预案建设全面提速,至今已经形成了“纵向到底,横向到边”的应急预案体系,并在实践中不断探索和发展。

(一) 漫长摸索时期:20 世纪 50 年代至 2003 年年初

20 世纪 50 年代起,我国政府高度重视防灾减灾工作,组织专门人员在安全生产、公共卫生和水利防治方面编制了相关工作方案和规章制度,开始了应急预案建设的萌芽式探索。①

长期以来,煤矿、化工厂等高危行业中的工业企业,依据相关法律法规都应该制定相关事故应急救援预案和灾害预防及处理办法。公安、消防、急救等负责日常突发事件应急处理的部门均已制定各类日常突发事件应急处置预案。尤其是 20 世纪 80 年代之后,水利、林业、地震、国防科工等部门,借鉴国外先进经验,编制了防御洪水方案、森林火灾事故预案、破坏性地震应急预案、核应急计划等单项应急预案。

例如 20 世纪 80 年代中期开始,我国核电企业编制了《核电厂应急计划》。1996 年国防科工委牵头制定了《国家核应急计划》。中国地震局在国内地震重点危险区开展了地震应急预案编制工作,1991 年编制完成了《国内破坏性地震应急反应预案》,1996 年国务院颁布实施《国家破坏性地震应急预案》。1988 年,国务院颁布的《森林防火条例》,明确要求地方政府制定预防和扑救森林火灾的“预备方案”。1988 年 7 月国务院颁布实施的《水法》明确要求县级以上人民政府制定“防御洪水方案”。此后,一些地方也在探索应急预案的建设工作,例如上海市于 2001 年开始编制《上海市灾害事故紧急处置总体预案》。

总体上看,这一时期的应急预案基本属于单灾种的单项应急预案,停留在浅层次建设阶段,摸索尝试的味道比较浓,呈现出以下特征:第一,应急预案编制较为零散,没有形成

① 董泽宇,宋劲松.我国应急预案体系建设与完善的思考[J].中国应急管理,2014(11):17-21.

系统的应急预案体系。应急预案大多是基于应对某种具体的灾害或事故而进行编制，涉及水利、森林防火、核电和地震等部门和行业，而其他领域的预案建设偏弱，缺乏从顶层的制度设计加以规范、引导。第二，具有典型的部门性，应急预案之间的衔接性较弱。此阶段的应急预案多是由容易出现突发事故或突发灾害的部门和行业编制，基本不涉及或很少涉及和其他部门或行业的联动和互动，部门间、行业间的应急预案无法形成衔接，处于各自为政、单打独斗的阶段。第三，应急预案编制侧重于技术性，而管理性偏弱。由于当时的应急预案建设缺乏必要的理论指导，受制于诸多条件的限制，在很大程度上还只是靠经验进行编制。因此，不可避免地存在着偏技术的问题，而且受观念和理论的局限，多是关注应急救援和应急处置环节，缺乏全过程思维。

（二）快速发展时期：2003 年 SARS 事件后至 2007 年

2003 年春，一场突如其来的 SARS 疫情导致我国当时所有的应急管理机构、应急方案、应急措施等应急管理建设面临近似瘫痪的境地。当然，SARS 事件也极大地推动了我国应急管理的改革和发展，以此为契机，开启了应急预案的快速发展时期。

2003 年 7 月，在全国防治“非典”工作会议上，党中央和国务院认真总结应对处置“非典”的经验教训，部署应急管理“一案三制”建设。同年 12 月，国务院办公厅成立突发公共事件应急预案工作小组，负责编制国家的总体应急预案，组织国务院有关部委拟订专项预案和部门预案，指导各省（自治区、直辖市）政府制定应急预案。

2004 年堪称我国应急预案编制之年。国务院办公厅于 2004 年 4 月 6 日和 5 月 22 日，分别印发了《国务院有关部门和单位制定和修订突发公共事件应急预案框架指南》和《省（区、市）人民政府突发公共事件总体应急预案框架指南》两个文件。自此开始，编制突发公共事件应急预案成为当年各级政府的一项重要任务，应急预案编制在国务院部门和全国省级政府全面启动。

2005 年 2 月 25 日，华建敏向十届人大常委会第十四次会议报告称，我国的应急预案体系已经初步形成。同年 3 月，十届人大三次会议上的《政府工作报告》指出，我国已经制定了《国家突发公共事件总体应急预案》以及各类突发公共事件的 105 个专项和部门应急预案，省级总体应急预案编制工作亦宣布完成。随着 2006 年 1 月 8 日国务院发布的《国家突发公共事件总体应急预案》出台，我国应急预案框架体系初步形成。

2006 年 6 月，《国务院关于全面加强应急管理工作的意见》出台，要求各基层单位要根据实际情况制定和完善本单位应急预案，明确各类突发公共事件的防范措施和处置程序。尽快构建覆盖各地区、各行业、各单位的应急预案体系，并做好各级、各类相关应急预案的衔接工作。要加强对应急预案的动态管理，不断增强应急预案的针对性和实效性。狠抓应急预案落实工作，经常性地开展应急预案演练，特别是涉及多个地区和部门的应急预案，要通过开展联合演练等方式，促进各单位的协调配合和职责落实。①

2007 年 5 月，国务院组织召开全国基层应急管理工作座谈会，明确要求街道社区、乡镇村屯和企事业单位等基层组织全部编制应急预案，在两到三年内基本建立“纵向到底，横向到边”的应急预案体系。同年 8 月，全国人大常委会通过《突发事件应对法》，明确提

① 国务院关于全面加强应急管理工作的意见[EB/OL].（2006-06-15）[2018-12-16]. http://www.gov.cn/xxgk/pub/govpublic/mrlm/200803/t20080328_32730.html.

出要建立健全突发事件应急预案体系，将应急预案体系建设提高到国家法律层面，这在法制化道路上迈出了重大步伐。

截至 2007 年 11 月，全国编制应急预案共计 130 多万件，所有的省级政府、97.7%的市级政府和 92.8%的县级政府都已编制了总体应急预案。① 与此同时，各地还因地制宜地编制了大量的专项应急预案和部门应急预案。覆盖四大类突发事件的“纵向到底，横向到边”的应急预案体系基本形成。所谓“纵向到底”，是指按垂直管理的要求，从国家到省到市、县、乡镇各级政府和基层单位都要制定应急预案，不可断层；所谓“横向到边”，是指所有种类的突发公共事件都要有部门管，都要制定专项应急预案和部门应急预案，不可或缺。此外，相关应急预案之间要做到互相衔接，逐级细化。应急预案的层级越低，各项规定就要越明确、越具体，避免出现“上下一般粗”现象，防止照搬照套。

按照中央的统一规划要求，到 2008 年年底，所有的街道社区、乡镇以及有条件的行政村和各类企事业单位都要基本完成应急预案的编制工作。

(三) 优化升级阶段:2008 年起至今

2008 年年初的冰冻雨雪灾害、5 月 12 日的汶川大地震和 8 月的奥运安保工作等，对国家和地方的应急管理提出了严峻的挑战。虽然较为成功地应对了这些重大灾害和安全威胁，但是我国应急管理中的一些不足和薄弱环节暴露无遗。特别是从单灾种演变为多灾种次生的巨灾系统，凸显了新生的应急预案缺乏预见性，应急预案体系存在明显的盲点，相关应急预案之间缺少有效的衔接。受此影响，我国的应急预案开始向完备化、可操作化和无缝链接方向发展。② 2008 年 5 月，汶川大地震后，以国家总体应急预案的修订为开端，开启了应急预案体系发展的第二轮过程。

在中央层面上，相关部门加强应急预案管理的规范化建设，积极探索应急预案优化的改进方式。国务院先后出台相关文件，规范应急预案建设。2009 年 9 月 25 日，国务院办公厅应急管理办公室印发《突发事件应急演练指南》，推动应急预案的演练工作，并明确要求对演练中暴露出来的问题，演练单位应当及时采取措施予以改进，修改完善应急预案。2013 年 10 月 25 日，国务院办公厅印发《突发事件应急预案管理办法》，明确规定应急预案的概念和管理原则，规范了应急预案的分类和内容，规范了应急预案的编制程序，建立了应急预案的持续改进机制，强化了应急预案的组织保障。

在部门层面上，环保和生产安全领域的应急预案规范建设较为突出。2009 年 3 月 20 日，国家安全生产监督管理总局审议通过了《生产安全事故应急预案管理办法》，2013 年《生产安全事故应急预案管理办法(修订稿)》开始实施。同年 7 月 19 日《生产经营单位生产安全事故应急预案编制导则》发布，并于当年 10 月 1 日起实施。2010 年 9 月 28 日，为规范突发环境事件应急预案管理，完善环境应急预案体系，增强突发环境事件应急预案的科学性、实效性和可操作性，环境保护部制定印发了《突发环境事件应急预案管理暂行办法》。国家安监总局 2016 年对《生产安全事故应急预案管理办法》进行了修订。

---

① 华建敏.依法全面加强应急管理工作:在全国贯彻实施突发事件应对法电视电话会议上的讲话[J].中国应急管理,2007(10):5-10.

② 闪淳昌,周玲.从 SARS 到大雪灾:中国应急管理体系建设的发展脉络及经验反思[J].甘肃社会科学,2008(5):40-44.

与此同时，虽然应急预案对应对和处置各类突发事件发挥了重要作用，但是地方制定的应急预案所起的作用还很有限。这一时期，一些地方政府充分考虑地方各自的特点和实际情况，结合地方和国内外应急管理的实践及经验、地方各自的风险评估和地方政府应急管理的经验及最新的研究成果、当前行之有效的各项应急管理工作机制和流程、长期以来各级政府和相关部门应急管理工作的得失等来重新调整和修订应急预案。例如北京市政府以 2008 年奥运会为契机，将风险管理与应急预案的优化工作相结合，在全市范围内开展风险治理和隐患排查整改工作，评估出奥运会期间可能出现的潜在风险，相应编制了 9 800 余件可操作性强的应急预案。① 截至 2014 年，先后有北京、辽宁、山东和广东等 15 个省级政府出台了应急预案管理的有关规定，对预案的编制内容和程序等进行规范。大多数地方政府将应急预案的修订纳入年度工作计划，进行定期修订完善。与此同时，各地普遍加强了对基层应急预案编制管理的指导，先后有吉林、上海、湖南等 7 个省级政府和卫生部等 8 个部门制定了基层应急预案编制指南，推动了应急预案编制管理的规范化。地方应急预案的质量不断提高，例如浙江、安徽等 10 个省级政府和人民银行等 3 个部门组织编制了应急预案的操作手册，有效提升了应急预案的针对性和实用性。②

伴随着十八大以来总体国家安全观的提出，应急管理部门从中央到地方的成立以及新技术的运用，应急预案建设必将呈现从内容到技术新的升级发展。尤其是新组建的各级应急管理部门行使应急管理职责，实现了全过程、专门化管理，使得系统化、专业化的应急管理体系和流程成为可能，这必将推动应急预案的修订。

五、应急预案管理

应急预案管理属于应急管理中一项经常性和规范性工作。应急管理体系要发挥效用，贯穿其中的文本依据便是应急预案，而应急预案的有效性取决于应急预案管理的水平。

（一）应急预案管理的定义

应急预案管理是应急管理的组成部分，是强化突发事件预测预警能力的重要抓手，也是提高应急处置能力的重要保障。因此，加强应急预案管理是政府应急管理工作中的一个基础性环节。通过应急预案管理，对应急管理相关过程和措施形成制度化的设计，确保各级政府和部门在应对突发事件时能够迅速有效地根据事前的制度安排采取适当的应对措施。

应急预案管理主要是通过事前的准备，使应急管理走在突发事件的前面。从应急预案管理的实际工作来看，可以将应急预案管理定义为：应急预案的编制或使用单位，为保证应急管理活动的有序、有效展开，在相关法律法规的框架下，借助文本管理、信息预测和实验检测等方法所进行的应急预案编制、评估、演练和修订的动态过程。

从目的上看，应急预案管理是要通过事先的准备，把应急管理行动推进到突发事件发生前，通过前期的安排、布置，实现既定的减损目标。从狭义的内容上看，应急预案管理是指对应急预案进行更新、修订及使用。从广义的外延上看，应急预案管理包括应急预案的

---

① 董泽宇，宋劲松. 我国应急预案体系建设与完善的思考[J]. 中国应急管理，2014(11)：17-21.

② 陈建安，刘建波，吕红频. 全面加强应急预案管理 着力健全公共安全体系[J]. 中国应急管理，2014(11)：7-11.

编制、风险评估、应急预案演练、审查评议、宣传教育及应急预案培训等相关方面。

（二）应急预案管理的内容

从内容上看，应急预案管理主要包括应急预案的编制、评估、演练和修订。

1. 应急预案编制

应急预案编制是预案管理的前提，只有应急预案存在，才能对应急预案进行管理。应急预案编制是应急预案管理的起点，它主要是通过一系列的程序和方法，在充分调研实际情况和咨询专家的基础上，制定出突发事件应对的文本。

2. 应急预案评估

为保证应急预案的可操作性和有效性，应急预案文本生成后，要对其进行有效性评估。应急预案评估贯穿于应急预案管理的整个过程，在应急预案制定完成后、演练完成后和实施后都要对其进行评估，以为应急预案的改进和修订提供参考。

3. 应急预案演练

应急预案的生成，并不能使政府部门、社会组织和公众自主地对实际发生的事故作出有效的响应和应对。若应急响应人员不能充分理解具体突发事件场景中的职责和掌握应急响应的步骤，在应对突发事件时，就会出现严重的问题。为检验应急预案的有效性并对其进行优化，经常性地开展应急预案演练是一项非常重要的例行性工作。因此，应急预案编制完成后，应定期或不定期地组织相关人员对应急预案进行演练以检验应急预案的实际效果，进行持续改进使之不断完善。

4. 应急预案修订

特定时期内制定的应急预案具有相对的稳定性，但随着社会公共安全态势的发展和社会对于公共安全知识认识水平的提高，需要根据相关法律规范、应急管理经验等及时改进修订应急预案，使应急预案更加符合实际需求。

第二节　应急预案编制

应急预案是标准化的反应程序，应具备前瞻性和预见性，以使应急管理活动具有更强的针对性。应急预案编制是一种渐进性过程，它规定了具体的行动和程序以及为实现这些行动所做的安排和保障。应急预案编制要求编制者不仅要预见到突发事件的各种可能性，而且要针对这些可能性拿出具体可行的解决措施。应急预案的编制要在遵循基本要求的前提下，完善应急预案的基本结构和内容，遵循应急预案编制的程序要求。

一、应急预案编制的基本要求

编制应急预案是应急预案发挥指南作用的前提。应急预案的质量高低直接影响应急管理效果，因此应急预案的编制应该遵循以下五项基本要求。

（一）完备性

应急预案应该要素完备，涵盖应急预案的所有内容，例如总则、组织指挥体系、预警预防机制、应急响应、善后工作、应急保障、监督管理和附件等。另外，应急预案的设计应该完整包括突发事件事前、事发、事中和事后的全过程，涵盖应急管理的全部过程。

（二）逻辑性

应急管理是一项科学性管理活动，编制应急预案必须以科学的态度，在全面调查相关信息的基础上，开展科学分析和论证，制定出科学的应急反应程序和处置方案。因此，应急预案要具有逻辑性，确保风险情景、应急任务、应急能力和应急资源的匹配性，避免出现相互矛盾或冲突的情况。

（三）可操作性

应急预案，尤其是专项应急预案和部门应急预案，应具有较强的可操作性。可操作性是应急预案编制过程中需要考虑的核心问题，应着重预案的战术层面和行动层面。在实际应急行动中，应急预案是应急决策者、应急指挥者和各应急处置力量采取行动的依据。因此，应急预案必须能够尽可能提供应急行动的所需信息，例如应急响应程序、应急资源分布等。为确保应急预案的可操作性，编制过程中需要充分分析、评估可能存在的重大危险及其后果，并结合自身的应急能力，对应急过程中的一些关键信息，例如潜在重大危险及后果分析、支持保障条件、决策、指挥与协调机制等进行详细的描述。

（四）衔接性

应急预案的衔接性是指不同层级、不同领域、不同应急主体在处置同类或同一突发事件的应急预案时彼此之间的互通性和一致性。应急救援是一个复杂的系统过程。复杂的风险充满各种不确定性，可能涉及不同区域、不同层级、不同部门的政府，涉及政府、企事业单位、社会组织和民众的协调。因此，在编制应急预案时，必须坚持上下贯通、部门联动、地企衔接、协调各方的原则，将所编制的预案从纵向和横向两个方面，与相关应急预案进行有机衔接。

（五）法律规范性

应急预案在本质上是各种应急法律规范的具体执行方案。应急预案的编制要符合有关法律法规的要求，符合应急预案编制和预案评审的规范和标准。在我国，国家级和省级应急预案的创制，弥补了相关领域立法上的缺陷，事实上这已经使预案本身异化为应急法律的一部分。① 战略和行动层面上的应急预案的编制必须符合国家相关法律、法规、标准的要求。实践中，应急预案的编制主要依据《国家突发公共事件总体应急预案》《突发事件应急预案管理办法》《应急预案编制指南》《生产经营单位生产安全事故应急预案编制导则》《企事业单位突发环境事件应急预案评审工作指南（试行）》等文件规范的要求进行。

二、应急预案编制的内容指南

应急预案的编制是一项非常严谨的工作。不同类型的应急预案因目的和要求不同，具体包含的内容也相应有所差异。但是一般而言，以下六个要素是必不可少的：第一，预案基本情况，即对所指向的突发事件应急管理整体工作的必要说明；第二，应急组织机构与职责，包括应急主体所应承担的责任、工作内容及相互关系；第三，预防预备情况，即对

① 林鸿潮.论应急预案的性质和效力：以国家和省级预案为考察对象[J].法学家，2009(2)：22-30.

所指向的尚未发生或潜在的突发事件采取的预防准备和控制措施；第四，基本应急程序，即针对发生不同级别突发事件的分级响应和应急处置程序；第五，应急保障，包括应急处置的人、财、物等资源保障及损失耗费的承担主体；第六，恢复善后程序，即应急行动结束后，所需的恢复重建、心理救助和责任问题等方面。①

根据《突发事件应急预案管理办法》和其他相关文件，参照《国家突发公共事件总体应急预案》，一份完整的应急预案应该包括以下八个方面。

（一）预案总则

预案总则包括编制目的、编制依据、适用范围和工作原则等内容。

编制目的通常是简要阐述编制某个应急预案的重要意义和作用。编制依据要说明预案编制所依据的相关法律法规、政策规定和相关的应急预案等。适用范围要阐明该预案所适用的行政区域、某种类型的突发事件。换言之，适用范围限定了该应急预案适用的区域范围和职责范围。工作原则是指应急预案要对应急管理作出明确的要求，例如统一领导、分级响应等原则。

（二）应急组织体系

应急组织体系是应急管理的核心部分，也是应急预案的重点内容。应急预案编制的重要工作之一就是建立统一、有序、高效的应急组织体系和运行机制。

应急预案编制要按照突发事件处置的需要建立应急指挥机构。从组织层面讲，应急组织体系通常包括领导机构、办事机构、工作机构和专家组等。应急组织体系，实际是以应急管理过程和应急职责为主线明确突发事件应急管理等主管部门和协作部门，以应急准备和应急保障为支线明确相关参与部门。以国家应急管理工作组织体系为例，应急组织体系分为领导机构、办事机构、工作机构、地方机构和专家组等。

（三）应急准备

应急预案编制的逻辑预设是以假定发生的突发事件进行情景分析，并以此为基础有针对性地做好相关应急准备。应急准备通常包括两方面的工作：一方面是风险监测，确定风险信息监测、收集、报告和发布的方法和程序，建立常规的风险监测、风险分析和风险分级等制度安排；另一方面是风险预警，即明确风险预警的方法、渠道，安排监督检查措施，建立风险信息交流与通报程序，并做好有关应急准备工作。

（四）应急响应

应急响应是应急预案编制的核心内容。应急响应反映了应急管理主体面对突发事件快速进行回应，及时运用应急力量和应急资源控制事件发展，防止事态走向恶化，尽可能将突发事件的破坏力和影响范围控制到最低限度。

1. 应急响应级别

根据突发事件的可控性、严重程度和影响范围等标准，应急响应分为一级、二级、三级、四级共四个响应级别。每个响应级别分别对应不同的应急响应主体。

---

① 陶振.突发事件应急预案：体系、编制与优化[J].行政论坛，2013(5)：60-66.

2. 指挥和协调

应急现场指挥遵循属地管理为主的原则。在应急协调方面，应建立党委政府统一领导，以突发事件主管部门为主，各相关部门共同参与的应急救援协调机制。

3. 信息发布

当前，按照突发事件新闻发布应急预案的有关规定，信息发布应遵循实事求是、及时准确的原则，并应明确信息发布的内容、方式、机构和程序。

4. 信息报送和处理

明确突发事件信息收集的范围、内容、方法、报送程序和时限等具体要求。

5. 应急处置

制定详细、科学的突发事件应急处置方案、应对措施，明确责任主体及其应急行动和措施。

6. 应急结束

应明确应急响应措施终止的发布机构和程序，并注意使应急结束与现场抢救活动的结束条件区别开来。

（五）善后工作

善后工作包括善后处置、社会救助、总结评估等工作。善后处置，即应急预案要明确突发事件处置结束后的人员安置、补偿、物资和劳务的征用补偿，事后重建的政策措施，以及卫生防疫、保险理赔等相关工作内容。

社会救助是指协调社会、个人或国外机构捐赠款物的管理与监督等工作事项。

总结评估，即对突发事件的应急处置进行分析评估、调查报告、经验教训总结、提出改进建议等工作。

（六）应急保障

1. 人员保障

应急人员包括应急救援涉及的政府、军队、企事业单位、公益团体和志愿者队伍等。人员保障应明确社会动员等条件、范围、程序和必要的保障制度。

2. 物资保障

物资保障涉及各种应急救援物资的储备、生产、调拨等。

3. 通信保障

为确保应急救援期间信息通畅，须建立起明确的通信系统维护和信息收集等相关通信保障制度。

4. 交通运输保障

交通运输保障包括应急救援涉及的各类交通运输工具的数量、分布、功能、使用状态等信息，以及征用单位启用方案、交通管制方案、线路规划等。

5. 人员防护

人员防护包括规划和建立能基本满足突发事件需求的人员避难场所，制定人员疏散方案和路线,明确救援人员的安全措施等内容。

6. 医疗卫生保障

医疗卫生保障包括医疗救治资源的分布、医疗应急队伍及装备、救治能力与专长、卫生疾病控制机构等应急准备保障措施和被调用方案等。

7. 技术装备保障

技术装备保障包括技术系统及储备、应急设施设备、突发事件现场可用的应急设备等。

8. 治安保障

治安保障是指制定应急状态下治安秩序等准备方案,包括警力培训、调度和工作方案等。

(七) 培训与演练

制定培训与演练规划,定期组织应急预案演练,提高相关主体的应急处置能力,并通过培训与演练发现应急预案存在的问题,为应急预案的修订和完善提供现实的依据。

(八) 相关附则附件

附则通常要说明突发事件类别、等级对应的指标定义,对应急预案中的专用名词、术语、缩写语、编码的定义等作出解释。

附件是指应急预案编制涉及的各种表单和说明文件,包括操作手册、指挥机构组织结构图、参与部门通信方式、指挥部成员联系方式、人员疏散地图、资源位置图、紧急设备使用说明等。

三、应急预案的编制流程

通常来说,应急预案的编制大致包括八个基本步骤,即成立编制小组,进行危险识别和风险评价,评估应急能力,建立应急救援体系,编写应急预案文本,应急预案审定,应急预案发布和应急预案备案等。

(一) 成立编制小组

应急预案的编制过程是通过多元主体协调以应对各类突发事件的行动基础。根据《突发事件应急预案管理办法》第十四条的规定,应急预案编制部门和单位应组成预案编制工作小组,吸收预案涉及的主要部门和单位业务相关人员、有关专家及有现场处置经验的人员参加。编制工作小组组长由应急预案编制部门或单位有关负责人担任。

应急预案编制涉及多部门,应急预案及其编制不是具体的哪一个部门,不单是甲部门,也不单是乙部门,而是相关部门,甚至是所有部门;预案编制涉及多环节,应急救援是一个系统过程,不单单是一个响应的环节,有着向前和向后的延伸;预案编制涉及多元能力,任何一个主体或部门都是有限的能力,具有资源、专业性等有限理性,故需要多部门协作。

(二) 风险识别和风险评价

风险识别和风险评价是应急预案编制的基础工作。该步骤的本质是明确“事”,即预测和分析发生了或会发生什么?多大规模?什么性质?后果怎样?《突发事件应急预案管理办法》中明确提出：编制应急预案应当在开展风险评估和应急资源调查的基础上进行。

风险识别要求预案编制者对潜在的各种风险、有害因素和事故类型等进行系统分析、归纳和全面识别。

风险评价是采用系统科学的方法确认系统存在的危险性，评估事故发生的可能性以及可能导致的破坏或伤害程度，并根据风险大小采取相应的安全措施，以达到系统安全的过程。风险评价通常选择对最坏的情况进行分析，并考虑二次事故的发生。

从逻辑上看，应急预案编制是一种问题引导式的行为逻辑。编制者通过风险识别及风险评价工作，发现存在什么风险，是否具有衍生性；风险影响的对象和范围；存在多重多处风险时，哪些风险必须优先对待；风险应对所需的资源、行动和程序要求。

（三）评估应急能力

应急预案编制过程中只有评估潜在的危险与相适应的应急能力，才能选择最现实、最有效的应急策略，因为应急能力直接影响应急行动的速度及有效性。该阶段其实是依据危险分析的结果，对应急资源的准备状况和从事应急救援活动所具备的能力进行评估，以明确应急救援的需求和不足，为应急预案的编制奠定基础。应急能力评估包括四个方面的内容：人员应急技能评估、资源保障能力评估、应急响应能力评估和组织机构评估。

1. 人员应急技能评估

应急预案编制小组应明确普通民众是否具有应对突发事件的技能，并且依据志愿原则要求所有合适人员参与应急救援活动。管理人员可通过举办研讨会来提高相关人员的应急技能，普通民众的应急技能可以围绕保护生命能力、与公众联系能力、通信联络员能力和抢险能力等四个主要方面来鉴别。

2. 资源保障能力评估

对应急资源能力的评估，就是考察突发事件区域内的应急资源是否可以满足应急管理活动的正常进行。资源保障能力主要包括专业应急队伍配备和分布情况，志愿者救援组织的分布情况，应急物资的储备、分布情况，应急储备金的设立与管理，社会财物的捐赠管理，地方救济物资的调拨情况，临近地域的资源协调情况和灾后补偿机制的完备性等。

3. 应急响应能力评估

应急预案编制小组应明确应急响应机制可使用的资源和应对突发事件的计划，包括应急一线工作人员对于特定场域的熟悉程度、区域内是否存在系列危险物品，应急人员对于不同事故、灾难的应对能力，以及应急管理部门的协调能力等。为提高应急预案的实用性，应急预案编制小组还可以邀请消防、公安和医疗机构等一线应急部门配合工作。

4. 组织机构评估

组织机构评估是指对应急指挥中心、媒体中心和避难中心三类组织机构的应急能力进行评估。

应急指挥中心是确保应急响应活动高效开展，控制所有应急行动并肩负协调所有应急人员行动的组织机构。对该中心的评估需要考虑以下方面：通信系统、应急联动系统、安全间距、首选和备选地点、结构与规模、保护措施、与现实状况的契合性等。

媒体中心作为应急响应活动的枢纽，旨在确保及时发布准确消息，以便人们可以更好地应对突发状况。媒体中心建立与否取决于区域类型的大小和发生风险的紧急程度。对媒体中心的评估需要关注以下几个方面：信息监测、信息发布、信息协调、信息保障、交流与沟通、技术支撑等。

避难中心旨在供逃生人员避难，以保护突发事件发生时所危及的公众的安全。对避难中心的评估需要关注以下几个方面：避难中心本身的安全性、避难中心的位置便利性、公众对该中心的了解程度、避难中心对人员及财产的保护能力等。

（四）建立应急救援体系

应急救援涉及指挥、消防、疏散、设备抢险、急救等多方面工作，要依靠各个部门甚至是外界力量的相互协作来完成，所以明确职责是十分重要的。建立应急救援体系是指，明确应急救援的反应组织机构、参加单位、人员及作用、应急响应总负责人和具体行动负责人、事故区域外提供救援的相关机构、政府和其他组织在事故应急中的各自职责等。建立应急救援体系的具体要求是：根据应急流程分解任务，为每一个任务确定责任主体——责任与主体相对应；职责分配以认可为前提，即任务与职责的分配被应急预案编制小组成员及其所代表的机构接受；确定职责的达标要求，任务分配应做到周延、责任明确、权限清晰、相互之间无缝衔接。

（五）编写应急预案文本

按照相关法律法规和应急预案编制的相关要求，进行应急预案文本的编写。此环节要特别注意三个要求：第一，响应分级能量化的尽可能量化，职能职责定位能具体的尽可能具体，应急处置措施能简化的尽可能简化，文字语言表述能通俗的尽可能通俗。第二，应遵循实事求是、实际管用，从实际出发，应与应急处置工作相适应，不强求千篇一律；同时，应根据突发事件在发展中可能的变化情况以及不断变化的周围环境，留出应对处置的余地，避免死搬教条。第三，主题鲜明、内容翔实、结构严谨、表述准确简练，既便于掌握熟悉，又便于具体操作。

（六）应急预案审定

应急预案审定是将编制完成的应急预案文本经过特定的程序进行把关和敲定的过程。各级政府颁布的应急预案管理办法，几乎都要求把所有应急预案在备案和发布之前进行必要的审定程序。

1. 审定内容

应急预案的审定内容包括九个方面：形式和用语的规范性、要件的完整性、法律依据的恰当性与相符性、情景设置的适当性、响应主体的正确性、响应程序的合理性与完整性、响应行动的具体性和可行性、应急资源的落实和保障、与其他预案的兼容性。除此之外，一些专项预案还有更多的审定内容要求。

2. 审定方法

应急预案审定一般的方法是聘请专家审定、委托社会专门的独立预案评估机构审定和广泛征求意见。目前，我国还没有独立的预案评估机构，一般采用专家组评审和广泛征求社会意见相结合的方法。有的政府和部门在预案评审环节，会采取将预案草稿印发相关单位广泛征求意见、寄送外地专家远程咨询等方法。

（七）应急预案发布

应急预案的发布是指预案的责任主体机关或它的主管部门对应急预案的批准、公布和宣布生效的法律程序。编制应急预案文本的单位只有履行了发布程序，从法律意义上讲，才算是产生效力。

1. 发布程序

应急预案评审结束后，进入该预案的发布程序。根据各地政府关于应急预案发布的规定，一般的发布程序如下：第一，装订规范的应急预案文件；第二，应急预案责任部门主要负责人签字；第三，准备批准材料；第四，按行政审批程序上报；第五，政府常务会议（企事业单位主要负责人）审议；第六，主要行政首长（企事业单位主要负责人）签发。

2. 发布方式

政府的应急预案是一级政府的法规性文件，必须按照标准的程序发布，赋予其法规效力。政府的应急预案的发布方式由以下系列行为构成：主要行政首长签署；通过政府新闻办、政府网站和公共媒体向社会公布并依法向相关部门备案；宣布生效日期。企事业单位的应急预案发布方式与此大致相同：单位主要负责人签署；通过新闻媒体或其他形式向社会公布；宣布生效日期，向主管部门备案。

（八）应急预案备案

应急预案备案是预案编制单位按照相关管理制度的要求到指定主管部门将预案存档（备查）的程序。从备案的概念上来讲，应急预案备案对于应急预案本身并不具备审查职责，但主管部门有权决定不符合要求的备案申请。应急预案备案的部门一般是政府或企事业单位的主管部门。下一级政府的应急预案报上一级政府备案（具有选择性），政府的部门应急预案报同级政府备案。企事业单位应急预案的备案单位是其主管部门。特别是对从事生产经营的单位来说，应急预案经过负责人签署公布后，必须到指定部门备案。

第三节　应急预案评估

应急预案评估是应急预案管理的重要内容，是实现应急预案预设效果的有效保障。应急预案评估是对所制定的应急预案的针对性、科学性和可操作性等进行的论证、审查的活动。虽然对应急预案的评估尚没有建立起规范的方法和指标体系，但是应急预案评估是应急预案质量的有效保障，重视和规范应急预案评估工作有着非常现实的意义。

一、应急预案评估在我国的发展

应急预案的质量和效果是应急管理理论与应急预案实践关注的焦点。理论上，高质量的应急预案将有助于提升应急管理的效果；实践中，作为行动纲领的应急预案质量的优劣也确实影响了应急管理的效果乃至应急管理的成败。[①]

① 肖文涛，许强龙．基层政府应急预案管理：困境与出路[J]．理论探讨，2016(1)：12-16．

"一案三制"的应急管理体系实施以来，一些法律法规对应急预案的评估进行了一定的要求。例如依据《突发事件应对法》第五条规定，国家应建立重大突发事件评估体系，预先对全国范围内可能发生的突发事件进行科学评估，侦查辨识潜在危险，并针对事件可能造成的影响进行评估，从而提高应急预案编制的有效性。2010 年颁布的《突发环境事件应急预案暂行管理办法》对应急预案编制和评估的要求进行了规定，这是我国第一次对突发事件应急预案评估工作正式作出规定。2006 年颁布的《国家突发公共事件总体应急预案》中强调应急预案需对重大突发事件的起因、性质、责任、影响、恢复等情况进行调查评估，并以评估的结果为参照来制定和编制应急预案。对应急预案的评估，推动着应急预案的修订和质量的提升。

尽管有上述文件对应急预案评估作出了要求，但是我国尚未形成系统的、规范化的权威评审指南。就局部而言，生产安全事故领域的应急预案评审起步较早，原国家安全生产监督管理总局于 2009 年印发了《生产经营单位生产安全事故应急预案评审指南(试行)》，安监系统很快自上而下建立起生产安全事故应急预案评审体系。另一个发展较快的领域是突发环境事件应急领域，除《突发环境事件应急预案暂行管理办法》外，环境保护部于 2018 年印发了《企业事业单位突发环境事件应急预案评审工作指南(试行)》。至今不足两年的时间，突发环境事件应急管理领域已经初步形成了自上而下的预案评审体系。

至今，我国官方还没有出台指导性应急预案评价标准，学术界对应急预案评估的解读也各不相同。总体来看，目前我国应急预案评估工作开展缓慢。但是随着国内突发危机事件的不断增加，对应急预案的关注程度也在不断提高，政府和社会也在逐渐发现应急预案存在的时效性问题，急需对应急预案开展评估工作。

二、应急预案评估的定义和准则

(一) 应急预案评估的定义

应急预案评估是指应急预案管理部门为保障预案的有效性，按照一定的程序和标准，组织相关专家运用科学方法对应急预案的结构和内容进行科学性、完备性和有效性评判的活动。突发事件应急预案的评估不仅是对应急预案内容结构的评估，也是对应急预案适用的突发事件情景进行详细的分析，以便最终来完善应急预案。应急预案评估不仅能促进应急预案得到有效的修订，还可以通过评估来检验应急管理机构的处置风险能力，进而通过培训引导，提高应急准备能力。因此，突发事件应急预案评估主要是为了提高政府和社会的应急准备能力、提高应急预案的实效性，完善应急预案的体制结构，使其能够成为应对突发事件的指导性方案。

(二) 应急预案评估的准则

应急预案评估应当遵循一定规范和要求，这就是应急预案评估准则。该准则与应急预案编制的要求之间存在着很强的一致性。一般来讲，应急预案评估应当遵守以下七项准则。

1. 符合性

应急预案的编制应与国家相关法律、法规和国家标准的要求相一致。符合性评估一方面是评估应急预案内容是否与国家相关法律、法规和国家标准的要求相一致，另一方面是评估应急行动和资源是否符合预设的风险情景的要求。

2. 完整性

完整性评估是指评估应急预案的内容是否完整，是否包含实施应急响应行动需要的所有要素。具体来说，完整性评估主要评估应急功能的完整性、应急过程的完整性和适用范围的完整性。

3. 针对性

针对性评估是指评审应急预案是否针对可能发生的突发事件类别，是否针对重大风险源，是否针对重要区域、重点行业、重要部门和关键环节，是否针对风险中的脆弱人群等。

4. 科学性

科学性是保障应急预案实用性的重要前提。科学性评估是指评估预案的制定过程和内容是否科学，以此推理应急预案是否能够对应急管理实践发挥指导作用。

5. 可操作性

可操作性评估是指评估应急预案是否具有实用性或可操作性。也就是说，它能否落实到具体的机构和响应主体，能否具体到各项行动和步骤。

6. 规范性

规范性评估是指评估应急预案是否调查和评估了应急所需的所有基本信息，是否涵盖了应急预案所有的结构要素，是否有利于使用和获取，是否具备相当的可读性等。

7. 衔接性

衔接性评估是指评估应急预案与其他相关应急预案、与不同层级的应急预案、与不同部门的应急预案是否协调一致、相互兼容。

三、基于应急管理府际差异的预案评估

由于不同层级政府在应急管理中的功能定位不同，因此不同层级政府的应急预案的功能定位相应存在着差异。例如，顶层的应急预案更加强调战略性，而基层的应急预案更加注重实践中的操作性。基于应急管理在不同层级政府的功能定位差异，相应的应急预案评估的核心指标理应存在差异，也就是说应急预案评估存在着府际差异。①

我国应急管理实践中，在对过往应急管理实践和应急预案建设进行反思的基础上，为了切实提升预案的针对性和实用性，2013 年 10 月国务院印发的《突发事件应急预案管理办法》指出：针对突发事件应对的专项预案和部门预案，不同层级的预案内容应各有侧重。这对不同层级政府的应急管理功能定位和应急预案编制导向作出了较为明确的主张（见表 6-1 所示）。根据表 6-1 可知，国家级和省级应急预案的功能都定位于指导性，即为一定区域内的应急管理提供全局性的总体安排；此二者之间的区别在于，国家级应急预案更加强调政策性，为各级政府应急预案的制定和实施提供理念支撑和

① 陶鹏.应急预案体现了府际差异性吗?：以北京市 M 区为例的研究[J].中国行政管理，2018(3)：138-144.

政策参考。市县级政府作为实际的应急处置主体，其职责重心在于风险评估、应急处置、监测预警等，具有明显的实务性。与此相应，市县级政府的应急预案应该侧重于应急处置的相关设计和安排。乡镇街道处于应急管理的一线和前沿，功能定位于先期处置，因此其应急预案应该侧重于预警信息传播、先期处置、自救互救、信息收集报告和人员临时安置等应急职责。因此，基于应急管理府际差异，对不同层级政府应急预案的评估有必要体现差异性。

表 6-1　　应急预案评估指标的府际差异①

预案层级	功能定位	核心评估指标
国家级	政策性与指导性	① 应对原则；② 组织指挥机制；③ 预警分级和事件分级标准；④ 信息报告要求；⑤ 分级响应及响应行动；⑥ 应急保障措施
省级	指导性	① 组织指挥机制；② 信息报告要求；③ 分级响应及响应行动；④ 队伍物资保障及调动程序；⑤ 市县级政府职责
市县级	处置主体性	① 组织指挥机制；② 风险评估；③ 监测预警；④ 信息报告；⑤ 应急处置措施；⑥ 队伍物资保障及调动程序
乡镇街道	先期处置性	① 预警信息传播；② 组织先期处置和自救互救；③ 信息收集报告；④ 人员临时安置

四、基于编制过程的应急预案评估

应急预案评估包括应急预案编制前、编制过程中、预案演练后、预案实施后等四个环节。这四个环节形成了一个完整的应急预案评估流程，实现了对应急预案从编制前到制定过程中，从应急预案演练到应急预案实施后的动态性无缝隙评估。

（一）应急预案编制前的评估

应急预案编制前的评估是指，在编制新预案之前，组织专家在充分调研和掌握本地区或单位具体情况的基础上，对本地区（单位）之前出现的各类突发事件进行详细梳理，并对本地区可能出现的突发事件的致灾因子进行综合评判和预测。做好预案编制前的风险评估，才能明确潜在风险和当前的脆弱点，从而确定应急预案的覆盖面和优先级。

（二）应急预案编制过程中的评估

应急预案编制过程中的评估是指对应急预案文本所做的评估，主要包括以下几项评估内容。

(1) 应急处置流程评估，通常使用事故树分析法，重点研判风险分级的合理性和处置流程的逻辑严密性。

(2) 应急组织体系评估，重点关注领导机构、指挥机构、专家咨询机构和执行机构的设置是否科学合理，是否有利于指导应急管理活动的有效开展。

(3) 应急资源保障评估。一个预案是否具有可操作性、能否成功实施，除了高质量

① 陶鹏．应急预案体现了府际差异性吗?：以北京市 M 区为例的研究[J]．中国行政管理，2018(3)：138-144.

的预案文本之外，还受应急预案外部保障因素的影响。在一定程度上，应急保障因素很可能成为应急预案是否能够有效实施的关键因素。在应急预案制定时，要根据事先梳理出的脆弱点重点对本地区各类可用于应急的资源进行普查、合理评估和整合，规划好调度资源的合理路线。

此外，还有宣传方案评估、社会动员机制评估、后期处置评估等。其中，后两个方面的评估是应急预案实施后评估的重要内容。

（三）应急预案演练后的评估

应急预案演练后的评估旨在通过应急演练来检验应急预案在指导具体突发事件应对中的实际效果。这一阶段的评估关注的层面较为微观，主要是通过应急演练来检验应急预案本身的缺陷。

1. 应急响应时间总评估

通过演练评估第一反应人的反应是否及时，预警是否合理，有关部门接报、上报是否及时，控制事态发展、疏散群众、救助伤员是否迅速等。

2. 预案完整性总评估

通过对应急预案的演练，发现应急预案文本中没有预见到的突发情况和特殊场景，重点考察有没有出现预案制定时没预测到的衍生事件等。

3. 应急组织体系再评估

观察各部门在演练中的综合表现，评估预案所建立的领导系统是否完善有力，能否促进应急救援工作的统一领导和步调一致，各部门依据预案是否分工明确、协调配合等。

4. 应急处置流程再评估

通过演练，可以直观地评估预案设计的处置流程环节是否符合逻辑，操作过程是否专业等。根据事故树分析法重点评估所预设的救援方案的可行性。

5. 应急资源保障再评估

全面评估依据预案整合的应急保障资源是否充分，资源布局是否合理；预设的调度路线是否有利于及时、得当调配；信息收集是否及时准确，信息传递是否畅通等。

（四）应急预案实施后的评估

1. 社会动员机制再评估

突发事件处置结束后，对社会动员机制进行再评估，全面掌握本地区甚至相邻地区各种社会力量实际参与救援的情况，及其拥有的各种资源和能力，以便在应急预案更新时完善动员机制，为今后处置突发事件提供经验和指导。

2. 后期处置再评估

处置结束后，全面评估：通过启动应急预案，是否有效遏制了突发事件的发展从而减少了经济损失和人员伤亡；应急预案的实施是否真正有利于后期处置，能否积极展开重建工作，能否适时安抚民心，减少社会负面影响；是否建立了完善的捐募及发放系统，能否有效汇集救灾资源并作出最有效的统筹分配。

第四节 应急预案演练

应急预案编制完成后，通常会通过演练的方式来检验预案的可行性及相关应急流程，以便提高应急处置能力。因此，演练是检验、提高和评价应急能力的一个重要手段。

一、应急预案演练的定义和作用

应急预案演练是指，各级政府及其部门、企事业单位、社会团体等组织相关单位及人员，依据应急预案，模拟应对突发事件的排练活动。根据国务院印发的《突发事件应急演练指南》，应急演练的目的和意义主要表现在以下五个方面。

第一，检验预案。以演练的方式对应急预案进行检验，既可以提高应急实战水平，又能发现应急预案和应急管理中存在的不足。通过预案演练，不仅应急预案的各部分或整体是否能有效地付诸实施可以得到检验，而且应急预案的实施效果也可以得到验证。

第二，完善准备。通过开展应急预案演练，了解应对突发事件所需应急队伍、物资、装备和技术等方面的准备情况，发现不足并及时予以调整补充，做好应急准备工作。

第三，锻炼队伍。通过开展应急演练，增强演练组织、参与单位和人员等对应急预案的熟悉程度，了解某一突发事件发生时可能遇到的危险以及自身应采取的措施。

第四，磨合机制。通过开展应急演练，可以增强不同部门、不同类型、不同层次应急预案之间的协调与合作，使相关部门及其人员之间的配合得以锻炼和提升。

第五，科普宣传。演练是最好的培训机制。经过公开的演练，不但使公众掌握了应对突发事件的相关知识，而且使公众意识到突发事件已经得到了上层组织的高度重视，并为此做了相应的准备。

二、应急预案演练的分类

（一）按照演练的组织形式

按照演练的组织形式，应急预案演练可以分为桌面演练和实战演练。

桌面演练是指参演人员利用地图、沙盘、流程图、计算机模拟、视频会议等辅助手段，针对事先假定的演练情景，讨论和推演应急决策及现场处置等问题，促进相关人员掌握应急预案中所规定的职责和程序，从而提高指挥决策和协同配合能力。桌面演练通常在室内完成。

实战演练是指参演人员利用应急处置涉及的设备和物资，针对事先设置的突发事件情景及其后续的发展情景，通过实际决策、行动和操作，完成真实应急响应等过程，检验和提高相关人员的临场组织指挥、队伍调动、应急处置技能和后勤保障等应急能力。实战演练通常要在特定场所完成。

（二）按照演练的内容

按照演练的内容，应急预案演练可以划分为综合演练和单项演练。

综合演练是指涉及应急预案中多项或全部应急响应功能的演练活动。综合演练注重对多个环节和功能进行检验，特别是对不同单位之间应急机制和联合应对能力的检验。

单项演练是指只涉及应急预案中特定应急响应功能或现场处置方案中一系列应急响应功能的演练活动。单项演练注重针对一个或少数几个参与单位(岗位)的特定环节和功能进行检验。

(三)按照演练的目的和作用

按照演练的目的和作用,应急预案演练可以分为检验性演练、示范性演练和研究性演练。

检验性演练是指为检验应急预案的可行性、应急准备的充分性、应急机制的协调性及相关人员的应急处置能力而组织的演练。

示范性演练是指为向观摩人员展示应急能力或提供示范教学,严格按照应急预案规定开展的表演性演练。

研究性演练是指为研究和解决突发事件应急处置的重点、难点问题,试验新方案、新技术、新装备而组织的演练。

现实生活中,选择演练类型需要考虑的因素有很多,例如应急预案、程序的制定及有关应急准备工作的进展情况;所面临的风险性质和大小;演练成本及资金筹措状况;关键部门对应急演练工作的态度;应急组织投入的资源状况;国家及地方有关应急演练的规定,等等。无论选择何种演练方法,应急演练方案必须与突发事件应急管理的需求和资源条件相适应。

三、应急预案演练过程

以演练的方式对应急预案进行检验,既可以提高相关应急组织的实战水平,又能暴露应急预案中的不足,因而被广泛采用。一般来讲,应急预案演练过程主要包括以下四点。

(一)组织准备

演练应在应急预案确定的应急领导机构或指挥机构的领导下组织开展。演练组织准备的主要任务是建立相应的计划、指挥、实施演练的组织体系,并确定其职责和任务。该组织体系一般包括演练的领导小组、策划部、保障部、评估部和参演部。对于不同类型、不同规模的演练活动,可以根据需要对演练组织机构中的职能部门予以适当调整。

1. 领导小组

领导小组由预案牵头单位和协作单位的负责人组成,负责应急预案演练活动全过程的组织领导工作,审批决定演练的重大事项。领导小组组长一般由演练组织单位或上级单位的负责人担任;副组长一般由演练组织单位或主要协办单位负责人担任;小组其他成员一般由各演练参与单位相关负责人担任。在演练实施阶段,演练领导小组组长、副组长通常分别担任演练总指挥、副总指挥。

2. 策划部

策划部负责应急预案演练策划、演练方案设计、演练实施的组织协调、演练评估总结等工作。策划部的负责人(总策划)一般由演练组织单位具有演练组织经验和突发事件处置经验的人担任。为便于工作,通过职能分工,策划部可以设置以下工作小组:文案组、协调组、控制度、评估组和宣传组。

文案组,又称策划组,负责制订应急演练计划、设计应急演练方案、编写应急演练总结报告以及承担应急演练文档归档与备案等工作。文案组成员需具备一定的应急演练组织经验，参加过突发事件处置。

协调组，负责与应急演练所涉及的相关单位部门之间的沟通协调工作。协调组成员一般为应急演练组织单位及参与单位的行政、外事等部门人员。

控制组，在总策划的直接指挥下，负责控制应急演练信息和引导应急演练进程以确保应急演练按计划实行，实现预定目标。

评估组，负责设计应急演练评估方案并对应急演练实施现场进行评估。评估小组的成员人数由应急演练的复杂程度决定，一般由熟悉应急响应业务的专业人员组成。

宣传组，负责编制应急演练宣传方案，整理应急演练信息，组织新闻媒体和开展新闻发布等。宣传组成员一般是应急演练组织单位及参与单位的宣传部门人员。

3. 保障部

保障部是为应急演练提供物资和后勤保障的部门，主要任务包括对应急演练所需各类物资装备的购置、制作、调集、联合调试和维护，负责演练场地、道具、场景等工作，并承担演练车辆、人员生活保障和维持演练现场秩序等工作。保障部一般分为技术保障组、编导摄制组和后勤保障组。

4. 评估部

评估部负责设计应急演练评估方案和撰写应急演练评估报告，对应急演练准备、组织、实施及其安全事项进行全过程、全方位观察记录和评估，及时向演练领导小组、策划部和保障部提出意见、建议。评估部常称为演练评估人员，成员一般包括评估人员、过程记录人员等，应急管理专家、具有一定演练评估经验和突发事件应急处置经验的专业人员，但不能是参加本次演练活动的人员。评估部可由上级部门组织，也可由演练组织单位自行组织。

5. 参演部

参演部是管理参加演练的应急响应人员、群众演员和观摩人员的部门。参演部的主要任务包括组织被检验的参演队伍、招募和培训群众演员、联系和借调观摩人员。

（二）演练计划准备

在演练计划准备阶段，各参演单位根据自身职责，组建演练工作班子，重点进行演练计划和脚本的确定、演练方案设计等演练筹备工作。演练计划准备主要包括三个内容：制订演练计划、设计演练方案和编写演练方案文件。

1. 制订演练计划

演练计划又称演练筹备方案，是有关演练的基本构想和对演练活动的详细安排。演练计划由策划部文案组负责编制，并请策划部审查报演练领导小组批准后方可实施。演练计划的内容包括演练目的、演练内容、演练日程安排、演练范围和经费保障、演练活动的原因、演练要解决的问题和期望达到的效果等。

2. 设计演练方案

应急预案演练组织在举办演练活动前组织制定演练方案。演练方案是指在演练目标和范围的指导下，对演练目标、参演单位人员、序列情景实践、气象条件、响应行动、评价标准和时间进程等制定的总体设计。演练方案由文案组编写并报演练领导小组批准。演练方案的设计一般包括演练目标体系、演练情景与实施步骤、评估标准与方法等内容。

3. 编写演练方案文件

演练方案文件是组织和实施演练的依据，必须涵盖演练过程中的每一个细节。演练方案文件由四部分构成：参演人员手册、演练控制指南、演练评估指南和演练脚本。

（三）演练实施

1. 演练启动

演练正式启动前一般要举行一个简短的仪式，由演练总指挥宣布演练开始，然后由总策划启动演练活动。桌面演练，一般由总导演叙述演练情景，并辅以沙盘、视频模拟软件等演示材料，提出一系列风险情景及应处置的相关问题，要求参演人员作答和讨论，开始演练活动。实战演练，一般是通过事先设计好的方式将演练场景呈现给参演人员，由总策划发出第一个事件消息，触发演练活动。

2. 演练指挥与执行

演练总指挥负责演练全过程的监督与控制。当出现特殊或意外情况时，可以对演练方案进行调整，以尽量保证演练的顺利进行。一线总指挥按照应急预案规定和演练方案要求，指挥参演队伍和人员开展对模拟事件的应急处置行动，完成各项演练活动。在实战演练中，主要是通过传递消息来控制演练进程。总策划按照演练方案发出控制消息，参演人员和模拟人员接收到模拟事件信息后，按照发生真实事件时的应急处置规则，或根据事先设计好的行动方案，采取相应的应急处置行动。如果演练过程中出现与演练计划不符的问题时，总策划可通过临时调整控制消息以保证演练按计划顺利进行。

3. 演练终止

演练任务完成后，由总策划发出演练结束信号，演练总指挥宣布演练结束。演练结束后所有人员停止演练活动，按预定方案集合进行讲评总结，并按计划组织解散，后勤保障人员负责对演练场地进行恢复和清理。

（四）演练总结评估

演练结束后的主要任务是总结演练的结果和改进应急管理机构的日后工作。演练结束后，评估组要着手撰写演练评估报告，对演练效果作出总体评价，并详尽阐述演练过程中暴露出的问题。评估报告要按照演练目标体系和评估指标体系，分门别类地将各类别的评价意见进行汇总形成演练总体评价报告。一般来讲，评估报告对演练中出现的问题按照不足项、整改项和改进项列出，为后续应急工作的改进提供参考。

演练结束后，进行总结与讲评是全面评价演练是否达到演练目标和应急准备水平、是否需要改进的一个重要步骤，也是演练人员进行自我评价的一个机会。演练总结与讲评可以通过访谈、汇报、协商、自我评价、公开会议和通报等形式完成。

总策划应在演练结束后的规定期限内，根据演练评估报告和记录人员收集和整理的资料，以及演练人员和公开会议中获得的信息，撰写演练报告并提交有关管理部门。为确保参演应急组织能从演练中取得最大收益，策划组应对演练发现的问题进行充分研究，确定导致该问题的根本原因、纠正方法、纠正措施及完成时间；并指定专人负责对演练中发现的不足项和整改项的纠正过程实施追踪，监督检查纠正措施的进展情况。

特别提示

本章简要介绍应急预案的概念、特征、作用、分类和我国应急预案建设的发展历程。应急预案管理水平在一定程度上影响着应急管理活动的实际效果。应急预案管理是指应急预案的编制或使用单位，为保证应急管理活动有序有效展开，在相关法律法规的框架下，借助文本管理、信息、预测和实验检测等方法所进行的预案编制、评估、演练和修订的动态过程。

应急预案文本应具有完备性、逻辑性、可操作性、衔接性和法律规范性。完整的应急预案应包括总则、应急组织体系、应急准备、应急响应、善后工作、应急保障、培训与演练相关附则附件等。应急预案的编制流程是：成立编制小组，进行危险识别和风险评价，评估应急能力，建立应急救援体系，编写文本，预案审定，预案发布和预案备案等。

应急预案评估应当遵守以下准则：符合性准则、完整性准则、针对性准则、科学性准则、可操作性准则、规范性准则、衔接性准则。应急预案评估包括四个环节：应急预案编制前的评估、应急预案编制过程中的评估、应急预案演练后的评估、应急预案实施后的评估。

应急预案演练，是指各级政府及其部门、企事业单位、社会团体等，组织相关单位及人员，依据应急预案，模拟应对突发事件的排练活动。桌面演练、单项演练和综合演练是常见的演练形式。应急预案演练应遵循的程序是：演练组织准备、演练计划准备、演练实施、演练总结评估等。

同步思考题

1. 简述应急预案的作用原理和具体作用。
2. 简述我国应急预案建设的发展历程。
3. 阐述预案编制应遵循的原则和流程。
4. 简述应急预案评估的准则和过程。
5. 解释应急预案演练的概念和目的。

延伸阅读书目

[1] 李尧远. 应急预案管理[M]. 北京：北京大学出版社，2013.

[2] 国家突发环境事件应急预案[M]. 北京：人民出版社，2015.

[3] 刘铁民. 应急体系建设和应急预案编制[M]. 北京：企业管理出版社，2004.

[4] 陈国华，张新梅，金强. 区域应急管理实务：预案、演练及绩效[M]. 北京：化学工业出版社，2008.

[5] 杨月巧. 应急管理概论[M]. 北京：清华大学出版社，2016.

[6] 闪淳昌，薛澜. 应急管理概论：理论与实践[M]. 北京：高等教育出版社，2012.

第七章 公共安全信息管理

CHAPTER 7

学习目标

1. 掌握公共安全信息管理的概念、重要性和理论架构。
2. 了解我国公共安全信息管理的发展历程。
3. 掌握公共安全信息管理流程。
4. 了解公共安全信息传播的概念和重要性。
5. 了解公共信息传播中的利益相关者。
6. 掌握突发事件舆情引导原则。

案例引入

“8·12”天津滨海新区爆炸事故

2015年8月12日23时30分左右，位于天津市滨海新区天津港的瑞海国际物流有限公司所属危险品仓库发生爆炸。在事故发生后，许多网友都相继上传了与爆炸相关的视频，迅速吸引了大量的公众参与讨论，使得舆论热度一路攀升。公众都在等待着媒体事故发生原因、伤亡人员情况等多个焦点问题的官方报道和政府部门的回应。新华网舆情监测显示，当晚80%以上的突发事件始于自媒体传播。同样，12日午夜，在该爆炸事故发生后的第一时间，微博、微信，即“双微”出现爆炸相关的信息、图片、视频，舆情信息瞬间充斥整个网络空间。然而，在事故发生后的第二天，本应对爆炸事故做连篇滚动报道的天津本地媒体却视爆炸如无物，天津卫视仍在播放韩剧和动画片，天津《渤海早报》的头版新闻页面并未对此事进行相关报道，《城市快报》也只是在头版页面出现了一个题目的导读，虽然《每日新报》对事故现场的领导指示和一些感动事迹做了相应的报道，但还是引发了一片质疑和不满，网友们认为当地媒体应去调查事故发生的真相，回应大众的应该是事故发生的原因，而不是用感动事迹把事件的源头埋没。天津传统媒体在关键时刻的失语和不重视彻底惹怒了网友，对当地媒体的不满和批判声遍布整个互联网，甚至有网友调侃称“全世界都在看天津，而天津在看韩剧”。有学者认为“8·12”天津滨海新区爆炸事故发生后次生舆情潮涌、谣言四起的主要原因在于事故发生后舆情疏导的失败。

（资料来源　韩茜：《政府应对网络舆情危机中存在的不足与对策研究：以“8·12天津滨海新区爆

炸事故"为例》,载《辽宁工业大学学报(社会科学版)》2016年第5期,11～14页)

在风险社会的时代语境下,社会各领域内部的不确定性因素增加,直接导致大规模的世界性突发公共事件频繁发生。如何有效处置突发公共事件,并将其给社会带来的危害降低到最低程度,已成为世界各国需要共同面对的挑战。公共安全管理体系整体功能的发挥和安全维护能力的巩固、提升,离不开相关公共安全事务信息的收集、分析、整理和利用等一系列环节;而公共安全管理的关键流程更是离不开对相应信息的需求和信息管理的支持。从此种角度来看,公共安全信息管理不仅是公共安全管理的基础,而且扮演着确保相关公共安全事务安全运行的核心角色。

第一节　公共安全信息管理概述

作为公共安全管理的重要组成部分及其重要的组织职能,信息管理事务基本贯穿于整个公共安全管理过程。具体而言,无论是何种类型的公共安全事务,其问题产生、发酵及后续的各种事态发展过程,均会因某种不确定性而导致新的变化方向。作为公共安全的管理者,在处理公共安全事务的各个过程中,时常会面对着各种信息不完全、信息不准确或是信息不及时等情况,并可能会因种种情况而作出某种不完全理性或不科学的决策,从而导致某种重大公共安全灾难的发生。

公共安全信息管理自身所具有的特点,使其能够在较大程度上克服或治理因上述种种问题所导致的各种负面效应的发生。这是因为:首先,公共安全信息管理的研究领域,具有较强的学科交叉属性,故其能够以多学科的科学视角对事件进行审视和管理。其次,由于信息可以消除各种不确定性及事件所带来的各种风险,故信息是公共安全管理中的稀缺性资源。但是,就安全信息本身而言,不仅类型繁多、数量巨大,而且还会随着时间的推移、事务的变化而发生相应的改变。所以,要想使信息这种稀缺性资源在公共安全事件管理过程中更好地发挥作用,便需要将各种现代化的管理思念纳入公共安全信息管理并进行科学化管理。科学的公共安全信息管理可以为政府发挥公共安全管理职能提供强大的保障。

一、公共安全信息管理的概念

公共安全信息管理一般可以分为公共安全和信息管理两部分内容。所谓公共安全,是指作为研究对象的突发事件发生在公共组织内或对社会公共利益可能造成潜在的威胁。所谓信息管理,广义上不仅指对信息本身的管理,还包括对涉及信息活动的各要素(技术设备、信息人员、组织机构、环境、资金等)进行合理的组织和配置,以实现信息和相关资源的合理调配,使信息管理的结果达到最优,从而更有效地满足各种信息需求。公共安全信息管理实质上是一种公共安全事务管理情形下的信息管理,即依据信息技术和管理原理、方法,对公共安全管理过程中的信息资源进行收集、组织、传播和利用,以实现公共安全管理过程中的信息有效供给和高效沟通等一系列活动的过程。上述定义,不仅凸显和丰富了全过程管理等公共安全信息管理的内涵和外延,而且也呈现出了公共安全信息管理的重要功能,因而显得更为全面和深刻。

一般而言，可以将公共安全信息管理分为安全事件信息、预案和法律法规信息、储备资源信息、案例知识信息、专家支持信息等五种类型。① 在此种类型划分的指导下，公共安全信息管理者可以有针对性地对相关信息资源进行管理和利用，以达到对信息资源的最优化配置；同时也可以直接推动公共安全事务管理中各种信息的有效沟通和科学决策的快速达成。

二、公共安全信息管理的重要性

公共安全事件的管理过程，实质上就是相关安全信息的互动过程，即关于公安全事件信息的空间分布由不对称到对称，又由新的不对称到新的对称的循环往复过程；由于突发事件变化快，每次传递的信息并非简单重复，而是新增了反映紧急事件变化的信息。② 公共安全中的信息资源管理是公共安全管理中的关键环节。为了达到有效地进行公共安全管理的目的，以政府为主体的各类公共安全信息资源管理主体对公共安全信息的收集、整理、传输、发布、使用存储、清理等一系列工作尤为重要。

从公共安全管理的整个过程来看，公共安全管理中的信息管理工作的作用主要体现在以下三个方面。

（一）维护公众知情权，增强政府公共安全管理的透明性

公共安全事务不仅与公众的生命及财产安全紧密相连，而且还与社会中的其他相关主体牵涉较多，故公共安全事件及其所产生的影响具有浓厚的社会属性。基于此种属性，公共安全事件发生后的较短时间内，便可以通过各种方式对公众及其他相关主体的利益造成重大冲击。当然，此种冲击，不仅包括金钱等物质层面的效应，而且还直接影响到公众生理、心理等各精神层面。

采用利于增强信息的透明度和强化公众知情权的信息管理方式，则可以有效应对上述公共安全事件所引发的包括物质损失、心理焦虑和公共恐慌在内的诸多问题。具体而言，政府在对公共安全事件进行管理的过程中，若能够尊重公众的知情权，及时发布准确而权威的信息，则可以有效提升公众的安全感并取得其对相关工作的支持，并进而可以促进相关公共安全事件的顺利解决。反之，当公共安全事件发生时，基于对自身相关利益的关注，包括公众在内的个人、组织或群体往往需要通过一些准确信息为自身的相关决策提供科学依据。而在此种情况下，如果公众不能准确、及时地获取公共安全的相关准确信息，由此引发的焦虑等负面效应，不仅会降低公众对政府机构的信任度，甚至有可能给谣言提供不断滋生和蔓延的时间和空间，并可能进而引发社会恐慌，破坏正常的社会秩序。因此，维护公众的知情权，增强政府公共安全管理的透明性，对于提升公共安全信息管理的质量和效率，具有重要的作用。

（二）为公共安全决策提供信息供给

西蒙认为，管理就是决策，决策是管理的核心。由此论述不仅可知公共安全决策在公共安全管理过程中所处的核心地位，而且可以推断出支撑公共安全决策系统正常运行的

---

① 沙勇忠：公共危机信息管理[M]. 北京：中国社会科学出版社，2014：6-8.

② 郑则文，廖晓明. 健全公共信息管理系统，提升政府危机管理能力[J]. 重庆行政，2005(5)：107.

公共安全信息管理系统在公共安全管理中所处的不可或缺的重要地位。

具体而言，在复杂多变且对效率有极高要求的公共安全事件中，如何做到公共安全的科学决策存在着很大的困难。面对不确定性和紧急性的现实需求，目前正处于初步建设阶段的公共安全信息管理系统所能够提供给相关管理部门的信息资源尚处于不足状态。此种内在矛盾，要求公共安全事务管理人员强化对各种公共安全信息的收集工作，并通过相关分析、整理等加工过程来对相关政府机构的科学决策提供准确的公共安全信息。

其中，作为信息输入和输出等信息处理枢纽的公共安全信息管理系统，可以为公共安全决策系统的运行起到不可或缺的辅助作用。这是因为，科学决策以准确和充沛的信息供给为前提。没有足够和有效的信息供给，就无法对安全作出合理的推测，不能及时发现公共安全事件产生的致灾因子，更不能以此来分析、判断公共安全未来的变化状况和发展趋势。此种情况，不仅严重影响了相关决策人员对公共安全事件发展和演变的科学预测，而且可能导致更大烈度的安全事故发生。

（三）有效整合公共安全管理资源，提升公共安全管理效率

作为公共安全决策的核心，信息管理在较大程度上支撑着公共安全管理事务的正常运作。换言之，公共安全管理人员对公共安全事务进行管理的各个具体过程，离不开各种主体之间的沟通及相关信息的传播；此种信息沟通与传播的过程，基本实现了对整个公共安全事务要素的连接和整合效应，因而促进了公共安全事件的解决，也提升了公共安全日常管理工作的效率。

具体而言，公共安全事件的爆发往往具有一定时间的潜伏期并表现出一定的症状，并非是瞬间高强度发生的。针对此特点，如果能在潜伏期间准确及时地收集到安全事件即将发生的信息，迅速做好各项预警工作，就能在安全的潜伏期准确地识别安全，将安全事件造成的损失降低到最小。当然，此种过程也牵涉多个主体和各种要素。只有在信息沟通顺畅的情况下，公共安全管理需要的各种要素才能被管理主体进行高效整合，以有效地实现公共安全管理的目标。

公共安全信息系统不仅可以在较大程度上预防相关公共安全事件的发生，而且还可以为相关安全修复工作提供有力帮助。这是因为，公共安全信息资源的有效管理为合理有效的安全修复工作提供了大量有利信息，不仅可以帮助政府在公共安全事件爆发时及时动员和组织群众，以在最佳时机达到最大程度减少损失的目的；而且可以在公共安全事件发生后及时发布权威信息来正确引导公众舆论，提升公众对政府相关决策的理解和支持，使政府顺利、高质量地完成相关公共安全事件的修复工作。

三、公共安全信息管理理论框架

作为一个崭新的研究领域，公共安全信息管理在吸纳多种学科的营养之后得到了快速发展。新颖性、学科交叉性和复杂性等特征使公共安全信息管理必须也应该持续地借助其他学科的理论知识来建构自身的理论框架。一般而言，可以从公共安全信息资源管理、公共安全信息传播管理、公共安全信息系统建设三个维度来构建公共安全信息管理研

究框架。①

（一）公共安全信息资源管理

公共安全信息资源管理不仅指为公共安全事务提供有效的安全信息，而且还包含其他较为丰富的内涵。

首先，公共安全信息资源管理以安全管理为目标。这是因为，在公共安全管理的各个流程中，均离不开及时、准确、可靠的信息资源的供给，需要信息资源管理来提供相应的支持。从此种角度来看，公共安全管理其实是对包括安全信息的采集、加工、传递、分析、利用等一系列公共安全信息资源的管理过程。通过此种过程，公共安全管理的相关职能便能够得以充分发挥，更有效地防范或化解各种隐藏或已经显现的公共安全问题。

其次，公共安全信息资源管理以安全决策为核心。具体而言，一般管理活动的基本职能包括计划、组织、指挥、协调和控制。② 其中，计划是每一项管理活动的起点，它通过与其他职能间相互交叉渗透，形成螺旋式上升趋势的管理循环全过程。然而，尽管上述基本职能比较重要，但决策才是管理的内核——它涉及管理各个方面基本职能的发挥。从此种意义来看，公共安全管理的实质内涵是其对安全决策、执行的有效管理，而信息流和基于信息的管理活动则是串联整个公共安全管理过程的逻辑主线。当然，在此过程中，信息资源管理是安全管理者决策、执行、再决策、再执行循环周期的前提和基础。③

再次，公共安全信息资源管理以安全信息资源为主要内容。具体而言，公共安全信息资源管理往往是在某种特定情形下对相关安全信息进行持续的收集、加工、传播等处理和利用操作，进而达到为安全管理提供科学决策的目的。由此可知，应在安全管理的各个阶段不断发挥信息的收集、处理、利用等基本职能，并对现代信息技术在安全信息资源管理中的应用进行研究；同时，建立并不断丰富和完善安全数据库、案例库、知识库有助于为公共安全管理、政府安全决策和社会信息传播提供优质服务。

（二）公共安全信息传播管理

公共安全信息传播是指通过多种渠道实现安全信息的流动，即在最恰当的时间，通过最恰当的途径，将最有用的信息传递到最需要信息的人的过程。④ 一般而言，安全信息的传播扩散可以通过政府、传媒、文献信息机构等途径来实现。⑤ 然而，由于安全信息传播的主体不同，以及各传播主体在信息传播过程中所扮演的角色及发挥的作用也不同，因而在对其进行管理的过程中，需采用不同的管理策略和管理方法。

首先，就公共管理部门中的政府机构而言，在公共安全管理中所占据的重要位置及其在社会和政治系统所扮演的重要角色，在较大程度上决定了政府机构所发布或传播的公共安全信息被加持了自身的权威性。从此种视角来看，在公共安全管理过程中，若能够建立某种完善的政府信息发布制度，则是其有效抵制谣言的重要制度化措施。当然，在上述措施中，信息管理和情报分析方面的专家学者是政府公共安全管理可以依赖的重要学术

① 王伟.公共危机信息管理体系构建与运行机制研究[D].长春：吉林大学，2007：37.

② 廖建桥.管理学[M].武汉：华中科技大学出版社，2010：70.

③ 麻宝斌，王郅强.政府危机管理理论与对策研究[M].长春：吉林大学出版社，2008：200.

④ 孙斌.公共安全应急管理[M].北京：气象出版社，2007：153.

⑤ 康伟.突发事件舆情传播的社会网络结构测度与分析[J].黑龙江教育（理论与实践），2014(3)：60.

和技术支撑力量。如果运用得当,则上述专家学者不仅能够为安全事务的决策提供信息分析和咨询服务,而且能帮助社会公众科学解读安全信息,从而达到提升公众安全素质、提升公共安全管理质量、夯实公共安全管理基础等效果。

其次,就主流媒体而言,其所发布或传播的相关安全信息,在较大程度上可以达到引导社会舆论的效果。这是因为,随着信息社会的发展和资讯信息的发达,大众媒体以各种方式深度渗入社会生活各个方面,并已经或正在对公众的思想、态度、价值观和行为等产生重要影响。同时,主流媒体以其专业性和政府权威的影响,更能够获得公众的认同和支持,所传播的信息更容易被公众视为赖以决策的重要参考依据。从此种角度来看,主流媒体通过相关安全信息的收集、加工和传播等相关信息传播过程,更容易发挥舆论引导功能。

(三)公共安全信息系统建设

信息系统不只是一个技术系统,而且还是一个管理系统和组织系统,是一个社会系统。由此可知,信息系统具有丰富的内涵和极富延展性的外延。公共安全信息系统不仅是由不同层次和功能镶嵌在一起而形成的多网结构,而且可以通过对自身多层次和多功能的开发,实现对安全管理过程中信息的监测、获取、传递和共享效能。

首先,公共安全信息系统是一个多层次的全球战略系统和区域应急系统。全球战略系统应以互联网为平台,使安全信息在全球内实现共享,对全球公共安全进行协调、干预与应对。换言之,在一个国家或地区内有效运作的公共安全信息系统,不仅由安全信息获取子系统、应急智能子系统、决策指挥子系统等共同构成,而且能够与全球定位系统、地理信息系统和遥感技术等实现实时联动,从而实现包括风险评估、监测监控、预测预警、动态决策、综合协调和总结评价等在内的多种重要功能。

其次,公共安全信息系统是一个多功能安全应急网络。基于中央或轴心层面设立的公共安全管理系统,一般是依据国家相关法律制度,对公共安全管理的相关职能部门进行有机协调,建构在国家或某个区域内相对统一的公共安全事件管理体系并具体负责公共安全事务的管理工作。其中,突发公共安全事件管理总平台通过与各地区、各部门应急平台的信息互通和资源共享,将不同应急预案进行衔接,真正实现多部门和各地方之间的协同联动。[①] 因此,设立跨部门的政府综合安全管理信息系统、建立有效的安全管理沟通机制、制订安全信息共享计划,不仅能够实现相关安全信息的及时收集和传递,而且可以实现与其他相关职能部门的实时共享,对推动公共安全问题的解决具有重大意义。

四、我国公共安全信息管理发展现状

当前,我国虽然正处于社会转型和经济转型的重要战略机遇期,但同时频发的包括三鹿毒奶粉事件、SARS事件、汶川大地震、2018问题疫苗事件等一系列公共安全事件给我国政府带来了日益严峻的挑战。不仅如此,随着资讯社会的演进及信息时代各主体关系的复杂化,公共安全治理进程中的信息管理还会面临更多的非传统挑战。因此,政府只有逐渐积累信息安全管理经验,对丰富繁杂的信息资源进行有效处理和积极探索,才能发挥

① 李宇.信息资源管理与应用[M].北京:国家行政学院出版社,2015:164.

信息资源的最大效能。

（一）我国公共安全信息管理工作的积极探索

1. 公共安全信息管理系统初具规模

当前由急救信息系统、公共卫生监测信息系统、药品监督管理信息系统、毒物中毒信息系统、国家核应急管理信息系统等组成的国家公共健康与安全信息系统已经初具规模。例如，在公共卫生领域，国家卫生健康委员会已经建立了统一的国家公共卫生信息系统，实现了国家和地方各级疾病预防控制机构以及各级各类医疗卫生机构的联网，基本实现了突发公共卫生及其相关实践的网络直报。

此种安全管理信息系统的建设，不仅保障了我国安全信息的顺畅传递，能够及时监测公共安全事件中的各种信息变化，而且有助于及时发布预警信息等各种有效的信息处理方式的实现，可以为我国公共安全管理中所必需的科学决策提供及时而可靠的信息保障。

2. 公共安全信息公开制度化、法制化格局形成

我国在公共安全信息管理领域的成绩，离不开政府在十余年间建构的公共安全信息管理法律体系。该体系对公共安全信息的内容、传播途径、信息传播的及时性等方面作出了相对科学和规范的规定，直接促进了我国公共安全信息公开制度化、法制化格局的形成。例如，《突发公共卫生事件应急条例》规定：建立突发事件的信息发布制度。国务院卫生行政主管部门负责向社会发布突发事件的信息。必要时，可以授权省、自治区、直辖市人民政府卫生行政主管部门向社会发布本行政区域内突发事件的信息。信息发布应当及时、准确、全面。《国家突发公共事件总体应急预案》规定：特别重大或者重大突发公共事件发生后，各地区、各部门要立即报告，最迟不得超过 4 小时，同时通报有关地区和部门。应急处置过程中，要及时续报有关情况。《突发事件应对法》也对突发事件（公共安全）的信息沟通系统以及具体操作进行了明确规定：国家建立健全应急通信保障体系，完善公用通信网，建立有线与无线相结合、基础电信网络与机动通信系统相配套的应急通信系统，确保突发事件应对工作的通信畅通。公共安全信息管理体系，不仅为我国公共安全事务的解决提供了重要的法律参考和有效指导，而且标志着我国公共安全信息管理法制化初步形成。

3. 媒体作用逐渐增强

包括主流媒体在内的诸多新闻媒体，在公共安全事件中应保持公正和客观的新闻发布态度，应承担向公众传播信息和引导舆论的重要社会责任。一般而言，在公共安全事件发生的第一时间，媒体往往会通过深度报道等方式来唤起公众对该事件的关注，同时为相关政府机构提供关于该事件的翔实信息；接着，媒体需要协同政府来及时发布相关安全资讯、引导公众等，以协助相关政府机构展开公共安全事务的治理工作；在公共安全事件结束后，媒体仍然需要协同相关政府机构，通过发布相关新闻报道等方式，来直接或间接地向社会公众传达各种相关安全信息，以提升公众的安全素养，同时促进相关公共安全事件的事后修复等工作。

随着媒体对社会生活渗透力度的加深，以及媒体与政府管理事务契合程度的加大，媒体在促进我国公共安全信息管理系统中的作用日益突出。较为明显的表现是我国电子政务得到蓬勃发展。例如，作为电子政务的一种表现形式，我国各级政府机构的网站上均动

态性地发布着各种资讯，全天候地为公众提供制度或文件服务；同时对政府所推动各种事务进行实时发布。政府信息的发布不仅能够满足公众的信息知情权，削弱其因信息获取不准确所引发的心理焦虑或社会冲突，而且以直接或间接的方式引导了社会舆论，从而有助于安全的社会生态的建构。

4. 信息标准化建设成为公共安全信息管理的重要技术支撑

标准化建设是联系各种相关资源之间的有效措施，也是建立各资源之间逻辑关系的重要途径。我国相关政府机构已经认识到了标准化建设在公共安全信息管理系统中的关键作用，并将其纳入公共安全信息管理系统的具体建设中。

具体而言，在负责公共安全管理的不同政府机构之间或部门之间，已经出现了彼此整合或联动的态势。不仅如此，一些新的信息发布技术、无线通信技术和大数据等相关科学技术已经或逐步被纳入公共安全信息管理领域且取得了较好的效果。以广西壮族自治区南宁市社会应急联动系统为例，它便是南宁市政府为加强城市基础设施建设，提高运用数字化、网络化综合管理城市能力，增强政府处理特殊、突发、重大事件的快速反应能力而建立的我国第一套城市应急联动系统。[①] 此种公共安全信息管理系统及其所推动的信息标准化建设，有利于提高我国公共安全信息资源的沟通效率和资源共享程度，有利于推进我国公共安全信息管理的建设进程。

（二）我国公共安全信息管理工作存在的问题

在信息日益成为社会的重要驱动力和解决公共安全管理问题的重要社会资源时，任何公共安全信息管理环节的失误均可能引发巨大的社会风波。尽管我国的公共安全信息管理取得了较大进步，但其运作的同时暴露出了一些问题。

1. 信息报告机制尚待完善

在公共安全事务的具体运行过程中，一些下级政府或地方政府有时出于地方利益或保护自己官位、权力等自利性考虑，在向上级传送政务信息时，只报喜不报忧，邀功讳过，往往在信息报告过程中采取向上级缓报、瞒报和漏报的策略性行为，使上级政府无法及时、迅速地获得有效信息，无法了解到安全的真相及其严重性，难以及时、正确、有效地作出决策和启动公共安全管理机制。[②]

2. 信息资源共享程度较低

目前，我国公共安全信息管理系统在各方力量的推动下虽初具雏形，但由于各因素的制约，该系统信息资源共享程度较低。

首先，由于相关政府部门的重视和推动力度不足，导致信息收集、加工、传播等资源整合过程在常态化的公共安全管理事务中被忽视。对于信息整合共享来说，缺少信息就成了“无米之炊”。[③] 此种情况，直接或间接地导致了相关政府机构在进行公用安全决策时缺乏足够的公共安全信息资源。

其次，受狭隘的本位主义或利益冲突的影响，部分公共安全管理职能部门往往存在对

① 国家测绘局测绘成果管理与应用司. 经纬之光[M]. 北京：测绘出版社，2007：28.

② 李学明，刘文彬. 人才工作体制研究[M]. 北京：党建读物出版社，2016：155.

③ 同②154.

相关公共信息进行“垄断”的冲动，致使相关信息不能在公共安全信息管理系统中正常流通或被及时共享，从而导致相关政府部门在公共安全领域的决策不能得到有效的信息支撑。

3. 公民知情权缺乏保障

知情权是每个公民所必须被尊重的一种基本权利，理应得到各种社会公权力的保障。然而，知情权尽管在2003年SARS事件之后得到政府部门的重视并相继出台了包括《突发公共卫生事件应急条例》等一系列法律条例，取得了较好的效果；但仍然存在部分地方政府基于所谓的“防止恐慌、控制局势和维持社会稳定”①等相关目的，试图以某种“善意谎言”的方式来应对公众关切，这在一定程度上影响了公共安全信息的透明程度，妨碍了公共知情权的实现。

不仅如此，如果相关政府机构所发布的信息存在不透明、不规范或失真状况，甚至严重侵犯了公民的知情权，则往往会在较大程度上诱导公众基于某种失真的信息来制定行动策略。此种不良行为，不仅可能会诱发公众对政府权威的质疑或产生反感情绪，甚至可能会出现某些过激行为。

4. 缺少专业的公共安全信息管理人才

公共安全信息具有低频、隐蔽和不确定等特点，这要求公共安全信息的管理人员应在一定的时间限度内对信息进行收集、分析、筛选和鉴别，并据此作出快速而正确的预判，为突发公共安全事件的应急处置工作提供科学的支持。然而，无论是对公共安全信息的分析、传播等加工流程，还是依据相关资讯在最有效的时间内给出最恰当的专业建议，均需要专业的高素质公共安全管理人员提供有力的专业支持。

然而，就目前情况而言，我国公共安全管理机构却呈现出专业人才储备较为尴尬的状况。例如，由于公共安全信息管理系统的建设蕴含较高的技术属性，且其本身也是一种新鲜事物，故对其的管理和灵活运用往往需要相关人员具备一定的高素质。然而，对于传统安全机构的部分工作人员而言，由于受年龄、学历和专业方向等各方面因素的限制，所以在数字信息技术的掌握、契合时代需求的思维素质等方面均与现实需求有一定的距离，往往不能满足当下公共安全信息管理系统的迫切需求。

第二节 公共安全信息管理流程

公共安全信息管理系统往往以政府部门为主体，同时通过对相关公共安全信息的采集、加工、分析、整合和发布等诸多流程中相关资源的优化配置，以试图达到提高公共安全管理效率和提升公共安全事务正确性的目的。公共安全信息管理流程可以分为信息收集、信息仿真、信息分析、预警信息发布、信息动态监测和信息整合沟通等六个环节。六个环节相互衔接形成一个无缝连接的循环周期。

① 张凯兰. 现代城市危机管理信息系统建设[M]. 北京：研究出版社，2006：194.

一、信息收集

公共安全信息收集的主要工作是把分散于不同时空领域的与潜在突发事件相关的各种信息进行挖掘和整合，以便于公共安全信息管理其他环节的使用。从此种意义来看，公共安全信息的收集工作是整个公共安全信息管理的基础，且其质量与效率的高低直接影响到公共安全信息管理的质量和效果。换言之，规范化的公共安全信息资源收集对于突发公共安全事件的识别和危机预警起着重要作用，是公共安全信息资源管理工作顺利开展的前提。

基于公共安全信息收集的重要性，相关人员在进行安全信息的收集时，不仅要确保信息质量的可靠性、周期的长期性，更要保证安全信息收集工作的持久性、多元化信息的代表性。为了达到上述目标，公共安全信息资源的收集工作应从收集范围、收集渠道和收集机制等方面入手，确保该事务处理的工作效率及其结果的科学性。

（一）公共安全信息的收集范围

公共安全信息收集涉及的范围主要包括预防信息、日常监测信息、预警预报信息、灾后恢复信息及其他信息等五类（见表 7-1）。各个范围内收集的信息可服务于各种公共安全事务处理工作。例如，相关信息不仅可以用于应急预案的制定，也可以当作关键信息进行公开发布，还可以用于识别安全隐患。公共安全信息资源收集的范围，一般会因安全事件种类的不同及其所诱发的信息需求的不同而存在相应的差异。

表 7-1　公共安全信息收集的范围

一级类别	二级类别	示　　例
预防信息	制度信息	各种法律、法规、政府条例
	组织信息	领导机构、指挥机构、办事机构、工作机构、专家组的设置、人员配备等
	保障信息	应急队伍、物资、技术、装备医疗卫生、交通运输、治安维护、通信联络等
日常监测信息	基本情况	突发事件种类、发生时间、受灾区域等
	灾情信息	人口受灾情况、农作物受灾情况、房屋损失情况和直接经济损失情况等①
预警预报信息	—	突发事件种类、预警级别、影响范围、应对措施、发布机关等
灾后恢复信息	先期处置信息	事发地政府部门根据职责和规定的权限在第一时间进行危机处置、控制事态发展所形成的方案、措施、安排、效果等②
	应急响应信息	基本应急信息（应急机构信息，应急预案启动信息、抢险救助信息、交通管制等信息）、扩大应急信息（依法动用的资源信息、紧急状态信息等）
	善后处置信息	征用物资信息、疫病防治信息、环境保护信息等③
	调查评估信息	公共安全事件调查评估过程中，事件的起因、性质、影响、责任、经验教训等信息④
	恢复重建信息	恢复重建计划及其组织实施信息⑤
其他信息	—	研究成果信息、国际公共安全管理交流信息和社会反馈信息等

① 袁艺，马玉玲. 近 30 年我国自然灾害灾情时间分布特征分析[J]. 灾害学，2011(3)：65.
② 吴建华. 试论公共危机信息收集的范围与渠道[J]. 情报科学，2007(3)：380.
③ 同②.
④ 同②.
⑤ 同②.

（二）公共安全信息收集的渠道

以公共安全信息的内容及其来源作为分类依据，可以将公共安全信息收集渠道分为两种，即制度性渠道和非制度性渠道。

制度性渠道主要包括报告渠道、举报渠道和公文渠道。报告渠道是指公共安全信息管理的信息报告制度。《国家突发公共事件总体应急预案》等系列法律法规对公共安全信息管理中的信息报告制度进行了明确的规定和阐述。举报渠道是指为了尽快获取公共安全信息，国家鼓励单位和个人向政府组织及其相关部门报告安全隐患，向政府组织及其相关部门举报地方人民政府及其有关部门不履行或不按规定履行危机应急处置职责等情况。公文渠道是指在公共安全管理过程中通过行政渠道下发或上报的文件、政策、法规、通知等材料来收集公共安全管理中需要的信息。①

与制度性渠道相对应的是非制度性渠道。非制度性渠道是指公共安全信息管理机构积极主动且有计划地收集公共安全相关信息的活动，包括机构渠道、媒体渠道和文献渠道。② 其中，机构渠道是政府组织设立多种机构（例如信访机构、政策咨询机构等）来获取信息的渠道；媒体渠道是指通过报刊、电视等新闻媒体和网络媒体获取突发公共安全事件和安全隐患的相关信息。③

（三）公共安全信息收集机制

所谓公共安全信息收集机制，是指公共安全信息收集人员利用信息技术将在不同时空领域的信息收集起来，并组织入库的过程。收集得到的相关信息需要经由专业信息组织人员进行结构化的处理和储备，再借助公共安全信息管理系统来实现相关信息的录入、存储和检索等相关功能。

二、信息仿真

公共安全信息仿真是指对潜在公共安全事件的真实情境或响应情景进行的模拟仿真。换言之，公共安全信息仿真是公共安全信息管理的重要环节和公共安全信息分析的重要组成部分，主要是对潜在危机进行模拟仿真。在对公共安全事件应对处置和响应之前，决策者首先要对潜在危机的脆弱性进行评判，通过公共安全信息仿真过程则可以达到此目的。

公共安全信息模拟可以借助计算机信息技术等科学技术，以计算机仿真、制图等方法进行模型建构，从而使公共安全管理者可以较为直观地看到泥石流、洪水以及暴风雨等相关导致灾害的因素与客观环境之间的相互作用。在掌握先进的计算机科学和信息技术力量的基础上，公共安全管理的决策者往往只需要提供公共安全信息模拟所需要的相关数据，运行设定的模型，就可以看到较为真实的突发事件的可能性结果。

① 吴建华．试论公共危机信息收集的范围与渠道[J]．情报科学，2007(3)：380.
② 同①381.
③ 同①382.

三、信息分析

多元化的信息收集渠道使得采集到的信息较为散乱和混杂，这与公共安全管理所需要的信息精准性和针对性形成了尖锐的矛盾，必须进行合理的分析处理使其有序化，以满足公共安全管理和决策中的信息需求。① 作为一种典型的信息深加工活动，信息分析不仅可以借助科学的方法和手段对收集和模拟到的安全信息按照各类信息的不同内容、不同流向，有序、明确地进行分析、整合、排序，而且还可以将数量庞杂的信息进行分类和汇总，按照数量精准化和质量最优化的要求进行加工，提高安全信息的精准度以减少不必要的信息资源浪费，从而达到提高各类信息资源应用价值、以最少的成本获得最大收获的目的。

由信息分析的内涵及外延可知，对公共安全信息进行科学分析和恰当处理，是进行科学安全预警决策的关键所在。这是因为，如果对公共安全信息分析失当，往往会造成诸多不利后果。例如，若安全信息分析不正确，或未能及时预测到潜在危机，则可能导致突发事件发生后难以有效掌控危机情形和局势。由此可知，要准确和有效分析采集到的信息资源就需要借助先进的信息分析技术辅助政府组织进行决策。

值得注意的是，为提升信息分析和处理的效率和效能，在信息分析过程中应遵循两个基本标准：一是可能性，应根据掌握的实际情况，通过信息分析对安全隐患做出一个初步的评判，即估计危机形成的可能性或失去控制的概率；二是影响程度，即假设危机发展态势失去控制将会在多大程度上影响社会组织正常运转，会给社会带来怎样的可能性损失。②

四、预警信息发布

公共安全信息经过收集、仿真和分析这三个环节之后，基本上形成了较为成熟的公共安全信息资源。在此基础上，公共安全信息管理主体可以通过对相关公共安全信息资源进行合理判断和科学评估，来及时识别、科学评估安全隐患，从而给出有针对性的应对策略。

值得注意的是，如果要进行适时的预警信息发布，则首先要确定相关公共安全的类型及等级。这是因为，对公共安全危机进行科学分类，有利于相关公共安全管理人员依据不同的风险情形来制定不同的预案准备，将合适的应急资源、人员和物质配置等与相关管理部门直接结合起来，根据具体的风险情形迅速、正确地实施预防措施或救援行动。

五、信息动态监测

信息动态监测是指公共安全管理主体对突发公共事件的发展和演化情况进行全方位的跟踪检测。一般而言，突发事件动态数据的监测范围基本涵盖了与突发事件相关的自然、生态、环境、经济等诸多方面的信息。突发事件发展态势的动态监测要求公共安全管

---

① 彭学华.基于生命周期的政府危机信息管理研究[D].郑州：郑州大学，2011：19.

② 同①.

理主体借助信息处理平台和信息监测系统，监督突发事件应对处置措施的实施，定期发布监测通报和突发事件状况报告。

突发公共事件的动态监测要求公共安全管理主体提升对安全信息的敏感度，有效过滤和鉴别信息泛滥和信息污染造成的伪信息。所谓伪信息，一般是指在一些风险语境中所衍生出来的诸如片面、夸张等虚假信息。如果不能充分甄别此类伪信息，则不仅会增大决策风险，而且可能会加剧一些问题的严重程度。

六、信息整合沟通

公共安全管理多元主体之间的联合行动，是基于信息流的公共安全事务指挥系统的统一行动。因此，这一联合行动需要对公共安全信息资源进行统一调配、整合并进行有效的沟通。一般而言，公共安全信息系统的整合沟通主要包括两个方面：一方面是公共安全管理系统内部安全信息的无障碍流动和分析等加工工作；另一方面是公共安全管理系统根据社会需求及时向社会公众发布安全信息并积极做好舆情引导工作。

公共安全管理系统内部的安全信息整合沟通工作，主要是指公共安全管理人员在监测和扫描到突发事件的动态信息后，对这些信息进行系统的整理、分析，并发掘该信息背后存在的主要问题及其所代表的其他相关深层信息。此项工作，不仅需要公共安全应急指挥中心成立专门的安全信息处理小组来分析危机的形式、程度以及当前的局势，而且需要经由其他专项工作小组进行具体信息的分析工作。针对此项工作，《国家突发公共事件总体应急预案》明确要求：加强以属地管理为主的应急处置队伍建设，建立联动协调制度，充分动员和发挥乡镇、社区、企事业单位、社会团体和志愿者队伍的作用，依靠公众力量，形成统一指挥、反应灵敏、功能齐全、协调有序、运转高效的应急管理机制。由此可知，灵活高效的公共安全应急管理机制需要标准化联动指挥体系，而标准化联动指挥体系的有效运转则需要相关安全信息在公共安全应急管理主体之间的无障碍流动和共享。

就公共安全信息管理系统对社会大众的关切及回应方面而言，信息整合沟通也具有重要的意义。这是因为，作为公共安全管理事务的主体，政府部门在公共安全管理系统中占据主导地位，并在灾前预防、事中处置、事后恢复和重建等环节发挥着不可替代的作用。因此，政府机构对社会风险的有效应对能力，对于社会秩序的稳定和各项事业的健康发展，均具有直接而重大的影响。具体而言，政府资源的富集性及在公众心中的权威性，使其所发布的信息能够较快地为公众所信服并接受，可以有效防止相关风险事态的进一步恶化。但是，如果政府机构应对不及时，或是以往留给公众的印象不良，则其发布的信息往往可能会产生负面效应。基于此种情况，公共安全信息管理系统中的相关政府机构，一定要采取科学方法认真应对，才能取得较好的预警或减灾等治理效果。相关机构或个人在公共安全信息系统发布信息时，不仅应充分尊重公众的知情权，而且还应采取规范化、制度化和公开化的方法，保持好自身和媒体之间的良性互动关系并通过互联网、电视、报纸等合适的传播媒介，遵循信息传播规律，及时、准确地向公众发布相关安全信息，力争达到最好的信息传播效果和公共安全治理效应。

第三节　公共安全信息传播

信息社会中信息触角的无处不在和无孔不入，使得社会公共空间中的任何组织和个人都不能轻易回避、隐瞒和屏蔽信息的存在。然而，在经济改革持续深化和社会转型的双重驱动力所引发的不确定因素影响下，我国社会矛盾不断凸显，部分自然灾害也呈现多发态势。

在此过程中，由于多种因素所导致的我国公共安全事务管理过程中信息传播的不可控性和政府在处理公共安全信息传播问题上的尚存问题，均给我国公共安全信息传播等公共安全信息管理工作带来了前所未有的挑战。

一、公共安全信息传播概述

（一）公共安全信息传播的定义

公共安全信息往往在公共安全事务管理过程中通过新闻报刊、网络等媒体进行传播和扩散，且能够传递和反映社会公共安全问题存在的状态表征。公共安全信息，就类型而言，不仅包括突发事件发生后危机应急管理的各种信息，还包括突发事件发生前的相关征兆信息；就信息传播的双重属性而言，不仅遵循所有传播形态共通的基本本质，而且也因公共安全事务变量的介入而呈现出一些特质。

信息传播不仅是信息的传播和共享，而且是社会网络关系赖以生成的根本机制。公共安全信息传播的实质是公共安全事务管理过程中的行动者通过一定媒介将信息进行传递、交流和沟通的过程，是政府公共安全管理机构和社会组织、媒体、公众间进行信息交换的互动过程。公共安全信息传播具有以下六个较为典型的特征。

1. 传播主体呈现多元化

政府机构在公共安全信息传播中占据主导性地位。政府机构和社会公众、媒体不仅一起形成了公共安全信息传播场域中利益相关者的利益链条，而且共同构成了该场域顺畅运行的重要支撑点。由此可知，政府和其他第三方利益群体均在公共安全信息传播中扮演着重要角色，是主体要素。

2. 传播环境具有复杂性

公共安全事务类型的多样性、参与主体的多元性以及由此引发的多方利益博弈、公共安全事件的不确定等使危机情形下的政治、经济、文化等社会因素和自然环境因素的耦合性得以强化并有可能对公共安全信息的传播施加影响，因此公共安全信息传播环境具有复杂性的特征。

3. 信息源具有非唯一性

公共安全事务参与主体的多元性、各参与主体所处环境的复杂性、各参与主体自身意义的重要性等，使各参与主体很容易成为多方力量所关注的对象。因此，公共安全信息在社会公共空间进行传播时，各方力量均有机会对公共安全管理过程施加影响，而各方主体也均有可能成为相关公共安全信息传播的信息源。

4. 传播渠道具有多样性

随着互联网技术的发展和计算机网络技术的进步，媒体的形态衍变得以丰富化且对社会的影响力日益加深。在此情况下，相关公共安全信息的传播不仅可以通过报纸、电视等传统媒体进行传播，而且可以通过互联网和微信等新媒体进行传播，从而在较大程度上拓展和丰富了公共安全信息传播的渠道。

5. 传播过程具有双向互动性

在传统的信息传播制度下，信息往往由上级向下级呈现单向流动的特点。随着信息社会的发展和政府电子政务的发展，公共安全信息传播系统中的主体不仅扮演着信息发送者的角色，而且同时扮演着来自受众的信息接收者和反馈者的角色，因而与以往相比具有更强的互动性，且信息流通的质量更高。

6. 传播过程会因受到噪声干扰而产生不确定性

公共安全信息在传播过程中，会因受到噪声干扰而影响信息传播效果。这是因为，在危机情形下，传播要素的多元组合机制使得信息传播系统中的噪源和噪声无处不在、无时不在。① 由此可知，公共安全信息传播系统的开放性，在较大程度上决定了噪声存在的客观性。然而，噪源和噪声的存在会阻塞信息传播渠道，增加冗余信息，妨碍危机信息的有序传播，容易造成信息失真，降低公共安全信息传递的有效性。从此角度来看，如何在公共安全信息传播过程中减少或消泯噪声的干扰并最终提升安全信息的传播效果，无疑是公共安全信息管理业务人员或机构所努力的一个重要课题。

（二）公共安全信息传播的必要性

在信息社会中，信息已经成为一种驱动社会发展的重要能源，而安全信息也已经成为促进公共安全事务运作的重要驱动力。例如，当公共安全事件发生时，不仅会有大量安全信息随之扩散并很容易成为社会舆论关注的热点，而且社会大众也会设法从媒体等渠道来积极获取、识别和利用信息；在某些特殊时期，社会大众甚至会采用社会舆论等方式来强烈要求相关政府机构发布相关危机事件的处置信息。从此角度来看，公共安全信息的传播不仅满足了社会公众获取危机信息的需求，为公众应对危机情形下采取保护性措施提供了必要准备；同时，也成了政府推动公共安全事务正常运行、建构自身权威形象、提升公信力的有效方式。因而公共安全信息传播具有较强意义上的重要性和必要性。

1. 有利于公众获取公共安全事务信息

公共安全事务自身的重要性及冲击力，以及与公众利益关系的紧密性，都在较大程度上决定了公众对相关公共安全信息的极大关注度。例如，当突发事件发生后，公众会通过网络媒体和社会关系网及时了解事件发生的最新情况，这不仅便于公众有效理清事件的发展脉络，增强应对危机的心理认知，而且有利于危机情形下的个体及时采取有针对性的保护措施，避免事件对个人的人身和财产安全造成更大的威胁。

2. 可以有效动员社会公众参与公共安全事务

在公共安全信息管理过程中，政府组织等相关主体可以通过信息传播途径来动员社

① 胡百精. 危机传播管理：流派、范式与路径[M]. 北京：中国人民大学出版社，2009：39.

会力量参与到突发事件应急管理事务中，也可通过媒体了解公众对突发事件的期待并及时而有效地疏导公众焦虑情绪。由此可知，公共安全信息传播的社会动员功能旨在通过信息传播协调社会关系，动员社会资源，促使社会形成合力采取行动共同面对危机；不仅重视并强调了媒体作为信息传播平台的重要利益协调功能，而且也着重突出了媒体在各方主体之间进行资讯传播和观点交流的沟通平台等功能。因而，公共安全信息传播系统在社会动员中不仅是政府管理的重要工具，而且是社会各方面聚合力量的重要平台。

3. 可以有效引导社会舆论

议程设置理论认为，公众会关注大众传播媒体对某一社会问题或某一事件的报道，而且其关注度随着大众媒体的关注程度增长和减弱，因此能够使某些问题成为社会舆论讨论的中心议题；即传播媒体作为“重要事件”给予报道的问题，也会被公众当作大事保留在印象中。传播媒体越关注，公众的重视程度就越高。[①] 由此理论可知，公共安全信息的传播实质上是受到多种力量设置的议题所驱动，而政府、媒体和公众为代表的利益相关者之间的博弈均会对安全信息传播的议题设置产生重要影响。

如果从公共安全管理的视角来看，可以将公共安全信息传播所产生的效果分为预期和非预期两种舆情效应。所谓预期舆情效应，主要是指达到了应急管理信息处置目的的效应，诸如信息规范发布、抑止谣言、没有衍生不可控的舆论新闻事件等。所谓非预期舆情效应，是指没有达到应急管理信息处置的目的并恶化了突发事件处置的环境和条件，造成更大损失和增加处置难度的效应，诸如正规信息被淹没、谣言主导舆论、衍生新闻事件、政府公信力受损等。[②] 由上述两种公共安全信息传播所引发的舆情效应可知，负责公共安全事务管理的机构或个人，应积极推动自身与媒体之间的良性关系，特别是应妥善处理与网络新媒体之间的有效联系，设法通过议程设置效应来达到公共安全信息传播效果的最优化，并以正向的社会舆论来为建构公共安全场域服务。

二、公共安全信息传播的利益相关者

如果依据利害关系的紧密程度进行分类，则可以将利益相关者分为首要利益相关者和次要利益相关者。首要利益相关者是指企业的运行不能离开的一类参与群体。次要利益相关者是指对企业的运行产生间接影响的一类群体。[③] 因此，可以从利益相关者的相关度、利益相关者的影响力和利益相关者的紧急性三个维度对利益相关者进行分类。

依据利益相关者理论，公共安全信息管理中的政府、媒体和公众是公共安全信息传播中最直接的参与者；就其他社会组织成员而言，其参与公共安全信息传播往往通过主要利益相关者来实现，故可以将其归入次要利益相关者的行列。具体而言，在公共安全信息传播系统中，处于主导性地位的政府机构，是公共安全信息的权威发布者，处于公共安全信息传播的主导地位；作为一种重要的政治资源，媒体在政府与公众之间架起了一座桥梁，故它既是信息的传播者，又是公共舆论的收集者；公众是公共安全信息的接收者，但公众

① 邓小龙，李欲晓. 2013 年中国热点事件及重点案例应对得失分析[M]. 北京：北京邮电大学出版社，2014：121.

② 景琦，李尧远. 突发事件信息传播的渠道、过程与舆情管理[J]. 西安电子科技大学学报（社会科学版），2015(6)：101.

③ 聂锐，张燚. 高校与利益相关者互动发展的组织创新与行为调适研究[M]. 北京：中国经济出版社，2011：126.

又可以通过舆论来影响公共安全事务的管理，所以公众是政府和媒体进行信息沟通的主要对象。

（一）公共安全信息传播的主导者——政府

在公共安全信息传播系统中，政府组织及其附属部门居于主体地位，并在公共安全管理中扮演着社会化服务的组织者、协调者和仲裁者的角色。作为主导性力量的存在，政府组织在公共安全信息传播系统中履行责任的质量高低，不仅会直接影响公共安全信息传播的质量和信息传播系统机制的完善程度，同时也会对公共安全管理的具体效果产生重要影响。

1. 建立统一的公共安全信息采集和分析系统，注重舆情分析

公共安全管理依赖于信息交换能力和公共安全管理者依据收集信息有效制定行动方针的能力。① 掌握精准信息，是公共安全管理的关键，也是公共安全信息传播的前提和基础。② 作为一个呈现“条块分割”特点的庞大行政组织系统，我国政府机构不可避免地会使信息传播产生上下沟通不畅、噪声增多或信息传递滞后等诸多负面效应。因此，在超越和整合行政组织边界的基础上，打破行政体制条块分割对传播的障碍，在全国范围内建立统一的信息采集和分析系统尤为必要。同时，政府组织在公共安全事务中应积极关注公众对政府信息传播的反馈和利益表达，追踪突发事件应对中舆情的动态性发展，并就舆情的指向和传播进行客观性分析和积极引导，以便合理规避或消泯因安全信息传播不当所造成的各种舆情风险或其他各种损失。

2. 尊重公众的知情权，履行信息公开职责

从公共安全信息传播的视角看，知情权涵盖两个方面：一是从公众与政府的关系出发，公众有权从政府获取有关突发事件的各种信息；二是从媒体与政府的关系出发，媒体有权从政府获取危机相关的信息并将其传递给公众。③ 由此论述可知，公共安全信息传播的本质，在于尊重社会公众对于信息的知情权，在于通过公共安全信息透明化的各种措施来实现社会公众对于相关公共安全信息的共享。

3. 完善公共安全信息传播制度

多中心治理理论认为，在公共事务治理中，由于政府在人力、物力、资源、组织体系等方面的局限性，所以社会组织和公众的参与对政府治理便显得至关重要。④ 由该理论可知，作为重要参与主体，发挥着大众传播责任的媒体和人际传播效应的公众，在相关公共安全事件中均可以发挥重要而积极的作用，也均在公共安全信息传播这一公共事务中扮演着不可或缺的角色。

基于媒体和公众在推动或处理公共安全事务中的重要性，政府组织应正确而充分地认识媒体和公众参与在公共安全信息传播的重要性和必要性，设法积极引导媒体和公众在公共安全信息传播中的行为，并从法律层面为社会各方的参与提供保障，让媒体和公众

---

① 赵路平. 公共危机传播中的博弈[M]. 上海：上海社会科学院出版社，2010：177.

② 郝晓伟. 网络舆情应对与处置案例分析[M]. 北京：国家行政学院出版社，2015：54.

③ 周海生. 公共危机信息传播中的政府、媒体功能及公众参与[J]. 中共南京市委党校学报，2009(5)：66.

④ 同①184.

的合理需求和行动真正做到有法可依。① 例如,《政府信息公开条例》强调了"公开是原则,不公开是例外"的理念,并明确规定各级政府应当加强对信息公开工作的领导,各级政府及相关部门应当建立健全本行政机关的政府信息公开工作制度。这有力推动了政务公开在法制轨道上开展,彰显了建立责任政府和服务型政府的决心,在较大程度上推动了我国公共安全信息管理的立法进程。

(二)公共安全信息传播的执行者——媒体

在公共安全信息传播中,媒体作为执行者在成为公众与政府互动交流平台时具有重要的意义:既有利于公众利益和意见的表达,也有助于政府集思广益,了解民情,从而能够促进政府与公众在公共安全信息传播过程中信任、合作关系的建立。② 由此论述可知,媒体在公共安全信息传播中发挥着重要功能,主要表现在以下两个方面。

1. 在公共安全信息传播中切实发挥信息监测功能

奥斯本和盖布勒认为,在公共安全管理事务中正确的做法应该是"花少量的钱预防,而不是花大量的钱治疗"。③ 不仅如此,危机生命周期理论研究表明,在危机潜伏期就采取行动,解决危机的成本最小,社会遭受的损失也最小。上述论述对于公共安全信息管理具有较大的指导意义和较强的参考价值。

作为帮助公共安全信息管理顺利达成相关职能的重要力量,媒体在危机预警等方面具有天然的优势。针对此观点,普利策认为:倘若一个国家是一条航行在大海上的船,新闻记者就是船头的瞭望者。他要在一望无际的海面上观察一切,审视海上的不测风云和暗礁险滩,及时发出警告。④ 此种论述,较为生动地描述了媒体所具有的社会监督和危机预警等功能。换言之,作为拥有悠久信息传播历史的专业机构,媒体具有天然的新闻敏感度,在相关信息的收集、整理、分析、传播、反馈等一系列信息加工领域具有天然的优势。此种优势,不仅有助于媒体更好地履行社会守望者的神圣使命,更可以使其充分发挥公共安全信息监测、预警等各种功能。

在对社会风险、潜在危机进行预警的过程中,无论是媒体还是政府都要重视公众的知识、理解和参与情况,应与之建立一种互信的关系,这是保证信息传播有效性的关键。同时,公众知识常被看作是一种具体的、特殊的、与情景关联的地域性知识,与危机相关的科学知识则被理解为抽象的、普遍的、标准的去情景化知识。⑤ 基于此种认识,媒体在发挥信息监测等相关功能的时候,应注意与社会现实、公众利益及鲜活的日常生活进行紧密结合,从而使相关工作更容易被社会和公众所接受,更容易取得各种社会力量的支持。媒体应积极而主动地为自身各项工作的开展建构起一个可以密切合作和理性参与的群体,从而更好地推动相关公共安全事务的解决。

2. 开展舆论监督,进行舆论引导

尽管政府信息公开有助于公共利益的实现,但是,由于传统意识下的保守秘密比信息

---

① 赵路平.公共危机传播中的博弈[M].上海:上海社会科学院出版社,2010:184.
② 赵路平.公共危机传播中的政府、媒体、公众关系研究[D].上海:复旦大学,2007:143.
③ 蔺雪春.公共危机管理[M].成都:西南交通大学出版社,2013:89.
④ 赛佛林,坦卡德.传播理论:起源、方法和应用[M].郭镇之,徐培喜,等译.北京:中国传媒大学出版社,2006.
⑤ 周海生.公共危机信息传播中的政府、媒体功能及公众参与[J].中共南京市委党校学报,2009(5):67-68.

公开对满足政府部门及其官员的利益诉求来说有更强的激励性。[1] 由此可知，公共安全信息的适时公开发布，不仅需要相关法律制度的保障，而且也需要来自媒体力量的有效监督。

舆论引导和监督是大众传播媒体的重要职能之一，此种职能在新时期的公共安全治理中具有崭新的意义。这是因为，在公共安全事务的开展过程中，会涉及人力、物质等各种公共资源的调配工作。然而，面对时刻变化和充满无限可能的公共安全事务，上述资源的具体调配与使用也往往会因某些个人的自由裁量而呈现一定的不确定性风险。为了规避因此种风险所带来的贪腐并确保公共资源的有效和合理使用，有必要引入媒体的力量并通过其舆论监督等各项功能的发挥来营造风朗气清的公共安全管理文化氛围，从而为相关公共安全事件的解决提供社会舆论的支持和信息权威性的日常保障。

（三）公共安全信息传播的受众——公众

基于自身地位的重要性与特殊性，公众在参与公共安全信息的传播系统中，不仅是相关安全信息的传递者，同时也是相关安全信息的受众——接收者。在此过程中，公众既可以推动相关安全信息的顺利传播和安全事务的有效解决，亦可以扮演相关公共安全信息噪声的制造者或负面效应的推动者。

然而，信息时代的发展及其中各种因素的崭新演绎，赋予公众以新的能量且其在公共安全管理系统中的地位及作用也随之发生了微妙变化。首先，随着社会民主化程度的提高和智能网络时代的到来，公众在安全信息传播中的地位由被动变为更为主动，且更为积极地参与到相关安全信息的获取和传播中来。这是因为，公共安全事件往往和公众的利益具有广泛的紧密联系，且信息传播技术和网络传播技术的发展也逐渐突破了政府对传统媒体的信息垄断，故公众往往通过各种更加多元而丰富的资讯传播渠道，以更为积极而专业的态度来试图获取信息。如果一旦危机传播的主渠道信息缺失，公众就会通过网络、人际传播等其他途径获取信息并进而对一些信息进行传播，结果可能在较大程度上影响着公共安全事件的发展走向。

由于技术的发展和公众媒体素养的提升，公众往往在公共安全事件之中扮演着信息发布者的重要角色。这是因为，随着计算机通信技术和网络传播技术等相关科技的发展，给普通公众媒体接触权和知情权的实现提供了强有力的技术支撑。同时，对于公众而言，出于个人兴趣或相关利益，往往自觉地将相关公共安全事件之中的问题通过微博、微信等途径予以公开展示或曝光，从而可能会引起关注、评论，甚至会引发大规模的舆论浪潮。此种态势，在传统媒体与网络媒体的互动传播下，往往造成巨大的社会舆论震荡，并会为社会公共安全事件的影响添加许多强烈的不确定性。因此，相关公共安全管理政府机构或其他组织，一定要对社会公众的力量予以充分重视并给予合理引导。

三、突发事件舆情引导

古语有云："防民之口，甚于防川。川壅而溃，伤人必多，民亦如之。"[2]经济的转轨、社会的转型和技术破坏力的增强，以及信息社会和信息革命的不断深化，均加大了风险社会

① 刘必华. 转型社会中的大众传媒与公共利益[M]. 北京：中国传媒大学出版社，2017：62.

② 桑楚. 国学常识全知道[M]. 昆明：云南人民出版社，2013：352.

所带来的各种不确定性风险。然而，在公民权利意识不断觉醒和信息能量日益凸显的今天，社会公众对于信息的诉求力度正在与日俱增。特别是在突发公共危机发生时，包含高能量的各种信息得以大量涌出。一旦信息传播失误造成真空，很快流言就会占据真空地带并迅速传播，而网络为这种传播提供了有力的渠道。然而，一旦流言大量迅速传播，就会引起公众的猜测和怀疑，导致不良信息传播范围的扩大并可能导致公众发生诸多误判行为，甚至可能阻碍公共安全治理预案的顺利执行并可能会加剧公共安全事件的破坏力度。因此，在公共安全管理过程中，要格外注重公共安全信息传播中的舆情引导，适时公布事件真相，用真诚的态度与公众交流，用真心投入突发事件的处置过程中，以有效的舆论引导策略和技术手段来驱动公共安全事件的顺利解决。

（一）突发事件舆情的概念及特征

所谓舆情，主要是指公众关于现实社会中各种事件、现象、问题所表达的政治信念、态度、意见和情绪的总和。舆情在较大程度上代表了公众和国家管理者之间不断变动的以利益关系为基础的社会政治态度。[①] 所谓突发事件网络舆情，是指公众以网络为平台，借助网络论坛、网络聊天、博客、微博、微信、电子邮件等网络工具，围绕即将发生或已经发生的突发事件发布信息以及表达社会政治态度等。由上述对突发事件网络舆情的界定可知，处于突发公共危机事件影响下的公众，能够通过网络等各种途径将自身的思想、态度、情感和行为等要素表达出来并可能由此衍生出更大意义且更富有影响力的意见共同体。当然，不同群体所形成的意见共同体具有不同的特征，且有时甚至会发展成对立或激烈对抗的情况。

一般而言，作为公共安全事件发生后的衍生性危机，突发事件舆情具有群体极化、交互性、快速性和及时性等特征。

首先，所谓群体极化，主要是指某一团体成员在开始便有一些偏向，但经商议之后，该团体成员开始朝着偏向的方式继续移动，乃至在最后形成某种极端的观点。[②] 在我国部分存有争议的公共安全事件中，处于不同群体的民众有不同的观点或利益诉求，并往往借助网络技术建立了不同的网络社群。在该网络社群中，人们往往展开对某些问题的分析或讨论；但是，若没有理性的舆论领导或缺乏合理的分寸把握，一些群体的观点往往在距离极端附近达成或已经衍变为某种类型的极端化观点，因此会具有一定的破坏性。

其次，突出事件舆情具有交互性。随着网络虚拟世界影响力的增加，越来越多的人开始在网络世界寻找精神寄托或个人价值、社会价值的实现途径。然而，随着网络世界的不断演进及其对客观世界影响力度的增加，网络虚拟世界通过各种途径对现实世界施加影响的可能性越来越大且力度也与日俱增，甚至出现了网络虚拟世界和客观现实世界日益融合的趋向。在此发展态势下，在网上所酝酿的突然舆情也会经由各种现实渠道波及客观现实社会，并会给公共安全系统带来各种变化。因此，政府等公共安全管理主体或个人应该重视此种发展态势并及时采取措施，防止突发事件舆情在虚拟社会与现实社会的交互激荡中失去控制，从而带来某种更具破坏性的效应。

再次，突发事件舆情的发生具有快速性和及时性的特征。网络媒体具有的全天候无

---

① 陈力丹.舆论学：舆论导向研究[J].上海：上海交通大学出版社，2012：31-33.

② 桑斯坦.网络共和国：网络社会中的民主问题[M].黄维明，译.上海：上海人民出版社，2003：47.

视空间的开放性使任何突发公共事件均可以在公共安全管理采取相关措施之前得以在公众中快速而广泛地传播。特别是当突发性公共事件开始爆发时，即便是负责此项事务处理的公共安全管理政府机构，也往往缺乏该事件的相关信息；面对公众由此爆发的高强度信息需求，相关机构或个人往往会因为信息空白所导致的心理焦虑等问题而出现处理失误。对于公众而言，基于对个人利益的天然关切，往往需要在该公共安全事件爆发的第一时间内知晓相关情况，以便最快采取合理的应对措施以削减或规避由此而引发的相关风险；然而，面对有限的信息资源，甚至是一段信息空白，公众往往会因为恐慌或焦虑而去相信社会流言或谣言，并可能会引起对相关政府机构的不信任。由此可知，突发事件舆情具有快速性特征，而公共安全管理机构或个人应及时回应社会各方力量的关切，以有益于相关公共事务的有效解决。

（二）突发事件舆情产生的成因

突发事件舆情是一个普遍的、系统的社会现象，其生成与演化不是由单个的突发事件引起的，而是由一系列因素促成的。[①] 此种因素，不仅包括孕育该舆情事件的文化语境、社会氛围或政治体制等宏大因素，而且包括公共安全管理系统中各相关主体的利益博弈，以及安全信息传播方式和被其他因素诱发的心理和行为机制等。

1. 突发事件触发积淀矛盾

从某种程度上看，突发事件舆情的演化实质，是一种发生在社会话语空间中的群体极化现象。换言之，突发事件舆情的形成与发生是沿着“刺激—反映—极化”这一过程的。而这一过程的产生往往是源于某个突发事件，尤其是那些社会普遍关注、触动公众现实利益和公众急切期待解决的公共事件；该类事件一旦有风吹草动就可能引起社会的普遍猜测，故而容易在互联网等社会话语空间上迅速地进行传播和扩散，并且该事件信息会激发公众强烈的反响，促进公众表达各自意见和建议，最终在条件成熟情况下导致社会舆情的群体极化现象。[②]

在当前我国的话语情境中，相对比较容易诱发各种矛盾冲突，并可能导致一系列突发舆情事件发生。例如，在市场对资源进行调配的过程中，往往会产生令人担忧的贫富分化等问题，从而加深了一些公众因社会急剧变革所产生的心理焦虑，而由相对剥夺感所引发的各种问题也随之频发。当上述负面情绪日积月累且达到一定的能量时，便会通过网络空间或其他途径爆发出来。由于上述问题具有一定的普遍性且往往能够激发公众潜意识中所蕴含的历史情绪，故往往可以和他人在某些问题上形成共识且可能会引发群体极化现象。

2. 公众心理情绪失衡

在突发事件舆情的产生和衍变中，公众的心理作用扮演着重要角色。这是因为，当普通公众在面对外界和内部的压力且该压力达到某种临界值的时候，其平时赖以维持正常情绪或行为的心理平衡机制便会发生失衡现象。此种心理情绪失衡的外在表现，往往是情绪崩溃、其他种种极端性事件以及由此所引发的各种突发性舆情事件。

---

① 易臣何.突发事件网络舆情的演化规律与政府监控[D].湘潭：湘潭大学，2014：33.

② 同①37.

当然，一般而言，突发事件舆情的引发主要与公众的主观焦虑、非理性情绪，以及群体情绪的互相感染和由此引发的心理失衡等方面密切相关。

3. 政府信息公开不对称与公众表达机制失语

各种安全信息的有效流通均为公共安全事务的正确决策提供了强大保证。从此种角度来看，安全信息的收集、整理、分析、传递和管理等一整套安全信息管理流程的正常运作，是推动公共安全危机解决的重要动力。然而，即便公共安全管理系统有如此重要的作用，部分公共安全管理主体仍然在突发事件发生后，存在着信息瞒报、迟报和漏报等信息不对称行为，这直接导致了政府在处置突发事件中的决策失误，并在很大程度上激发了公众对突发事件知情权的维护，从而引发突发事件舆情。① 由此可知，由于相关政府机构的信息不够透明或开放不及时所导致的相关效应，直接影响了突发事件舆情的基本走向。

同时，随着政府服务意识的提升及电子政务水平的提高、公民权利意识的觉醒及其将权利转变为权力的渠道日益丰富，公众的政治地位得以大幅提升。同时，由于公众群体利益的不同及其对自身权益的保护，故其相关政治诉求的数量和类型也呈日益增加的态势。若政府及工作人员采用堵、截、压等方式来应对诸如网络舆情等崭新的突发事件舆情，以行政权力强制消除对政府负面的或不利的信息，则这种人为强制干预舆情的信息霸权行为会造成信息无法真实公开，公民知情权难以得到保障，信息沟通机制缺乏和民意正当信息诉求无法获得满足等后果。这一系列后果的产生往往容易激起公众的愤怒，公众会通过网络等相关途径进行发泄，结果更容易滋生相关突发舆情事件。由信息的"垄断"所产生的不合理的信息霸权行为，严重隔阻了政府作为公共安全管理机构与作为公共安全事件的利益相关方之间的紧密联系，限制了公民基本的知情权和媒体的接触权，不仅利于各种流言和谣言的滋生，也为一些突发舆情事件的产生提供了温床。

4. 新媒体开放互动性增强

互联网等新媒体具有开放性、匿名性和互动性等特征。这些特征的存在，增强了新媒体的魅力并将众多受众从报纸、电视等传统媒体受众吸引而来，并以时间和空间的开放性、身份主体的匿名性和平等性等为公众提供了一个承受外界压力较弱且相对崭新的网络讨论空间。在上述网络空间中，公众不仅可以就个人问题展开探讨，而且可以针对一些个人感兴趣的民生问题进行观点或理念的相互交流。因而，新媒体已经成为公众大规模聚集并展示个人或群体观点的重要社会舞台。

公众在网络虚拟空间中进行各种探讨，实质上构成了一个与客观社会现实紧密联系的网络亚文化空间和虚拟的舆论场。其中，在这网络舆论场中，网络论坛、社交网络等各种新媒体平台，凭借其及时性、互动性和社会弱关系的强大影响聚集了大量经济收入不同、学历不同，且来自不同地区、身处不同社会阶层的公众的民意。因此，新媒体在较大程度上影响了某些公共安全事务，特别是网络舆情事件的基本走向。

（三）突发事件舆情引导原则

在风险社会语境下，诸多不确定性所引发的危机事件令人担忧。特别是在信息社会中，来自公共安全信息流通领域和社会舆情等相关领域所存在的问题，加剧了社会风险及

① 易臣何.突发事件网络舆情的演化规律与政府监控[D].湘潭：湘潭大学，2014：32.

其所引发突发事件舆情的可能性及严重程度。面对此种情况，作为公共安全治理主体的相关政府机构若不能合理处置相关问题及把握问题背后所代表的深层社会意义，则将会加剧公共安全事件所引发的危害程度。然而，作为承载公众希望的、专业的公共安全治理主体——公共安全管理机构在对突发事件舆情进行治理时，应遵循一定的基本原则，才能达到良好的治理效果。

1. 以公众为中心，及时提供客观信息，满足公众知情权，调控公众心理

作为公共安全事件主要管理机构的相关政府机构，一般通过电子政务等方式来推动信息透明化。信息透明化，不仅可以减少因信息不对称而产生的诸多腐败行为，而且可以因有效为公众提供包括安全信息服务在内的诸多政务服务而有效满足公众的知情权并赢得公众的信任，从而有利于提升政府的公信力和信息的权威度。

充分尊重公众的各种权利并为其提供及时而有效的信息服务，对于包括推动公共安全信息管理在内的诸多公共安全事务具有强大的助推作用。公众有着自身独特的认知和判断。在此种判断基础上，公众对相关信息、行为等事物的选择往往呈现出选择性认知、选择性接触和选择性理解等特征。当某种突然事件发生后，公众往往会从大众媒体所在的大众传播、公众个人所在的组织群体等为代表的组织传播、公众所在的社会关系网为代表的人际传播等各个传播渠道来获取相关信息，并会根据个人知识、社会经验和个人情感偏好来对该突发性舆情事件相关要素进行选择性接触并产生富有倾向性的选择性认知，进而在此认知基础上做出某种同样富有倾向性的选择性行为。在此种情况之下，若相关政府机构因为历史原因而给公众以较低的公信力，或者其所提供的安全服务或安全信息资讯不能够令公众满意或信服，则公众有可能倾向于信赖非政府机构所传递的信息并可能做出政府不愿意看到的行为。因此，相关安全事务管理机构在日常工作中，应坚持以人民需求为导向，强化自身公信力；同时，在突发安全事件发生后，及时而准确地发布权威资讯，满足公众各种心理或其他实际需要，有效引导社会舆论并促进突发性舆情事件的顺利解决。

2. 遵循信息传播规律，化解和转移社会压力

在不同的时代语境和媒体话语体系中，信息的有效传播有着不一样的规律。在信息社会中，安全信息流通同样应遵循该时代的信息传播规律，只有这样，才能达到较好的传播效果。

在信息时代，随着网络通信技术和计算机科学技术的发展，公众与以往相比，不仅拥有更加丰富的信息来源渠道，而且拥有更加可以依赖的信息资源。在此情况下，当突发性舆情事件爆发时，相关公共安全管理机构或个人应该遵循新闻发布的及时性原则、重要性原则、有效性原则，充分发挥包括网络媒体在内的诸多传播力量，在事件发生的第一时间内，以客观、公正的态度向社会公众提供专业的信息资讯。不仅如此，公共安全管理机构或个人应紧密关注相关突发性舆情事件的实时进程并及时通过各种方式来满足公众的多类型信息需求；同时，为了给公众提供更加权威的公共资讯服务，公共安全管理机构或个人还应在遵循信息传播规律的基础之上发布对该事件的权威性评论。

3. 坚持人本意识，彰显人文关怀

因涉及主体的多样性及利益牵涉的广泛性，突发事件的发生往往会直接威胁到公共

利益。在社会公共服务方面富有直接责任的相关政府机构，不仅在处理相关公共安全事件时应坚持人本意识，而且在日常的工作过程中更需要彰显人文关怀。特别是在处理突发性舆情事件时，需要遵守上述原则，维护好公众赖以生存和生活的社会公共利益。

具体而言，突发性公共事件往往因其爆发的突然性和能量的巨大性而带给公众触目惊心的伤害。面对由此造成的境况，一般公众往往会因此产生焦虑或恐惧心理，并可以在此心理诱发下而采取诸多不理智的行为，从而增加了上述公共安全事件的不确定性。针对此种情况，相关政府机构在处理问题时，应充分尊重并考虑公众的心理需求，不仅应以合理和合法的方式来为公众提供信息内容，而且还可以通过报道方式的选择、传播渠道的优化等来为公众提供更加人性化的服务。例如，在具体新闻报道之中，媒体不仅可以通过标题拟定、版面内容分散化处理等方式来减少该新闻资讯对相关直接利害人的强刺激，还可以通过新闻评论等方式来引导受害者家属坚强生活并尽快恢复正常的生活状态。通过此种充满人文关怀的信息传播方式，有助于排解或缓和公众因相关公共安全事件所产生的心理阴影，也有助于为推动公共安全事件的修复等过程夯实良性基础。

特别提示

本章简要介绍了公共安全信息管理的概念、重要性和理论架构。简单论述了公共安全信息管理流程，分析了公共安全信息传播的复杂环境、利益相关者和突发事件舆情引导的原则。

公共安全信息管理是一种公共安全事务管理情形下的信息管理，依据信息技术和管理原理、方法，对公共安全管理过程中的信息资源进行收集、组织、传播和利用，以实现公共安全管理过程中的信息有效供给和高效沟通等活动。

公共安全信息资源管理可分为信息资源收集、信息资源模拟、信息资源分析、预警信息发布、信息动态监测和信息整合等六个环节。六个环节相互衔接，形成一个无缝连接。

公共安全信息传播具有主体多元化、传播环境复杂、传播渠道多样性和传播过程双向性等特点。政府是公共安全信息传播中的主导者，媒体是公共安全信息传播的执行者，公众是公共安全信息传播的受众，上述利益相关者在公共安全信息传播过程中扮演着不同的重要角色。

突发事件触发积淀矛盾、社会公众心理情绪失衡、政府信息公开不对称与公众表达机制失语和新媒体开放互动性增强等因素相互交织是突发事件舆情产生的重要原因。引导突发事件舆情的原则有：及时提供客观信息，满足公众知情权，调控公众心理；遵循信息传播规律，化解和转移社会压力；坚持人本意识，彰显人文关怀等。

同步思考题

1. 简述公共安全信息的概念及其重要性。
2. 阐述我国公共安全信息管理的发展现状。
3. 列举公共安全信息管理的流程。
4. 公共安全信息传播的利益相关者有哪些？
5. 阐述突发事件舆情引导的理论基础。

延伸阅读书目

[1] 沙忠勇.公共危机信息管理[M].北京:中国社会科学出版社,2014.

[2] 邹建华.突发事件舆论引导策略[M].北京:中共中央党校出版社,2009.

[3] 杨颖.中国应急管理核心要素研究[M].北京:人民日报出版社,2015.

[4] 刘怡君,李倩倩,马宁.社会舆情的网络分析方法与建模仿真[M].北京:科学出版社,2016.

[5] 齐佳音,张一文.突发性公共危机事件与网络舆情作用机制研究[M].北京:科学出版社,2016.

CHAPTER 8

第八章

公共安全科技管理

学习目标

1. 理解公共安全科技管理的概念、构成、特征和作用。
2. 掌握公共安全网络化治理、智能化管理和数字化管理的概念与相关理论。
3. 掌握公共安全科技管理的实现方法与技巧。

案例引入

2010 年 8 月 5 日，智利北部阿塔卡马沙漠中一处名为圣何塞的铜金矿发生塌方事故，导致在井下作业的 32 名智利籍矿工和 1 名玻利维亚籍矿工陷于 700 米深的地下。救援工作随即展开，截至 2010 年 10 月 13 日，33 名被困矿工被成功营救，创造了被困地底时间最长且成功生还的世界纪录。这一奇迹背后的“必然”是救援中所运用到的新科技：大到 31 吨大型钻井机、“胶囊”救生舱，小到安慰矿工心灵的投影仪和灭菌铜纤维短袜，都对救援的最终成功起到了重要作用。

回顾整个救援过程，事发当天一台重达 31 吨的钻井设备在岩石上开凿了一个测试孔，救援人员计划先打通一个直径 10 厘米的救人孔，再逐渐将其扩大为直径 66 厘米的救生井，需要挖走 4 000 吨岩石。另外还需打通 3 口探井，用来运送食物、通风和通信联络。历经两个多月的时间，工程人员成功使用重型挖掘机完成了隧道全程 624 米的挖掘，并在接下来的几天，对隧道进行拓宽和加固工作，利用金属管完成了救援通道内壁加固，以防矿工升井时通道墙体出现塌方险情。在救援过程中，最引人关注的设备是“凤凰号”。它是一个形如子弹的铁笼，看上去类似胶囊，因此媒体用“胶囊”形容它。这个救生舱由智利海军制造，外观像一个由铁丝网围起来的笼子，长 3 米，内部高度约 1.9 米，直径大约 70 厘米，仅稍宽于人的肩部，重 400 多公斤，只能容纳一人在其间站立。救生舱内装备有供氧系统、内置音视频通信系统和逃生设备，配备防护手套、眼罩和安全带。在救援通道被拓宽后，它从 700 米深的地下依次搭载 33 名矿工升井，被困矿工进入舱内后 10～15 分钟即可到达地面。此外，救援开始前，各方专家为矿工在生理和心理上可能出现的问题做了充分准备。矿工们从 3 天前开始服用阿司匹林来预防血液凝固，以防在接近地面的上坡路段出现血压骤升或骤降的状况，并穿上了保持体温的特质衣服，戴上了能监控心率和体温的生物测量腰带。为了保证升井过程的安全有效，救援人员对矿工“全副武装”，矿工们将会穿上特制、重量超轻的防水服，戴上各种监护仪器，监测心跳、呼吸频率、体温等，他们还会配备装有耳机和麦克风的小型氧气罩和护眼罩等人身安全保护装置。

此外，值得一提的是，在开展营救工作的这段时间内，救援人员十分注重被困人员在井底的身体和心理状况，并运用大量科技手段以保证被困矿工的身体和心理健康。为了给矿工运送食品和药品，营救人员设计了一根约1.5米长的空心圆柱，名叫“白兰鸽”，其工作原理相当于气体导管，能穿梭于地上和地下。救援人员向“白兰鸽”中装入补给品，通过通风管送到矿工避难处。美国国家航空航天局（NASA）专家特制的菜谱，不仅要保证被困人员的能量供给，还要控制热量防止肥胖。为帮助受困矿工安全度过等待获救的几个月，他们每天必须接受体检，所有的检查结果都被送给地面的医务人员做详细分析，并进行针对性的治疗与救援。更重要的是，救援人员通过音乐播放器、视频投影设备和通信设备有效调节了被困人员的心理，为长时间实施营救计划奠定了基础。

（资料来源 《8·5智利圣何塞铜矿坍塌事故》，载百度百科，https://baike.baidu.com/item/8·5智利圣何塞铜矿坍塌事故/374619?fr=aladdin）

贝克在《风险社会》一书中提出反思性科学化，认为应把爆发的问题、技术缺陷和科学化风险追溯到以前科学支持体系发展程度的不足上……对错误和问题成因的预测使人们现在必须将科学和技术看作问题和过失的可能原因①，而这也开启了在科学成果的生产和应用过程中新的影响和发展②。贝克对科学技术的反思告诉人们，科学技术发展不足是导致风险升级、危机爆发的一个重要因素。不仅如此，科学技术的不完备性使其在解决现有风险的同时可能产生更多新的社会风险。面对持续加深的风险危机和不断涌现的新兴风险，科学技术所进行的自反性认知能够轻易暴露自身存在的缺陷，从而为自我更新发展明确指向并提供动力。不可否认的是，由于现代科技的广泛应用，人类社会中生产危险、环境污染、病毒扩散、停电危机、信息泄露、舆情危机等诸多公共安全问题凸显。因而，各种安全生产技术、人体防护科技、环境保护机制、卫生防控手段、舆情监控措施等安全科学技术应持续更新发展，否则人类社会将走向愈发危险的境地。

第一节　公共安全科技管理概述

目前，学界关于公共安全科学技术的研究成果颇丰，主要集中在专业的科学技术上。而从管理科学的角度进行的研究尚未完全展开，相关成果也呈现出碎片化状态，并且无规则的分布在专业科学研究成果中。这与公共安全对科技管理的迫切需求形成了强烈反差，亟待深入研究。在充分了解并全面梳理公共安全科技管理的由来及其实践的基础上，系统阐释其概念、类型、特征和作用，对于人们理解和把握公共安全科技管理的内涵，进而将之运用到实践中去，具有极为重要的理论意义和现实意义。

一、公共安全科技管理的概念

公共安全科技管理的概念具有狭义和广义之分。狭义的公共安全科技管理，是指为

① 贝克.风险社会[M].何博闻，译.南京：译林出版社，2004：195-196.

② 同①192.

应对可能发生或已经发生的重大的、突发性的公共安全事件，具有监控、评估、控制、处置或救助等功能的专业技术和装备，每一项技术或装备在公共安全中都有其特殊的功能和作用，例如灭火装置、化学检验、地理信息系统等。而广义上的公共安全科技管理不仅包括专业科学技术，还包含理论研究、管理方式创新、数字平台建设等其他相关方面，可大致分为网络化治理、智能化管理和数字化管理三个方面。本章所述为广义上的公共安全科技管理。

二、公共安全科技管理的构成

根据不同的划分方式，公共安全科技管理的组成结构也存在较大差异。依据管理的性质，可将公共安全科技管理分为网络化治理、智能化管理和数字化管理三个组成部分（见图 8-1）。

图 8-1　公共安全科技管理的构成

在公共安全科技管理中，网络化治理是指打破以往自上而下的公共安全管理模式，在共享资源和信息的基础上，通过多元管理主体之间的相互合作，共同达成公共安全管理目标的过程。

智能化管理是指为使管理主体具备灵敏准确地感知功能、严谨缜密的逻辑思维、科学准确的判断功能以及行之有效的执行能力而进行的公共安全管理过程。智能化管理不仅需要管理者具备较高的公共安全科学素质，而且需要公共安全科技硬件系统的不断完善。

数字化管理是指利用计算机、通信、互联网等技术，通过数据的收集、整理和分析，对公共安全管理的行为、效果等要素进行定量分析，从而进一步改善公共安全管理的活动和过程。

值得注意的是，在公共安全科技管理中，网络化治理、智能化管理和数字化管理三者缺一不可，它们之间并非是彼此独立、相互排斥的关系，而是相辅相成、相互依赖的关系。

三、公共安全科技管理的特征

公共安全科技管理重点关注公共安全科学技术的管理与运用，因而其表现出了科学技术和科学管理的综合特征，即科学性、多元性和时效性的特征。

（一）科学性

不论是专业科学技术，还是管理方法，都必须遵从科学至上的基本原则。各种专业科学技术及装备，网络化、智能化、数字化等管理方法都应是被理论和实践验证了的科学的手段、措施或方法。只有运用科学的手段、措施和方法，才能真正实现公共安全科技管理，从而有效预防和应对公共安全危机。科学性同时也为公共安全科技管理带来了高效性。公共安全科技管理对理论、技术、装备和管理方法的科学运用，不仅能赋予公共安全管理极强的科学性，而且能减少损失、节约成本，提高效率，使公共安全管理达到事半功倍的效果。

（二）多元性

多元性特征主要体现在以下几个方面。一是管理主体多元。公共安全科技管理的管理主体包括科技、交通、环保、信息等政府职能部门，市场中从事公共安全科技相关经营生产的企业和第三方组织机构等。这些不同的管理主体在公共安全科技管理中的定位互有差异，其贡献也不尽相同。二是科技研究领域和问题多元。公共安全覆盖了自然、事故、公共卫生和社会安全等诸多领域，相关问题也各式各样，而且当前多灾种耦合趋势明显，直接造成了公共安全科技研究领域和问题的多元化、复杂化。三是管理目标多元。由于当前单灾种向多灾种耦合的趋势明显，因此公共安全科技管理的目标也不再是面向单灾种的单一目标，而是指向更多更复杂的多元目标。另外，不同领域的加速融合，公共安全科技管理的多技术集成、多功能、智能化及成套化方向发展趋势也从侧面证实了当前公共安全科技管理具有多元性的特征。

（三）时效性

由于公共安全事件往往事发突然，并且很可能在短时间内造成范围广、程度深的严重损失和负面影响，因此公共安全科技管理在具体实施过程中十分强调时效性。尤其在公共安全事件的紧急应对过程中，面对生命财产损失不断扩大的危急形势以及负面舆论的严峻影响的局面，公共安全科技管理必须以科学性为基础，增强时效性，在尽可能短的时间内控制局面，从而为妥善处理事件、消除负面影响争得先机。

四、公共安全科技管理的作用

现代科技及其管理是实现公共安全管理与保障的重要支撑。近年来，世界各国对公共安全和应急管理领域科技研究的投入力度越来越大，取得了一系列科技成果。这些成果在公共安全管理中的普及和应用，使公共安全保障能力与突发事件应对能力得到大幅提升，为推动世界范围内公共安全的发展，起到了扎实的支撑作用。按照公共安全突发事件发生发展的各个阶段，可以更清晰地了解公共安全科技管理对于保障公共安全的支撑作用。

（一）预防预警

在事件发生前，也就是公共安全的日常管理阶段，公共安全管理的主要工作是安全风险的预防预警。此时，科技管理对公共安全保障的支撑作用表现得十分突出，特别是各类专业预防预警系统和装备的不断创新，给公共安全危机的预防预警提供了强有力的抓手。

（二）有效应对

在事件生成后的发展过程中，公共安全科技管理不仅能有效应对和控制事态的发展和走向，而且有时甚至能直接解决危机。例如消防科技的快速更新能够更有把握且更迅速地应对火灾爆炸事件；医疗卫生技术的创新发展能增大烈性传染病毒的控制，等等。

（三）善后修复

在事件结束后，公共安全科技管理能够协助妥善处理事件，修复公共安全，并探究出事件发生发展的各种原因和相关影响因素，形成下一轮保障公共安全的预防预警科技。

第二节 公共安全网络化治理

在公共安全管理中，政府各职能机构、企业组织、非政府组织、公民都可能成为治理主体，他们通过构建网络化的管理组织共同进行公共安全管理。与传统自上而下的层级制管理不同，多元管理主体彼此之间是相对独立的，在这种情况下仅仅依靠权威和自上而下的管理控制很难实现多元管理主体之间的有效沟通与协作。尤其在面对复杂多变的公共安全形势时，多元管理主体需要在共享资源、信息传递、利益调和和功能转换等多维层面进行协作，共同完成公共安全管理的目标。网络化治理作为公共安全科技管理的重要组成部分，为实现多元主体协同管理提供了科学理论和可操作方法。

一、公共安全网络化治理的产生

公共安全管理的复杂性与不确定性，迫切要求多元管理主体开展有效的协同行动，共同应对公共安全面临的风险和挑战。公共安全网络化治理是公共安全管理科技创新的重要一环，也是公共安全管理科学化的理论内核。目前学界关于公共安全网络化治理的理论研究尚浅，未能形成系统可支撑实践的理论框架，需要加以梳理分析。实质上，公共安全网络化治理是网络化治理在公共安全管理中的延伸和应用。因此，按照从治理理论到网络化治理，再到公共安全网络化治理的顺序展开研究，能够迅速厘清公共安全网络化治理的提出理路。

（一）治理理论

20 世纪七八十年代，政府对各种社会公共事务的“大包大揽”，造成了公共管理效率低、质量差的现象，政府作为拥有绝对权威的公共管理者无法实现资源的有效配置，公民渐渐开始对政府失去信任，最终导致了传统公共管理出现失灵的局面。面对这种局面，愈来愈多的人热衷于以治理机制对付市场或国家政府协调的失灵。① 治理理论最初主要强调多元管理主体协同参与，期望通过整合来协调政府、市场、社会以及公众之间的关系，充分调动更多的资源和力量，从而克服政府权威型管控失灵，提升公共管理效率和水平，实现多元主体对公共事务的共同管理。联合国开发计划署和渥太华治理研究所都认为，治理是社会中借以表达利益、行使权利、协调利益分歧的机制、程序、惯例和制度。② 罗西瑙则指出，治理是弥补规制空隙的制度安排，是当两个或两个以上的规制出现重叠、冲突时，

① 龙献忠，杨柱. 治理理论：起因、学术渊源与内涵分析[J]. 云南师范大学学报(哲学社会科学版)，2007(4)：30-34.

② 怀斯. 治理、善治与全球治理：理念和现实的挑战[J]. 张志超，译. 国外理论动态，2014(8)：7-18.

或者相互竞争的利益需要调解时发挥作用的原则、规范、规则和决策程序。① 随着公共权力真正回归社会，政府以外的其他治理主体日益壮大，尤其是政府主动向社会分权，赋权于市场企业、社会组织以及每一位公民，允许公民组织自主发展和自我管理，鼓励公众积极参与公共事务，倡导培育和提升公众自主管理的能力。上述举措有力推动了多元治理主体的积极参与能力提升，促进形成了良好的多方协作关系。与此同时，对公共事务治理起到基础性支撑作用的社会资本在多方主体的积极参与中持续累积，信息资源共享、沟通协调、组织关系维护等不断走向成熟，这都有利于增强公民对政府的信任、提高政府治理绩效。就公共安全管理而言，治理理论为其提供了一种与以往政府权威型管控体系完全不同的全新管理理念。例如，治理理论强调目标导向，注重对资源、信息和权力的共享整合，提出要在多元主体的合作共治中实现公共安全良序管理。

（二）网络化治理理论

社会学和公共行政学话语体系中的网络，是指人与人、组织与组织或人与组织之间的关系网络。网络化治理是建立在连接公共部门、营利组织、非营利组织和个人之上的网络结构治理形式，它既是特殊的治理，也是特殊的网络。② 来自政府、市场和社会的多元主体在网络化治理中相互依存，它们不仅注重自主管理能力的提升，而且更加关注搭建多中心、扁平化的组织结构，从而建构有利于多元主体沟通合作的治理网络。多中心、扁平化的网络组织结构重点强调多元主体彼此之间不是领导与被领导、命令与服从的关系，而是相互独立又相互依存、持续联动、合作共赢的关系。正如美国学者戈德史密斯和埃格斯在其合著《网络化治理：公共部门的新形态》一书指出的：网络化治理是一种全新的通过公私部门合作，企业、非政府组织等社会组织广泛参与提供公共服务的治理模式。

网络化治理的内涵包括以下三个方面。

(1) 多元主体之间相互依存。新公共管理改革打破了公共部门原本稳定的结构，而网络化治理是理性的公共管理者为了促进资源的合理利用，采取的一种更具适应性的行动。网络形成的根本原因是各公共管理者在资源上的相互依赖，网络化治理也因此逐渐成为公共管理的新机制。网络化治理是一种与市场化和等级制相对的公共管理模式。

(2) 多中心治理。实践反复证明，政府、市场或社会中的任一管理主体，都无法拥有单独解决所有问题的资源和能力，日益复杂的公共事务需要多元主体共同参与管理。多中心治理实质上就是各个主体在治理过程中加强自主治理，并通过与其他主体共享资源，强化沟通交流，形成持续的互动合作。

(3) 对多元主体进行整合。网络化治理的一项重要内容是促进多元主体之间的沟通、互动与合作，从而构建以公共事务为中心的治理网络。网络化治理形成的内在逻辑包括共同的观念、目标、规则和制度。在此意义上，网络化治理仍是一个自下而上的过程，多元主体之间相互依赖并共享权力、风险和回报。总之，网络化治理是一种与传统公共管理模式相对的新型公共事务治理机制。来自政府、市场和社会的多元主体在网络化治理中相互依存，并为了共同的目标而展开协同行动。网络化治理既强调多元主体自主治理能力，又注重构建多元主体沟通合作的治理网络。

---

① 罗西瑙.没有政府的治理[M].张胜军，刘小林，等译.南昌：江西人民出版社，2001：9.

② 陈剩勇，于兰兰.网络化治理：一种新的公共治理模式[J].政治学研究，2012(2)：108-119.

（三）公共安全网络化治理

公共安全管理是公共管理的重要组成部分，公共安全的网络化治理模式折射出公共管理模式的变迁和进步。公共安全网络化治理实质上就是将网络化治理这一科学方法，运用到公共安全管理之中。网络化治理强调治理主体的多元化以及多元主体之间的互动合作，其治理机制注重多层次多维度的合作共治，其治理模式正由国家全能管控转向社会网络治理。因此，构建多元主体共同参与的网络化治理模式是公共安全管理的基本导向。

公共安全网络化治理是指基于维护公共安全的多样化需求，政府、市场和社会各方以实现公共安全为目标，以资源共享、沟通交流、组织协作为基本路径，用统一的规则制度将自主治理的多元主体整合成多中心的公共安全治理网络，从而产生网络治理效应的过程。公共安全网络化治理的核心在于为公共安全治理引入多元主体，形成一个权力共享、责任共担的多中心公共安全网络化治理体系。

在理解公共安全网络化治理实质的基础上，分析和把握其特征，对于建构公共安全的治理网络及运行模式，开展公共安全网络化治理实践具有重要的指导意义。公共安全网络化治理主要具有以下四个特征。

（1）在组织体系上，公共安全网络化治理将公共安全的治理主体由单一的政府组织扩展为包括多元治理主体在内的网络系统，以多中心扁平化的治理网络结构取代了传统政府组织中单一僵化的科层制体系。

（2）在权责分配上，政府、企业、非政府组织和公民个人等多元治理主体在公共安全网络化治理中享有相应的权力并承担相应的责任，进而形成一种常规化的公共安全多元治理主体结构。各治理主体要担负起责任，运用好自身权力，主动与其他治理主体共享资源、沟通交流，共同形成公共安全的网络化治理格局。

（3）在决策机制上，公共安全网络化治理打破了政府全权负责的垄断决策方式，实现了多元主体共同决策的机制。不仅如此，先前具有明确位次的各个环节此时能够按轻重缓急出现，从而能保证公共安全危机的合理应对。

（4）在硬件技术上，公共安全网络化治理利用不断更新的计算机技术与互联网技术，实现信息要素主导的资源配置方式，极大地缩短了多元主体彼此之间的距离，成倍增加了多元主体之间互动共享的可能性。

通过公共安全网络化治理，可以有效整合政府、企业和社会等多元公共安全治理主体，充分发挥个体和整体在公共安全治理中的功能与效用，构建起主体多元、权责明确、资源共享、协同合作的公共安全网络化治理系统，实现公共安全治理成本的最小化和效能的最大化。

二、公共安全网络化治理的实现

公共安全网络化治理在鼓励多元治理主体进行公共安全自主治理的基础上，更加强调构建多中心的公共安全治理网络以形成共治，其实质是多元主体进行公共安全自治与共治的结合。公共安全网络化治理的实现，需要具备：治理主体多元化、治理结构网络化、治理机制具体化等条件。

（一）治理主体多元化

公共安全管理是一个极为复杂的系统工程，需要多元主体协同管理。实践证明，仅靠政府的力量无法完全应对层出不穷的公共安全危机，更不能长久维护公共安全。公共安全网络化治理的提出为解决治理主体单一的问题提供了可能。

网络化治理是多元主体协同治理，需要各方主体进行通力协作。根据公共安全管理者目的、性质和特点的不同，公共安全的多元治理主体除政府外还包括政府各职能部门（例如科技、交通、公安、信息、食品、卫生、环境等部门等）、市场中与公共安全相关的企业（例如安全装备生产公司、安全咨询公司等）、社会中的非政府组织和公民（例如非政府组织、环保人士等）。三类主体在公共安全网络化治理的过程中，扮演不同的角色，发挥不同的作用，承担不同的责任。

1. 政府及其各职能机构

政府是公众利益的官方代表，拥有人民和法律赋予的公权力，负责公共安全治理的制度供给和公共资源投入，承担领导、协调和具体管理的主体责任。在网络化治理中，政府虽然不是唯一主体，但仍处于主导地位，因而需要承担更多责任。作为主导主体的政府，在公共安全网络化治理中的主要任务有：推动建立独立、平等、合作的公共安全多元治理体系，促进公共安全网络化治理相关制度体系的建立，组织和领导公共安全的科学规划工作，培育、扶持、监督政府以外的其他公共安全治理主体。

2. 市场中与公共安全相关的企业

企业是现代社会系统的重要部分，企业发展是社会进步的重要动力，反过来社会进步能有力推动企业的发展。当公共安全突发事件出现时，企业可以利用自身的资源为应对危机提供巨大支持。比如汶川大地震中，大量企业捐献各类物资，在交通、医疗、教育、通信等多方面发挥了不可取代的作用，为抗震救灾提供了巨大的人力物力支持。因此，企业是公共安全治理的关键主体，能够协助政府维护和治理公共安全，共同应对公共安全突发事件。企业参与的公共安全治理的方式主要有：保证自身安全生产，避免安全生产事故及次生灾害的出现；直接提供公共安全产品和服务（主要指公共安全相关产品的生产经营）；积极承担社会责任，进行安全生产宣传、提供职责以外的安全援助等。

3. 社会中的非政府组织和公民

在当今世界，非政府组织在公共管理中的作用愈发重要，尤其在缓解社会矛盾、解决社会问题等方面展现出独特的优势。当前世界范围内，公共安全突发事件频繁发生，政府面临的压力与挑战不断加深，政府在公共安全管理中强烈呼唤着非政府组织，这是非政府组织发展的良好契机。在我国，非政府组织主要分为两类：一类是社会团体，也称人民团体，例如工会、妇联、科协等；另一类是民办非企业单位。[①] 作为公共安全的重要治理主体，非政府组织在公共安全治理，特别是公共安全突发事件应对中发挥着重要的作用。非政府组织利用广泛的群众基础，可做好群众与政府之间的信息传递工作；可弥补政府公共安全的资源不足；可建立跨区域、跨领域、跨专业的应急协同连接纽带。

此外，公民是公共安全治理最广泛的主体，也是客体。公民参与能够极大地弥补其他主体在公共安全治理上的不足。公民往往既是公共安全的预警者，也是应对者，而且公民在公共安全突发事件中有组织的自救行为往往能够在最大程度上降低损失。

---

① 王颖.提升我国政府危机管理能力的对策研究[D].哈尔滨：黑龙江大学，2010.

（二）治理结构网络化

公共安全网络化治理的核心在于治理结构网络化。网络是指一个有着多个节点（不同的机构或组织）、多重联系（包括正式联系与非正式联系）的管理结构。① 公共安全的网络化治理结构是由多元节点，包括政府、企业、社会等多元治理主体通过短期（因事而起）或长期交流互动形成的治理结构；是一个既体现节点特性又体现节点间联系的网络结构。节点的行为选择是网络演进的重要原因与动力。公共安全网络化治理的多元节点通过网络化结构的塑造紧密地联系在一起，形成新的治理结构。网络结构塑造的重要作用在于，使每一个城市公共安全治理机构、每一个城市公共安全治理人员及其他参与节点的工作都成为城市公共安全治理工作的一部分，从而保证整个城市公共安全治理活动有条不紊、井然有序地开展。②

网络化治理结构能够把政府、市场和社会的治理能力整合到公共安全体系中，确保公共安全治理的科学性与高效性。需要注意的是，这种网络结构并非是一个由各个节点组成的静态网络，而是一个随着共同目标改变不断解构与重构的动态系统，各个节点在达成共识的基础上采取集体行动。因此，这种网络化治理结构具有鲜明的多元性、动态性、交互性、统一性和开放性等特征。

（三）治理机制具体化

治理机制具体化是指在公共安全网络化治理过程中，为了提升治理效果，追求治理目标，所选择的具体可实现的机制。治理机制具体化可以保证公共安全网络化治理高效有序地开展与运行。

公共安全网络化治理倡导共享资源、互动沟通、协作治理，而这种治理思路的实现，有赖于信任机制、环境适应机制、协调整合机制等内部机制的培育和落实。

1. 信任机制

公共安全治理网络是多元治理主体互相依赖的结构，各治理主体之间不存在上下级的隶属关系。在缺少制度规范和约束的条件下，正是因为信任机制的存在，才促使多元主体跨越障碍，并最终达成共识，联合起来共同采取行动。信任是合作的润滑剂，也是合作的情感基础，能够为公共安全网络化治理凝聚力量；与之相反，缺乏信任，多元治理主体之间的合作将面临巨大危机。信任在网络治理中具有特殊地位，是多元主体展开合作的前提条件，也是合作延续下去的重要保证。

2. 环境适应机制

公共安全网络化治理不仅要面对复杂的外部环境，而且要面对治理网络中动态变化的内部环境。因此，环境适应就成为治理网络运行的必要前提。环境适应机制主要包含外部环境适应机制和内部环境适应机制两个方面。就外部环境适应机制而言，由于面临着千变万化的公共安全情势或危机，治理网络只有在最短的时间内适应当时的公共安全状况，才有可能采取合理的方法进一步开展公共安全治理工作。就内部环境适应机制而言，动态的治理网络对各治理主体提出了更高的环境适应要求，多元主体需要尽快适应治

① 王宏伟. 试析应急社会动员的基本问题[J]. 中国应急管理，2011(8)：18-22.

② 刘学彬. 论地方政府应急管理中的协调联动[J]. 四川行政学院学报，2008(6)：15-18.

理网络环境，才能与其他治理主体达成共识，展开顺畅有效的沟通交流，通力合作。

3. 协调整合机制

协调机制与整合机制二者之间本来就是相互促进，相辅相成的关系。在公共完全网络化治理中，协调整合机制主要包括：对多元主体的观念态度的协调整合；对多元主体的目标与利益协调整合；对多元主体行动关系的协调整合；对治理网络各个要素的协调整合。

以城市公共安全网格化管理为例。党的十八届三中全会提出以网格化管理、社会化服务为方向，健全基层综合服务管理平台，加快形成科学有效的社会治理体制，推进国家治理体系和治理能力现代化。在此背景下，很多城市（例如北京、苏州、威海等）通过无缝隙、无遗漏的网格划分，形成了“城市—区县—街道—社区”四级网格群，把城市公共安全管理工作与行政管理工作结合起来。在此基础上，以信息网络为基础，以电子地图为核心，以地理信息技术为支撑，借助管理组织系统、信息管理系统、资源保障系统、决策系统和实施系统，政府可以对各类公共安全进行日常管理、动态管理以及应急管理，从而实现了城市公共安全管理全面化、主动化、信息化。

第三节　公共安全智能化管理

伴随着经济社会的快速发展，特别是科学技术的不断革新，原本简单明了的公共安全问题变得愈发复杂。自然灾害、事故灾难、社会安全事件、公共卫生事件等公共安全问题不断涌现，多灾种耦合、次生灾害问题更加凸显。在这种情况下，不仅要构建治理网络以科学的管理方式促进多元主体协同治理公共安全，而且还要积极发展公共安全管理的科学技术和设施装备，打造现代化公共安全智能硬件基础，努力实现公共安全智能化管理，加强对公共安全的科学管理与危机应对。

一、公共安全智能化管理的提出

现代人类社会中，风险与危机在持续叠加中梯次升级，多灾种耦合趋势愈加明显，公共安全管理领域不断外延。尤其是21世纪以来，以网络病毒、舆情危机为主要代表的自反性科技风险频繁出现，造成了难以估量的损失与社会集体性恐慌。传统的安全管理方法已经无法适应快速变化的复杂社会风险，极度复杂而又极具威胁的现代公共安全风险迫切需要智能硬件科技的创新管理。因此，只有不断创新公共安全管理智能硬件科技，完善公共安全智能化管理，才能更加科学高效地化解风险、解除危机，有力维护和保障公共安全。

（一）何谓智能化

智能化被称为继蒸汽机、电气化、信息化后人类历史上第四次科技革命。智能化应用范围十分广泛，主要包括地理、交通、医疗、建筑、人工、生产和公共安全管理等领域。在社会生产生活中，智能化技术的应用给人们的生产生活方式带来了巨大变化，促使人类社会从自动化向智能化转变。具体来说，智能化技术直接推动了生产自动化、办公自动化和生活自动化，向生产智能化、办公智能化和生活智能化转变。智能化产业的迅速崛起，促进了传统产业的优化升级，实现了新一轮经济的繁荣发展。智能化的核心内容是智能化技术系统的研发与运用，智能化技术系统是指为了提高人类生产生活的便利性、安全性、高效性和舒适性，减少社会生产生活中的人工操作，利用音频、视频、传感网络、通信设施、网络超算、智能软件等先进技术，配以相应的软件和硬件设备的运行系统。

智能化技术系统的应用是一项复杂的系统工程，在工程建设前，必须制定科学合理的分析、设计、投资和实施等规划，在建设过程中须要严格执行质量控制、进度控制、投资控制，并根据实际情况和具体需求不断进行方案优化。此外，智能化技术系统对软硬件系统中各个子系统的效用及其彼此之间的配合度要求很高，这不仅需要相关人员具备过硬的专业素质，而且需要管理人员的实时监督和控制。当前，智能化技术系统在设计、建设和验收等方面的标准和监管主要由行业领域决定。

（二）公共安全智能化管理的领域

21 世纪以来，全球各类公共安全事件频发，韩国大邱地铁纵火事件、美国“9·11”恐怖袭击事件、2004 年 8 月欧美一些国家先后发生大规模停电事故、印度洋海啸大灾难、美国卡特里娜飓风，以及日本“3·11”大地震等各种公共安全事件先后发生，造成了巨大的人员伤亡和财产损失。在我国，随着经济社会的快速发展和快速转型，公共安全突发事件也日益增多，据不完全统计，我国每年由于公共安全问题造成的经济损失较为严重，国家和社会面临着严峻的公共安全管理考验。通过梳理和总结近年来国内外已经发生的公共安全突发事件，可以清晰地发现，公共安全管理不力的一个重要原因是智能化管理的相对滞后性。与传统的安全管理模式比较，智慧安全管理在安全管理主体、信息获取、信息共享、技术应用、系统运作等诸多方面存在本质化改变与革新。①

公共安全智能化管理，也可称为公共安全管理智能化，其实质就是将智能化技术系统运用到公共安全管理中去。具体地说，公共安全智能化管理是指利用计算机技术、通信技术、测控技术、地理信息系统技术、图像传输技术、网络监控技术、定位跟踪技术和多媒体技术等多种现代化技术，构建起一套软硬件结合、运行可靠、管理严密、控制有效、信息全面、监管有力、便于维护、高效安全的公共安全智能化管理系统，以实现信息资源共享，为公共安全管理提供预防预警、应对救援、善后修复等方面的支持。公共安全智能化管理的主要领域如下所述。

1. 自然灾害领域

为了提高预防预警和紧急救助的能力，能够迅速高效地实施紧急救助，最大限度地减少人民群众的生命和财产损失，维护灾区社会稳定，自然灾害智能化管理系统的开发及运用迫在眉睫。目前，智能化灾害预警系统已经受到了越来越多的重视，我国政府也加大了投资力度，不断努力实现对自然灾害的智能化管理。2016 年国务院办公厅重新修订了《国家自然灾害救助应急预案》，建立健全智能化管理系统是其中的一个重点。主要内容有：在通信管理方面，加强中央级灾害信息管理系统建设，指导地方建设并管理覆盖省、地、县三级的救灾通信网络，确保中央和地方各级政府及时准确掌握重大自然灾害信息；

① 靳澜涛. 从“能治”到“善治”：智慧城市建设背景下公共安全管理模式的嬗变[J]. 湖北省社会主义学院学报，2016(6)：90-93.

以国家减灾中心为依托，建立部门间灾害信息共享平台，提供信息交流服务，完善信息共享机制；充分发挥环境与灾害监测预报小卫星星座、气象卫星、海洋卫星、资源卫星等对地监测系统的作用，建立基于遥感和地理信息系统技术的灾害监测、预警、评估以及灾害应急辅助决策系统。

2. 生产安全领域

生产是国家和社会发展的原动力，生产安全则是公共安全的重中之重。然而，生产安全领域事故多发的现状强烈呼唤着生产安全的智能化管理。进行生产安全智能化管理，就是要建设重大危险源安全监控中心，建立起包括现场数据采集处理系统、数据传输及信息通信系统、高风险流程实时参数、实时视频监控系统、事故风险评估与安全智能分析系统、预警报警系统、事故模拟仿真及分析系统、统计分析查询系统等在内的智能化管理系统，以实现对生产活动的动态监管及监控预警。

例如，新疆吐鲁番采油厂开发运用的物联网+智能化无人值守系统，能够通过生产重点区域的生产自动化、现场可视化、交互实时化、数据智能化，实现对生产安全情况进行实时监测和管理，大幅降低了建设成本和人力成本。

3. 公共卫生领域

世界范围内，公共卫生安全始终是人们共同关注的重点。我国是公共卫生事件高发国家之一，近年来，不断遭受突发性公共卫生事件的威胁。实践表明，公共卫生智能化管理能构筑一道坚固的公共卫生防御屏障，以预防和减少烈性病毒的流行。具体来说，公共卫生智能化管理是通过由危险识别、紧急协商、视频显示、数据处理、指挥调配、药品监管等众多公共卫生子系统与先进的医疗、通信、交通等科技构成的公共卫生智能化管理系统，对公共卫生事件进行有效预防、快速识别、应急处置和科学善后，从而维护公共卫生安全的管理活动。

例如，天津市委、市政府投资1.8亿元扩建天津市卫生防病中心，建设集楼宇自动化系统(BAS)、通信自动化系统(CAS)、办公自动化系统(OAS)于一体的智能化楼宇管理系统，用于天津市疾病预防控制体系、突发公共卫生事件应急处理体系和天津市公共卫生信息体系建设。

4. 社会安全领域

我国城镇化的快速推进，引发了治安、交通、食品、财产、卫生、信息等多重社会安全问题。在社会安全管理及问题处置中，智能技术的应用是其核心组成部分之一。当前，我国正在不断完善和规范安全技术防范工作。政府联合多领域、多专业的科研主体共同开展社会安全科技创新，以此加强社会安全智能化管理系统建设，从而切实提高信息收集、防范控制和快速处置能力，增强社会安全的智能化管理能力。

国务院印发的《新一代人工智能发展规划的通知》中明确提到，要促进人工智能在公共安全领域的深度应用，推动构建公共安全智能化监测预警与控制体系。通过视频查控系统、重点场所实名管控系统、电子信息侦控系统，对监控视频流进行实时分析、抓拍查询、告警查询和可疑人员筛查；通过动态布控和综合研判分析等技术为社会安全治理提供支持和实时情报。

（三）公共安全智能化管理的特征

目前在公共安全智能化管理中，预防预警技术正朝着综合化、精准化的方向发展，应急处置与救援技术正朝着多功能、系统化的方向发展，善后修复技术正朝着跨领域、深剖析、防再生的方向发展。公共安全智能化管理具有以下三个特征。

1. 技术导向性

智能技术系统是公共安全智能化管理实现的首要前提，无论在预防预警、应急救援，还是在善后修复的过程中，可靠的智能化软硬件系统都是不可或缺的管理手段和途径。正因如此，智能技术系统的先进与否直接影响着公共安全管理的实施过程及效果，技术的创新与发展也自然成为公共安全智能化管理的重要特征。

2. 管理自主化

以人工智能为主要代表的智能化技术创新，其核心问题可以总结为“深度学习”和“增强学习”，即通过建立深度置信网络、卷积神经网络、循环神经网络等深层结构模型的学习方法直接拟合数据的输入输出，让模型自主探索其中的内涵意义，随后不断地跟环境做自主互动，调整决策的最优性。

3. 精准性和高效性

相比于人工管理，公共安全智能化管理能够通过先进智能技术系统对现实公共安全状况进行自主化学习和测算，精准把握当前公共安全在预防预警、应急救援或善后修复中存在的问题，并且得出相对最优的管理策略，从而大大提升公共安全管理效率。

二、公共安全智能化管理的实现

公共安全智能化管理的运用，关键在于将先进的智能化技术设备和管理系统运用到公共安全管理中。按照公共安全管理的阶段顺序，可以将公共安全智能化管理的实现划分成三个部分，即公共安全预防预警的智能化管理、公共安全应急处置的智能化管理和公共安全善后总结的智能化管理。

（一）公共安全预防预警的智能化管理

针对我国进入突发事件高发期，社会性突发公共事件比重增加，突发公共事件社会性根源强的特征，以防为主，做好危机管理基础工作，将危机化解或者消灭在预警阶段，无疑应是我国危机管理中特别需要注意的问题。其中，公共安全预防预警的智能化管理是公共安全管理的重要工作之一。

在公共安全突发事件发生之前，也就是公共安全日常管理阶段，智能化管理能够充分利用智能管理系统，最大限度地维护和保障公共安全，预防公共突发事件的发生，或者尽可能早地给出科学预警。换言之，公共安全预防预警的智能化管理就是运用智能科技预防或预警公共安全突发事件。公共安全预防预警的智能化管理主要包括以下两方面的内容。

1. 建设公共安全监测、预防与预警智能系统

研究公共安全预防预警的智能科技，着力培育公共安全突发事件的风险评估、危机预防、事件预警能力，有利于公共安全管理部门提升自然灾害风险抵御本领，加强事故灾难

规避水平，增强公共安全事件防控能力，提高社会安全科学管理水平，从而实现对公共安全事件的提前感知、危机预防、及时预警。该智能系统以实时监控技术、智能风险感知技术、危险智能识别技术、报警信息传输技术、实体防护技术等为支撑，包含灾害情景推演研判及仿真展示系统和跨领域公共安全风险监预防预警系统。例如，不断改进的公共安全视频监控系统，能够为公共安全预防预警提供直观、丰富、精确的信息；遍布城市各个角落的摄像头能够捕获体量巨大的公共安全相关视频信息；结合云计算、视频识别等智能技术，可以快速有效地筛选出“关键帧”，为公共安全管理者提供实时信息，从而为公共安全的预防预警提供可靠依据。

2. 大力提高公共安全预防预警智能化管理水平

一是通过对公共安全监测、预防与预警智能系统的不断调试，促使系统内部各子系统之间相互配合与协作，保证整个系统的整体性及效用。二是要加强操作人员对整个系统的控制与管理，保证系统正常有效运行。三是针对不同公共安全状况合理运用智能化系统，避免由系统运用不当造成的不必要的紧张、混乱甚至风险。

应急预案智能化管理是公共安全预防预警的重要环节。它有利于增强对应急预案的管理，提高突发事件的应对能力，对各类公共安全突发事件的危机预防、培训演练、应急救援，均有着非常重要的实践意义。应急预案的智能化管理是利用现代智能科技，根据应急处置流程和可能出现的事件情形，形成系统、细致、可操作的预见性应急方案，实现方案制定超前化及智能化。具体而言，应急预案智能化管理综合运用了地理信息系统、全球定位系统、遥感技术、灾害预测与演变模拟技术、3D 图像显示技术等智能化科技，通过智能技术建设相应的推理机制，模拟应急处置方案的启动与运行，进而不断改进应急预案，最终实现应急预案设立和应急预案管理的智能化。

（二）公共安全应急处置的智能化管理

公共安全应急处置的智能化管理，也称公共安全智能化应急管理，是公共安全管理工作的重心。在公共安全风险或危机出现、突发事件生成以后，公共安全智能化应急管理能够充分利用智能应急处置系统，采取科学合理的应对措施，最大了限度地减少损失，控制事态避免升级，并在最短的时间内使事件得到妥善解决。简单来说，公共安全智能化应急管理就是运用智能科技积极应对并妥善处置公共安全突发事件。公共安全智能化应急管理的实质是以智能科技为支撑，以应急管理流程为主线，建立软硬件相结合的公共安全突发事件应急处置系统；在具体事件中实施应急预案，可以同时进行风险分析、信息报告、监测监控、综合研判、辅助决策、综合协调、方案实施等活动。按照公共安全突发事件的应对步骤，可将公共安全智能化应急管理分成三个阶段。

第一个阶段：公共安全突发事件发生之后。此时，事件刚刚发生，需要在第一时间运用通信系统、地理信息系统、事故评估系统确定事件发生的位置、现状及可能走势等事件相关信息，而且之后还要通过这些智能系统掌握事件的实时动态信息。该阶段主要通过智能化管理系统获取公共安全突发事件的相关信息，为事件应对打下基础。

第二个阶段：公共安全突发事件的紧急应对阶段。在充分获取事件相关信息的基础上，应当在条件允许的情况下，充分调动各方力量，第一时间赶赴事发现场并尽快启动相应的智能应急预案，紧急应对突发事件。与此同时，需要运用遥感技术、无人机航拍技术、灾害演变模拟技术、智能机器人等智能科技，配合专家智库系统深入分析事件的生成发展机理及其可能的演化轨迹。

第三个阶段：公共安全突发事件的理性处置阶段。在紧急应对突发事件、控制事态发展的情况下，通过信息分析整合系统对上述事件相关信息的梳理总结，结合综合智能分析系统对事件处置的对策建议，采取科学合理的方法处置或解决事件。值得注意的是，在此阶段必须更加重视和加强对次生灾害的智能化管理，例如运用紧急医疗卫生保障系统保护灾区公共卫生安全，通过环境监测保护系统保障环境安全等。

（三）公共安全善后总结的智能化管理

公共安全善后总结的智能化管理是公共安全管理的关键，也是公共安全智能化管理不可或缺的环节。在公共安全突发事件结束以后，公共安全善后总结的智能化管理能够有效运用智能应急处置系统，妥善处理事件发生后的遗留问题，尽量修复和弥补事件发生带来的损失。除此之外，公共安全善后总结的智能化管理还将对事件进行全面分析与总结，为类似事件的防治形成经验。

总的来说，公共安全善后总结的智能管理是以智能科技为抓手，以善后修复和经验总结为主要任务，建立起公共安全突发事件的善后总结系统，处理好事件的遗留问题，做好事后修复工作。更为重要的是，要运用智能科技综合分析事件生成发展的深层原因并形成对策，从而为以后防治类似事件提供指引。

以天津港爆炸事件为例，在事件应急处置完成以后，政府联合安监、卫生、环保、气象等多元治理主体，采取智能化清理措施，按照排查、检测、洗消、清运、登记、回炉等科学程序及方法，有力有序、科学有效地推进现场危险化学品的清理工作。在此过程中，智能化措施的引入大大减少了危险品与处理人员之间的接触，有效保障了处理人员和民众的身体健康安全。同时，利用智能化环境监测系统对事故中心区及周边大气、水、土壤、海洋环境实行 24 小时不间断监测，并采取针对性防范处置措施，防止环境污染扩大。另外，利用计算机、互联网、大数据等信息智能系统，快速识别事件相关谣言并采取相关措施，保证对事件舆论的正向引导。事后，针对事件起因，政府部门采取危险物检测检验、事件模拟仿真等智能化系统的检验、推理和分析，得出了硝化棉积热自燃，引起硝酸铵等危险化学品发生爆炸的科学结论。另外，事后对事件应急处置全过程中正反两方面经验和教训的总结，为以后类似事件的防治提供了可靠经验。

第四节　公共安全数字化管理

当前，人们正处在一个崭新的数字化时代。数字化是运用计算机将生活中的信息转化为 0 和 1 的过程，数字化时代则是这种信息领域的数字技术向人类生活各个领域全面推进的过程。至今，数字化的特点与技术已经被广泛接纳，并逐步应用于人们生产生活与社会管理的各个方面。面对公共安全问题复杂多变的发展趋势，数字化不仅能有效简化并客观反映复杂的公共安全问题，而且能在最短的时间内形成有力的对策以化解公共安全危机。因此，必须不断夯实现代化公共安全数字硬件基础，积极发展公共安全管理的数字化技术，努力实现公共安全数字化管理，从而加强对公共安全的科学管理与危机应对。

一、公共安全数字化管理的提出

公共安全数字化管理是当前公共安全管理中的新兴管理方式，也是学界研究的热点。公共安全数字化管理作为当前公共安全管理科技创新的重要内容，是公共安全科技管理的重要组成部分，对公共安全管理的科学化具有重要的助推作用。数字化管理具有简单、客观、高效、有力等特点，能够给公共安全的维护管理与危机应对带来巨大益处；但同时，数字化管理对问题进行的数字简化可能导致问题描述及应对不全等衍生问题。因而只有不断创新公共安全数字化管理机制，完善公共安全数字化管理，才能持续推动公共安全管理的数字化与科学化。

（一）何谓数字化管理

数字化管理是指利用计算机、通信、互联网等技术，通过统计技术量化管理对象与管理行为，使管理过程具有简单有力、消除语言障碍、处理高效、客观评判等优点的一种管理方式。它最早被用于企业生产管理，由于传统质量管理存在的质量信息测量偏差、质量过程控制效率低下、质量决策分析数据不全等问题制约了企业的进一步发展，所以质管部门迫切希望采用有效的数字化管理系统，改善对企业生产的质量管理。数字化管理在企业生产管理中的显著效果，使其被广泛应用到其他社会领域。

当前，随着互联网、移动终端等信息技术的飞速革新，数字信息时代也在不断向前发展，并直接造成了现代社会中数据和信息的大爆炸。2012 年，《纽约时报》刊文宣告“大数据时代已经到来”。大数据是以容量大、类型多、存取速度快、应用价值高为主要特征的数据集合。大数据正快速发展为对数量巨大、来源分散、格式多样的数据进行采集、存储和关联分析，从中发现新知识、创造新价值、提升新能力的新一代信息技术和服务业态。①

大数据的出现及应用改变了人类社会对巨量数据信息的意识观念与重视程度，带动了从“小数据思维”到“大数据思维”哲学理念的深刻转变。大数据思维，即以相关关系为轴心，通过对数据的分析、评估、归纳和挖掘，探究事物内部各要素和各事物之间的关联性，感知事物现状，预测事物发展趋势，总结事物发展规律。② 正如英国大数据研究专家舍恩伯格在《大数据时代》中深刻指出的一样：“大数据开启重大的时代转型。就像望远镜帮助人们感知宇宙，显微镜帮助人们观察微生物，大数据改变人们的生活和理解世界的形式，成为新发现、新发明、新改变、新服务的智慧之源。”③近几年来，借助于云计算、非关系型数据库等数据信息处理技术与存储管理能力的发展与提高，海量数据的有效处理和科学管理成为可能。而且，大数据带来的理念与思维方式的更新，促使人们开始注重挖掘数据信息中被忽略的价值。美国在 2012 年启动了大数据发展研究计划，将大数据研究上升为一项重要的国家战略；在中国，2013 年被信息产业界称为中国的“大数据元年”。④ 我国“十三五”规划纲要将数据列为国家基础性战略资源。面对新时期出现的新机遇，如何

---

① 促进大数据发展行动纲要[N]. 中国电子报，2015-09-08(3).

② 孙粤文. 大数据：现代城市公共安全治理的新策略[J]. 城市发展研究，2017(2)：79-83.

③ 舍恩伯格，库克耶. 大数据时代：生活、工作与思维的大变革[M]. 盛杨燕，周涛，译. 杭州：浙江人民出版社，2013：1.

④ 王世伟. 大数据时代信息安全的新挑战[N]. 社会科学报，2013-09-05(1).

利用大数据推动社会的发展、满足公众的需求，已经成为当前时期政府管理者需要认真思考的重要问题。①

（二）公共安全数字化管理

运用现代化数字信息技术，进行公共安全数字化管理，是公共安全管理科学化与现代化的内含要义和重要手段。公共安全数字化管理是指通过对海量公共安全数据信息的有效处理和科学管理，广泛收集并深入挖掘其中蕴含的关于公共安全有价值的信息，从而为公共安全管理提供科学决策、辅助和策略的活动。

在当前大数据的时代背景下，公共安全数字化管理工作的重心在于公共安全大数据管理。大数据能够让人们在掌握海量信息的基础上对其进行科学处理，以便准确地发现事物发展的规律。正是由于大数据具有揭示事物发展规律的作用，因而目前它已在信息产业、医疗卫生、交通运输、食品安全等领域中发挥出重要作用。就公共安全领域而言，数字化管理也有着极为广阔的应用空间。具体到每个安全领域来说，公共安全数字化管理的内容主要包括自然灾害类数据信息（例如地震、台风、洪水的相关数据等）、事故灾难类数据信息（例如生产事故、爆炸火灾的相关数据等）、社会治安类数据信息（例如治安环境、犯罪信息等）、公共卫生安全类数据信息（例如空气质量、医疗保障、食品安全信息等）等诸多类型，所有这些数据信息的收集与挖掘都为公共安全管理创造了有利条件。

数字化管理是公共安全治理的重要机遇，在维护和保障公共安全中具有以下作用。

1. 体量巨大的数据基础

随着公共安全领域及问题的不断外延，公共安全相关数据信息越来越庞大，数据构成也愈发复杂。云计算技术、物联网技术、移动网络技术等大数据技术能够快速对这些庞大且复杂的数据进行收集与传输，使公共安全治理得到强大的数据支持。

2. 丰富可靠的数据挖掘手段

对数据的科学处理和分析是公共安全数字化管理的关键和难点，数据爬虫技术、语义分析、自然语言处理、自动图像识别、数据可视化等数据处理技术，能够为公共安全管理者进行数据处理提供抓手，帮助他们有效挖掘出复杂数据中蕴含的有价值的公共安全信息。

3. 准确可信的预测评估结果

运用大数据技术，公共安全管理者可以对公共安全的相关数据进行采集、整合、处理、加工，梳理城市运行体征，为城市运行安全监测、综合分析、预警预测、辅助决策等提供服务，充分发挥数据潜在价值，以提高城市公共安全管理水平。② 通过公共安全相关数据的收集与分析，可对公共安全水平或公共安全突发事件的状况进行科学评估，从而加强公共安全管理者对公共安全状况的认知，以便采取相应的管理措施或方法。

此外，必须强调的是，不论是数字处理技术还是数字管理方法，都是客观存在的数字管理技术或方法，它们存在的意义是为公共安全管理者进行决策或采取行动提供辅助。人与数字工具的协同工作以及人的态度和行为对救灾数据的影响、人对数字化管理辅助决策的评判和接纳，都是公共安全数字化管理的重要内容和影响因素。因此，只有实现

① 张春艳. 大数据时代的公共安全治理[J]. 国家行政学院学报，2014(5)：100-104.

② 丁波涛. 大数据条件下的城市公共安全应对机制[J]. 上海城市管理，2015(5)：26-30.

人、数字化管理二者的协调统一，使数字化管理成为公共安全管理者的管理利器，才能最大限度地发挥数字化管理助力公共安全管理的科学有效性，实现以人为本、科学合理的公共安全管理。

总之，大数据为公共安全拓展了巨大的空间，只有真正建立起量化统计管理的理念，将大数据管理全面运用到公共安全管理之中，才能更好地顺应时代的需要，满足公共安全科技管理的需求。

二、公共安全数字化管理的应用

从数字化视角看公共安全管理的实现，公共安全管理是对特定公共安全领域的大数据进行一定的数据处理和应用，从而开展科学治理工作。进一步说，这种处理和应用的流程主要包括数据收集和数据挖掘。开展科学治理则主要体现为公共安全数字化管理的两个阶段功能，即预防预警和应对处置。

（一）公共安全数字化管理的主要流程

基于大数据的深刻影响力，公共安全治理新模式的运作以大数据收集为起点，通过对其在公共安全治理过程中作用的挖掘，实现大数据参与治理的功能，并最终制定大数据策略并付诸行动。[①] 也就是说，公共安全数字化管理实质上是一种在处理大量信息的基础上，获取有效信息的过程。其实现主要依托于运用一定的科学手段，将公共安全领域内的海量数据资源和相关社会信息进行程序化和规范化的收集和挖掘，以此获得有价值的信息。其最终目标是将有效信息及时推送至政府部门及相关机构或部门，以协助它们为公共安全提供常规性的服务和保障工作，并在公共安全受到威胁时及时进行有效的危机解除。

数据收集是公共安全数字化管理的基础。值得注意的是，在大数据的世界里，数据通常以隐性、非结构化等多种复杂形式呈现，这就使得人们在收集数据时要进行有意识、针对性地关注和积累，而后通过一定方式将大量非结构化的信息进行采集、抽取，并对其加以整合最终以结构化的数据形式呈现出来。

近年来，物联网技术的快速发展给公共安全数字化管理供了全新科学的数据收集模式。物联网（Internet of Things）是指通过无线射频识别（Radio Frequency IDentification，RFID）、红外感应器、定位系统、激光扫描仪等各种信息传感设备，把任何物体与互联网连接起来，进行信息交换和通信，以实现智能化识别、定位、跟踪、监控和管理的一种网络。物联网技术通过感知层、传输层和应用层将公共安全相关的各种事物联系起来，并实现事物之间的数据传输和信息共享。物联网技术能够快速获取公共安全相关信息，提供高效可靠的信息传输与互联，形成面向不同需求和各种环境的智能决策系统。

根据信息采集方式的不同，物联网数据采集技术往往可以分为两种方式，即主动数据收集和被动数据收集。主动数据收集主要指采集数据的一方主动向被采集数据的一方，即目标网站发送请求，从而通过分析目标网站的响应来获取数据的方式。搜索引擎的爬虫程序是主动数据收集方式最常见的例子。主动数据收集的优点包括：能够支持定点定

① 朱志萍．大数据环境下的社会公共安全治理[J]．上海公安高等专科学校学报，2016(1)：90-96．

主题的针对性数据收集，并且能够灵活更新采集策略，同时避免了对配合网络关键节点的麻烦；其缺点是需要对被采集数据的网站进行一定的定制开发。与主动数据收集相比，被动数据收集则是指采集数据的一方通过对网络关键节点加以控制，以此捕获流经关键节点的网络流量，从而通过对通信协议进行解析还原来获取数据。被动数据收集的主要优点是能够支持大流量大规模数据的采集；其缺点是缺乏针对性，并且需要关键节点的配合。

数据挖掘是公共安全数字化管理的关键。学界普遍认为，数据挖掘主要包括以下三层含义。

(1) 研究人员利用大数据算法(例如云计算等技术)，以海量的数据信息为挖掘对象，通过建立数学模型等方式进行高效自动的分析和梳理，由此发现隐藏在大数据内部的有机联系、相互关系、作用模式和发展趋势，从而推断出新的事物发展规律，进而有效预知和科学预测未来趋势发展。此时的数据挖掘没有针对性。

(2) 人们通过先进网络信息技术手段的运用，从海量的大数据中有针对性地挖掘出人们预想的或迫切需要的资源信息，即科学认知或客观规律。此时的数据挖掘具有较强的针对性。

(3) 人们通过对现有网络信息系统全部数据资源的高效整合，实现数据的互联互通和有效共享，从而建成统一、规范、快捷的科学运行模式以及科学完善的数据处理工作机制。

在公共安全管理领域，数据挖掘是指通过对已收集的大量数据进行科学性地分析和研判，在此基础上，厘清隐藏在数据背后的关联关系，发现并解释由关联关系总结出的事物根本规律，从而为公共安全危机的预防预警和应对处置提供依据。其中，进行科学的分析和研判是数据挖掘的核心，这就需要合理运用科学的方法。这些方法主要包括：关联分析、聚类分析、模式分析、异常分析和图数据分析等。值得注意的是，在整个数据的分析处理过程中，不必太过于追求依照预定的模型目的去探寻所谓的因果性，因为整体数据呈现出的整体性与相关性才是数据挖掘需要关注的重点。

(二) 公共安全数字化管理的阶段功能

按照公共安全突发事件发生前后两个阶段，可将公共安全数字化管理的现实功能分为事发前的预防预警功能和事发后的应对处置功能。

公共安全数字化管理，对及时有效地降低公共安全事件的发生概率具有重要作用。这主要得益于“大数据的核心在于预测。”①通过公共安全数字化管理，潜在的公共安全事件可能发生的关联关系和事物的客观规律便能够被提前获悉，从而为研究者把握公共安全变化及发展趋势提供了客观依据，也为把公共安全事件消灭在萌芽阶段提供了技术支持。因此，公共安全数字化管理具有预防预警的功能。公共安全数字化管理预防预警功能的发挥主要表现在以下三个方面。

(1) 大数据推动了公共安全管理思维上的变革。在大数据时代，人们已经习惯于在社交网络上留下情绪变化或者寻求某方面答案等行为数据。这些海量数据的生成，再加

① 陈潭.大数据时代的国家治理[M].北京：中国社会科学出版社，2015：207.

之对大数据分析研判技术的发展，使得人们不再拘泥于事发后的应对处理，而更加重视事前预防。

(2) 大数据使得公共安全管理中对风险的识别更加精细化。在传统数据时代，人们仅仅能够通过单一维度和随机采样的方式进行数据分析，这种方式得出的结果往往具有片面性。而大数据技术展现的是从多维度、多层面对全部的、庞大的数据资源进行整合分析，其结果更加准确和精细，这也就确保了事前预防的可靠性。

(3) 大数据使得政府，即公共安全的主要责任人，与人民之间保持了一种串联关系。政府在信息资源上占据绝对优势，这决定了政府要担当信息的沟通者就势必要建立有效的信息发布机制。因此，大数据为政府向人们开展公共安全事件预警搭建了平台。

在公共安全突发事件发生后，数字化管理主要包括实时数据信息的全方位收集与快速传递、数据整合与深入挖掘、数据结果可视化和提供决策辅助。其中，数据收集与传递是对事件所有相关数据信息的实时收集与不间断快速传递；数据整合与深入挖掘是根据大数据本身的特点，对所收集的数据进行整合，剔除无效数据信息，进而挖掘数据信息中有价值的部分；数据结果可视化是将数据结果以简明直接、通俗易懂的方式表现出来；提供决策辅助是指在按照上述步骤完成数据处理之后，以其结果为事件应对处置决策提供辅助。

数字化管理在事件发生后的应用，能为事件处理者开展应对处置提供很大便利。具体来说，一方面，数字化管理意味着大量的数据信息、高效的数据处理和快速的数据传输，有利于信息有效沟通与协作，进而帮助多元主体采取相应的应对策略和方法，实现多元协作的应急处置。另一方面，在大数据决策支持系统支撑下，不同部门提供的信息，都需要纳入大数据支撑的决策支持系统。① 交通、医护、警务、市政基础设施管理部门等相互之间需要及时沟通，为突发事件的处置提供有力的犯罪打击、充足的物力资源、及时的导航信息和必要的建筑图纸等。

只有不断加强公共安全突发事件的数字化管理，持续强化数据信息系统，提升事件决策支持系统的科学性与效率，才能保证公共安全突发事件的妥善应对与处置。Facebook(脸谱网)研究院发布的“救灾地图”就是一个很好的例子。它通过利用其庞大的用户人群，使全球用户化身成为数据“收集器”，并将其整合成“密度地图”“运动地图”“安全确认地图”三大数据集，以地图等可视化方式实时呈现灾区信息，从而为应急救灾工作提供关键的决策辅助。

特别提示

本章简要介绍了公共安全科技管理的概念、构成、特征、作用及其在各国的实践，论述了公共安全网络化治理、公共安全智能化管理和公共安全数字化管理三种管理方法的理论基础及实现方式。

公共安全科技管理是实现公共安全管理与保障的重要支撑。它不仅包括各项专业科学技术，还包含理论研究、管理方式创新、数字平台建设等其他相关方面。其中，网络化治理、智能化管理和数字化管理是公共安全科技管理三个主要组成部分，而多元性是公共安

① 马奔，毛庆铎. 大数据在应急管理中的应用[J]. 中国行政管理，2015(3)：136-141，151.

全科技管理最为重要的特征。

公共安全网络化治理是基于网络化治理理论，并结合公共安全管理现状提出的公共安全的科学管理方法。它是由多元主体整合成多中心的公共安全治理网络，进而产生网络治理效应的过程。公共安全网络化治理的实现离不开治理主体多元化、治理结构网络化和治理机制具象化。但需要注意的是，公共安全网络化治理存在回避交易成本、灵活性与稳定性相互冲突、治理网络协作存在困境等局限性。

公共安全智能化管理的实质是将智能化技术系统运用到公共安全管理中去。公共安全智能化管理实现的关键在于将先进的智能化技术设备和管理系统适当地运用到公共安全管理之中，即在公共安全管理的不同阶段运用应当采取相应的智能技术手段。

公共安全数字化管理是通过对公共安全海量相关数据信息的收集、挖掘和可视化处理，从而为公共安全管理提供可靠数据、科学决策、辅助和策略的活动。当下，大数据的思维和方法是处理公共安全相关数据信息的关键。

同步思考题

1. 简述公共安全科技管理的内涵。
2. 何为公共安全网络化治理？应当如何实现？
3. 公共安全智能化管理包括哪些方面？
4. 简析大数据对公共安全数字化管理的意义和作用。
5. 结合科技部印发的《"十三五"公共安全科技创新专项规划》，谈谈对公共安全科技管理的认识。

延伸阅读书目

[1] 范维澄，刘奕，翁文国. 公共安全科学导论[M]. 北京：科学出版社，2013.

[2] 朱锴，张驎. 安全科技概论[M]. 北京：中国劳动社会保障出版社，2011.

[3] 张顺合. 公共安全与科技支撑[M]. 北京：中国质检出版社，2015.

[4] 张九根，张永坚. 公共安全技术[M]. 北京：中国建筑工业出版社，2014.

[5] 景国勋，杨玉中. 安全管理学[M]. 2 版. 北京：中国劳动社会保障出版社，2017.

[6] 陈潭. 大数据时代的国家治理[M]. 北京：中国社会科学出版社，2015.

[7] 舍恩伯格，库克耶. 大数据时代：生活、工作与思维的大变革[M]. 盛杨燕，周涛，译. 杭州：浙江人民出版社，2013.

[8] 吴桂峰. 安全防范系统应用技术[M]. 北京：机械工业出版社，2016.

第九章

公共安全管理绩效

学习目标

1. 掌握公共安全管理绩效的概念及内涵。
2. 明确公共安全管理绩效的构成。
3. 把握公共安全管理绩效评价的内容。
4. 探索我国公共安全管理绩效改进的条件和基本路径。

案例引入

公共安全应该经得起一场大风的考验

2019年5月19日，一场局地达到10级的大风突袭了北京，造成树木倒伏、围墙倾塌、外墙脱落等险情，目前已有4人在这场大风带来的意外事故中死亡：东直门外斜街西侧，一墙体倒塌，砸中3名路人，其中两人当场身亡，一人经抢救无效死亡；白纸坊西街，一棵大树倾倒后，砸中行驶途中的外卖骑手，伤者最终因伤势过重离世……此外，大风还掀开了一些不合格建筑物、构筑物的面纱：昌平区公园悦府小区一幢楼西侧，外立面墙皮被大风吹落，从高空坠落的大量墙皮落在了楼下的幼儿园里。值得庆幸的是，当天没有孩子上课。让人匪夷所思的是，有知情人透露，该小区去年12月才开始交房。

针对大风吹落公园悦府小区外墙砸向幼儿园一事，北京市区两级住建委高度重视，昌平区住建委事发当天即赴现场进行调查，相关负责人表示，如发现建设、施工等单位存在违规违法行为，将依法依规严肃处理。不得不说，相关部门的迅速表态和采取的行动是值得肯定的。然而，再严厉的问责和追责此刻也颇显苍白无力，一日之内，数条鲜活的生命陨灭，怎不叫人痛惜。

20日，大风仍在京城肆虐，北京市应急管理局提醒广大市民减少户外活动，注意防风避险。北京市教委也发布紧急通知，要求全市中小学校、幼儿园等停止一切户外活动。截至目前，没有新的人员伤亡消息。这一场史上少见的大风，似乎是过去了。然而，那四条随大风而逝的生命，却再也回不来了。

一场大风，考验着公共安全。究竟是风太大还是这些建筑和绿化工程质量不合格？究竟是风太大还是某些安全管理人员的心太大？痛定思痛，管理者应该反省并引起警戒的是，面对极端天气带来的灾害，我们该如何尽最大可能防灾避险？

居住在北京的人都知道，北京春季确实多风，但是像这样造成人员伤亡的大风却并不常见。虽然从气象条件上来说，极端天气预报起来难度较大，但这并不意味着我们就可以听天由命，更不可让“天灾”成为“人祸”的挡箭牌。

海恩法则告诉我们，任何不安全事故都是可以预防的，每一起严重事故的背后，必然有 29 次轻微事故和 300 起未遂先兆以及 1 000 起事故隐患。揆诸当下，一些地方的相关部门和企业在安全生产上存在着责任不落实、措施不得力、监管不到位、管理混乱等问题，在防范自然灾害、事故灾害上还存在许多薄弱环节，预警机制不够健全，造成安全事故隐患大量存在。比如在这次 5·19 大风中，围墙倒塌是否跟年久失修有关？路旁大树连根拔起是否跟园林绿化部门养护不周有关？刚刚建成的新楼外墙为何弱不禁风？如果再要追问的话，相关部门和单位，日常有没有尽到安全巡检和维修保养责任？在气象部门发出预警之后，有没有做足排查隐患工作？如果这一系列问题有了明确的答案，相信板子该打在谁身上，众人自清。

倒在北京大风中的外卖骑手，北漂未满一个月，家中尚有三名幼子；被东直门倒墙砸中去世的三位老人中，有一位 65 岁的泥瓦工，那天，他特意换了一身新衣服，准备去前门看看……极端天气不可避免，但公共安全应经得起考验。每年春秋都是北京多风季节，上至管理者，下至相关部门和企业，都应居安思危，提前制定并启动预警，对容易产生危险的树木、广告牌、建筑物外立面、临时搭建物、垃圾存放点等提前进行摸排检查、消除隐患，将灾害防范工作做实做细。再放眼全国，回看这几年各地的风灾雨灾等自然灾害，都有类似树木倾倒、墙体坍塌、高空坠物等致人伤亡案例，管理者应该吸取经验教训，未雨绸缪、做足防灾减灾前功，才能让生活在这个地方的百姓更有安全感。

（资料来源 《公共安全应该经得起一场大风的考验》，载央视网，http://opinion.cctv.com/2019/05/21/ARTIPC7FOApJkwrfiTPjvGjR190521.shtml）

第一节 公共安全管理绩效概述

由于公共安全研究的学科和视角各有不同，人们对问题本身的理解就有诸多的差异。从绩效的视角去审视公共安全管理的过程和结果，是一个全新的视角。基于此，本书有必要对公共安全管理绩效以及与之相关的几个核心概念予以界定，以使人们对它的内涵有清楚的认识。公共安全管理绩效是一个多维概念，既有公共安全学科的相关概念，也有管理、绩效等维度，与其相关的概念主要有绩效、公共安全、公共安全管理以及公共安全管理绩效等。本节主要界定两个概念：管理绩效和公共安全管理绩效。

一、管理绩效

绩效(Performance)一词来源于西方的管理学界，它的原意是指表现和成绩。不同的学者对绩效的理解各有侧重，观点主要集中在以下几个方面：① 绩效是指完成工作的效率与效能；② 绩效是指一种经过评估的工作行为、方式及其结果；③ 绩效是指员工的工作结果，是对企业的目标达成具有效益和贡献的部分；④ 绩效是组织为实现自身目标所开展的活动在不同层面上的有效输出。随着经济社会企业发展的需求，绩效的含义逐渐拓展为组织对资源的有效、高效及安全的运用，与运营和功能的有效性相关。广义角度的绩效还包括企业的可持续发展能力。由于绩效概念的多维特征，在学界和管理实践领域，人们对绩效的理解和认知就如同“盲人摸象”一般，各有不同，因此绩效还没有形成一致的能够被不同领域所共同认可的定义。

管理绩效是一个复杂的概念，如前所述，它是一个复合体，具有多因性、多维性和动态性的基本特征。

（一）多因性

多因性，顾名思义是指影响绩效或者绩效“生产”的要素具有多元性，即特定形式的绩效是不同要素耦合的结果。具体来讲，绩效多因性是指绩效的优劣并不是取决于单一的因素，而是由多种因素共同决定的。就政府相关部门而言，其员工工作绩效的影响因素主要有能力（Ability）、激励（Motivation）、机会（Opportunity）和环境（Environment）四个方面。绩效可以看作是能力、激励、机会和环境四种变量的函数，用公式 $P=f(A,M,O,E)$ 来描述绩效与四个要素之间的关系，其中能力和激励为员工自身所拥有，属于主观因素，对绩效产生直接影响；而机会和环境则是客观因素，对绩效产生间接影响。

（二）多维性

多维性是指一个人绩效的优劣应从多个方面、多个角度去分析，以求取得比较合理、客观、易接受的结果。比如在衡量员工的工作绩效时，可以从多个方面进行测度，360 度的评价就是对绩效的多维性问题的回应和解释。多维性的特点意味着员工的工作绩效是工作态度、工作能力和工作结果的综合反映。员工的工作态度取决于对工作的认知程度以及为此付出努力的程度，表现为工作干劲、工作热情和忠于职守等，是工作能力转换为工作结果的媒介，直接影响着工作结果的形成。员工的工作能力是绩效的本质构成，没有工作能力就无所谓工作绩效，工作能力主要体现在常识、知识、技能、技术和工作经验几个方面。工作结果是员工担当工作或履行职务的结果，是对组织所做贡献的表现，工作结果以工作数量、质量、消耗的原材料多少等形式表现出来。

（三）动态性

简单来讲，动态性即组织或个体的绩效随着时间、职位情况的变化而变化。有人也将这种动态性称为“时变性”。首先，任何系统都会随着时间、空间的转移而发生变化，这种变化本身所带来的不确定性和复杂性就是风险研究的重要内容。其次，特定的组织都有自身的运行周期，这种周期性的变化同样会导致组织和个体的变化；最后，组织内部以及组织与其所处环境之间时刻存在着信息和能量的交换，这也是动态性的应有之义。

二、公共安全管理绩效

公共安全内容繁杂。公共安全问题或事故的表现形式各不相同，但是其共同特征是都发生在公共领域，影响较为广泛、深刻，给整个社会所带来的是发展机会、发展空间以及利益的丧失或损害。公共安全问题产生的缘由多种多样，它的发生可能与政府和其他社会主体的决策和行为选择相关，也可能与社会自身脆弱性（比如社会的空间、社会自身的承载力、社会基础设施建设情况等）相关。公共安全问题是诸多要素耦合的结果。因此，人们必须科学认识和理解公共安全问题。

随着社会的发展，公共安全管理的内涵也在不断地发生变化。最初，公共安全管理更多地强调政府自上而下的“管控”，突出强调政府对于公共安全的主体责任，主体相对比较单一；研究的内容和主要手段是政府如何利用其所掌控的公共资源和公共行政权力去实现对于风险的有效预控、应急处置和事后的恢复重建。而目前的公共安全管理则强调政府与其他社会主体之间的协商共治，重视多元社会主体的有效、有序参与；注重对潜在的公共安全风险的预控，目的在于防控公共安全风险，将潜在的风险消灭在萌芽状态，尽最大可能减少公共安全风险对于社会公共利益和价值的损害，保护社会公众的生命、财产安全，减轻整个社会的经济损失与心理创伤，维护公共领域的稳定有序发展。

公共安全管理绩效是一个崭新的学术概念，它是从绩效的视角去审视不同的社会主体就公共安全所进行的协商共治的结果和过程的一个量度。公共安全管理绩效是一个复合性的概念，包括两方面的含义：一方面，它量度不同社会主体之间的协同与合作；另一方面，它也量度政府和其他的社会主体预控、消解风险的能力、行为及其结果。管理者、领导者和社会公众对于公共安全的需求在多大程度上得到满足有赖于公共安全管理绩效的不断改进。另外，公共安全管理绩效也受制于管理者所面对的环境、制度和基础设施自身的抗风险能力。

第二节　公共安全管理绩效构成

作为一个比较新的研究领域，为了使人们对公共安全管理绩效本身有全面的认识和理解，首先要对公共安全管理绩效的构成进行全面的解构与分析。公共安全的风险点或风险构成日益多元和复杂化，各种社会的承载能力要素都有可能是公共安全风险的构成或风险点。对这些风险源或风险点的识别和判断则是理解和建构公共安全管理绩效的一个基本前提和基本依据。墨菲定律启示人们必须对公共安全风险的构成进行科学分析，注重对公共安全风险的预控，因为这直接关系到公共安全管理绩效水平的高低。墨菲定律源自一个名叫墨菲的美国上尉，他认为只要存在发生事故的原因，事故就一定会发生，而且不管发生事故的可能性多么小，但总会发生，并会造成最大可能的损失。因此，对任何事故隐患都不能有丝毫大意，不能抱有侥幸心理，要想尽一切办法把这些隐患消灭在萌芽状态。具体而言，公共安全管理绩效的构成主要有以下五个方面。

一、地方政府所在地城市规划和建设水平的基础绩效

地方政府所在地城市规划和建设水平决定和影响着一个社会基础设施的管理水平和运营能力，同时也是社会脆弱性和承载力的一个直接影响要素。从基础设施建设层面看，城市的规划与建设水平本身就是公共安全管理绩效的重要组成部分。城市的规划和建设水平影响和制约着社会的抗风险能力，也影响着社会的可持续发展，因此城市的规划和建设水平就成了公共安全管理绩效的基础性构成部分。社会承载力是城市规划和建设水平的重要体现，它是一个相对稳定的系数，如果没有大规模的改建和扩建，其本身是相对稳定的。为了有效消解因承载力不足而导致的风险，有必要认真研究如何增强城市规划的弹性或柔性，使得城市具有较强的自适应能力。城市规划的弹性和柔性意味着城市能够有效消解由于人口和资源的聚集而带来的风险，这也是公共安全管理绩效的一个重要构

成。如果说城市最初的规划和建设是保证城市这一系统本身的柔性和弹性因素的话，那么建成之后的维护、保养和研究则是保障社会可持续发展的重要举措。城市从建设和发展初期，就要坚持战略导向，充分考虑城市未来发展空间的扩展以及可能的人口资源和其他各种资源聚集的可能性，并将这种思路贯彻于整个城市的规划和建设过程中。城市规划是城市建设和发展的前提和蓝图，因此管理者应对城市规划加以重视。除了城市的规划之外，城市的维护和改扩建同样是公共安全管理绩效的重要组成部分。当城市建设完成后，城市的维护和磨合将成为"主旋律"，城市建设和管理部门应该切实履行自己的职责，使城市本身更具有弹性和吸附力。

二、以决策者决策和领导为核心的组织绩效

管理者（主要是地方政府）的决策和领导能力本身既是公共安全管理绩效的重要构成内容，同时也决定和影响着其他要素资源整合的能力和水平。从这个意义上讲，决策者的决策和领导构成了组织绩效的核心内容。管理范式下的公共安全管理的主体要素既包括政府，又包括政府之外的社会主体。强调多元主体参与和协商共治并不影响政府主导，因为这是由公共安全管理这一议题本身的复杂性所决定的。政府有其自身独特的公共资源和公共权力，这是公共安全管理的核心要素，所以政府必须主导公共安全管理过程。公共安全问题呈现涉及领域广泛化、发生频率增加化、危害程度严重化等特征与发展趋势，凸显了我国公共安全管理体系和制度进行创新的紧迫性，对政府提升公共安全管理水平提出了更高的要求。应该说，公共安全事件的发生既有客观性，又与管理过程中存在的漏洞与弊端密切相关。有效的公共安全管理是政府实施公共管理的重要内容，因为它是维持社会正常秩序、促进社会发展、维护政府管理合法性的重要前提和基础。领导者和管理者对于公共安全管理绩效的改进和完善起着关键性的作用，因为他们影响并制约所有资源和权力的投入及使用方式，影响着整个管理过程。更重要的原因是，政府及管理者团队对其他社会主体参与公共安全管理具有支配性影响。管理主体（包括参与公共管理的社会公众）的决策和领导能力将成为公共安全管理绩效的核心内容和构成。一般而言，在其他条件和环境均同等的情境下，管理者的能力和水平越高，公共安全管理绩效越高，二者之间存在正相关关系。政府应充当公共安全管理体系中的领导者，即在由各级政府、非政府组织、私人组织、市民个人等构成的管理体系中，政府须充当整个体系的领袖。

三、公共安全的政策和制度供给

完善的政策和制度体系为公共安全管理过程中资源和要素的整合提供了体制、机制保障。从这个意义上讲，完善的政策和制度体系是公共安全管理的重要构成。政策和制度作为国家管理的基本工具，两者虽然在含义、范围上有所不同，但从国家管理的角度来说，却具有基本统一的指向，即它们都是一整套经过精心设计和规划的或者经过长期实践得以形成的，并且得到广泛认同、尊重和遵守，能够有效解决问题达成目标的行为规范、依据和准则。公共安全管理过程中政策和制度的供给能力和水平是领导者和管理者施政能力和施政水平的直接体现，直接影响着公共安全管理绩效水平。由于社会发生了深刻变化，公共安全管理面临着错综复杂的风险和不确定性，管理者要充分认识政策和制度供给对于公共安全管理能力提升所具有的工具性价值。基于此，地方政府要努力提升制度和

政策的供给能力。近年来，市场经济、社会转型、利益分化等情势变化，不仅给公共安全管理的政策和制度供给带来了严峻挑战，而且政策和制度本身的内容和结构也需要随着现代化和信息化的推进不断优化。比如，随着大数据与云计算的推行，与公众个人隐私信息保护相关的政策和制度也要随之进行完善和更新。

四、社会公众的培训与参与

社会公众的有序、有效参与是政府主导的公共安全管理过程的有益补充，也是公共安全管理绩效提升的重要前提和条件。政府应从以下几点出发，促进社会公众的有效、有序参与。第一，增强公众的公共安全防范能力。作为普通的社会成员，不同的个体要从自身出发，不断完善、提高自己的公共安全风险防范能力。政府应针对不同人群加强相应的公共安全培训，宣传普及公共安全知识及防范方法，提高全社会的公共安全认识水平以及对风险事件的处置能力。第二，调动群众参与公共安全管理的积极性，增强群众参与管理的主人翁意识，优化社会公众参与公共安全管理的渠道和政策。第三，加强公共安全志愿者队伍建设。积极探索用志愿机制对公共安全管理工作进行提升和整合，用志愿理念来发动群众、凝聚力量，为群防群治工作注入新的生机与活力。搭建志愿者队伍自我管理、自我服务的平台，对各层次、各领域、各方面的社会力量进行动员整合。因地制宜，培育各具特色的公共安全志愿者队伍，使其在维护社会稳定、推进社会平安建设中发挥重要作用。

五、公共安全管理政策、制度的执行

国家的政策、制度为公共安全管理提供了宏观的制度环境，这种政策和制度在特定的组织内有一个“内化”的过程，这个过程本质上是特定组织（私营部门和公共部门）的管理者对国家政策和制度的贯彻执行。这里的管理和执行主体，既包括宏观的政府相关职能部门，同时也包括微观的组织内部的管理者和领导者。通常情况下，前者负责对公共安全政策和制度的贯彻情况进行检查监督；后者则负责在特定的组织内贯彻、实施国家的相关政策规定。由于受市场经济利益的影响，价值偏好和利益诉求不同的主体在管理和执行相关政策、制度的过程中极容易“走偏”，这种偏差也是公共安全风险的重要风险源。因此，不同主体可以通过提高政策和制度的管理绩效和执行效率来为公共安全管理绩效作出贡献。

第三节　公共安全管理绩效评价

安全评价是指以实现安全为目的，应用系统工程原理与方法，对系统中存在的危险及有害因素进行定性和定量分析辨识，预测发生事故或造成危害的可能性和严重程度，并针对所分析出的问题提科学、合理且可行的措施。公共安全管理绩效的评价是公共安全管理研究的重要内容。很多学者在某个角度上探索公共安全管理绩效的评价指标。科学建构评价指标的一个前提是对公共安全管理绩效概念和内涵的科学界定。在明确公共安全管理绩效概念和构成的基础上，本节主要讨论公共安全管理绩效评价的具体内容、指标体系等一些基本问题。

一、公共安全管理绩效评价内容

公共安全管理绩效是在政府主导下，不同的社会主体协同管理公共安全风险，为社会公众提供公共安全产品和服务的过程。公共安全管理评价指标科学建构的一个理论前提是对公共安全管理绩效的内涵有较为科学的理解。公共安全是一个系统的管理过程，人们不应限于事后对应急处置效果的评价，应该充分考虑事先的风险预控和事后的恢复重建对于公共安全管理绩效的贡献。基于此，本书将公共安全管理的整个过程视为评价的具体内容。由于不同领域的公共安全管理的具体内容差异性比较大，制定一个包含所有领域具体评价指标的指标体系比较困难。基于数据收集和横向比较的需要，本书暂且将公共安全管理的内容简化为三个重要的方面，这也是城市公共安全管理绩效评价的重要维度。第一，公共安全风险的预控能力，主要考察一个地区公共安全风险管理过程中事前预控的绩效。第二，公共安全的应急处置能力，主要评价事中的应急处置能力。第三，事后恢复重建过程的评价，主要衡量公共安全风险发生后，特定地区的恢复重建能力。从广义上讲，上述三个方面也是公共安全管理评价的主要内容。

二、公共安全管理评价指标体系设计的基本原则

公共安全管理绩效评价指标体系的建构过程需要与地方政府公共安全管理的实践密切结合，用理论去指导实践，在实践中促进理论研究的顺利开展。具体来讲，公共安全管理绩效评价指标体系建构应遵循以下四个基本原则。

（一）战略导向与结果导向相统一的原则

公共安全管理绩效评价的首要功能是导向功能，通过评价指标体系的建构，促进地方政府能够根据国家和地方的长期发展去科学规划和推进公共安全管理工作，实现公共安全管理结果与战略规划的有效衔接，引导公共安全管理以地方发展战略为核心，实现地方城市公共安全管理能力的可持续发展。

（二）可比性原则

不同地区或同一地区特定层级的行政区，其发展差距均较为明显；另外，不同地区所拥有的公共安全管理的资源、发展水平和能力等也不相同。通过一些量化指标和共性指标可以实现不同地区或同一地区特定层级政府公共安全管理能力的横向比较，以便辅助政府进行相关决策。

（三）科学性原则

公共安全管理绩效评价的数据总体比较难找，评价所需的数据应通过统计年鉴、行业统计报告或国民经济与社会发展统计公报等公开渠道获得，以便增强整个指标体系的解释力和说服力，使公共安全管理绩效的评价更具有操作性。公共安全管理绩效评价的核心问题就是绩效评价指标体系的设计、数据的收集和评价方法的选择和应用等。上述这几个方面的科学设计能够保障整个评价过程的科学性与合理性。

（四）定量指标与定性指标相结合的原则

通过政府公共安全管理实践的统计数据来评价其绩效的高低，能保证评价的客观性和公正性，也能在一定程度上克服主观感知带来的评价误差。同时，将公众满意度作为整

体绩效评价等级划分的主要参考依据，从政府所服务的“客户”的角度去理解公共安全管理绩效，将定性指标与定量指标结合起来，能够更全面地评价公共安全管理绩效。

三、公共安全管理绩效评价体系初步建构

地方政府公共安全管理能力是一个需要在动态中把握的复杂概念。目前学界尚没有针对公共安全管理绩效评价指标进行专门的研究。为了全面反映地方政府公共安全管理的总体情况，在选取评价指标的过程中，需要遵循独立性、客观性、规范性和经济性原则，使评价指标体系尽量完善。本书试着提出一个初步的公共安全管理体系和管理能力评价指标体系。该体系将政府公共安全管理的整个过程划分为三个阶段：事先的预控和预判阶段、事中的应急处置阶段、事后的恢复阶段。不同阶段，政府的工作重点和中心各有不同，因此公共安全管理绩效评价指标体系应该体现上述三个重要阶段。本书初步构建的公共安全管理绩效评价指标体系，见表 9-1。

表 9-1　公共安全管理绩效评价指标体系

一级指标	二级指标	三级指标	指标性质
预防与预控能力	领导和组织能力	公共安全治理的投入 设置专职公共安全管理机构或人员的组织比例 公共安全治理的专职人员及队伍建设	
	风险培训或教育能力	公共安全或风险教育培训人数/年 公务人员接受各层次风险培训的人数/年 公众防灾减灾、防范风险的培训人数/年	
	风险的预警、预判能力	公共安全信息网络建设的投入/年 重要基础设施检测率 信息评估研判的团队建设情况 预警的准确性(能否准确预警潜在的风险) 预警效果(预警所能影响的社会公众)	
	综合保障能力	法律、法规的颁布与实施情况 经费保障机制 应急避难场所建设的数量 物资储备机制 通信与技术保障机制 配套规章制度的出台与完善	
	公众的满意度	社会公众对于地方政府事前预判、预控工作的满意度	
突发事件应急处置能力	应急队伍的响应速度	快速反应速度(主要应急队伍到达现场的时间)	
	灾害或突发事件的社会危害程度	突发事件的死亡人数 突发事件的发生数或经济损失	负向指标 负向指标
	协同治理能力	专家参与 临时救助安置 地方政府内部协调 区域协调联动	
	志愿服务与捐赠物资的管理水平	每名志愿者平均所服务的受灾(受险)人数 参与救灾的社会公众人数占所有志愿者人数的比重 捐赠物款的相关制度完善程度	
	公众的满意度	公众对政府部门应急处置的效率和工作的满意度	

续表 9-1

一级指标	二级指标	三级指标	指标性质
恢复重建能力	心理干预或援助能力	心理救援组织的参与人数 心理救援队伍(总量、公众人数比) 心理救援的标准	
	恢复重建的组织建设	恢复重建组织架构	
	灾情的调查及重建能力	灾情调查与损失评估(灾情、需求) 巨灾恢复重建的平均时间 优惠政策的执行与实施	负向指标
	公众的满意度	公众对于恢复重建过程和结果的满意度	

政府公共安全管理绩效评价指标体系是依托风险管理的基础理论并结合风险生成的内部结构和外部要素的相关性而建立起的一套描述和分析工具，体现了政府公共安全管理概念的现实性、测度性和应用性。地方政府公共安全管理能力评估的指标体系是一套探索性指标，由定量指标和定性指标构成，具体包括：预防与预控能力、突发事件应急处置能力和恢复重建能力三个一级指标；领导和组织能力、风险培训和教育能力、综合保障能力等 14 个二级指标；公共安全治理的投入、物资储备机制、专家参与、通信与技术保障机制等 37 个三级指标。地方政府公共安全管理能力的提升离不开社会公众的积极参与，同时政府公共安全管理绩效的评价也有赖于社会公众作出自己的判断。因此，该体系在每个二级指标下面都设置了一个公众的满意度指标。通过这样一个基于科学的满意度测评方法所得的主观评价指标，去矫正单纯依靠量化指标而出现的绩效的本质和导向性问题。公众的满意度指标，能够强化公共安全管理绩效评价的导向性，通过政府的行为相对人即服务对象的主观评价，来实现对公共安全的综合评价。

该套评价指标体系仅是基础指标体系，三级指标的权重设计是下一步研究的重点和难点。下一步，本书拟根据自然灾害和突发性社会事件发生及考核的重点设计两套权重，前者重在考核灾后的应急处置和恢复重建，所以其相应事后恢复重建能力的权重略大；后者则重在预防与预控，所以事前的预控与预防能力部分三级指标的权重略大。同时本书将根据实地调研或访谈的结果调整完善指标体系的权重设计，使该评价指标体系更能准确地反映地方政府在公共安全管理方面的实际情况。

四、公共安全管理绩效评价的具体方法

按照评价结果的量化程度进行分类，安全评价方法一般分为两类：定性方法和定量方法。随着人们对安全评价研究的不断创新，又提出了定性与定量相结合的新型安全评价方法。所有定性评价的结果最后都要求进行量化，以便统计公共安全管理的整体绩效。

（一）指标的标准化

在多指标评价体系中，由于各评价指标通常具有不同的量纲和数量级，所以当各指标间的水平相差很大时，如果直接用原始指标值进行分析，就会突出数值较高指标在综合分析中的作用，削弱数值水平较低指标的作用。因此，为了保证结果的可靠性，需要对原始指标数据进行标准化处理。数据的标准化是将数据按比例缩放，使之落入一个特定区间，

以去除数据的单位限制，将其转化为无量纲的数值，便于不同单位或量级的指标能够进行比较和加权。常用的标准化的方法主要有极差标准化、最大值标准化、Z-score 标准化、均值标准化等。

对于大多数指标来说，经过以上标准化方法的处理，可以得到三级指标的绩效指数；但是对个别指标来说，它们可能没有具体的客观指标值用来标准化。这种情况下，相关研究可以采用国家在发展规划（比如“十三五”规划纲要）中明确的发展目标作为标准化的主要参考值。为了体现国家目标的导向性，需要在标准化时加入一定的价值判断，而不再仅仅根据客观的数据特征来进行简单的数据处理。

（二）最后绩效得分的合成

指标值标准化之后，就为不同指标绩效值的比较提供了可能。另外结合指标权重，便可以测算出不同地区公共安全管理的总体指数。权重的设置本身也是一个关键的技术问题。可以采用德尔菲法确定不同指标的权重，最终通过指标标准化后的指标值，结合相关指标的权重，计算出一级指标的绩效得分，从而用于对不同评价对象之间的比较。

（三）公众满意度指标与总体绩效的关系

公众满意度指标主要反映了社会公众对于政府公共安全管理工作的总体满意度。公众满意度指标嵌入的意义在于，使得公众对政府公共安全管理的工作有了发言权，同时公共安全管理体系和管理能力的建设也具有了鲜明的导向性。在具体的评价实施中，政府可以委托独立第三方机构进行满意度测评，将测评的结果纳入整个评价指标体系中。同样，公众满意度指标的得分即依据上述民意测验所得的结果，根据评价的相关等级标准计算出绩效得分，再根据其相应的权重计入总的绩效得分。同时，绩效得分可用来作为公共安全管理绩效等级划分的重要参考标准。

（四）关于指标权重的设计

指标权重体现着评价主体所秉持的价值取向以及评价重点，这也正是指标体系设计的一个难点。评价指标的使用主体不同、目的不同，其相应的权重是可以灵活调整的。这一点体现出了指标体系本身的弹性。在具体的评价过程中，要就每个指标的权重进行一个科学的设计，再通过试评价对指标权重进行最后的确认。

第四节　公共安全管理绩效改进

公共安全管理绩效是一个多元要素耦合的结果，可以分别从静态和动态两个角度去考察。进一步细化，一方面可以从政策、领导和公众参与等角度去理解静态的公共安全管理绩效。公共安全管理绩效的重要贡献主要表现为公共安全方面的政策、制度、领导及社会规划等要素的改进量或改善程度，即每一次制度的改进、管理和决策机制的创新都可以视为公共安全管理绩效的提升。另一方面，可以基于公共安全风险生成的基本过程来分析动态的公共安全管理绩效，即从风险发生前、风险发生过程中以及风险应急处置后的事后恢复重建阶段这三个关键阶段去建构公共安全管理绩效改进的基本策略。

一、优化公共安全的政策和制度

政府必须强化公共安全政策和制度的顶层设计，这是保障公共安全最基本的条件。通过以政策和制度为核心的行为规则体系的完善能够有效地规避公共安全风险和降低风险的不确定性。有效地管理和降低风险，保护人类安全，保障社会有序运转，是政府的基本职能，也是政府的基本政治责任。除了安全意识的灌输与教育，管理者对于公共安全风险预控最有效也是最常见的途径就是建立“约束”各社会主体行为的制度体系，强化制度本身对于各社会主体行为的约束与限制。政府应该主导公共安全政策和制度的顶层设计，突出对不同社会主体（包括政府）行为的约束与控制，合理控制其行为边界，为公共安全风险的防范和预控构筑第一道安全阀。公共安全管理的政策和制度主要包括以下三个方面：第一类是义务性制度，这是政府这一管理的核心主体必须切实贯彻和执行的。比如与公共安全风险防控相关的法律、条例和规定。第二类是保障性的制度，这是政府协调相关部门和主体的政策依据，是保证风险预控与防范稳定进行的重要条件，是公共安全管理顺利进行的支撑性制度。比如在进行社会规划、建设时的约束性和限制性规定，另外政府在风险预控过程中对相关资源和权力的调配权也要通过制度确定。第三类是追责类的制度，追责类制度是构建政府公共责任地图，有效约束政府行为的要件。从本质上讲，第三类制度是前两类制度的一种保障。如果政府及其相关部门在公共安全风险管理的制度和政策方面不作为或作为不当时，可以启用追责制度，通过追责类制度的构建与贯彻，从制度上为政府行为“戴上紧箍咒”，充分发挥管理者和领导者对公共安全风险防范或预控的能动性。风险社会的运行越来越要求各方承担自身导致风险的责任。为此，公共安全管理中应当明确规定相关主体的风险责任，建立责任落实和责任追究机制。

二、科学规划和建设人居环境

管理者必须充分重视城市的规划和建设水平对于公共安全风险承载力的价值和重要性。通过科学规划和建设人居环境可以有效提升管理者的公共安全管理能力，可以有效增强社会自身抵御风险的基础能力。一个科学合理的基础设施规划和建设蓝图，对公共安全风险的预控起着重要作用。从某种意义上说，不合理的规划和发展就意味着风险和威胁，基础设施本身的避险系数同样是公共安全风险防范的物质基础。在社会发展的过程中要充分考虑城镇化程度的加深以及由此所带来的对人口、经济和社会资本的集聚效应。城市的承载力在特定的时期是一个比较确定的水平，但是城市规模却在不断扩大，这就成为潜在的公共安全风险爆发点。为了解决持续扩张的城市规模与有限的承载力之间的矛盾，城市在建设之初就要充分考虑基础设施本身的避险功能。具体来讲，在规划和建设阶段，应将公共安全的避险和防控的功能嵌入城市建设和发展过程中。每个城市都要根据自己所处的地域特征、城市对于人口和资本的吸聚效应、城市未来发展的空间和潜力等因素完善城市基础设施本身的避险功能。这就要求管理者重视城市的整体规划，对其面临的或可能面临的公共安全风险进行评估，并将评估结果嵌入基础设施建设过程中或据此对基础设施进行改造或修缮，从而有效提高基础设施的避险系数。

三、提高政府的决策和领导能力

公共安全管理中政府的决策和领导能力影响公共安全管理过程和要素的整体设计和运行，影响公共安全管理过程中的组织和协调能力。政府的决策和领导能力本身也是公共安全管理绩效的重要内容。政府的决策和领导能力是影响公共安全管理绩效的关键要素。它既与政府在整个公共安全管理过程中的地位和角色有关，同时也与政府对于整个公共安全管理过程，特别是对各种资源和要素整合过程的决定性作用有关。决策与领导的内容是“政府主导”的重要内容。政府主导主要体现在政府的决策者和管理者对于公共安全管理战略、政策与制度的顶层设计以及在公共安全管理整个过程中的领导、组织与管理。公共安全的碎片化客观上要求强化政府的决策和领导能力，提升公共安全管理的整体绩效。

首先，政府应强化对公共安全战略管理的领导作用。长期以来，在社会安全与防灾管理方面人们并未能站到可持续发展的高度去认识灾情及管理问题，管理体制上明显存在着从单一灾种出发对灾害进行部门式分割管理的弊端，这在很大程度上削弱了社会安全管理与防灾的能力。我国对于公共安全管理的研究和实践主要是从 2003 年 SARS 事件之后开始重视的。由于时间较短，虽然从中央到地方政府做了大量的工作，但公共安全管理的研究和实践领域主要集中在一般应急管理和防灾减灾层面，从社会可持续安全发展的角度对公共安全进行全方位的战略思考还不够，公共安全管理没有被摆上社会发展应有的战略地位。公共安全管理的战略决策将对公共安全管理绩效有着长远的影响。

其次，现阶段依然要充分发挥政府在公共安全管理过程中的主导作用和核心领导作用。政府要充分发挥自身在整个公共安全管理过程中的影响力，运用自身的宏观调控能力和决策领导能力制定和完善公共安全管理的总体发展目标，制定科学的安全规划；通过公共安全管理体制和机制创新，建立与社会经济发展相适应的公共安全管理体系；综合运用工程技术以及法律、行政、经济和教育等手段，全面提高社会安全与防灾减灾能力，有效提升公共安全管理绩效。

四、强化对风险的应急处置能力

在公共安全管理过程中，管理者需要充分整合不同的资源和要素，提升公共安全决策的科学化和专业化。这种科学性和专业性有赖于政府的决策者和领导者对相关社会资源的整合能力。通常而言，公共安全风险的应急与处置既包括事前的预防，也包括事中的应急处置和事后的恢复重建。

在公共安全风险爆发前的公共安全管理过程中，政府应该充分挖掘并整合相关智库、高校和科研院所的专业人士的理论研究成果，积极地在实践中应用并会同上述专业人士修改、完善公共安全管理的方案和策略。智库、高校和科研院所的专业人士应该充分发挥其专业优势，为政府制定相关政策和进行决策优化提供理论支撑。当然，在公共安全风险爆发后以及在事后的恢复重建阶段，政府同样可以联合相关的专业人士进行决策的优化，实现政府与智库、高校和科研院所在政策制定和矫正过程中的高效协同，提升政府公共安全管理决策的科学化和专业化水平，促进公共安全管理绩效水平的提升。

五、鼓励公众有效参与基础上的严肃问责

公众参与和问责机制的设计是保障公共安全运行的重要管理机制。公众参与机制既能够弥补公共安全管理过程中的信息不对称，又能够辅助政府进行科学决策；问责机制是落实风险的主体责任，保证相关制度切实有效执行的重要保障。公众参与主要有两个层面的内涵：一方面是指管理过程中的参与，目的是为了减轻或消解公共安全风险带给社会公众的损害或伤害，比如参与政府统一组织的抗险救灾、社会公众自发参与志愿者队伍等；另一方面是指在针对政府抗险救灾过程中的不作为和作为不当而进行的问责过程中，社会公众的有效、有序参与。

社会公众作为公共安全风险管理的一个重要主体，其风险管理能力受公共安全教育（包括对公共安全风险的预测、判断能力）水平和自组织能力这两大核心要素的影响和制约。这两大要素也可能成为公共安全风险爆发的内在诱因。公共安全教育知识和相关技能的多寡，决定和影响着公众在风险来临时第一时间的应急和处置能力。公众的自组织能力主要表现为自我保护、自救和互助方面的能力（公共安全风险发生后）。在风险生成以后，自组织能力决定着公众应对风险的基本素质和能力。上述两方面的能力，均影响着社会个体应对风险的绩效。

对公众而言，公共空间的秩序意识与相关应急知识储备的欠缺，确实是我国公共安全情势发展的一个重要主观原因。比如在紧急情况下出现的推搡、起哄与恐慌等，既是我国公众参与公共安全管理的最大障碍，也是公共安全风险发生的直接原因之一。例如，公众缺乏风险防范观念，对风险的征兆反应不敏锐，应急避险的常识欠缺，自救互救的能力差等。公众的素质、能力并不能与其他的风险管理机制之间达成无缝对接，形成高效的协同效应；而且基于共识的公共安全观念和意识并未形成，这都是公共安全风险发生的间接构成。

公共安全问责制是相对于常规状态下的政府问责制而言的，指的是问责事件发生在紧急状态下，对因突发性事件的发生而造成公共服务供给不足的行政机关及其公务员，追究其行政责任的相关制度和机制的总称。当然，问责并不是目的，只是一种为杜绝类似事故再发生而采取的切实手段，是提升政府应对公共安全问题的能力、改善政府安全管理的一种有效制度。

另外，社会志愿者队伍参与公共安全管理绩效工作同样需要有相应的制度安排。在我国公众参与公共事务管理的愿望和能力不断强化的背景下，如何实现公众的有效、有序参与已成为一个现实而紧迫的问题。因为在公共安全风险管理的过程中，社会动员能力和组织能力同样是影响公共安全管理绩效提升的重要因素。公众志愿者队伍的相关制度建设、参与渠道维护以及公众之间的协同与合作等内容都是公共安全管理绩效的重要组成部分。

特别提示

公共安全是社会可持续发展的基本条件，可持续发展已成为我国现代化建设的一项重大战略。提高社会的防灾和减灾能力，不但可以保护公众的生命财产安全，而且对保持国民经济和社会的可持续发展具有重要的意义。公共安全管理绩效不仅是领导者和管理

者管理能力的反映，而且是公共安全管理过程和结果的一种体现。它的影响和制约因素比较多，内容也比较宽泛。因此，本章有必要对公共安全管理绩效有个初步的探索和研究，这也正是本章内容的编写思路。本章期望通过对公共安全管理绩效的理解，使人们能够从“绩效”的视野重新审视公共安全的管理过程。“绩效观”视野下的公共安全管理需要在清楚把握公共安全管理绩效概念的基础上，认真研究和分析公共安全管理绩效的构成，从而为公共安全管理绩效的改进提供理论支撑。

公共安全管理绩效的研究暗含一个重要的理论前提，即人们需要从传统的管理模式向现代管理模式转变，需要对传统的公共安全管理进行“升级换挡”；要更加重视向现代公共安全管理转变的过程，对公共安全管理的过程进行“立体式”的解构，明晰公共安全管理绩效的结构和构成。公共安全管理绩效的构成既有静态的要素（比如政策、决策领导、协调、参与等要素），也有动态过程中资源和要素的整合（风险发生前，风险发生过程中和风险应急救援之后）。公共安全管理绩效的要义既在于对资源和要素的整合，也有赖于领导者和管理者对于政策和管理体系的创新。

综上所述，公共安全管理绩效本身是一个比较新的研究领域，学界也尚未形成比较统一的认识。本章旨在对公共安全管理绩效做一个探索性的研究。公共安全管理绩效是诸多要素相互耦合的过程。不同的要素对于公共安全管理的贡献有所不同，需要对公共安全管理绩效的构成以及贡献的核心主体做一个更加深入的研究。另外，公共安全管理绩效的评价指标同样是一个比较新的研究领域，本章也只是初步建构了一个公共安全管理绩效的评价指标体系，后续仍有待继续完善。

同步思考题

1. 公共安全管理绩效的概念及基本特征是什么？
2. 我国公共安全管理绩效的主要构成包括哪些？
3. 公共安全评价的内容有哪些？如何有效确定公共安全评价指标体系？
4. 为何要重视公共安全绩效研究？目前公共安全绩效提升存在哪些困境？
5. 如何改进我国公共安全管理绩效？

延伸阅读书目

[1] 刘跃进. 国家安全学[M]. 北京：中国政法大学出版社，2004.
[2] 张海波. 公共安全管理：整合与重构[M]. 北京：生活·读书·新知三联书店，2012.
[3] 唐钧. 风险评估与危机预警报告（2015—2016）[M]. 北京：社会科学文献出版社，2016.
[4] 刘鹏. 城市公共危机预警研究[M]. 北京：中央编译出版社，2010.
[5] 赵运林，黄璜. 城市安全学[M]. 长沙：湖南科学技术出版社，2010.
[6] 董华，张吉光. 城市公共安全：应急与管理[M]. 北京：化学工业出版社，2006.

参考文献

REFERENCES

[1] 陈振明.公共管理学［M］.2版.北京:中国人民大学出版社,2003.
[2] 范维澄,刘奕,翁文国,等.公共安全科学导论[M].北京:科学出版社,2013.
[3] 傅思明.突发事件应对法与政府危机管理[M].北京:北京知识产权出版社,2008.
[4] 郭济.政府应急管理实务[M].北京:中共中央党校出版社,2004.
[5] 郭太生.公共安全危机管理[M].北京:中国人民公安大学出版社,2009.
[6] 景国勋 杨玉中.安全管理学[M].2版.北京:中国劳动社会保障出版社,2017.
[7] 李程伟.公共危机管理理论与实践探索[M].北京:中国政法大学出版社,2006.
[8] 李尧远.应急预案管理[M].北京:北京大学出版社,2013.
[9] 刘铁民.应急体系建设和应急预案编制[M].北京:企业管理出版社,2004.
[10] 西斯.危机管理[M].王成,等译.北京:中信出版社,2004.
[11] 林德尔,普拉特,佩里.应急管理概论[M].王宏伟,译.北京:中国人民大学出版社,2011.
[12] 闪淳昌,薛澜,应急管理概论:理论与实践[M].北京:高等教育出版社,2012.
[13] 宋英华.突发事件应急管理导论[M].北京:中国经济出版社,2009.
[14] 田水承,景国勋.安全管理学[M].北京:机械工业出版社,2009.
[15] 汪玉凯.公共危机与管理[M].北京:中国人民大学出版社,2006.
[16] 王占军,刘海霞.公共安全管理[M].北京:群众出版社,2011.
[17] 吴桂峰.安全防范系统应用技术[M].北京:机械工业出版社,2016.
[18] 吴鹏森.公共安全的理论与应用[M].北京:中国人民公安大学出版社,2014.
[19] 伍岳琦,林锦炎.突发公共事件卫生应急管理[M].广州:中山大学出版社,2008.
[20] 武西峰,张玉亮.社会安全事件应急管理概论[M].北京:清华大学出版社,2013.
[21] 夏保成.西方公共安全管理[M].北京:化学工业出版社,2006.
[22] 夏保成,张平吾.公共安全管理概论[M].北京:当代中国出版社,2011.
[23] 肖鹏军.公共危机管理导论[M].北京:中国人民大学出版社,2006.
[24] 杨临宏.公共管理法律原理[M].北京:高等教育出版社,2016.
[25] 杨月巧.应急管理概论[M].北京:清华大学出版社,2016.
[26] 尹伟巍.新编公共安全管理教程[M].北京:中国人民公安大学出版社,2004.

[27] 于殿宝,唐紫荣.事故学概论:事故研究与应急管理[M].北京:煤炭工业出版社,2011.
[28] 余明阳,张惠彬,等.危机管理战略[M].北京:清华大学出版社,2009.
[29] 战俊红,张晓辉.中国公共安全管理概论[M].北京:当代中国出版社,2007.
[30] 张成福,唐钧,谢一帆.公共危机管理:理论与实务[M].北京:中国人民大学出版社,2009.
[31] 张海波.公共安全管理:整合与重构[M].北京:生活·读书·新知三联书店,2012.
[32] 张乃平,夏东海.自然灾害应急管理[M].北京:中国经济出版社,2011.
[33] 张顺合,等.公共安全与科技支撑[M].北京:中国质检出版社,2015.
[34] 张维平.公共安全管理研究[M].北京:中国书籍出版社,2013.
[35] 张永理.公共危机管理[M].2版.武汉:武汉大学出版社,2015.
[36] 朱锴,张驎.安全科技概论[M].北京:中国劳动社会保障出版社,2011.

防伪码　　资源码　　电子习题

（提示：防伪码仅可有效扫描一次，请在教师指导下扫描使用）